"十五"普通高等教育经管类系列教材

供应链管理

杨建华　王为人　编著

机械工业出版社

本书从价值链视角介绍供应链管理，阐述了如何开启供应链管理，供应链战略、规划、设计和重塑的理论、技术与权衡分析方法；从采购与供应、供应商关系、供应链成本，到供应链物流管理、库存管理、仓储管理、运输管理与配送管理等供应链活动，详细阐述了供应链管理的决策要素与问题；还介绍了如何管控供应链风险，阐述了供应链可持续运营的社会责任问题，介绍了绿色、低碳供应链理论和方法。

本书从理论与实践的双重角度，围绕着数字化时代的竞争优势，对供应链管理在实践中的应用展开详尽的论述。本书适合财经、管理类专业的高年级本科生、研究生和 MBA/EMBA/MEM，以及企业管理高级研讨班学员学习。

图书在版编目（CIP）数据

供应链管理/杨建华，王为人编著. —北京：机械工业出版社，2023.2
普通高等教育经管类系列教材
ISBN 978-7-111-72789-7

Ⅰ.①供… Ⅱ.①杨… ②王… Ⅲ.①供应链管理-高等学校-教材 Ⅳ.①F252.1

中国国家版本馆 CIP 数据核字（2023）第 050807 号

机械工业出版社（北京市百万庄大街 22 号　邮政编码 100037）
策划编辑：裴　泱　　　　　责任编辑：裴　泱
责任校对：丁梦卓　何　洋　　封面设计：鞠　杨
责任印制：常天培
固安县铭成印刷有限公司印刷
2023 年 7 月第 1 版第 1 次印刷
184mm×260mm・21 印张・518 千字
标准书号：ISBN 978-7-111-72789-7
定价：64.80 元

电话服务　　　　　　　　　　网络服务
客服电话：010-88361066　　　机　工　官　网：www.cmpbook.com
　　　　　010-88379833　　　机　工　官　博：weibo.com/cmp1952
　　　　　010-68326294　　　金　书　网：www.golden-book.com
封底无防伪标均为盗版　　　　机工教育服务网：www.cmpedu.com

前　言

供应链在当代社会和商业竞争中扮演着越来越重要的角色，供应链之间的竞争也是一场看不到硝烟的"战争"，供应链上的断供、滞销、停产等不仅会危及企业，而且会破坏企业运营生态。供应链管理是宏观经济与微观经济都需要关心的问题，也是战略决策与战术决策都需要把握的问题。供应链管理不仅包括产成品物流的管理，还包括对原材料供应链、备品备件的供应链、研发供应链、服务供应链等的管理。供应链管理不仅包括"线下"实物的供应链管理，还包括"线上"服务信息平台的管理，还有数字化产品供应链管理。产业升级、产业融合、战略合作等战略的实施必须考虑供应链管理。

近年来，"供应链管理"在全球生产与运作管理学会年会的主旨发言及大会报告中可谓是出现频率最高的词汇。在财经新闻上，几乎每天都闪现着与企业供应链关联的好消息与坏消息。供应链管理发展的影响程度已经超出了所有人的想象，供应链管理的重要性已经成为产业界、学术界人士的共识。供应链管理在商学院课程体系中的地位日益上升。供应链管理教学与教材面临着巨大挑战，一方面是快速发展的现实世界的巨大需求，另一方面是供应链管理创新人才培育的不足。教学工作者必须运用新思维、新理念、新教材来迎接挑战，创新人才培育模式，适应甚至引领未来现实世界的变革潮流。为此，编者编写了本书。同传统的供应链管理教材相比，本书具有以下特色：

（1）编排新颖，做到横向、纵向结合。横向方面，注重管理学科之间的联系，突出该课程的核心内容。联系生产与运作管理、管理科学等课程知识，将学生的思维带入管理丛林，将运营管理、营销管理理论知识融入供应链管理中，形成供应链管理问题的解决模式。纵向方面，从供应链理解、规划、设计到重塑，从供应物流，到分销物流，再到风险控制与社会责任，系统介绍了供应链管理的各部分内容。

（2）精选"一页式"案例及其讨论题，有利于师生开展协同教学与研究。通过案例与讨论题的设计，在供应链管理的教学中，融合协同创新、合作学习模式，使学生作为主体来进行交互式学习，形成学生之间、师生之间相互学习、相互启发的协同教学模式。

（3）知识内容新颖，做到既研究深入，反映前沿，增加必要的理论溯源，又符合中国企业实际。同时，参考国际供应链管理师认证（Certified Supply Chain Professional，CSCP）课程模块来组织教学内容，体现国际化高级管理人才培育的知识体系。本书在数字化技术重塑供应链、供应链金融、供应商关系、供应链成本管理、联合库存、供应链网络、社会责任、危机管理等各方面，充分展现了当前供应链管理发展的前沿成果，使教材更具先进性与前沿性。

本书第1章从开启供应链管理开始，分别阐述了对供应链概念的理解、供应链管理的定义和供应链管理的全局观。第2章对供应链如何规划、设计展开论述。第3章从供应链变革的视角论述供应链的重塑与改进方法。第4~9章分别对供应链管理的重要活动展开详细论述，包括管理采购与供应、管理供应商关系、管理供应链成本，管理供应链物流、管理供应链库存与仓储、管理供应链运输及配送。第10章介绍供应链风险管理、危机管理、安全管理与应急计划。第11章阐述了供应链管理的社会责任问题，内容包括供应链可持续、绿色、低碳发展的趋势以及供应链管理教育认证。

本书第1、2、3、10、11章由杨建华编写，第4~6章由王为人编写，第7~9章由杨建华、王为人共同编写，全书案例由王为人编写，全书由杨建华统稿。

由于编者水平有限，本书难免会出现谬误，恳请读者不吝赐教。

编　者

目　录

前言

第1章　开启供应链管理 ... 1
【本章要点】 ... 1
1.1　理解供应链 ... 1
1.2　定义供应链管理 ... 7
1.3　供应链的动态性 ... 12
1.4　供应链管理的全局观 ... 14
【案例分析】迈向供应链管理，谁是链主？ ... 22
习题 ... 23

第2章　规划设计供应链 ... 24
【本章要点】 ... 24
2.1　需求管理、预测与客户服务 ... 24
2.2　供应链管理战略 ... 40
2.3　供应链规划与设计 ... 47
2.4　供应链运作参考模型 ... 52
2.5　供应链项目管理 ... 57
【案例分析】弘泉集团的下一步变革 ... 59
习题 ... 61

第3章　重塑供应链 ... 62
【本章要点】 ... 62
3.1　供应链管理早期实践 ... 62
3.2　应用数字化技术 ... 65
3.3　供应链金融 ... 78
3.4　改善供应链的基本做法 ... 85
3.5　供应链成熟度模型 ... 88
【案例分析】SE汽车公司的战略供应链变革 ... 90
习题 ... 91

第4章　管理采购与供应 ... 93
【本章要点】 ... 93
4.1　采购管理概述 ... 93

4.2 战略性采购 …………………………………………………………………………… 99
4.3 战略供应商管理 ……………………………………………………………………… 102
4.4 供应合同管理 ………………………………………………………………………… 116
【案例分析】精疲力竭的马拉松 ………………………………………………………… 126
习题 ………………………………………………………………………………………… 127

第 5 章 管理供应商关系 ………………………………………………………………… 129
【本章要点】 ……………………………………………………………………………… 129
5.1 供应商关系管理的挑战 ……………………………………………………………… 129
5.2 供应商关系管理的定义及模式 ……………………………………………………… 131
5.3 供应商开发与认证 …………………………………………………………………… 132
5.4 供应商偏好及供应市场管理 ………………………………………………………… 136
5.5 构建供应战略联盟 …………………………………………………………………… 138
【案例分析】"小巧玲珑" ………………………………………………………………… 142
习题 ………………………………………………………………………………………… 144

第 6 章 管理供应链成本 ………………………………………………………………… 145
【本章要点】 ……………………………………………………………………………… 145
6.1 成本属性及分类核算 ………………………………………………………………… 146
6.2 管理中的成本分析方法 ……………………………………………………………… 152
6.3 质量成本 ……………………………………………………………………………… 165
6.4 标准成本法 …………………………………………………………………………… 170
6.5 顾客盈利性分析及转移定价 ………………………………………………………… 174
6.6 供应链管理的成本权衡 ……………………………………………………………… 179
【案例分析】碧岭设备公司供应管理工程师左右为难 ………………………………… 181
习题 ………………………………………………………………………………………… 182

第 7 章 管理供应链物流 ………………………………………………………………… 185
【本章要点】 ……………………………………………………………………………… 185
7.1 物流及其发展 ………………………………………………………………………… 185
7.2 企业物流 ……………………………………………………………………………… 190
7.3 逆向物流 ……………………………………………………………………………… 194
7.4 第三方物流 …………………………………………………………………………… 201
7.5 区域物流与城市物流 ………………………………………………………………… 205
7.6 电子商务物流及跨境电商物流 ……………………………………………………… 209
【案例分析】一站式电商化采购 ………………………………………………………… 212
习题 ………………………………………………………………………………………… 214

第 8 章 管理供应链库存与仓储 ………………………………………………………… 215
【本章要点】 ……………………………………………………………………………… 215
8.1 供应链库存管理 ……………………………………………………………………… 215
8.2 库存补货策略 ………………………………………………………………………… 223
8.3 供应链库存的集中与分散 …………………………………………………………… 231

8.4　仓储及其功能 …………………………………………………………………… 233
8.5　仓储管理决策 …………………………………………………………………… 236
8.6　仓储空间布置设计与选址 ……………………………………………………… 238
8.7　越库作业 ………………………………………………………………………… 241
【案例分析】汽车售后的循环补货 …………………………………………………… 243
习题 ……………………………………………………………………………………… 246

第9章　管理供应链运输及配送 …………………………………………………… 247
【本章要点】 …………………………………………………………………………… 247
9.1　运输与运输方式 ………………………………………………………………… 247
9.2　运输决策 ………………………………………………………………………… 251
9.3　分销及其网络 …………………………………………………………………… 258
9.4　配送计划 ………………………………………………………………………… 261
9.5　物流标准化与信息化 …………………………………………………………… 265
【案例分析】与麦当劳共生共长的冷链物流 ………………………………………… 274
习题 ……………………………………………………………………………………… 276

第10章　管控供应链风险 …………………………………………………………… 278
【本章要点】 …………………………………………………………………………… 278
10.1　供应链风险管理 ……………………………………………………………… 278
10.2　供应链危机管理 ……………………………………………………………… 293
10.3　供应链安全管理 ……………………………………………………………… 296
10.4　供应链应急计划 ……………………………………………………………… 303
【案例分析】旺奔？还是"忘本"？ ………………………………………………… 305
习题 ……………………………………………………………………………………… 307

第11章　供应链管理的社会责任 …………………………………………………… 308
【本章要点】 …………………………………………………………………………… 308
11.1　可持续供应链及其管理 ……………………………………………………… 308
11.2　绿色供应链与绿色物流 ……………………………………………………… 313
11.3　低碳供应链物流 ……………………………………………………………… 315
11.4　供应链管理教育认证 ………………………………………………………… 323
【案例分析】从坟墓到再生——装备翻新和持续改进 ……………………………… 325
习题 ……………………………………………………………………………………… 326

参考文献 ……………………………………………………………………………… 327

第 1 章 开启供应链管理

【本章要点】
1. 供应链的概念、模型与结构；
2. 供应链管理理论及其挑战；
3. 供应链的动态性；
4. 供应链管理的全局观。

1.1 理解供应链

当今世界的变革速度在逐渐加快，科技对传统产业的影响日益加大，供应链管理以"跨越企业边界""跨越产业""超越时间"的整合方式，不断促进着产业的融合、新兴产业的诞生和发展。人工智能、物联网、大数据、云计算等技术的发展促使供应链管理模式的进化，迅速改变着企业的经营管理方式与人类的生活方式。为了理解供应链，有必要先了解运营系统模型。

1.1.1 运营系统模型

系统是一组相互依赖、相互关联的组成部分，通过协同运营实现系统的目标。系统成功的秘诀在于系统的各个组成部分相互合作、密切配合，共同向系统的目标努力。如果各个部分以自我为中心，变成竞争的独立单元，就会破坏整个系统。系统可以是广大的宏观系统（如银河系统），也可以是微小的微观系统（如遗传基因系统）。人们平常处理的系统一般介于两者之间，可以是一个组织，可以是一个产业，也可以是整个国家。系统范围越大，可能产生的效益就越大，同时管理的难度也越大。

运营系统使企业能够创造财富，并支撑全球经济运转。运营管理研究企业生产产品和提供服务的方式，关注企业生产率的提高，强调通过运营系统内部或运营系统间有效的协作获得质量、成本、柔性、时间、服务等方面的竞争优势。对于运营系统，应当进行系统思考。系统思考就是以系统的观点、整体的观点，以各种相依、互动、关联与顺序，来认识现实世界、解决问题的一般反应能力与习惯。

以系统的观点看待运营系统，所有的运营系统必须首先明确"为谁做"（顾客或消费者）、"做什么"（生产什么产品或提供什么服务）；还要知道"怎么做"最好（最具有竞争优势的流程）、"需要什么资源"（输入），这些资源在哪里，由谁来提供（供应商）；当然也要知道运营系统所处的政治、经济、社会、技术环境及其不确定性、利益相关者及其期望。从本质上看，运营系统就是以一定的方式，按照一定的转换程序，将输入加以变换，从而产生一定的输出（产品或服务），以满足下游系统，直至最终消费者的需求。系统输出与系统输入相比，其状态或性质发生了显著变化。

为了关注系统的供应商与顾客，了解全面的运营视野，企业运营管理系统模型采用SIPOC（S：供应商；I：输入；P：流程；O：输出；C：顾客）模型，如图1-1所示。

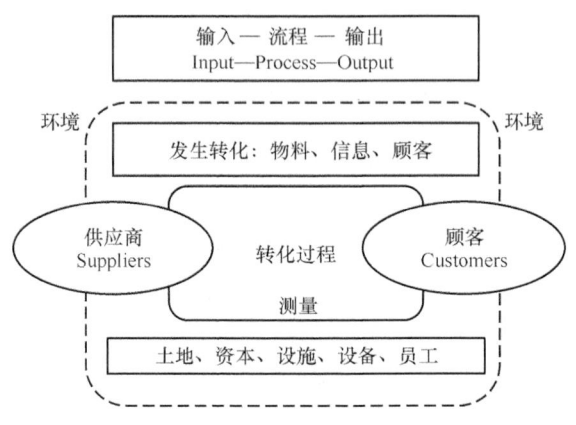

图1-1 运营管理系统模型

1. 输入（Input）

输入可分为以下两种。

（1）待转化资源。待转化资源是指将要被加工、转换或改变的资源，如制造系统中的物料、服务运营系统中的信息（管理咨询公司、新闻机构等）与服务系统中的顾客。

（2）转化资源。转化资源是指支持运营系统转化过程的资源，如运营系统的基础设施、机器设备、员工、自动化系统以及信息管理应用软件系统等。

2. 流程（Process）

不同的运营系统有不同的流程，流程是指具体的转化过程、转化条件、方法与步骤。需要根据输入的待转化资源的性质，如以物料加工为主的运营系统、以信息加工为主的运营系统和以顾客接待为主的运营系统，设计不同的转化过程。

大多数制造系统需要对物料进行加工转化，有些运营系统是改变形状或物理组成（如汽车、冰箱、电话机的制造等），有些是化学成分的变化（如炼钢、酿酒等）；有些运营系统是改变物料地理位置（如邮政快递、包裹快运、运输、城市配送等），有些运营系统则是以提供存储物料服务为目的（如仓库存储）；管理咨询公司、会计师事务所需要对信息进行加工；医院、美发美容店、饭店、旅馆等需要对顾客进行直接的接待服务。虽然运营系统的转化过程不同，但所有的运营系统都有四个关键过程：适应环境系统的战略、系统设计、系统运营管理与控制、系统改善。

3. 输出（Output）

运营系统的输出是提供的产品与服务，不同运营系统的输出存在多种差异，如有形的产品、无形的服务。从顾客的角度看，产品与服务会给他们带来介于喜悦与愤怒之间的感受；从组织的观点看，产品与服务会给他们带来利润与市场份额。

同样的输入，要想得到更好的输出，必须改善系统的流程，改善系统的转化过程与方法。

4. 供应商（Suppliers）与顾客（Customers）

组织的运营系统供应商可能有物料供应商、设施供应商、人才市场（人力资源供应者）、信息系统服务商等。为了实现系统的目标，系统的思考方式应当以顾客优先为原则，运营系统提供的产品与服务如何，只有顾客最清楚，不能得到顾客的反馈意见，就无法界定工作的好坏。顾客满意才能带来组织持久的运营。

5. SIPOC 模型

SIPOC 模型表示了企业的全局供应链，也可用于分析运营系统内部，这正是系统方法的魅力所在。运营系统可以看作由众多微观运营构成的层级结构。组织内每个人的工作可以用 SIPOC 模型表示，组织的运营可以用 SIPOC 模型表示，也可看作多个 SIPOC 的集合，每个人的工作都是整体流程的一部分。内部运营中存在内部顾客与内部供应者，内部顾客是指从其他微观运营获得输入的微观运营，内部供应者就是向其他微观运营提供输出的微观运营。微观运营也需要强调顾客优先，顾客优先是善解人意的思考方式，而不是以自我为中心。

在信息化、经济全球化浪潮下，组织面临多变的宏观环境，行业竞争不断加剧，运营系统要想完全满足顾客需求，组织势必向上游和下游扩展，借助利益相关者的资源，达到快速响应顾客需求的目的。对运营系统的分析需要以网络化、系统化的观点，考虑所有与之相互作用的扩展组织的运营系统组成的供应链网络。由许多制造商和服务商共同合作的供应链网络对组织的卓越运营至关重要。

1.1.2 供应链的概念

供应链由直接或间接地满足顾客需求的各成员组成，不仅包括制造商和供应商，而且包括运输商、仓储商、零售商，甚至顾客。在每一个组织中，如制造企业，供应链包括接收并满足顾客需求的全部功能，如新产品开发、市场营销、生产运作、分销、财务和客户服务。

以顾客走进超市去买清洁剂为例。供应链始于顾客及其对清洁剂的需求，下一个环节是顾客走进超市。超市的存货摆满货架，这些库存由仓储中心或者分销商用卡车通过第三方运输。清洁剂制造商为仓储中心供货。制造商的工厂从各类供应商那里购进原材料，这些供应商可能由更低层的供应商供货。例如，包装材料公司、化学品制造商等。这一供应链如图 1-2 所示，图中的箭头反映"物"的流动的方向。

供应链是动态的，包括不同环节间的信息流、物流、资金流的持续流动。在上述例子中，超市向顾客提供了产品，顾客付款给超市；超市把销售点信息和订单信息传达给分销商，分销商用卡车把订单上的货品送至门店，补货后超市付款给分销商；分销商为超市提供价格信息，提交发货日程安排；超市还可以回收包装物，以便于再循环使用。类似的"三流"——信息流、物流和资金流发生在整个供应链之中。

供应链描述了各类组织（供应商、制造商、分销商或零售商以及顾客）如何连接在一起。史迪文斯（Stevens）认为"通过增值过程和分销渠道控制从供应商的供应商到顾客的顾客的流就是供应链，它开始于供应源头的端点，结束于最终消费者的端点"。哈理森（Harrison）认为"供应链是执行采购原材料、转换为中间产品和成品，并且将成品销售到顾客的功能网链"。

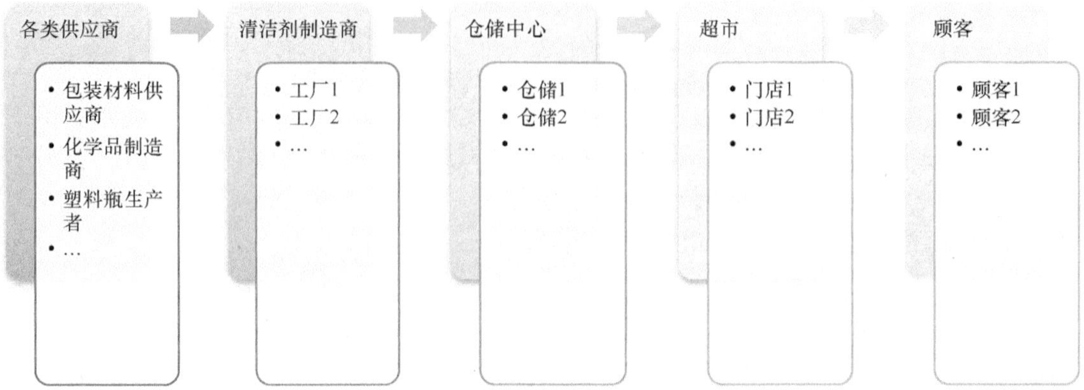

图 1-2　清洁剂供应链示意图

供应链由核心企业引领，通过对信息流、物流、资金流、服务流的控制，从原材料采购、产品零部件生产，到产品装配，最后通过销售渠道把产品交付到顾客手中，将供应商、制造商、分销商、零售商直到最终顾客构建整体供应网络。它是一个范围更广的、扩展的企业架构，它吸纳所有参与合作的节点企业，从原材料的供应开始，经过网络中各类企业的加工、制作、组装、分销等过程，直到交付最终顾客。

供应链不仅是一条连接供应商到顾客的物料链、信息链、资金链，而且是增值网络，物料在供应链上因加工、包装、运输等过程而增加其价值，协作运作带来供应链整体竞争优势。

1.1.3　供应链的层次结构

下面以塑料家庭用品制造商的供应链（如图 1-3 所示）为例说明构成供应链的主要部分。

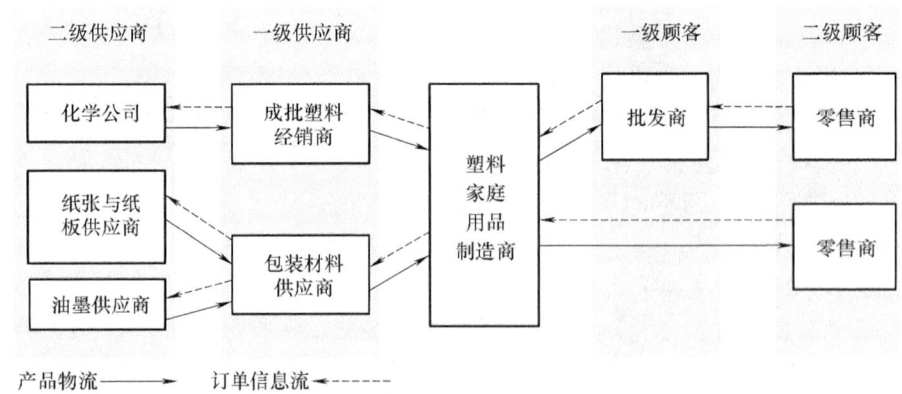

图 1-3　塑料家庭用品制造商的供应链

（1）中心运营系统。中心运营系统是提供产品/服务的核心部分。

（2）中心运营系统的上游供应商。向中心运营系统直接提供产品/服务或信息的部分，通常称为一级供应商，一级供应商自身的供应又需要二级供应商……组织在上游可具有多级供应商。

（3）中心运营系统的下游需求方。中心运营系统向一级顾客提供产品/服务，一级顾客又为二级顾客服务……中心运营系统也可能直接向最终顾客提供产品/服务，组织在下游具有多级经销商。

（4）直接供应网络。直接供应网络是与中心运营系统有直接联系的供应商与顾客的集合。

（5）整体供应链网络。整体供应链网络是按顾客的顾客、供应商的供应商逻辑的推演产生的与中心运营系统有关的全部运营组织组成的集合。

一般情况下，可将供应链的结构简单归纳为多层次的结构。供应链由所有加盟的节点企业组成，其中一般有一个核心企业（可能是生产制造企业，也可能是大型零售企业），节点企业在需求信息的驱动下，通过供应链的职能分工与合作（生产、分销、零售等），以资金流、物流和信息流为媒介实现整个供应链的不断增值。

顾客是供应链不可分割的一部分。事实上，建立供应链的主要目的都是为了满足顾客的需求，企业单靠自身能力已经不能很好地满足顾客日益苛刻的需求。如果不能比竞争对手做得更好，企业利润就不能实现持续增长。供应链这一术语形象地描述了物料在供应商到制造商、分销商，再到零售商直至顾客这一"链"中移动的过程，其中包括了供应链中合作企业的活动过程，也包含了信息流、资金流和物流的传递过程。

供应链的各环节通过物流、信息流和资金流彼此相连。这些流动经常是双向的，可能通过其中一个环节或一个协调者来进行管理。以戴尔为例，其顾客主要分为两类：一类是公司客户群，另一类则是需要个性化配置的个体消费者。针对上述两类顾客，戴尔设计了两种供应链模式，以便提供细分市场的服务。戴尔按订单生产，即戴尔制造始于顾客订单，戴尔的直销供应链体系中不需要零售商、批发商或分销商。自2007年起，戴尔开始在大型超市、电器连锁店、办公用品商店等出售其个人计算机。超市等零售商都有戴尔计算机的存货。与戴尔原有的直销模式不同，这些供应链增加了零售商环节。在其他零售店的例子中，供应链也可能包括处于商品和制造商之间的批发商或分销商环节。

1.1.4 价值链

价值链是企业设施和企业增值过程构成的网络，在该网络中有产品流、服务流、信息流和资金流，它们来自供应商。供应商利用企业设施，经过一系列的生产过程，生产出产品并传递给顾客，然后提供服务。上一节所述的运营系统SIPOC模型就是价值链的一个模型，如图1-4所示，产品价值链也反映了产品的全生命周期过程，它起始于供应商，供应商为产品的生产提供原材料或组件，即为生产过程网络提供输入。

价值链中上下游实体间的关系就是供应商与顾客间的关系。制造企业的供应商可能是零售商店（灵活供应办公用品等）、经销商、信息与网络公司（提供信息系统的应用服务）、维护和修理中心（提供设备的维护维修服务）、原材料及其组件的制造商。这些输入通过过程或活动的网络被转换成增值的产品或服务，支持这些过程或活动的是土地、设施、劳动力、资金和信息等资源。输出的产品或服务将被交付给顾客。售后服务也是一个增值过程，因为优秀的售后服务可以留住顾客，并使顾客放心使用产品，提高顾客满意度。

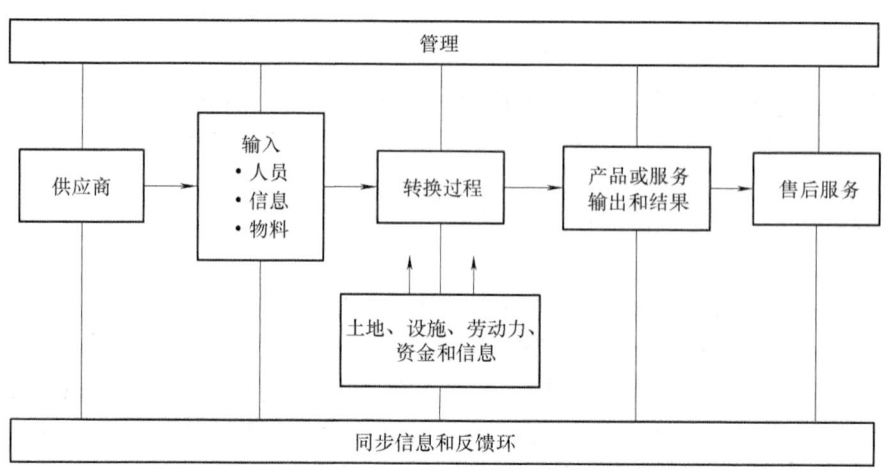

图 1-4 基于 SIPOC 模型的价值链

整个价值链的成功依赖于价值链上的供应商、输入、过程、输出等所有方面的设计和管理，包括各环节的短期决策和长期决策。如汽车零部件或组件需要一系列的加工、装配等转换过程，才能产出市场需要的汽车；医院的病人也需要一系列的治疗服务过程，才能治愈疾病，成为健康人群。

价值链中，价值创造的重要过程无疑是产品的生产过程。产品生产的前期准备、产品售后服务以及售前服务也是产生价值的重要过程，如图 1-5 所示。

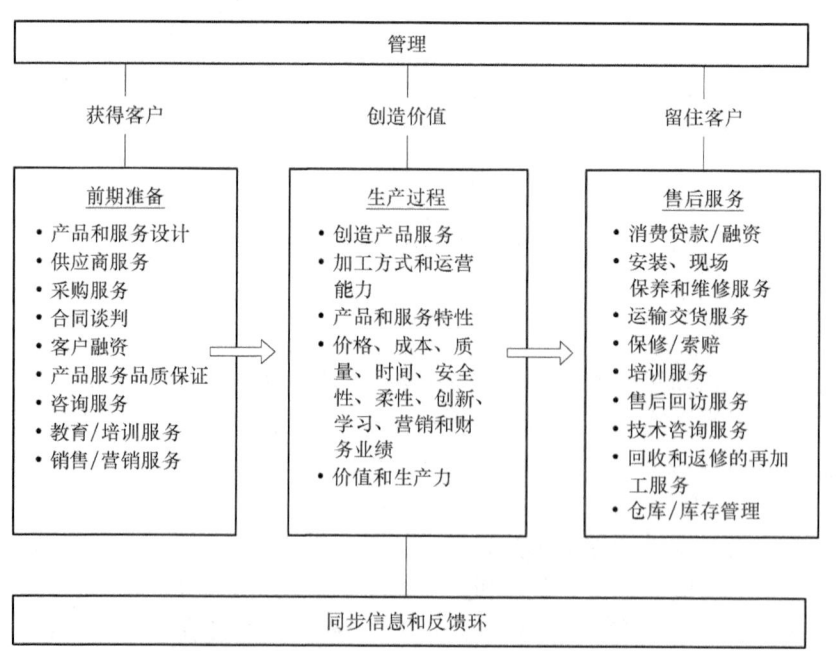

图 1-5 价值链中的增值过程：价值创造及其生产前期与后期的增值服务

前期准备包括面向团队的定制化产品和服务设计、采购和供应商服务、合同谈判、客户融资以帮助其采购产品、产品服务品质保证、咨询服务、培训顾客如何使用及保养产品，以及销售/营销方面采取的吸引新客户等前期服务。这里的重点就是"获得客户"。这些前期增值服务通常会使公司在市场中脱颖而出。当产品服务的特点和竞争者的价格相当时尤其如此。

售后服务包括消费贷款及融资、安装、现场保养和维修服务、运输交货服务、保修和索赔服务、产品使用的培训服务、售后回访服务、经验丰富的销售人员和技术支持人员的技术咨询服务、回收和返修的再加工服务、仓库及库存方面在后期所提供的服务等。这里的重点就是"留住客户"。后期的再加工服务为产品和服务实现增值,并且为价值链过程的改善提供了反馈信息,有利于日后的产品再设计和持续改进。

价值链理论强调服务对于制造流程的重要性。例如,汽车公司研究发现,当车辆特性、品质、性能以及在目标市场中的价格同竞争对手大致相同时,售前和售后服务就成为吸引顾客的关键要素。服务对于制造企业来说,已经成为企业获得顾客青睐并留住顾客的竞争差异化要素。

供应链是价值链的一部分,主要关注产品和物料的实物移动过程,支持信息流和资金流,贯穿供应、生产和分销全过程。如今,供应链管理理念已经被所有公司所关注。企业的供应系统旨在理解供应链合作伙伴的要求,以整合供需双方的信息、物料和产品流动以及财务活动,最后达到降低成本、增加现金流,并且在恰当的时间以合适的价格给顾客提供需要的产品的目的。

许多企业在使用价值链和供应链术语时往往是互换的,但是这两个概念是不同的。价值链比供应链的范围更广,囊括了创造顾客价值的所有活动,包括售前和售后服务。价值链是从满足顾客要求的角度出发,考虑为顾客创造价值,提供一体化的产品和服务。而供应链则更多的是从企业内部关注产品的生产过程及产品原材料等来源。价值链理论鼓励广泛地思考产品和服务在创造顾客价值中的作用,供应链则主要关注物流、制造与分销等运营活动。另外,价值链理论既可以应用在服务型企业中,又可以应用在制造型企业中。供应链理论应用于服务业中,有学者采用服务链理论,以充分展现服务的特性。

1.2 定义供应链管理

1.2.1 供应链管理的演进

尽管供应链是所有企业所固有的,但供应链管理理论的发展是不断演进的。20 世纪 70 年代以前,制造企业往往注重采用新的技术来提高质量,通过扩大生产规模来降低成本,并开始改进设计流程以及生产工艺流程的柔性,当时企业关注的是自身企业所具有的技术能力,大多都没有考虑建立供应商合作关系,工厂里到处都堆满了物料的库存,企业的各项功能活动基本上都是孤立的,即采购、生产、运输、中转、仓储、销售等是分散独立的。这可以说是供应链管理发展的第一阶段——活动孤立阶段,在 1960—1980 年,企业虽然开始采用计算机辅助管理技术、制造资源计划系统,而且由于产品产量的增加导致了运输量、仓储量、分拣和包装作业量的大幅增加,且生产过程中及时供货的呼声越来越高,但因管理人员的认识、组织的局限性以及技术等方面的原因,几乎没有考虑建立供应商合作关系,且企业内部的部门功能化管理结构导致了生产过程"孤岛化"、部门间"高墙耸立"、订单处理时间长、环节库存多等现象，降低了生产效率。

进入20世纪80年代，美国企业开始学习日本式准时化生产模式，开始意识到生产工序间的高度依赖性，意识到与供应商建立合作关系对准时化采购、准时化生产乃至全面质量管理的重要性，通过生产活动的依赖性来降低各环节的库存。供应链管理的术语开始出现，供应商战略合作关系成为供应链管理理论发展的基础。另外，进厂物流方面的需求预测、制造资源计划、采购计划、生产计划、制造库存等管理活动获得集成，出厂物流方面的成品库存、分销计划、订单管理、运输及客户服务等管理活动也获得集成，仓库管理、物料管理、包装管理等贯穿于进厂物流与出厂物流。这就是供应链管理发展的第二阶段——活动优化及局部集成阶段。在这个阶段，大量库存等浪费问题引起社会关注，资源计划系统获得广泛应用，企业开始在一些局部把分散的活动联系起来，建立"依赖"关系，通过下游向上游"拉动"，或者上游向下游的"推动"来优化各种功能，从注重单个功能转变为注重整个"过程流"，如进厂物流、出厂物流。这样就可以更好地组织和优化企业的内部生产和外部供应，改善采购、生产的集成，组织和优化企业内部成品库管理和统一渠道销售环节，以低成本来满足顾客的需求。

第三阶段进入供应链综合集成阶段。在20世纪90年代中期至21世纪初，市场日益全球化，顾客需求日益"苛刻"，企业面临的竞争进一步加剧。企业不仅需要进一步提升质量、降低成本、提高效率，还需要改进顾客服务，缩短交货期，增强顾客响应能力，满足不同细分市场中顾客的个性化需求。所以，很多企业注重生产组织的全局优化，沿供应链向上游集成（也称前向集成）或下游集成（也称后向集成），物流功能的整合趋势也越来越明显，在信息技术支撑下，把供应链中的多个环节、多个部门甚至包括产品开发、零部件生产、废物回收等都纳入统一规划和管理中，形成了从企业上游活动到下游活动的纵向一体化的供应链及物流管理模式。这就是经常说的供应链的纵向一体化方式，它关注供应链活动的所有权与协调，组织文化仍然是注重短期利益，注重规模化，注重本企业的"大而全"，以大幅度提升本企业绩效为目标。不过，这是供应链集成的"老范式"，它是供应链第二阶段发展惯性的反映。

很快，实施这一模式的企业在竞争中遇到了困难。因为企业再大，也不可能做所有的事情，仅仅靠自己的能力无法满足顾客不断变化的需求，还是需要依靠战略供应商及合作伙伴的核心能力。供应商拥有这方面的核心能力要比企业自己做得好，生产更加专业。这也是一个"自己生产"还是"购买"的经典的运营决策问题。一块瑞士手表由30家不同的企业共同生产，每个企业只会生产其中几个零部件。可口可乐面临着对外采购装瓶所需的碳酸气，还是投资工厂自行生产碳酸气的决策。福特公司曾拥有一个牧羊场，出产的羊毛用于生产本公司的汽车坐垫，但后来剥离了，因为顾客所关注的汽车核心能力并非汽车座椅的坐垫。供应链纵向一体化集成方式加强了企业的控制能力，加强了质量保证能力，降低了供应链上的库存，但做自己不擅长的事情有点为难自己，也会增加企业的投资风险。企业过于臃肿，官僚主义的出现会使企业丧失市场开发的时机。

保留纵向一体化的优势，抛弃纵向一体化的劣势，加强供应链管理的灵活性，提升供应链各环节的专业化、协同化能力，集成供应链上的核心能力，选择部件制造能力最强的供应商、综合物流服务最好的第三方物流服务商，让它们利用专业物流技术和先进的物流理念为企业提供个性化的仓储、运输、信息等服务，加强横向合作与部署，形成以价值链为基础的一体化供应链及物流管理模式——供应链管理新范式。它要求供应链中的各个企业更加专业化，聚焦各企业的核心能力，强化同供应商及客户企业的信任关系，实现共赢。新范式是多种核心能力的集合，是一种"强强联合"的方式，同供应商及客户企业自愿缔结以信任为基础的关系，由于合作紧密，合作伙伴间已经不存在清晰的"分界线"了。供应链集成管理新范式也涉及了退货处理、维护、保修及回收利用等"逆向"物流。

第四阶段是供应链网络化集成阶段，是进入21世纪后供应链管理新范式的进一步发展。随着经济全球化、市场一体化以及信息化的全面推进，制造及物流服务都呈现出全球化、网络化的特征。专业化国际物流企业利用在供应链一体化集成中形成的专业优势，已经渗透到世界各地。物流市场的地区边界已被打破，制造商、贸易商、开发商对面向全球的物流服务及产业融合协作的重视达到了前所未有的高度。全局物流与全局供应链管理模式整合更加灵活，抛弃了线形、链形的结构，而且产业融合更加紧密。读者可以在后续章节的案例分析中认真体会。

供应链管理发展与演进的四个阶段如图1-6所示。

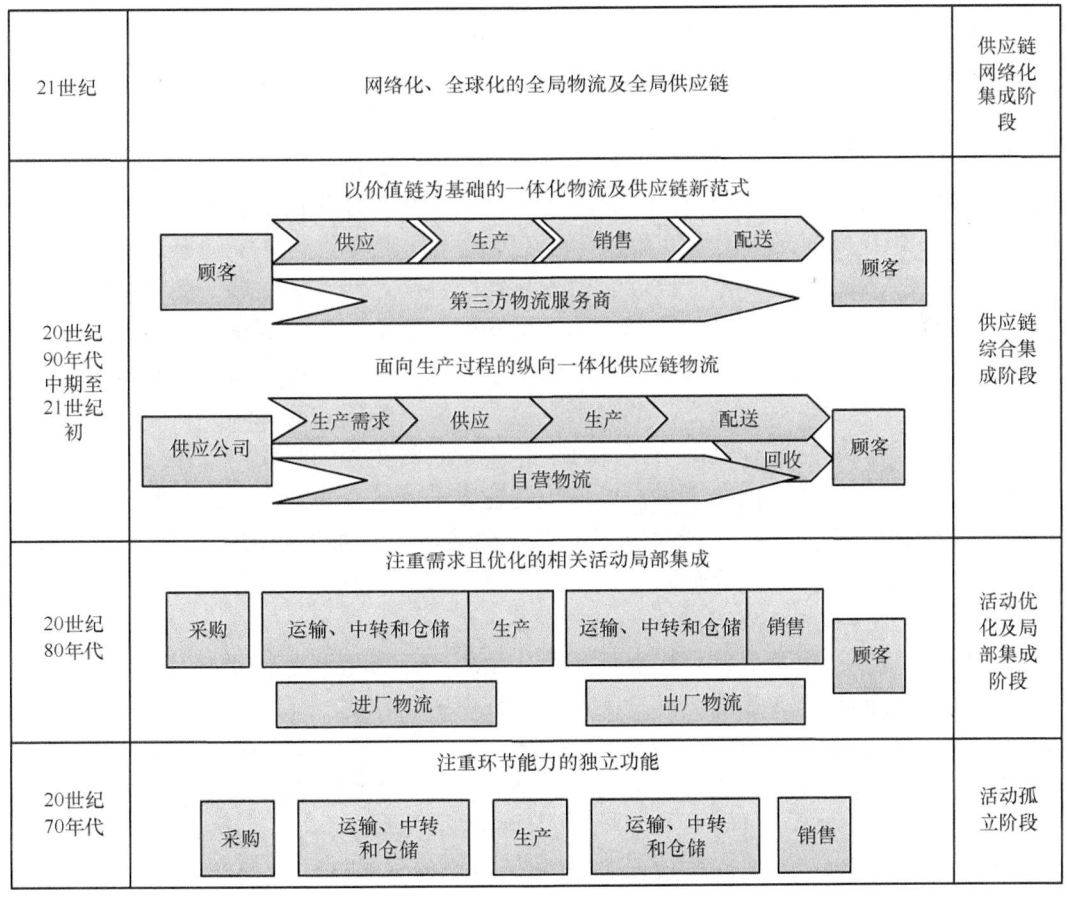

图1-6 供应链管理发展与演进的四个阶段

1.2.2 供应链管理的挑战

企业面临着内外环境的众多因素,供应链管理面临的挑战主要体现在产品与顾客方面的一些变化。

1. 产品生命周期越来越短

随着消费者需求的多样化,企业的产品开发能力虽然在不断提高,但新产品的研制周期越来越短。这从20世纪90年代就开始显现,例如,惠普公司的打印机的开发时间从4.5年缩短为几个月,而且这一趋势还在不断加强。与此相对应的是产品的生命周期缩短,更新换代速度加快。由于产品在市场上驻留的时间大大缩短,企业在产品开发和上市时间的活动余地也越来越小,从而给企业带来巨大压力,有可能产品没有开发出来,就要退出市场了。

2. 产品品种数量飞速膨胀

由于消费者需求的多样化越来越突出,企业为了更好地满足消费者的要求,就不断推出新的品种,从而引发了一轮又一轮的产品开发竞争,结果是产品的品种数量成倍增长。例如日用百货,品种数量大幅度增加了,但消费者在购买商品时仍然感到难以称心如意。为了吸引顾客,许多厂家不得不绞尽脑汁不断增加花色品种。按照传统思路,若每一种产品都生产一批以备顾客选择的话,那么制造商和销售商都将背上沉重负担。超市的平均库存也在增加,库存占用了大量的资金,严重影响了企业的资金周转速度,进而影响了企业竞争力。

3. 顾客对交货期的要求越来越高

一般来说,品种、质量、价格、时间和服务是决定企业竞争力的五大要素,但在不同的历史时期,这五大要素对企业竞争力的作用是不同的。在工业化初期,主要依靠价格进行竞争;20世纪80年代以来,企业竞争和经营环境发生了深刻变化,竞争优势逐渐转移到品种和服务上;而进入20世纪90年代以后,由于科技的进步、经济的发展、全球化信息网络和全球化市场的形成,围绕新产品的市场竞争更加激烈,所有这些都要求企业能对不断变化的市场做出快速反应,不断开发出满足用户需求的定制化产品,去占领市场以赢得竞争。顾客不但要求按期交货,而且要求的交货期越来越短,这要求响应力要提高。从20世纪90年代开始,竞争的决定因素转移到时间上来,进入基于时间的竞争的时代。谁能对市场的变化做出快速反应,迅速将新产品推向市场,以最快的速度满足顾客的需求,谁就能在市场中获得竞争优势。依靠单一企业自身的能力及供应链管理老范式都难以获得"时间"这一竞争优势,必须依靠新范式的供应链管理。

4. 顾客对产品和服务的个性化期望越来越高

顾客已不满足于从市场上购得标准化产品,他们希望按照自己的要求定制产品或服务。这些变化导致产品的生产方式从大批量生产向大规模定制转变。标准化的大批量生产方式是"一对多"的关系,用标准化的产品满足不同顾客的需求。然而,这种模式已不能再使企业继续获得较大的效益。现在需要企业根据每一个顾客的特殊要求来定制产品或服务,即所谓的"一对一"的定制服务。企业为了能在新环境下继续保持发展,纷纷转变生产模式,从大批量生产转向大规模定制生产。例如,生产芭比娃娃的公司可以让女孩子通过互联网登录到其网站,设计自己喜欢的芭比娃娃,选择娃娃的皮肤、弹性、眼睛颜色、头发式样和颜色、附件和名字。当娃娃邮寄到孩子手上时,女孩子会在上面找到她们娃娃的名字。这是该公司第一次大量制造"一对一"的产品。不过,应该看到,虽然个性化定制生产能高质量、低成本地快速响应顾客要求，但是对企业的运营模式提出了更高的要求。

由此可见，企业面临的这些变化都增加了企业管理的复杂性，企业要想在这种严峻的竞争环境下生存下去，必须通过有效的供应链管理与变革来获得强有力的能力，来应对环境变化和由环境引起的不确定性。

1.2.3 供应链管理的概念

从供应链管理的演进，不难看出供应链管理理念的精华。很多学者及机构都给出了供应链管理的概念、理念。供应链管理采用跨越公司边界的整体化管理模式，管理从原材料供应商，通过制造工厂、仓库到最终顾客的整个物流、信息流及服务流。

伊文斯（Evens）认为供应链管理是通过前馈的信息流和反馈的物流及信息流，将供应商、制造商、分销商、零售商，直到最终用户连接成一个整体的模式。

菲利浦（Phillip）认为供应链管理不是供应商管理的别称，而是一种新的管理策略，它把不同企业集成起来以提升整个供应链的效率，注重企业之间的合作。

弗雷德·库格金（Fred A. Kuglin）定义了以顾客为中心的供应链管理，制造商与他的供应商、分销商及顾客——即整个"外延企业"中的所有环节——协同合作，为顾客所希望并愿意为之付出的市场，提供一个共同的产品和服务。这样一个多企业的组织，作为一个外延的企业，最大限度地利用共享资源（人员、流程、技术和绩效评测）来获得协同运营，其结果必然是那些高质量、低成本、迅速投放市场并获得顾客满意的产品和服务。

大卫·罗斯（David F. Ross）认为，供应链管理是正持续演进中的一种管理哲学，它试图集结企业内部及外部结盟企业伙伴的生产能力与资源，使供应链成为一个具备高竞争力并能使顾客丰富化的供应系统，使其得以集中力量发展创新方法并使市场产品、服务与信息同步化，进而创造独特且个性化的顾客价值源头。

美国生产与库存控制协会（American Production and Inventory Control Society，APICS）将供应链管理定义为"计划、组织和控制从最初原材料到最终产品及其消费的整个业务流程，这些流程链接了从供应商到顾客的所有企业。供应链包含了由企业内部和外部为顾客制造产品和提供服务的各职能部门所形成的价值链"。

中国物流与采购联合会对供应链管理是这样定义的："供应链管理是通过企业内部及外部伙伴之间的协同、计划、组织和控制，从原材料采购到最终产品及服务的生产和交付的全过程。"

从供应链管理的演进及供应链管理的概念可以看出，供应链管理即是供应链集成化的管理，供应链全局的管理。企业需要利用其供应链上的企业集成来获得竞争优势与效率；从供应链全局范围内，而不是传统企业边界内，获得系统整合和全局优化的好处。集成（Integration）包含了整合、综合、融合、一体化的含义，"把部分组合成一个整体"（Weber 大词典），系统的各个要素之间能彼此有机和谐地工作，以发挥整体效益，达到整体优化的目的。

集成化供应链（Integrated Supply Chain，ISC）是指供应链的所有成员单位基于共同的目标和利益而组成的一个基于供应链的"虚拟组织"，组织内的成员通过信息的共享，资金、技术和物质等方面的协调与合作，来优化组织整体绩效的目标。供应链中的节点企业需要摒弃传统的管理思想和观念，根据企业战略与市场需要，将供应链看作一个整体过程，通过信息技术对供应链中所有成员的采购、生产、销售、财务等业务进行整合。

现代供应链管理理念应具有如下五大基本内涵。

（1）以关注最终顾客，即消费者的需求为前提，获得努力的方向。

（2）以核心能力协同、集成与外包战略为出发点，获得柔性与响应性。

（3）以撤除"高墙"的跨界合作、系统化思维构建多赢合作关系模式为基石。

（4）以供应链创新与可视化为消费者创造价值，以供应链战略获得竞争优势为抓手。

（5）在全局供应链中有效规避风险，获得平衡决策，以构建"生态"进化机制为根本。

相应地，供应链管理面临如下五项任务。

（1）设计供应链，构建供应链的战略优势。

（2）在供应链各部门、各供应商的管理中，制造、物流与分销等功能同步化，实施协同机制，有效解决冲突。

（3）培育供应链合作伙伴关系，优先发展关系，构建供应链竞争优势。

（4）以供应链创新方式管理供应链中的信息流、物流与服务流，建立供应链信息共享的高效运营机制，基于事实、数据做出系统化决策。

（5）利用供应链实现价值链的增值，引领价值链创新，实现供应链多赢及共同成长。

1.3 供应链的动态性

1.3.1 供应链的动力机制

供应链中各个企业的运作之间存在一定的动力机制，可能会导致决策失误、准确性下降和不确定性增加，而且这种影响将会沿着供应链向上游移动，并在运动过程中不断增大，如图1-7所示，这就是供应链中的"牛鞭效应"（Bullwhip Effect）。最早发现这一现象的是麻省理工学院斯隆管理学院的教授福雷斯特（Jay Wright Forrester），在他1961年出版的著作《产业动力学》（*Industrial Dynamics*）中提及。1997年李效良（Hau Lee）等学者在《斯隆管理评论》上发表了《供应链中的"牛鞭效应"》论文。"牛鞭效应"是供应链运作过程中的一种信息扭曲现象，这种现象直接导致供应链效率的降低——库存投资增加、顾客服务质量差、利润减少、能力误导、生产与运输计划的失效等。由于信息流逆供应链而上（从顾客到供应商），逐级扭曲，导致需求信息的波动越来越大。这种信息扭曲如果和企业制造过程中的不确定因素叠加在一起，将导致巨大的经济损失。

1995年，宝洁公司（P&G）管理人员在考察婴儿一次性纸尿裤的订单分布规律时，也发现了"牛鞭效应"：某一地区的婴儿对该产品的消费比较稳定，零售商那里销售量的波动也不大，但厂家从经销商那里得到的订货量却出现大幅度波动，同一时期厂家向原材料供应商的订货量波动幅度更大。

模拟供应链运营的"啤酒游戏"也证实了供应链运行中存在的"牛鞭效应"，这不是意外，而是供应链存在的系统性问题。

导致这一情况的主要原因，并非是单纯的错误、误解，而是一个非常理性的理由：供应链内每一环节都想以最明智的方式来制订生产计划、采购计划，管理库存水平。

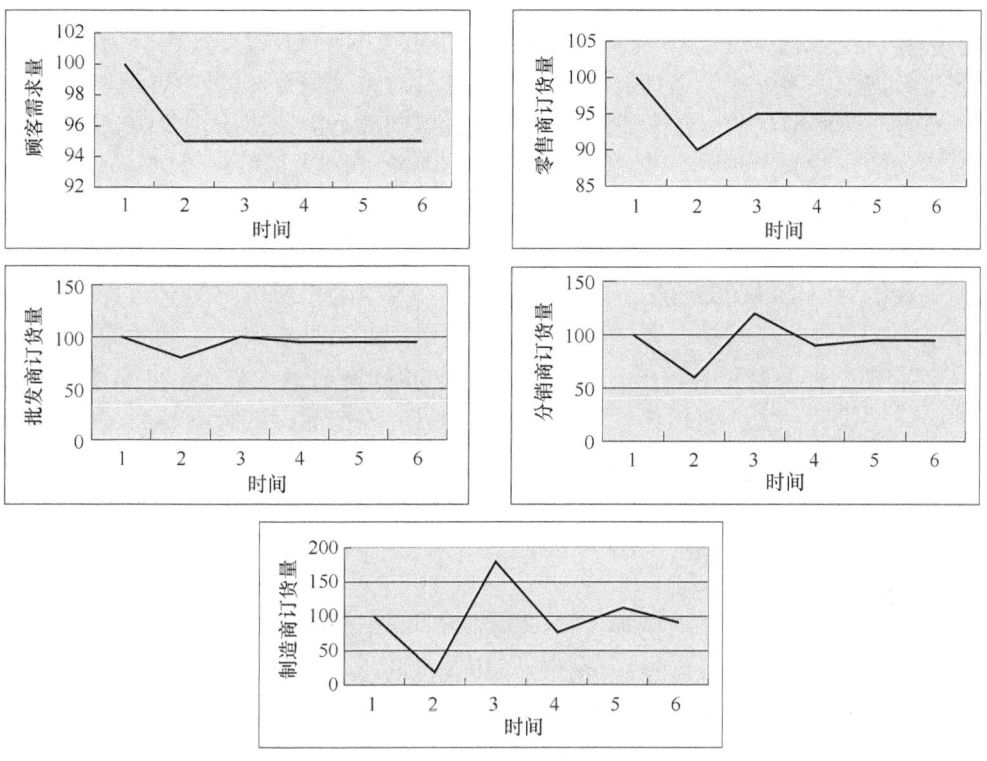

图 1-7　供应链中订货数量由顾客端向上游逐级放大

1.3.2　供应链"牛鞭效应"的成因

供应链运作中"牛鞭效应"的成因可以归纳如下六点。

（1）需求预测修订。在传统的供应链中，各节点企业总是以其直接下游的需求信息作为自己需求预测的依据。例如，当某企业销售了 100 个产品时，他可能会乐观地估计未来，也为了保证不断货，他会增加进货，达到 120 个。同样地，由于信息的不完全，批发商和分销商也可以做出比以往更多的库存的决策，传到制造商时，订单可能就是 200 个甚至更多。而实际需求最多不会超过 110 个，"牛鞭效应"也就产生了。

（2）订单批量决策。在供应链中，每个企业都会向其上游订货，一般情况下，销售商并不会来一个订单就向上级供应商订货一次，而是在考虑库存和运输费用的基础上，在一个周期结束或者汇总到一定数量后再向供应商订货；为了减少订货频率，降低成本和规避断货风险，销售商往往会按照最佳经济规模加量订货。同时，频繁的订货也会增加供应商的工作量和成本，供应商也往往会对销售商在数量和订货周期上有要求，此时销售商为了尽早得到货物或全数得到货物，或者为备不时之需，往往会人为提高订货量。这样，订货策略就导致了"牛鞭效应"。

（3）价格波动。供应链中的上游企业经常采用一些促销策略，如价格折扣、数量折扣等。对下游企业来说，如果库存成本小于由折扣所获得的利益，那么在促销期间，他们为了获得大量含有折扣的商品，就会虚报商品的销售量，然后将虚报的商品拿到其他市场销售或者推迟到促销结束后再销售，也有的将这一部分商品再转卖给其他经营者，这样就引起了需求极大的不确定性。而对消费者来说，在价格波动期间，他们会改变购买，但这并不能反映消费者的实际需求，因为他们会延迟或提前满足部分需求。如每年的三次长假，由于商家的促销，消费者会将假前的部分需求推迟，也会将以后的部分需求提前，集中到假期消费，这样需求的变动就比较大。所以，价格波动会产生"牛鞭效应"。

（4）短缺博弈。当需求大于供应时，理性的决策是按照订货量比例分配现有供应量。例如，总的供应量只有订货量的 40%，合理的配给办法就是按其订货的 40% 供货。此时，销售商为了获得更大份额的配给量，故意夸大其订货需求是在所难免的。当需求降温时，订货又突然消失，这种由于短缺博弈导致的需求信息的扭曲最终导致"牛鞭效应"。

（5）提前期。提前期是由用于订单处理、采购和制造商品，以及在供应链不同阶段运输商品的时间构成的。提前期越长，对企业的订购点和安全库存的影响越大，也会降低需求信息的时效性，从而引起"牛鞭效应"。

（6）供应链的结构。一般地说，供应链战线拉得越长，供应商离消费者越远，对需求的预测越不准确。同时经过各环节的传递及各企业安全库存的多层累加，需求信息的扭曲程度越大，"牛鞭效应"越明显。

通过以上的分析，我们可以发现，"牛鞭效应"产生的根本原因在于供应链的上、下游企业间缺乏沟通和信任机制，而每一个企业采用理性的思考方式，考虑各自的利益，由此造成需求信息在传递过程中被不断地扭曲。这是企业自己造成的波动与延迟，而不是他人。但是，大家都在埋怨、指责合作方，这就会进一步造成对合作方的伤害，不再信任，造成供应链更加混乱的局面。

1.4 供应链管理的全局观

1.4.1 全球供应链

1. 全球供应链的兴起

如今社会存在着一个明显的趋势，就是全球供应链的发展壮大。不断改善的信息通信和更好的运输工具意味着距离不再那么的重要，组织将具有全球眼光，它们可以有效地在全球市场购买、运输、存储、制造、销售和配送商品。列昂蒂亚迪（Leontiades，1985）在其跨国公司战略研究论文中曾指出："20 世纪最重要的现象之一就是工业的国际化扩张。实际上，所有的大企业都在它们本土之外进行重要和持续的业务拓展。"工业化国家之间一半的贸易可能发生在同一家企业的子公司之间（Julius，1990），例如，由美国企业出口到它们的海外子公司，或者是美国在其海外的制造公司又将产品进口到美国本土市场。

多种因素促进了全球供应链及国际贸易业务的发展，主要包括以下八点。

（1）新兴市场不断增加的需求。当发展中地区的经济变得具有前景，外国公司意识到在新兴市场销售它们产品的机会来临了。

（2）瞄准规模经济的制造商。许多制造业务依赖稳定、大规模的产品生产。其最优经济规模通常比单一市场的需求更大。

（3）对供应商的需求增大。当顾客的需求越来越多时，当地的供应商可能无法满足他们的需求，组织必须从更广的区域来寻找最好的资源。

（4）市场需求的"同质化"。不同的市场逐渐接受相同的产品，至少在制造完成时差别极小，如可口可乐、麦当劳几乎可以在世界上任何一国销售同一种商品。

（5）贸易壁垒的消除。许多自由贸易区特别鼓励国际化运营，包括上海浦东自由贸易区、欧盟和北美自由贸易区。

（6）灵活的物流运营。良好的物流可以使国际贸易更轻松，例如，集装箱和多式联运使得货物运输更方便、更快捷、更便宜。

（7）专业化运营支持。许多组织专注于它们的核心竞争力，将物流业务外包给第三方。外包业务地点由其他组织决定，甚至可能不在同一国家。

（8）企业之间通信便捷，消费者之间沟通改善。网络和其他沟通渠道使得顾客能更好地关注当地之外的产品。

当然，实践中也可能存在着严重的障碍和困难。有时候产品设计存在问题——不同的地区要求不同的产品，产品本身不会国际化，或者顾客并不看好这些产品。有时候，顾客需要某种产品，但是不可能实现交货，诸如边境贸易壁垒问题。不够完善的基础设施、流失的技术资源和人力技能以及其他的文化差异等也影响着产品的跨国流通。不过在各国的努力下，这种情况正在改变。例如，跨国的自由贸易区政策，国与国之间的双边或多边贸易自由化协议的签署等都为全球供应链的运营大开绿灯。

对企业而言，一个普遍存在的问题是寻找一种合适的组织结构来进行全球供应链的运营，企业面临的主要选择是在国内、国际、多国间还是全球范围运作。通常，国内企业仅仅在本国市场上开展业务，然后出口商品到外国的其他企业。国际化的企业将总部设在一个国家，通过这个总部来控制在别国子公司的业务活动。跨国公司由一些相互联系但是位于不同国家的独立公司组成。跨国公司将世界市场当作一个市场，在效率和效益最高的地方经营。这些描述可能过于古板，组织通常在面对当地的条件、实践和需求时会更灵活，这会产生一个更加松散的"跨国界"组织，它涉及不同类型的业务，但是仍然具有公司的统一文化。

2. 全球供应链及其特点

大卫·赫舒拉发（David Hishleifer，1956）认为，全球供应链（Global Supply Chain）是指在全球范围内组合供应链，它要求以全球化的视野，将供应链系统延伸至整个世界范围，根据企业的需要在世界各地选取最有竞争力的合作伙伴。全球供应链管理强调在全面、迅速地了解世界各地消费者需求的同时，对供应链进行计划、协调、控制和优化。在供应链中的核心企业与其供应商以及供应商的供应商、核心企业与其销售商乃至最终消费者之间，依靠现代网络信息技术支撑，实现供应链的一体化和快速反应，达到商流、物流、资金流和信息流的协调通畅，以满足全球消费者需求。全球供应链能实现一系列分散在全球各地的相互关联的商业活动，包括采购原料和零件、处理并得到最终产品、实现产品增值、对零售商和消费者的配送、在各个商业主体之间交换信息，其主要目的是降低成本、扩大收益。

当企业供应链的活动由国内发展到国外，产品流动穿越不同国界而遍布世界时，就会面临全球供应链网络的挑战与机遇。从管理的观点上看，经济全球化将给供应链管理带来更多的不确定因素，从而使全球供应链面临更大的经营风险和更高的经营难度，主要体现在以下几个方面。

（1）汇率和通货膨胀对全球供应链运营的影响巨大。汇率和通货膨胀是影响全球供应链的两个复杂的经济因素。汇率将影响任何国外买家、供货商或竞争对手的公司的经济状况，进而影响输入成本、销售价格与销售量。通货膨胀则影响一个企业从生产到销售的全部过程。

高效的全球供应链运营可以有效消除因局部汇率变化和通货膨胀而给企业带来的不利影响。企业可以与许多不同国家的供应商建立关系，并采取动态管理方法，不断调整和吸收新的国际供应商。这样，企业就可以根据汇率的变化，将它的采购对象及时转移到那些能够提供输入最低成本的供应商，尤其是那些货币价值被长期低估的国家的供应商，这样就可以最大限度地获得汇率上的好处。对于存在多重生产来源和过量产能的全球供应链来说，通过网络把过量的产能在不同国家重新分配，可以有效地避免汇率波动带来的风险。

处于全球供应链上的节点企业，应对通货膨胀的有效方法就是及时提高价格与尽可能缩短收款期和订货提前期，这样就可以确保快速和准确的配送。企业应与客户及时完全地沟通。

（2）地理距离导致更高的库存。全球供应链穿越不同的国家，从而使供应链的空间距离拉大，这意味着更长的运输周期，必然导致各种不确定因素的增加、存货的增加、市场环境的变化和顾客需求的变异等。例如，越过不同国家边界的商品运输，会由于各个国家烦琐的海关手续程序而拖延时间。应付各种可能存在的不确定性就需要通过增加缓冲存货来应对，这必然加剧"牛鞭效应"的程度。所以，供应链空间距离的增加将可能造成大量的库存，从而增加管理费用和供应链成本。

管理全球化工厂网络的企业在供货商位于不同地理位置的情况下，要面对如何安排及时生产的挑战。一些企业发现，面对时差，与远程供货商进行信息交流是非常困难的。例如，某大型计算机企业要完成全球采购是如此复杂，以至于无法对销售国家实现及时交货；虽然商品在 2~3 天就可以完成通关手续，但是文件等问题会导致延误的情形发生。

（3）准确预测更加困难。共同组成供应链企业来自不同国家，处在不同的文化、经济和法律环境下，并使用不同的语言，这就意味着供应链上的各个节点企业，一方面以不同的视角，通过预测来评估未来的市场演变；另一方面因相互间的交流和沟通更加困难，而对同一信息的理解就有可能存在偏差，这就可能使各个节点或部门建立在同一信息基础上而形成不同的预测结果。同时，客观的空间距离拉长导致不确定因素的增加，结果企业会发现自己正在使用高度失真的不准确信息，这必然使预测的准确度下降。因此，在全球化供应链中，往往靠增加安全存货量来应对预测的不准确及需求的不确定。

（4）技术障碍更大。全球供应链节点企业在不同国家经营，因而在基础设施、设备和人员等方面有可能遇到障碍，如员工技术和供应质量等，都会影响整体供应链的运作。员工技术的高低将会影响或改变企业在新的环境中可能采用的技术。原物料短缺会影响供应商生产，原物料短缺是全球供应链遇到的严重问题。进口原物料因外汇准备不足而被限制输入，或者进口供货商部门失误和运输系统不完整，都会造成供应延误，这样会使企业面临供应上的障碍。供应短缺或不稳定会在全球供应链的规划过程中引起混乱，同时，也使得某些工厂在网络中不可能达到及时供应和生产。

在某些国家，缺少加工设备和加工技术也会严重地阻碍某种产品的开发和生产过程。在这种情况下，企业不得不在本地进行研发工作，发展本地的加工设备和加工技术。

严重不足的运输设施将会延长供应链活动周期，其结果是增加供应不确定性、配送费用和控制配送渠道的难度。信息技术的不足意味着缺少及时、可靠的信息交流，这样会导致企业不能及时了解和全面把握市场，从而影响企业全球竞争战略的实施。

（5）供应链涉及的产品具有多变性，但需要模块化。全球市场中，不同国家和地区所接受的产品和服务差异很大，并且由于产品种类更多，环境更复杂，所以产品变型的可能性更大。往往需要跨国公司给许多不同国家的消费者提供个性化产品与服务。通常，为制造一种适合不同市场的产品，企业会先生产一个基本产品，其中包含大部分的通用特性和组件，最后再通过增加组件、本地组装使产品适合本地市场的需求。例如，对不同国家所销售的计算机会有所不同，其电压、频率、插座规格、键盘和手册等都必须与当地环境相匹配。

1.4.2 供应链管理同步化

1. 供应链管理活动

供应链理事会（Supply-Chain Council，SCC）早年提出了一个供应链参考模型（Supply Chain Operation Reference，SCOR）。SCC 将 SCOR 看作描述和运用过程的工业标准。在 SCOR 中，计划、采购、生产、交付作为四个基本流程类型（将在 2.4 节详细介绍），是企业建立供应链、对接流程的起点。

通常，单个企业无法控制从原材料产地到最终消费地的产品流通全过程，因此对单一企业来说，供应链管理往往是对与企业有直接联系的采购与供应、实物的配送渠道等予以管制，并实现与企业物料管理、订单管理、客户服务的集成，实现一体化的物流管理（Logistics Management）。在 20 世纪 60 年代，需求预测、采购、需求计划、生产计划、库存管理、仓储管理、物料搬运与包装、配送计划、订单管理、运输等都是孤立的活动，由相应的职能部门完成。后来在供应与生产方面，物料实现了统一的管理，在产品交付方面实现了统一的配送管理。

从前面供应链管理的发展阶段可以看出，供应链管理已经远远超出传统的物料管理的范畴。供应链管理把供应链中所有节点企业看作一个整体，涵盖整个物流的，从供应商到最终用户的采购、生产、交付、退货、零售等职能领域过程。"供应"是整个供应链中节点企业之间事实上共享的一个概念（任意两个节点之间都是供应与需求关系），同时它又是具有重要意义的战略方案，其原因有：①它影响或决定了整个供应链的成本和市场竞争力；②供应链管理需要集成的思想和方法，而不仅仅是节点企业、技术方法等资源的简单对接；③供应链管理具有更高的目标，通过管理库存和合作、信任关系去达到满足顾客需求的能力。

曼泽尔（Mentzer）等人认为供应链管理是传统企业各个部门之间，供应链上各个企业之间的系统的、具有战略性的协调活动，其目的是改善企业及供应链各个环节的长期运营绩效，他们提出的供应链管理模型如图 1-8 所示。

从曼泽尔供应链管理模型中可以看出供应链管理的范围与聚焦点，供应链管理的目标是实现供应链上所有成员企业的多赢局面，获取供应链整体竞争优势和赢利能力，提高顾客满意度。

2. 供应链集成管理

供应链集成管理反映了企业部门间、全球化环境下企业间的协调与集成。供应链企业之

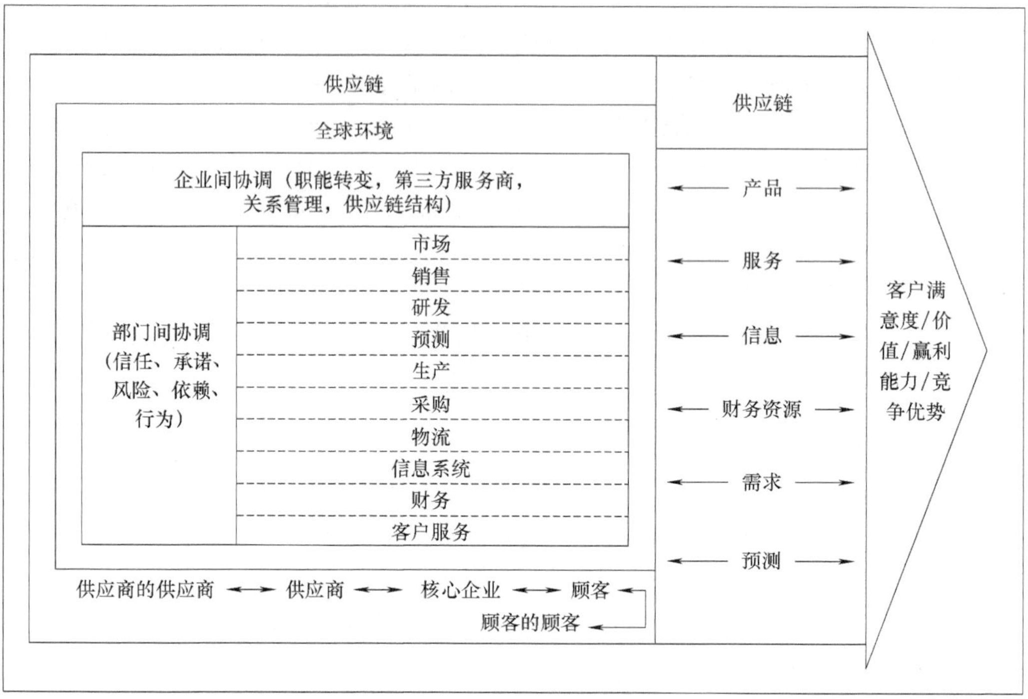

图 1-8 曼泽尔（Mentzer）供应链管理模型

间和各企业内部的物流、业务流程、财务资源和信息等需要综合集成。供应链上下游企业之间的关系是供需关系，不仅彼此相容，而且互补。各成员企业所拥有的资源和核心能力具有互补特征。供应链集成管理的目的在于通过合作伙伴之间的有效合作与支持，提高整个供应链中物流、价值流、信息流和资金流的通畅和快速响应，提高增值性，使所有与企业经营活动相关的人、技术、组织、信息以及其他资源有效地集成，形成整体竞争优势。在市场竞争中，各成员把主要精力用在培育自身的核心能力上，达到强强集成的效果。从这方面来说，供应链集成管理是获取基于核心能力集成的竞争优势的管理模式。在这一模式中，各成员都可以从整体的竞争优势中获得风险分担、利益共享的益处。

克里斯托弗（Christopher，1996）提出，供应链可能不仅是单纯的三四个成员企业的线性连接，需方/供方或买者/卖者之间的连接方式对改进供应链中的物流和信息流非常重要。克里斯托弗还提出了供应链管理的观点，如，供应链之间的竞争并非单个公司的竞争；供应链成本降低和价值增加的多数机会存在于供应链成员集成的方式上；供应链竞争是基于增值的信息交换；供应链的集成（或整合）意味着面向顾客的业务流程的整合；供应链竞争力的提升需要供应链整体战略的决策。

1.4.3 集成化供应链物流

20世纪70年代末至80年代中期，随着计算机及应用软件的发展，企业制造资源计划（Manufacturing Resources Planning，MRP Ⅱ）、准时化生产（Just in Time，JIT）等先进管理技术获得广泛应用与完善，从而推动了物流活动一体化的进程。1984年，沙曼（G. Sharman）在《哈佛商业评论》发表的《物流的再发现》一文指出，企业高层管理人员应重视物流在企业规划和战略决策中的重要作用。1985年，哈瑞斯（W. D. Harries）和斯达克（J. R. Stock）在市场营销研讨会上发表了《市场营销与物流的再集成——历史与未来的视角》，强调了物流在营销、顾客服务水平方面的战略作用，提出了营销与物流一体化的必要性，这无疑又从顾客驱动的下游推动了物流供应链过程一体化的研究与实践。

同期，欧洲协作物流协会（Corporate Logistic Council）推动了供应链物流的发展，并开始应用供应链物流的概念，发展联盟型或合作型物流新体系。供应链物流强调的是在商品的流通过程中企业间的合作，改变原来各企业分散的物流管理方式，通过供应链物流这种合作型的物流体系来提高物流效率。物流需求信息可直接从仓库出货点获取，通过传真方式进行信息交换，产品跟踪采用条形码扫描；信息处理的软硬件平台是客户/服务器模式和商品化的软件包。在这一时期，第三方物流（Third Party Logistics，3PL）开始在欧洲兴起。

20世纪90年代，为降低成本，不少美国企业纷纷把加工厂转移到劳动力便宜的国家和地区。为了促进产品的销售，各企业也热衷于建设全球网络，如可口可乐、百事可乐等都通过遍及全球的物流网络，提供世界范围的服务。跨国企业纷纷在国外，特别是在劳动力价格比较低廉的亚洲地区建立生产基地，生产零部件，甚至建立总装厂。由于生产地与需求地的跨国性，国与国之间的商品流通量呈现增加趋势，国际贸易快速增长，全球物流（全球物流主要关注进口国与出口国之间的物流和信息流）应运而生。跨国企业开始关注其跨越多国的生产与分销集成的全局物流。这一时期，欧洲的供应链着眼于整体提供产品和物流服务的能力。为了应对顾客的物流服务要求，建设了许多具有一定规模的综合物流中心。

此时，第三方物流在欧美得到迅速发展。全球化、合作伙伴、服务型经济、环境等因素使企业运营环境发生了深刻变化，时间开始成为企业运营中最重要的因素之一。物流信息系统和电子数据交换（Electronic Data Interchange，EDI）技术，以及互联网、条码、卫星定位系统及无线射频技术在物流领域中得到应用。物流的需求信息直接从顾客消费点获取，采用电子数据交换方式，应用无线射频标识技术进行产品跟踪，应用互联网和物流服务方提供的软件进行数据交换与处理，现代化的全球物流体系已经形成。

1995年，荷兰TNO物理与电子实验室运筹学部派特·思兰茨（Piet A. Slats）等人给出了一体化供应链物流的定义。一体化供应链物流是所有与物料流和信息流直接相关或间接相关的活动和系统的集成。一体化供应链物流管理主要定位于面向产品，也关注供应商和分销商/客户的联系。主要有以下特点：①强调供应链整体绩效，物料流与信息流是多维集成体；②将物料流与信息流的控制集成在供应链结构中，消除古典物流结构中的多重组织层次协调、库存以及物料流和信息流控制中的浪费；③特别需要过程、部门、功能、组织、规定和系统的集成，关系管理和伙伴关系是根本；④面向业务、功能集成、关注顾客、关注新技术与信息系统的利用；⑤供应链上多个企业联合起来共享技术、资源，这种合作以计算机网络、信息技术工具和协议为基础。

一体化供应链物流管理把供应链上的各个企业作为不同的子系统，使供应链上各企业分担的采购、生产、分销和销售的职能成为一个协调发展的有机体。一体化供应链物流管理需要注重总体物流成本与顾客服务水平之间的关系，为此，要把供应链各个职能部门有机地结合在一起，从而最大限度地发挥供应链整体的力量，达到供应链企业群体获益的目的。

可见，一体化供应链物流管理需要供应链管理，供应链管理不仅包括物流管理，而且还应包括供应链战略与规划、关系管理、信息服务、分销管理与财务管理等。供应链管理要研究商品流、物流活动，还要考虑企业间资金流管理（涉及汇率、成本等）、产品质量、供应与需求渠道、信息管理等。

供应链与物流系统不是孤立存在的，因为制造商物流系统的进厂物流和其供应商物流系统的出厂物流是连接在一起的，制造商物流系统的出厂物流和其他制造商的进厂物流或城市配送物流是连接在一起的。供应链管理要求供应链网络中所有组织构建的物流系统不能孤立地运作，而应从总体上形成合作的、协调的物资流和商品流。可见，供应链物流管理应该更加注重系统的协同与整合。

日本政府于1997年4月制定了一个具有重要影响力的《综合物流施策大纲》，要求到2001年，既要达到物流成本的效率比，又要实现不亚于国际水准的物流服务，为此要求各相关机构要联合起来，共同推进物流政策和措施的制定。该大纲是日本物流现代化发展的指针，对于日本物流管理的发展具有历史意义。该大纲要求到2001年日本物流发展要实现三项基本目标。

（1）实现亚太地区物流服务的便利性，增强其活力。

（2）实现对产业竞争不构成阻碍的物流成本水平。

（3）减轻环境负荷。

为实现上述目标，大纲中还制定了实施措施。

（1）通过相互合作来制定综合措施。为确保建立适应消费者需求的有效运输体系，以及创造良好的交通环境，道路、航空、铁路等交通机构要合作，共同制定综合交通措施。

（2）通过竞争促进物流市场活性化。

（3）促进社会资本的合作与集中使用。提高运输能力，消除物流瓶颈，建设国际港口、机场及相应的高规格道路，建设主要干线铁路、公路。建设大都市圈物流中心，在法规和政策上进一步推动物流的效率化。

（4）促进物流系统的信息化、标准化，实现无纸贸易。

（5）对城市物流要建立道路交通的畅通机制，提高汽车装载效率，提高物流服务质量，减轻环境负担，对地域之间的物流要进一步完善多方式运输的竞争条件，实现多式联运，促进水路、铁路货运，建立区域性物流中心及道路。

（6）对于国际物流要进一步缩短物流的时间和成本，纠正内外价格差，提高产业竞争力。

（7）建立各机构、各部门合作的政策推进体制，推进各政府机关、地方团体、物流业者和货主联合采取物流现代化措施，形成整体效应。

近年来，我国物流业发展获得了政府的高度重视。国务院于2014年9月12日发布《物流业发展中长期规划（2014—2020年）》（国发〔2014〕42号，以下简称《规划》），要求建立布局合理、技术先进、便捷高效、绿色环保、安全有序的现代物流服务体系。要求提升物流规模化、集约化水平，广泛应用新的物流装备与技术，提高物流企业的一体化运作、网络化经营能力、信息化和供应链管理水平，加强物流基础设施网络建设，优化物流园区网络体系布局，发展现代物流运作方式，提高物流整体运行效率，降低全社会物流总费用。《规划》提出了三大发展重点、七大主要任务以及十二项重点工程。2017年1月国家发展与改革委员会经贸司委托中国物流与采购联合会对《规划》实施两年多来的情况进行了第三方评估，系统总结《规划》实施效果以及存在的突出问题。评估认为各项工作取得积极成效，有力推动我国物流业圆满完成"十二五"各项发展任务。物流整体运行效率明显提升，2016年社会物流总费用与GDP的比率比2013年降低3个百分点；物流社会化、专业化水平进一步提高，"互联网+"高效物流、"智慧物流"等推动新模式、新业态不断涌现；物流企业依靠资源整合、跨界融合进行联盟合作、兼并重组使自身竞争力得以持续增强，物流企业服务范围逐渐向产业链、价值链高端延伸。

2014年10月27日，财政部、商务部、国家邮政局联合下发了《关于开展电子商务与物流快递协同发展试点有关问题的通知》，在试点城市建立适合电子商务快速发展的物流快递管理制度和服务体系；将电商物流快递基础设施建设纳入城市总体规划，完善通道与节点布局，保障城市配送基础设施建设用地，合理布局大型物流中心、分拨中心、"仓配一体化"的快件处理中心的建设。2018年交通运输部科学研究院和中国经济信息社发布《中国交通物流发展指数（TLDI）报告》，指出中国交通物流发展指数通过运输服务、基础设施、技术装备、市场环境四个维度评估，交通运输推动物流业健康发展主要体现在：运输服务品质稳步改善；基础设施建设增速放缓，从规模增量向质量升级稳步转变；技术装备水平不断提升；诚信体系逐步完善，市场在资源配置中的作用加速释放。

2017年10月13日，国务院办公厅印发《关于积极推进供应链创新与应用的指导意见》（以下简称《意见》），指出"供应链是以客户需求为导向，以提高质量和效率为目标，以整合资源为手段，实现产品设计、采购、生产、销售、服务等全过程高效协同的组织形态"。"供应链具有创新、协同、共赢、开放、绿色等特征"，可以"促进产业组织方式、商业模式和政府治理方式创新"。《意见》指出，推进供应链创新与应用，有利于推动集成创新和协同发展，是落实新发展理念的重要举措；有利于促进降本增效和供需匹配，是供给侧结构性改革的重要抓手；有利于打造全球利益共同体和命运共同体，推进"一带一路"建设落地，是引领全球化提升竞争力的重要载体。

以制造企业为核心打造的供应链，可实现从原材料采购到中间产品加工再到最终产品出厂的一体化整合和全过程协同，内部流程优化和协同能力提高能有效降低生产和交易成本，提高生产和销售效率。以商贸企业为核心打造供应链，可实现供应商与销售商之间协同计划、预测和补货，使市场变化信息能迅速反馈至供给侧，提高需求响应速度。以电商平台为核心构建供应链，可以将顾客需求迅速反馈至制造、加工企业，是互联网时代新出现的电商供应链平台模式。这一供应链中聚集了大量中小微企业和成千上万的消费者，集成信息、整合资源，促进供需匹配。以服务企业为核心构建供应链，可提供覆盖产品研发、设计、生产、物流、分销等全生命周期的专业化服务，专注核心业务，提高市场竞争力。不管以何种企业来构建供应链，都应该以消费者利益为最终目标，构建环境友好的可持续的供应链，使核心企业与扩展企业互联互通，合作共赢，形成命运共同体。供应链促进了不同产业的深度融合，衍生出制造服务业、流通制造业、物流金融业等新型业态，促进了产业结构的优化调整。

以提高发展质量和效益为中心，以供应链与互联网、物联网深度融合为路径，以信息化、标准化、信用体系建设和人才培养为支撑，创新发展供应链新理念、新技术、新模式，高效整合各类资源和要素，打造大数据支撑、网络化共享、智能化协作的智慧供应链体系。

我国计划到 2020 年，形成一批适合我国国情的供应链发展新技术和新模式，基本形成覆盖我国重点产业的智慧供应链体系，培育 100 家左右的全球供应链领先企业，中国成为全球供应链创新与应用的重要中心。

【案例分析】

迈向供应链管理，谁是链主？

乌莱铭公司正在设计一个新产品，马上就要面市了。乌莱铭公司的采购经理提出，这个产品的供应商不太好管理，物料的加工流程非常复杂，未来物料供应可能是一个瓶颈。采购经理向公司领导层展示了整个复杂的供应链：先是机械铝制件，然后电镀，然后清洗，再喷镀一层纯度非常高的稀土化合物，最后再清洗一次，送货。生产周期长达两个月，零件多次往返于四个供应商之间，属于典型的复杂供应链。交货周期如此长、供应链如此复杂的零件，挑战性十足。采购经理提议，为了保障今后的供应平稳，乌莱铭公司应考虑引入供应链管理的制度。

为此，乌莱铭公司领导召集了四个供应商来讨论为新产品建立供应链管理的议题。会议一直争论不止，从早上一直开到晚上，还没有结果。大家讨论的焦点主要是以下三点。

首先，谁是链主？由谁管理供应链？供应链上多个供应商之间的沟通、协调异常复杂，要消耗很多人力及其他资源。问题还不止于此。由于供应商一般都是技术性非常强的公司，竞争对手较少，买方的力量相对较小，管理上就更加困难。如果遇到质量问题或延迟交货、短发货，供应商之间扯皮的事非常多，所以，牵头整个供应链的供应商一定要有相当的管理能力。以前曾经让机械加工厂负责整个供应链，但很快发现行不通。因为机械加工厂对表面处理（清洗、喷镀、电镀）的了解很少，从技术上没法牵头。他们的管理水平也并不能使其成为领头羊角色。于是，目标转到做稀土喷镀的公司，因为他们从技术上讲最先进，附加值最高，所获营业收入最高，公司规模相对最大，管理水平也高于其他公司。例如，喷镀公司隶属于一家数百亿美元收入的大公司。这家公司的卖点之一就是帮助管理整个供应链，提供给最终客户一个完整的解决方案或产品。但乌莱铭公司并不想把领导权白白地让出，然而，自己又没有供应链管理的经验。

其次，如何处理协调？相互扯皮怎么办？确定了牵头供应商并不代表从此相安无事。供应商之间互相扯皮、推诿的事时有发生，甚至最终客户都有可能被拉进来。这次的会议就是例子，就是因为牵头供应商没法摆平另一些供应商。这也是需要供应链管理的领导者展现组织能力、协调能力、个人魅力，恩威并用的时候——是产能问题，还是供应商注意力不够？是技术问题，还是经济问题？是有些供应商没有尽职，还是供应链本身太复杂，供应商没能力管理？各方的利益都需要协调。如果一些供应商仍旧不服管教，那么就得警告。因为供应商总是往前看，到手的生意重要，但将来可能到手的生意更重要，要有上升的空间和发展的远景。虽然做了沟通协调，但并不是所有问题都会得到妥善解决，需要供应链的管理者做出决断。

最后，人员问题如何解决？由于此类复杂供应链的管理难度较大，现在这些供应商大部分都还没有建立供应链管理部门。各个供应商是否需要有专人协调管理供应链，而不是由计划人员或销售工程师代管?因为供应链对人员要求太高,这也是此类岗位的薪酬水平较高的原因。乌莱铭公司是否还需要雇佣相当资质的管理人员?

【讨论题】

(1) 为这个新产品设计供应链管理方案。你认为如何有效开启供应链管理?
(2) 以供应链的全局观,看看这个新产品供应链管理中有没有漏掉的环节。

习　　题

1. 你如何理解供应链、供应链管理?
2. 供应链管理包括哪些重要的理念?与传统企业管理有何不同?
3. 你认为供应链管理思想是一种时髦思想的炒作吗?几年后会消失吗?
4. 为什么企业不买下他们的供应商与主要经销商来组建大型企业集团,而是实施供应链管理呢?
5. 解释供应链的"牛鞭效应"及其成因。
6. 说明全球供应链兴起的必然性。
7. 如何看待供应链管理的全局观?
8. 在引导企业开启供应链管理的进程中,我国政府出台了哪些新政策?

第 2 章 规划设计供应链

【本章要点】
1. 供应链需求管理、预测与客户服务；
2. 不确定环境下的供应链管理战略与领导力；
3. 供应链规划与设计、权衡分析；
4. 供应链运作参考模型：流程对接及绩效评价；
5. 供应链项目管理。

2.1 需求管理、预测与客户服务

2.1.1 供应链的整体需求管理

1. 供应链需求管理

市场上经常会出现某种产品供大于求或供不应求的现象，这种现象的产生通常是对市场需求的盲目乐观或过于悲观，这样不仅会使企业遭受经济损失，还会造成社会资源的浪费。供应链企业更应做好需求管理，以提高企业供应链乃至社会整体的效益。

根据布莱克威尔（Blackwell）的观点，需求管理需要"集中精力来估计和管理客户需求，并试图利用该信息来制定经营决策"。传统的供应链管理的核心是处于主导地位的制造商或零售商，消费者处于被动接受的地位。关注的焦点大部分是产品渠道上的变化，如信息共享、存货周转期、节点企业的产销率、成本、库存、配送等。远离最终用户和消费市场的生产商决定销售什么、何时、何地销售及销售多少，这反映了生产和需求之间存在"隔阂"。随着市场竞争日趋激烈、互联网及信息技术的不断发展、消费者需求水平的不断提高，消费者的地位开始逐渐提升，消费者需求在供应链中占据了主导地位，左右着供应链的运营模式。因此，对需求管理的任何关注都将为整个供应链创造效益。

管理是一门艺术，在需求管理过程中，企业还应学会如何促进部门之间的协调，避免"功能孤岛"的存在，使各部门对需求信息做出相应的响应；应合理而不是片面强调需求预测，要注重供应链的合作和根据预测产生的战略与经营计划；需求信息不仅要应用于策略和运营，还要用于战略目标。总之，需求管理是供应链管理中首要考虑的关键步骤，它不仅是满足消费者需要的一种过程，也是实现供应链中各部分、各环节最佳衔接及定位的过程。它改变了企业与消费者之间的互动方式，由传统供应链中企业主导型的推动管理方式转变为消费者主导型的拉动式管理方式，实现"将特定数量、合适质量的恰当产品以合适的成本，在规定的时间,送到指定的地点,交给特定的消费者"的物流特征,树立时效观念和互联互通意识,以保证供应链运转过程的顺畅和时效,从而实现企业资本的循环和增值。

2. 供应链前端需求管理的发展阶段

供应链前端需求管理的发展经历了如下几个阶段。

(1) 生产观念。生产观念流行于 19 世纪末 20 世纪初,"我们生产什么,就卖什么"。企业应当组织和利用所有资源,集中一切力量提高生产效率,降低成本,增加产量,扩大分销范围。生产观念的指导思想是重生产、轻营销。美国福特公司 1914 年开始生产的 T 型车,就是在"生产导向"经营哲学的指导下创造出的奇迹。福特汽车供不应求,用亨利·福特的话说:"不管顾客需要什么颜色的汽车,我只有一种黑色的;不管顾客需要什么型号,我只有一种 T 型车。"福特 T 型车生产效率趋于完善,成本降低,使更多人买得起,市场占有率达到近六成。

(2) 产品观念。产品观念几乎与生产观念同时代并存,都是重生产、轻营销。产品观念认为消费者喜欢多功能、高质量和具有某些特色的产品。因此,生产者的中心是致力于生产优质产品,并不断精益求精,将产品做到极致。芬兰真力(Genelec)公司将有源音箱做到真实、精准地还原声音原貌,格莱美、春晚、《中国好声音》等节目及世界著名歌手的音响系统几乎被其垄断。但如果设计者过于迷恋自己的产品而极少让消费者介入,以至于没有意识到产品可能并不迎合时尚,就有可能向背离市场的方向发展。

(3) 推销观念。推销观念是"卖方市场"向"买方市场"转化过渡阶段的产物。流行于 20 世纪三四十年代。推销观念认为,由于购买惰性或抗衡心理,如果没有积极推销和大力促销,消费者就不会自觉地购买大量本企业的产品,企业管理的中心任务是诱导消费者购买产品。相信产品不是"被买去的",而是"卖出去的","我卖什么,就设法让人们买什么"。至今许多企业还是依赖于产品的推广和广告活动,对消费者进行无孔不入的促销信息"轰炸",以求说服、甚至诱导消费者购买。

(4) 市场营销观念。市场营销观念形成于 20 世纪 50 年代,是以消费者需要和欲望为导向,是消费者主权论的体现。"尽我们最大的努力,使顾客的每一美元都能买到十足的价值和满意"。市场营销观念认为,企业应一切以消费者为中心,正确确定目标市场的需要和欲望,并且比竞争对手更有效、更有利地传送目标市场所期望的产品和服务。它要求企业营销管理贯彻"顾客至上"的原则,进行市场调研,根据市场需求并结合企业本身战略选择目标市场,组织生产经营,最大限度地提高顾客满意度和忠诚度,从而实现企业目标。

(5) 社会营销观念。社会营销观念的基本核心是:在消费者的需求与愿望得到满足、企业获得效益的同时,更要强调消费者和社会的长远利益,应以满足消费者需求以及消费者和社会公众的长期福祉与社会责任作为企业的根本目的。随着全球环境破坏、资源短缺、人口爆炸、通货膨胀和忽视社会服务等问题日益严重,从 20 世纪 70 年代起,要求企业顾及消费者整体利益与长远利益的呼声日益提高。一些新的观念,如人类观念、理智消费观念、生态准则观念要求企业生产经营者不仅要考虑消费者需要,而且要考虑消费者和整个社会、环境、生态、道德的长远利益和可持续发展。相应地也对整个供应链提出了绿色和社会责任的要求。

例如,为了降低生产成本,美国运动品牌耐克将大部分生产线移至劳动力低廉的发展中国家,由于这些国家没有健全的相关法律法规,而频频爆出供应商虐待劳工的问题,导致耐克一度备受"血汗工厂"指责的困扰，品牌形象严重受挫，销售锐减。在经历了声势浩大的抗议之后，耐克为了解决因供应商血汗工厂带来的品牌和顾客信任危机，自1991年起，在全球发布了第一部行为准则，成立了员工与社区全球联盟，发布了第一份企业责任报告，启动了供应商劳工审查项目等。经过20多年的不懈努力，耐克摆脱了血汗工厂的阴影，成为最受欢迎的运动品牌之一。

（6）引领消费。进入21世纪，一方面，科技发展日新月异，人工智能、大数据、智慧社区等，都超出了客户的需求；另一方面，在过去"以消费者为中心"的理念引导下，生产商被动适应，疲于奔命。在这种背景下，引领消费的概念应运而生，即厂商引导消费者，生产商不但创新产品，还创造需求，改变消费习惯，激发消费者的购买欲望。在引领消费理念中，生产商重新占据主动地位，消费者回到被动地位。现在市场上的许多高科技产品，都是来自新科技的创新结果。

例如，强生公司考虑到婴幼儿护理知识落后，成立了"健康教育部"，与学校和医院等专业机构合作，共同推进、普及先进的婴幼儿护理理念、知识和操作，潜移默化地将强生婴儿护理用品系列推向市场。巩固了"世界婴儿护理专家"的地位。

3. 向上游传递"真正的"需求

有一个非常受欢迎的游戏叫"动作传话"：不同的人按一定顺序把一句话用神情和动作依次向后传递，之所以可笑是因为原始的描述在一级级往后传递过程中被改变得面目全非。同样在一条供应链，甚至在企业内部的供应链也会发生传话游戏的效应。需求是通过供应链一级一级往上游传递，上游供应商并没有直接听到或接触到客户，需求难免被扭曲，同"牛鞭效应"不同，"牛鞭效应"涉及的是需求量的改变，这里讨论的是最终交付给客户的产品和服务并不是客户的需求，如图2-1所示。

图2-1 客户需求的传递

例如，客户提出建立一座仓库，根本上是要解决库存过高的问题，如果通过预测、市场分析降低了库存水平，就没有必要建一座仓库。再例如，工艺工程师提出需要引进一台

XYZ-123 型号的铣床，其实，并不是现在生产线的加工能力不足，需要提升，而是因为工程师在一个偶然的机会听说过，或者看到别人在使用 XYZ-123。事实上，非常有可能客户自己也可能没有正确描述需求。

有些著名企业在大学投入大量资源建立实验室，是为了使学生们从入学到博士毕业都习惯于本企业的设备、软件，从而使他们在未来的工作岗位上提出的需求能直接指向本企业的产品。

所以在供应链需求传递中需要解决两个问题：一是准确将客户需求传递到上游；二是深刻理解客户的真实、内在及根本的需求。供应链上游企业在接到需求后，会根据自己的能力及现有的产品和服务提出解决方案，而此时不免会加入自己的判断，还会加入自己的产品规格和标准。例如客户要的 XYZ-123 型号的铣床的精度是 $50\mu m$，但上游企业的标准是 $50.8\mu m$ 及 $25.4\mu m$（英制），那么设计标准只能套用 $25.4\mu m$。如果上游供应商再有不同的考虑，或是没有相同的产品，采用替代品，一级接一级的传递过程就会失真。

第一个问题并不容易解决，因为客户的需求最终要转化为产品规格、工作说明书、质量要求、施工图纸、性能指标等，在转化过程中需要将客户的需求分解为各项指标体系，包括产品及其规格，并反馈到客户，在向上传递时必须不断评估供应链最终客户的需求，防止偏离目标。

解决第二个问题，对于深入挖掘客户的真实需求，最重要的是理念问题，当获得客户需求后，第一反应往往是：我知道了。而没有再深入追究，这里最有效的方法之一是 5Why。一层一层地提出问题：为什么？为什么……直至了解客户最终的需求。

4. 改变客户需求的供应链模式

客户的需求千变万化，什么时候想要，要多少，往往客户自己也不知道。突发奇想，或者事到临头还货比三家，千挑万选。想要及时满足客户的需求，唯一的方法只能是多备库存，客户想要什么有什么，不想要的会逐渐变成呆料。预测永远都不准，因为客户自己都不确定想要什么。库存的压力也使得供应链从被动顺从到主动引导，需要从改变客户需求开始重塑供应链模式。

（1）订单启动。客户可以货比三家，千挑万选，但没有现货。只有等到客户下订单，交定金，才启动生产。过去戴尔采用这种模式，现在许多汽车企业和高档的名牌女士背包也采用这种模式。订单模式非常好，但有两个条件：一是客户可以等，例如，饭店点菜可以等，但说点米饭现种水稻就夸张了；二是市场都这么做，很少供应商破坏规则，例如，买戴尔要等一周，买华硕有现货还便宜，客户选择不言而喻，但最终所有供货商都成为库存的背负者。

（2）真实信息。"生产商—品牌商—分销商—零售商"模式在许多供应链，例如服装业销售渠道中最为普遍，生产商拿到的订单、预测、需求都是来自供应链上游的信息，每一环节都是根据前一市场情况，再加上自己对库存、资金、硬件条件，及促销活动等的判断，下一个批量订单，所以后一级拿到的数据都不是最终客户的真正需求，建立在这种信息基础上的预测，就犹如"牛鞭效应"，不断失真。而代理和代销两种模式又使得分销、零售商进货的积极性不同，代理进货会非常小心，可能造成库存不足，而代销则大批进货，卖不出去则退回生产商。为此，供应链的链主直接跳过各个销售环节，直接获取最终客户的需求信息，例如，将所有零售商的 POS 机上的销售数据集中，进行数据处理，根据最终销售情况进行补货，不但能获得第一手市场信息，也能将库存控制权掌握在自己手里。

（3）客户引导。一个典型的例子是每年的时装发布会，告诉消费者下一季流行什么颜色与款式，将消费者需求引导到特定的产品上，无论是时尚消费品，还是高科技工业用品，都可以使客户进入生产者所设计的轨道。

（4）标准化、单一化。客户有这么多种选择，是因为生产者给了他们这么多产品可选，最典型的是死去的诺基亚手机，有几百种不同的款式，每一种款式，有不同的原配件，会带来不同的库存、不同的计划、不同的模具、不同的装配线。超级复杂的供应链提供了多样的选择，但并没有赢得客户的心，留下的是数不尽的库存和眼泪。用他们自己的话说："我们什么都做对了，但还是失败了。"反观苹果手机，不管客户有什么需求，我只有一种手机，最多外壳白的变成黑的，屏幕小了不好，大了也不好，就我这么大最好。需要个性化，再催生一个行业：给苹果手机加个套。标准化、单一化使得供应链更加简化，库存简化。但这需要有勇气，有客户的忠诚度才能实现，也就是不管你提供什么，客户都认可你。

（5）定制化。需要定制化的典型的产品是鞋。鞋的品种多，尺寸也多，虽然制定了尺码标准，但仍然很多。不同场合需要不同的鞋，以跑步为例，就有专业竞技、快跑、慢跑、运动场、公路、山地……太多的品种，还无法进行单一化。现代技术提供的解决方案是定制化：你的脚长什么样，我的鞋做什么样，保证舒服，获得最好的客户体验，但前提是，做好脚模数周以后再取货，客户可以接受这一合理的等待时间。其结果是库存等于零，而基础是大规模定制化生产。什么可以定制？衣服、桌椅、床等，最令人兴奋的领域是饮食，每天吃什么，生产商说了算。为什么？生产商能根据你的身高、体重、身体状况、习惯、爱好、口味，以及每天的运动量，科学计算出你应该补充什么，按时送到你嘴边，你缺什么补什么，你缺乏多少补多少，精确到克。整个供应链被数据所拉动。减少了浪费，消灭了库存。

（6）专业供应链、平台化。有些产品供需的数量矛盾是不可调和的，例如电子元器件，生产批量特别大，以十万、百万计，而大多数客户往往受到最小订货批量的困扰，需求并不太大，而专业供应链和平台可以将众多的需求集结起来，增大批量，或者为下个客户准备库存，解决这一矛盾，专业供应链还可以提供技术支持、帮助选型、推广产品、收集需求等功能。典型的专业供应链有电子元器件、钢铁、煤炭、化工材料等。互联网也使得平台更加成熟、方便、可得性强。还有一个特殊的供应链是红酒供应链，它的特殊在于需要年份的保存，而客户的需求随着时间在漂移。红酒供应链的作用之一是引导消费，我有什么则推广什么，宣传什么，如同一款时装的引导形式，红酒更将文化融入了饮酒的全过程，加入了浪漫、地域风情和人文情怀等要素，客户喝的不是酒，而是品位。红酒的长时间保存还使得资金积压，解决方案是红酒期货，不失为供应链金融的绝好案例。

（7）众筹。众筹真正实现了零库存，一个产品还没有做，先卖出去，卖多少，做多少，批量不够不做，没有一个剩余产品。但众筹作为供应链方式，并不值得推广，因为众筹到一批做一批，这种打游击的方式，生产商稳定性差，质量风险高。现在的建议是稳定的产品不适合做众筹。众筹更针对一些创新性产品，满足具有猎奇心强的消费群体，而将失败的风险分散出去。

供应链管理的重要功能是解决库存问题，而库存的根源在于客户需求的不可知及随意性，而这里提出的解决方案集中于管理、引导和控制客户需求，最终回到减少或消灭多余库存。

2.1.2 需求管理理论

1. 工程设计中需求管理的启示

在工程设计和系统研制中,需求管理需要完整体现项目或系统的需求,既有总体需求,也有部分需求,但总体需求是关键,反映顾客的根本要求。不同的需求组合起来,构成了一套完整的需求模型。客户需求决定了项目或系统的设计所要解决的问题及其所要带来的结果。需求管理确定了工程设计和系统研制所要做和必须做的每一项任务,指明了设计功能和约束。需求管理过程,从需求获取开始贯穿于整个项目生命周期,以实现最终产品同需求的最佳结合。需求管理是一个动态的过程,直接关系到最终产品的成型。需求管理不仅需要确知客户的需求是什么,还要提出并论证满足客户需求的最佳解决办法。

毫无疑问,了解客户需求的最好办法,也是最简单的办法就是去做调查,完成需求调查以后,需要对需求做出定义,这并不是一件简单的事,对需求分析人员的要求比较高。需求定义过程中通常会出现内容失实、遗漏、含糊不清和前后描述不一致等问题。因为客户存在的需求可能有多种:一类是客户可以明确且清楚地提出的需求;另一类是客户知道需要做些什么,但又不能确定的需求;还有一类是客户本身可以得出这类需求,但需求的业务不明确,还需要更多的外部信息;还有就是客户本身也说不清楚的。因此在工程设计和系统研制中,必须邀请同行专家和客户一起评审《需求规格说明书》,尽最大努力使《需求规格说明书》能够准确无误地反映客户的真实意愿。需求评审之后,研制方和客户方的责任人对《需求规格说明书》做书面承诺的需求确认。在整个设计、研制过程中,还需要进行需求跟踪,目的是在项目生命周期中保持需求的一致性与完整性,确保所有的活动是以客户需求为基础,确保需求实现全覆盖,确保所有里程碑输出与客户需求相符合。当然这需要借助一些建模工具与方法。

需求可以分为功能需求和技术需求。功能需求意味着"做什么",功能需求包含了服务功能、外部功能和限制功能的设计约束,可以做出产品的功能分析和描述。技术需求定义了"如何做"。需求管理中需要确定功能需求规格和技术需求规格的详细说明。

质量功能展开(Quality Function Deployment,QFD)就是获取顾客要求的技术需求规格,把顾客需求转换成产品设计的技术特性的要求,以确保技术需求与顾客需求的一致性。QFD于20世纪70年代初起源于日本的三菱重工,由赤尾洋二和水野滋提出,是一种在设计阶段应用的系统方法,旨在时刻确保来自顾客或市场的需求精确无误地转移到产品生命周期每个阶段的有关技术和措施中去。

QFD方法不仅积极寻求客户明确告知的需求,还努力发掘客户没有言传的需求,在最小化"消极"的传统质量,如产品不良、服务不佳等目标基础上,还尽可能最大化能够为客户带来价值的"积极"质量,如简便易用、产生豪华感、制造快乐等。QFD将满足顾客需求,并将这一需求传递到产品开发的各个环节。具体地,QFD可有效减少设计时间、减少设计变动,也能够提高产品质量,提高顾客满意度,当然也会减少设计和制造成本。

2. 独立需求与依赖需求

在企业资源计划(Enterprise Resource Planning,ERP)系统中有人将企业的需求管理视作订单管理和销售预测管理的统称。需求管理活动应包括需求预测、订货、交货期承诺、分销、顾客服务、影响需求的促销、产品定价等。需求管理应考虑所有潜在的需求。需求分为独立需求与依赖需求两种类型。

这种划分考虑到产成品及其组件、零部件各有不同的需求来源,产成品需求来自顾客的要求,而产成品组件项目的需求则取决于产成品的需求,会间接地受到顾客需求的影响。

(1) 独立需求。独立需求是指产品需求与其他产品需求无关,不受其他产品需求的影响。这类需求通常需要做需求预测。最终产品的需求会受到潮流、季节以及一般市场条件的影响。例如,玩具汽车的需求就是一种独立需求。用来组装玩具汽车的电池、头灯、车体、车头等属于相关需求;然而,作为维修零件卖给维修点或最终用户的电池、头灯等却属于独立需求。独立需求是随机的、企业自身不能控制而是由市场所决定的需求。这一需求可能具有一定的规律,如表现出一定的趋势、季节性特点、随机波动等,也有可能是不规则的变化。

可以采用市场营销手段调整独立需求,如当需求萎靡不振时,通过促销、降价来刺激、扩大需求,增加市场促销活动、扩大市场攻势,提高折扣来吸引新顾客,从而达到扩大需求的目的。当需求旺盛时,通过提价、减少促销活动,充分利用外协资源,以获得最大收益。在周期性需求波动较大的企业可选择补偿性产品,使各个时期的需求都保持稳定,以平衡生产系统的需求,保持员工稳定。

(2) 依赖需求。依赖需求是指产品项目的需求与其父件产品的需求直接相关。产品的物料清单(Bill of Material,BOM)定义了父件与子件项目的关系,产品的所有物料清单表明了产品的结构。具有依赖需求特性的物品其需求是确定的,它是由产品的需求所"派生"的。根据物品之间的依赖性或派生性,可以利用物料需求计划(Material Requirement Planning,MRP)根据产品物料清单精确计算出组成最终产品的物料的需求量和需求时间。

3. 马斯洛需求层次理论

顾客是否对产品/服务有需求,涉及的因素很多,重要的因素有顾客的消费倾向、行为偏好等,但关键还要看产品能否给顾客带来价值和良好的客户体验。准确理解客户需求,可借助马斯洛的需求层次理论。

人的需求像阶梯一样从低到高按层次分为五种,分别是:生理需求、安全需求、社交需求、尊重需求和自我实现需求。其中,生理需求是人的生存性需求,包括呼吸的空气、饮用的水源、摄入的食物、充足的睡眠等维持生命体征不可或缺的基础物质条件;安全需求是人的保障性需求,包括健康的身体、稳定的收入、和谐的家庭、良好的社会秩序、受保护的生命与财产安全等远离疾苦、病痛、威胁与风险的外围环境体系;社交需求是人的情感性需求,包括个人情感(亲情、友情、爱情)、集体归属感、社会地位感等维系基本人际关系的社交期许;尊重需求是人的认同性需求,包括自尊(对成就或自我价值的个人感觉)、受到别人尊重(他人对自己的认可与尊重)等个体价值得到充分体现、认可、满足的深切渴望;自我实现需求是人的精神性需求,是指实现个人的理想抱负,最大限度地发挥个人能力并完成与能力相称的一切事物的高层次需求,达到"峰值体验"。上述的五种需求可以分为两级,其中生理需求、安全需求和社交需求都属于低一级的需求,这些需求可通过外部条件满足;而尊重需求和自我实现需求是高级需求,只能通过内部因素满足,而且一个人对尊重和自我实现的需求是无止境的。同一时期,一个人可能有几种需求,但每一时期总有一种需求占支配地位,对行为起决定作用。任何一种需求都不会因为更高层次需求的发展而消失。各层次的需求相互依赖和重叠,高层次的需求发展后,低层次的需求仍然存在,只是对行为影响的程度大大减小。而且各层次的需求都是动态的,都会随着外部环境的变化与人自身的变化而产生变化。即使在同一组织中,不同时期的人以及组织中不同的人的需求都充满了差异化,并且经常变化。理解客户的真正需求,不管如何分析客户行为,马斯洛的需求层次理论都是理解需求的基础。

4. 卡诺模型

受行为科学家赫兹伯格的双因素理论的启发,狩野纪昭(Noriaki Kano)和他的同事提出了卡诺(KANO)模型,模型定义了三个层次的顾客需求:基本型需求、期望型需求和兴奋型需求。这三种需求根据产品/服务质量特性分类就是基本因素、绩效因素和激励因素。

(1)基本型需求是顾客认为产品"必须有"的属性或功能。当其特性不充足(不满足顾客需求)时,顾客很不满意;当其特性充足(满足顾客需求)时,无所谓满意不满意,顾客充其量是满意。

(2)期望型需求要求提供的产品或服务比较优秀,但并不是"必须有"的产品属性或服务行为,有些期望型需求连顾客都不太清楚,却是他们希望得到的。在市场调查中,顾客谈论的通常是期望型需求,期望型需求在产品中实现得越多,顾客就越满意;当没有满足这些需求时,顾客就不满意。

(3)兴奋型需求要求提供给顾客一些完全出乎意料的产品属性或服务行为,使顾客产生惊喜。当其特性不充足时,并且是无关紧要的特性,则顾客无所谓;当产品提供了这类需求中的服务时,顾客就会对产品非常满意,从而提高顾客的忠诚度。这类需求直达顾客内心的创造点,属于强有力竞争因素。缺少这些因素,顾客满意度也不会降低。

卡诺模型常应用于评估顾客需求、细分市场或产品/服务特性的重要度。

5. 供应链需求的经济性

供应链战略的主要目标是满足客户的需求,但如果没有利润,这种保证只是一句不切实际的空话和口号。在了解客户需求的同时,需要了解满足需求所耗费的成本。需求必须与成本相关联,以最小的成本使得需求满足最大化。而正确了解客户需求是前提。最糟糕的事情是产品和服务提供了客户并不需要的功能,或顾客并没有体验到所提供的功能,浪费了投入的资源。

在分析客户需求之后,需要了解如何及用什么来满足这一需求,是否能在盈利的状态下有能力满足这一需求。例如,一个孩子向妈妈提出要吃汉堡,这绝对不是需求,孩子可能是饿了,更可能想去玩,或是被儿童套餐的玩具所吸引,了解孩子的真实需求是首先要了解的问题,接下来的问题是妈妈的钱包里是否有足够的钱支付汉堡以及相关的游乐费,自己的月收入是否能支撑孩子这方面需求的花费。如果同样针对客户的需求,在一定的目标成本下,是否能以与之相适应的成本实现,是整个供应链都要考虑的问题。作为妈妈,还可以引导孩子消费。当囊中羞涩,则可以告诉孩子"我们家钱不够,只能吃馒头";如果想取悦孩子,则可以大气地说"我们不吃汉堡,去大饭店吃海鲜吧";或在家给孩子做自己独创的拿手好菜;妈妈还可以教育孩子吃更健康的食品;或养成勤俭节约的好习惯等。同样,供应链也可以以各种目的、各种方式,引导客户改变需求,可以是产品导向、客户的预算导向、责任导向等。

在分析客户需求时,还有重要的要素,就是客户的预算。在经济学中需求特指的是能支付得起的要求，在供应链中，称之为"有效需求"。

管理的目的是解决各种矛盾，需求的矛盾是有限的预算与更高的欲望之间的冲突。除了激发客户的购买欲望，提升预算之外，最简单的方法就是压低供应商的价格。实践中这种方法采用得最普遍，也最实用，见效最快，但往往是压低价格的同时，质量也往下降。偷工减料、以次充好的风险增大。不利于供应商关系的长期发展。

更有效的方法是在自己身上动刀子，降低各种成本。在运营管理中有一系列的工具，例如，精益生产、质量改进、流程优化、减少浪费、均衡生产、库存管理等工具。同时，降低单件的利润率，追求销量，以规模效益获取更大的总收益。例如，美国最大的连锁会员制仓储量贩店好市多（Costco）将毛利率压到10%以下，甚至低至3%，而沃尔玛的毛利率在40%~60%。

从供应链的角度，考虑更多的方法是改变设计以满足客户的需求。例如：价值分析/价值工程（Value Analysis/Value Engineering，VA/VE），20世纪40年代起源于美国，劳伦斯·戴罗斯·麦尔斯（Lawrence D. Miles）是价值工程的创始人。价值分析/价值工程是指通过集体创新和有组织的活动对产品或服务的对象进行功能及费用分析，使目标以最低的总成本和生命周期成本，可靠地实现产品或服务的必要功能，从而提高产品或服务的价值。

价值分析/价值工程方法是一种精心组织的系统化方法，通过分析产品、系统的功能与成本，确保以最低生命周期成本获得所需质量的必要功能。价值分析与顾客调查方法的结合会提升产品性能、质量等期望的特性，并以最低成本获得最多的产品效用，权衡满足顾客需求的产品功能需求组合，为顾客带来最大的价值。

2.1.3 需求预测及预测方法

需求预测是估计顾客将来需要购买产品或服务的数量的活动。需求预测涉及的方法包括非正式的，如凭经验推测，以及定量的，如使用历史销售数据或来自市场调查的当前数据。

对于很多企业来说，"所有预测都是错误的"，预测似乎没有准确过，但是预测总是在进行，有预测总比没有好，预测的基本假设是过去的经验可以用来预测未来，而且可以获得一些数据。预测要有助于运营，就需要不断采取措施进行校正。所以，预测主要是利用历史数据来发现具有连续意义的模型。企业能够预测未来可能发生什么？有必要进行改进预测的计划，以更好地管理需求。在供应链管理中，需求预测尤为关键，获取关于未来需求的信息越多，就越有可能避免过多的库存，或者库存不足而导致的缺货。

需求预测经常使用专家的主观判断，如执行主管建议、销售人员建议、消费者建议、管理者及员工建议、行业专家判断等。德尔菲法就是运用了独立专家调查与意见方法：首先，选择具有不同知识背景的专家，通过问卷调查（或电子邮件）从专家处获得预测信息；然后，汇总调查结果，再附加新的问题后，重新发给专家调查，收集结果；最后，再次汇总专家意见，提炼预测结果和条件，再次形成新问题。如有必要，可重复前一步骤，将最终结果发给所有专家。

预测对于制定计划和决策都是非常重要的。企业通过销售量的预测，就能够确保自有生产能力和外包计划的有效均衡。公司销售量的预测以公司客户的采购预算为基础，能够得到财务的支持。销售预测决定生产计划，生产计划需要在空间、设备、劳动力等方面进行相应的资源分配。预测的频率可以考虑预测的目的和所在部门的实际情况，例如零售商店可以预测每天的销售量,而大型工程设备企业可以预测未来10年设备投资的计划。

一般预测的程序可以包括以下三个步骤。

(1) 根据产品门类收集历史需求数据,用历史数据构建模型来进行预测,这一过程称为训练模型。销售历史数据可以从销售管理系统中提取某一种商品在每天、每周或每月销售和使用的情况。

(2) 利用数学方法进行预测,预测模型使用近期新的数据来预测未来结果。时间序列分析法就是一种基于历史数据预测未来的重要方法。历史数据可以被看作是一个时间序列,数据随着时间变化。一个时间序列主要由四个彼此分离的部分组成:总体趋势、季节性变化、周期性变化、随机性变化。

以销售量为例,总体趋势表示销售量随时间上升、下降,还是持平。季节性表示每年的不同时间段有没有体现出一定的需求变化结果,如冬季来临羽绒服的销量增加。周期性变化表示是否有其他因素有规律地定期使需求增加,例如,每逢周末,超市鲜活产品的销量增加。随机性变化表示从时间序列中剔除那些趋势性、季节性或周期性变化所导致的结果以后,随机变化的情况是否依然存在。

任何需求预测都需要考虑趋势性、季节性和周期性变化。下一步需要考虑如何建立预测。从简单的移动平均数、指数平滑法,到回归分析模型等。有很多方法可以帮助管理者进行预测。有些方法可以通过电子表格或使用预测软件。

(3) 根据特定市场知识,增加可能影响预测的其他因素。判定预测结论是悲观的还是乐观的,是否需要做出一些调整。

企业可以找出组织中具有特别数学背景和能力的人,并对其进行短期预测课程的培训,让他们学会使用预测软件,是非常值得推广的做法。有必要注意关于测量预测精确度的方法。这对于提升预测过程的可信度是非常重要的,随着数据质量、预测方法的改进,预测的精确度也有相应的提高。

企业选用哪一种预测模型取决于预测什么、预测的时间范围、能否获得相关数据、所需的预测精度、预测预算的规模、合适的预测人员、企业的柔性程度等。

下面简单介绍一些常用的预测方法。

(1) 简单移动平均预测法(Single Moving Average Method)。简单移动平均预测法是指已知一个序列的多期观察值,计算这些观察值的平均值作为下一期的预测值。简单移动平均的计算公式如下:

$$F_{t+1} = \frac{(X_t + X_{t-1} + X_{t-2} + \cdots + X_{t-N+1})}{N} \tag{2-1}$$

$$F_{t+1} = \frac{1}{N} \sum_{i=t-N+1}^{t} X_i \tag{2-2}$$

式中,X_t 为时期 t 的需求,其中 $t = 1, 2, \cdots, N$;F_t 为时期 t 的预测值;N 为移动平均计算的期数;t 是最近的时期;$t+1$ 是临近 t 的下一个时期,也就是需要预测的时期。

(2) 二次移动平均预测法(Double Moving Average Method)。对于有线性增长或减少趋势的序列,运用简单移动平均作预测,其预测值会出现明显的滞后于观察值的现象。为了消除上述滞后现象,对简单移动平均法加以改进,改进的办法是对已取得的移动平均,再进行一次移动平均,这种移动平均法称为二次移动平均法。其计算公式如下:

$$S'_t = \frac{(X_t + X_{t-1} + X_{t-2} + \cdots + X_{t-N+1})}{N} \tag{2-3}$$

$$S''_t = \frac{(S'_t + S'_{t-1} + S'_{t-2} + \cdots + S'_{t-N+1})}{N} \tag{2-4}$$

$$a_t = S'_t + (S'_t - S''_t) = 2S'_t - S''_t \tag{2-5}$$

$$b_t = \frac{2}{N-1}(S'_t - S''_t) \tag{2-6}$$

$$F_{t+m} = a_t + b_t m \tag{2-7}$$

式中，a_t 为 t 期的平均值，又称为基数，b_t 为斜率偏差的平滑系数；S'_t 为简单移动平均预测值；S''_t 为二次移动平均预测值；F_{t+m} 为从 t 期计算，第 m 期的二次移动平均预测值。

（3）一次指数平滑法（Single Exponential Smoothing Method）。移动平均预测法只考虑最近的 n 个实际数据，指数平滑法则考虑所有的历史数据，只不过近期实际数据的权重大，远期实际数据的权重小。一次指数平滑的计算公式如下：

$$F_{t+1} = \alpha X_t + (1-\alpha) F_t \tag{2-8}$$
$$F_{t+1} = F_t + \alpha (X_t - F)_t$$

或者写成

$$F_{t+1} = F_t + \alpha e_t \tag{2-9}$$

式中，F_{t+1} 为 $t+1$ 期一次指数平滑预测值；X_t 为 t 期的实际值；α 为平滑系数，它表示赋予实际数据的权重（$0 \leqslant \alpha \leqslant 1$）；$e_t$ 为 t 期的预测误差。

（4）二次指数平滑法（Double Exponential Smoothing Method）。用一次指数平滑预测，同样当出现趋势时，预测值总是滞后于实际值。当实际值呈上升趋势时，预测值总是低于实际值；当实际值呈下降趋势时，预测值总是高于实际值。对于有上升或下降趋势的需求序列时，采用二次指数平滑法进行预测；对于出现趋势并有季节性波动的需求情况，则采用三次指数平滑法预测。二次指数平滑法的计算公式如下：

$$S'_t = \alpha X_t + (1-\alpha) S'_{t-1} \tag{2-10}$$

$$S''_t = \alpha S'_t + (1-\alpha) S''_{t-1} \tag{2-11}$$

$$a_t = S'_t + (S'_t - S''_t) = 2S'_t - S''_t \tag{2-12}$$

$$b_t = \frac{\alpha}{\alpha - 1}(S'_t - S''_t) \tag{2-13}$$

$$F_{t+m} = a_t + b_t m \tag{2-14}$$

式中，a_t 为 t 期的平滑平均值，又称为基数，b_t 为斜率偏差的平滑系数；S'_t 为一次指数平滑预测值；S''_t 为二次指数平滑预测值；F_{t+m} 为从 t 期计算，第 m 期的二次指数平滑预测值。

（5）克罗斯顿（Croston）预测方法。克罗斯顿（Croston）于 1970 年提出了 Croston 预测方法，实践证明该方法对间歇需求和不确定需求有较好的适应性。Croston 法的实质是对需求的时间间隔和需求量分别使用 ES 指数平滑法，这可以大大消除块状需求之后预测的偏差。

克罗斯顿法假定需求数量本身符合均值为 μ，方差为 σ^2 的正态分布，而在每个需求周期内符合概率值为 $1/p$ 的伯努利分布，所以

$$E(y_t) = \frac{\mu}{p_t} \tag{2-15}$$

$$Z_t = \mu \tag{2-16}$$

$$\hat{y}_t = \frac{Z_t}{p_t} \tag{2-17}$$

式中，y_t 是时期 t 的需求；p_t 是两次需求之间的平均间隔期；Z_t 是平均需求量；$\hat{y}_t$ 是各期预测的平均值。

在指数平滑法的基础上，Croston 针对间断需求的特性在指数平滑法的基础上提出了预测间断需求的 Croston 法。若发生需求，则更新需求间隔和需求量的估计，然后将需求量除以需求间隔得到平均需求，用平均需求来预测；若不发生需求则保持原来的预测，只更新从上一次发生需求到现在的需求间隔。

塞格斯泰特（Segerstedt）对 Croston 法进行了修正，做法是在对需求量进行平滑时，将需求间隔长短考虑进去。在前文的基础上，将该修正模型应用到 ERP 系统上，发展了消耗比较慢的物资的需求预测法及库存管理方法。他们建立了两个模型，一个模型是拟合实际需求为埃尔朗分布，用需求分布来计算提前期缺货概率，然后用修正 Croston 法来预测需求的库存管理模型；另一个模型是拟合实际需求为正态分布，并用该分布来计算提前期缺货概率，采用指数平滑法预测的库存管理模型。将两个模型作比较，采用 Croston 法预测的模型比采用指数平滑法预测的模型在估计平均需求率、需求方差、平均库存及缺货数量等指标上都有优势。

2.1.4 客户服务

客户关系管理自 20 世纪 90 年代末以来得到广泛的关注，客户关系是现代企业商务活动的巨大信息资源，企业所有商务活动所需要的信息几乎都来自客户关系管理。客户资源已经成为企业最宝贵的财富。客户关系管理（Customer Relationship Management，CRM）以客户为中心，借助信息技术建立、维护、改善企业与客户之间的长期的、可获利的客户关系，提高客户满意度与忠诚度，并最终达到企业利润最大化的目的。

1. 客户服务要素

任何企业的产出，在客户看来都是价格、质量和服务的组合，客户根据这种组合判断是否购买产品或服务。客户服务的含义很广，产品的性能、可获得性、售后服务、用户体验等因素与其直接相关。从供应链的角度来看，客户服务是一切供应链流程的产物。因此，供应链系统的设计与实施决定了企业能够提供的客户服务水平。客户服务水平的高低影响企业销售的业绩，是决定企业能否实现利润目标的关键。

客户服务所扮演的角色是在销售者与购买者之间传递货物及服务的过程中，实现"时间与地点效应"。换句话说，只有当产品或服务到达客户或消费者手中的时候，才能体现出自身的价值。因此，从本质上讲，使产品和服务"可得"，才是企业物流最关心的。"可获得性"本身就是一个很复杂的概念，构成客户服务的一系列因素都对其有影响。这些因素可能包括交货频率、可信度、库存水平和订单周期等。其实，客户服务最终是由这些因素的相互作用决定的，它们会影响到生产产品的过程和购买者可获得的服务。

在实际中，客户服务的要素可以通过客户服务的广泛调查得到，拉隆德（LaLonde）与金斯哲（Zinszer）的调查表明客户服务要素在供方与需方交易前、交易中、交易后都存在。图2-2列举了这三类客户服务要素。

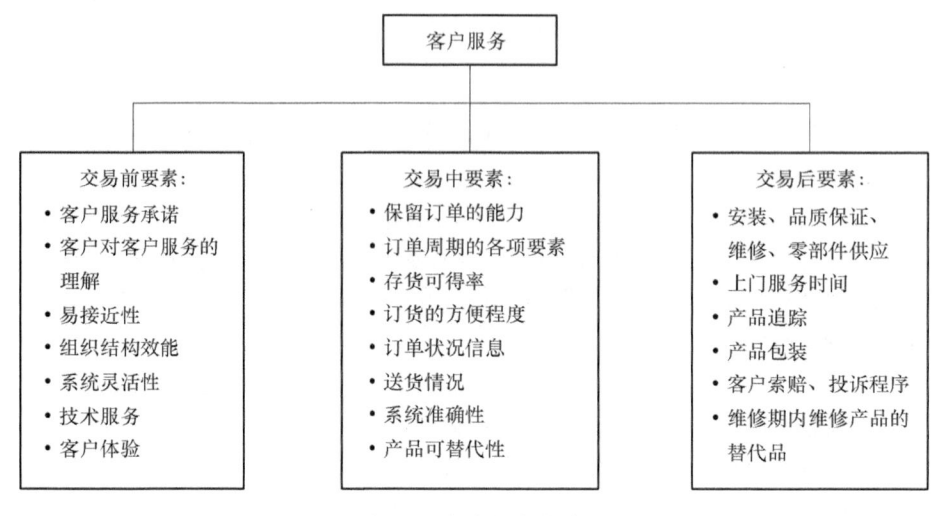

图2-2　客户服务要素

客户服务的"交易前要素"涉及企业的客户服务政策和方案，如关于服务政策的书面文件（是在外部交流还是内部传达？是否被充分了解？是否具体、量化？）、易接近性（与客户容易是否联系？联系渠道是否单一？）、组织结构效能（是否设置了客户服务管理体系？对服务过程的控制水平如何？）、客户体验（是否接受客户试用的请求？）等。

"交易中要素"是指那些直接行使物流功能的变动的要素，如订单周期时间（从收到订单到投递耗时多长时间？）、订单状况信息（在固定的前置时间内，订单的完成率是多少？对于包含了特定信息要求的询问，做出回复的时间多长？）、送货情况（送货时间多长？是否需要转运？）等。

"交易后要素"大体上是指产品付诸使用后的支持性措施，如零配件和维修服务（维修配件的库存水平多高？维修人员到户所花费的时间多长？）、客户投诉程序（投诉程序是否复杂？对客户投诉和退换做出迅速反应的程度如何？）、产品追踪（是否可以按照客户期待的服务水平维持/延长保质期限？）等。

在任何特定的市场环境中，都会存在某些因素，它们的作用明显超过其他要素。而且，在某个具体的市场上，很可能出现上述要素之外的因素发挥重要作用。因此，不同市场中的客户服务应该因地制宜，不可能找到一个既通用又合理的要素清单。在每个市场上，企业的客户服务要素都会有不同程度的差异。

正因为客户服务的多样性，以及具体市场上宽泛并且变化多端的需求，拥有一套明确的客户服务策略对每个企业的意义不言而喻。每家企业的市场营销手段都是多种多样的，当越来越多的公司重视服务时，我们惊讶地发现，竟然只有少之又少的公司拥有明确的客户服务策略，更不用说它们能够灵活多变地管理和控制这些服务策略了。大量的证据表明，如果企业无法在客户需要时提供相应的产品和服务，而且没有替代品，那么生意就会流向竞争者，导致企业客户流失。

2. 客户服务需求

世界上没有完全一样的树叶，更没有服务需求完全一样的客户。不过，客户的服务需求在一定程度上具有相似性。依照这种相似性，可将客户分门别类，这就是"服务细分"。供应链战略的制定者需要了解哪些服务指标可用于划分客户群。要想更好地进行服务细分，市场调查能够助一臂之力，然而为实施服务细分进行的正式调查活动，却寥寥无几。

怎样才能很好地实施这些调查活动呢？

前提条件是要理解客户服务具有可感知性。要想真实地反映出服务绩效，需要抛开那些硬性的内部指标，因为只有客户的感受能够说明真相。我们也许误用了一些指标，这些指标在衡量生产率时有用，却不能真实地反映客户价值。例如"库存可获得性"是一个广泛应用的内部指标，从客户角度出发，与之相对应且更为确切的指标是"准时交货"。所以，划分服务细分的关键，是要制定对客户具有实际意义的一系列服务标准。具体实施时，可按以下三个步骤进行。

（1）找出在客户眼中关键的客户服务要素。
（2）设定客户服务要素的相对重要性。
（3）根据服务需求相似性，划分客户群。

3. 客户服务标准

只有事先确定好标准，才可能有效地控制服务绩效。

从根本上讲，服务标准只有一个，就是100%满足客户期望。为此，供应商需要清楚、客观理解客户需求，同时要供应商承担起责任使客户期望的服务形象化。也就是说，供应商所愿提供、所能提供的服务应与客户期望完全匹配。为此，买卖双方需要坐下来，就服务标准问题好好谈判。毕竟，任何一方都不愿意看到服务不当导致利润率下降的情形。

针对某种特定服务要素，应设定何种标准呢？

由客户指定的标准最为有效。因此，需要进行客户调查和竞争性标杆企业的研究，以便客观地设计出每一种市场细分的客户服务标准。

下面，列出一些供应链物流领域的客户服务标准。

（1）订单周期。订单周期是指从客户下订单到送货的这段时间。它的标准要根据客户具体要求制定。

（2）存货可获得率。与此相关的内容是产品现有存货量（以库存单元计）能满足需求量的百分比。有现货可供客户，势必会缩短交货期。

（3）订单批量限制。越来越多的客户希望供应商能对小批量订货及时发运，那么配送系统是否有足够的弹性来应对客户多种多样的需求规模？

（4）下订单的便捷性。客户能很方便地购买吗？他们怎样看待这个问题？系统具有交互性吗？

（5）送货频率。客户对"及时制"更加重视，还体现在客户对送货频率的要求上。客户希望送货频率更高，送货间隔的时间更短。这就要以配送系统响应的弹性作为基础，制定服务绩效标准。

（6）交货可信度。全部订单中，有多少实现了准时送货？这一百分比既能说明送货的执行情况，又能反映出存货可得率和订单处理程序的优劣。

（7）文档质量。发货单、提货单、同客户的通信记录错误率有多高？文档界面做到用户友好了吗？这些会引起很多服务问题。

（8）索赔程序。索赔的原因是什么？处理客户投诉和索赔的速度快吗？有"补救服务"机制吗？

（9）订单完整性。完全执行的订单比例是多少，即未退回或部分送货的订单率为多少？

（10）技术支持。货物售出后，还为客户提供哪些技术支持？关于外出修理响应时间和首次修复率的标准恰当吗？

（11）订单状态信息。是否有"订单在线跟踪"等帮助客户查询订单进度的功能？是否有一定的程序，能够收集客户收货方面遇到的潜在问题信息？

以上每一项都可定量衡量客户需求。不仅如此，它们也都可用于与竞争对手的绩效比较。

对客户来说，服务水平有两种：不是100%，就是0。客户要么是在正确的时间、地点收到了自己预定的货物，要么就不是。100%完成订单是难以实现的——任何事情都存在偶然性。如果一份订单上有10件货物，每一件货物库存供货的可能性为95%，那么该订单能够被完全执行的概率仅为 $(0.95)^{10}$，即0.559。这也就意味着，企业只有一半的机会令客户满意。

4. 客户服务评价指标

企业在建立服务标准后，应利用这些标准衡量各项客户服务措施是否合理。考虑到客户服务的不同侧面，有效评价客户服务不是一件简单的事。订单交货期可能是衡量物流服务企业客户服务的最好的单项指标，因为它是客户非常看重的，是多项客户服务要素指标集成的结果。不难理解一些电商做出客户订单24小时内送达的承诺，就是采用了这项指标。大众也会用这项指标衡量电商服务的优劣。

综合多项服务标准，可以建立一个综合服务指数。这个指数是十分有用的管理工具，尤其可用来综合内部服务标准。表2-1给出了一个综合服务指数的例子，这个指数综合客户认为重要的多项服务要素，各要素的重要性作为权重。

表 2-1 某企业的综合服务指数指标

服务要素指标	重要度权重 w(%)	服务要素指标值 c(%)	服务指数分值 $w \times c$(%)
订单满足率	30	70	21
及时送货率	25	60	15
送货准确率	25	80	20
单据准确率	10	90	9
无退货率	10	95	9.5
总计	100		74.5

客户服务是客户关系的重要体现，是企业获得竞争优势的重要因素之一，又是管理比较薄弱的环节。所有供应链活动的输出都会影响客户服务。鉴于此，客户服务指标不仅可以按照交易前、交易中、交易后的指标来评价，也可按照不同的物流活动分别评价。如运输活动，可以用准时交付率、货物损坏率、客户投诉率等指标来进行评价。

5. 客户服务水平协议

客户服务水平协议（Service Level Agreement，SLA）是服务合同的一部分，服务提供商与客户间或者服务提供商之间定义的一种双方认可的服务等级和服务所必须满足的绩效等级（包括服务水平测量、服务水平报告和信誉及费用等）协定，要求服务提供商有责任完成这些预定的服务等级。一个完整的 SLA 同时是一个法律文件，包括所涉及的当事人、协定条款所包含的服务、违约处罚、费用和仲裁机构、政策、修改条款、报告形式和双方义务等，SLA 规范了双方的商务关系、权利和义务，有效保障了服务的绩效。例如，互联网服务提供商通常在与客户的协议中包括服务水平协议的条款，明确确定服务水平。在这种情况下，通常会有一些技术定义和性能指标，如平均故障间隔时间（Mean Time Between Failure，MTBF）、平均修复时间（Mean Time to Repire，MTTR），各种比率的数据或类似的可测量的结果。服务水平协议通常是商业服务协议（Commercial Services Agreement，CSA）的一个组成部分。

SLA 起初主要用于服务提供商对 IT、网络和通信服务质量的保障，逐步扩展至其他外包及第三方服务的解决方案领域，并以一种可查阅的合同形式提供给用户。

SLA 的保障形式定义于一系列服务水平目标（Service Level Objective，SLO），一组测量值在限定范围内的服务组件测量组合。SLO 还可以表示为达成比例。例如，在工作负荷<100 次/s 的条件下，工作时间（9：00—17：00）服务响应时间<0.085s，服务有效率>95%，总体完成率>97%。

SLA 使得在合同执行之前合作双方达成一个清晰的共同愿景，建立一套机制规范行为，防止违规，并鼓励努力达到或超过双方约定的目标服务规格。SLA 定义了供应商所提供服务的一种方式，明确了采购方需要何种规格的服务以及供应商应该保证什么样水平的服务质量，形成一系列指标，还定义了保障这些指标真正得以达成的所需过程以及测量报告的形式。一个好的 SLA 有助于有效地与供应商沟通，有助于双方实现预期目标。

除了传统合同所具有的内容之外，SLA 的核心内容是制定供应商绩效参数，及其具有量化的衡量。包括以下内容。

（1）所指定的服务提供商。

（2）经认可的服务人员名单。有时服务人员对最终结果的质量有显著影响。

（3）所提供服务的时间和地点。

（4）所提供服务的详细资料，还可包括可能的措施。

（5）正常环境及紧急情况下所要求的响应时间。

（6）支持和后备安排。例如电话支持、紧急时间安排等。

（7）所需的文件。

例如，在服务中服务的实现往往与地点相关联，有的服务需要多个时间和多个地点；而对人员的要求，在管理咨询和设计服务中就比清洁服务要重要得多。服务协议条款可能包括以下内容。

（1）提供服务的实质和范围，如车辆维护服务，按地理范围或者按价值大小分类。

（2）客户的责任，如员工餐厅外包，提前通知就餐人数。控制合同的执行，设备、设施和场地的提供，所需能源的提供，服务变更审核批准，报酬支付，加急的或临时的服务项目承诺及服务价格。

（3）服务承包方责任，如人员配备，遵守健康与安全程序，原材料提供，运输配送搬运，满足约定的质量和交付要求，劳动力与原料成本记录，异常情况及时发现和处理，开具发票等。

(4) 服务的标准，如服务结果、服务频率和服务质量等，这是 SLA 的重点内容。
(5) 所服务场所的概况、条件。
(6) 限制条件，如安全要求、进入时间、季节性工作等。
(7) 日常管理问题，如文件工作、记录、程序等。
(8) 数量界定，如活动日程、付款安排等。

SLA 是将客户的需求文件化、合同化、规范化、可视化、可衡量、可报告。已经与规格书、项目建议书、工作说明书等成为"标的"的主要形式。

2.2 供应链管理战略

2.2.1 不确定环境

供应链面临的不确定性来自环境因素，这些不确定性侵蚀着供应链的所有环节、所有的物流、信息流、服务流及其整合过程，这些多方面的不确定性又通过供应链的结构在其内部产生作用，严重地削弱着供应链的整体能力。

从供应链结构角度来看，供应链中存在的不确定性可以概括为以下四种类型。
(1) 供应及供应市场的不确定性。供应的不确定性主要表现为供应提前期的不确定，还包括货物的可得性、供应链上游供应市场所供应产品及数量的不确定性等。
(2) 需求及消费市场的不确定性。需求的不确定性主要表现为顾客需求量的不确定，消费市场需求分布在时间、空间上的差异性，以及需求结构的变动等。"牛鞭效应"就是供应链下游末端市场需求的微小波动所引起的上游供应市场的巨幅波动。
(3) 衔接的不确定性。衔接的不确定性即企业之间（或部门之间）的不确定性。它主要体现在企业（或部门）之间的合作上，来源于企业之间合作上的不稳定。
(4) 运作的不确定性。供应链企业运作的不确定性主要来源于缺乏有效的沟通、协调和控制机制，以及组织管理不稳定和不确定，主要体现在系统运行不稳定和意外情况下的控制失效。

在这些不确定中，需求与供应的不确定性是企业最难控制的，因为传统上这些属于企业的外部因素。这就需要供应链管理者针对不同的情境，确立供应链战略，利用前瞻的战略克服供应与需求的不确定性，尽可能地减少供应链"牛鞭效应"，确保供应链正常运营。

2.2.2 供应链管理战略框架

供应链作为一个动态系统，需要根据产品特点及顾客需求的变化等选择不同的供应链管理战略。需要指出的是，任何一家企业想要成功，其供应链战略与竞争战略必须相互匹配。企业竞争战略的确定需要考虑企业提供产品和服务的方式，供应链战略同样需要这样。选择适合的供应链战略，使之能最好地满足供应链目标，满足顾客需求。确定公司供应链管理战略的步骤如下。

(1) 理解顾客价值。
(2) 认识竞争对手。

(3) 理解公司的产品和服务,如产品的质量、价格、技术含量等。
(4) 确定供应链的优先目标。
(5) 选择供应链管理战略。

1. 两种基本的供应链战略

关于产品,可以分为这样两种类型:功能型产品和创新型产品。功能型产品是指那些边际收益较低、用于满足基本需求、生命周期较长且可以预测需求的产品;创新型产品的特征与之不同,边际收益较高、满足个性化需求、生命周期较短并且难以准确预测需求。企业将根据自身产品的需求特点来确定相应的供应链战略。表2-2表示了市场中两种不同类型的产品需要的运营系统。显然,对于不同的运营系统需要有不同的策略。

表 2-2 不同类型的产品需要相应的运营系统

产品类型		需要何种运营系统
功能型产品	需求可以预测 产品变型很少 产品品种较少 价格相对稳定 生产提前期短 边际收益较低	保证产品沿供应链迅速移动/高效率 关键要降低成本 保持较低库存水平 平衡上下游生产能力 提高生产能力利用率 低价格供应商受欢迎
创新型产品	需求难以预测 产品变型很多 产品品种较多 入市价格高 生产提前期较长 边际收益高	保证产品及时供应/按需生产,甚至按需设计 关键要快速响应 合理配置库存 灵活配置生产能力 按需配置生产能力 柔性供应商受欢迎

供应链战略首先要与产品/服务相匹配。对于功能型产品应采用效率型供应链战略,而对于创新型产品则需要采用响应型供应链战略,如图 2-3 所示。

	功能型产品	创新型产品
效率型供应链战略	匹配	不匹配
响应型供应链战略	不匹配	匹配

图 2-3 与产品类型匹配的供应链战略

效率型供应链战略要求保持较低的库存水平,尤其在供应链的下游,要提高产品流动速度,减少库存积压的流动资金。以准时化生产方式,平衡生产能力,提高整体生产能力的利用率,降低制造成本。供应链中的信息流动必须快速高效,以保证生产计划与销售计划的及时调整。

响应型供应链战略则强调为最终顾客提供较高的服务水平,保证及时供应,提高迅速反应能力。下游库存保证最终顾客随时都可以获得产品供应。快速反应能力要靠供应链的信息化支持,需要自动化的订单处理系统实现按单设计或按单生产,按订单需要灵活配置生产能力,确保个性化信息的传递,需要信息智能处理的支持。

表 2-3 对这两种不同战略类型的供应链进行了比较。效率型供应链主要体现供应链的功能性,即以最低的成本将原材料转化成零部件、半成品、产品,以及在供应链中的运输等;响应型供应链主要体现供应链对市场需求的响应能力,即把产品分销到满足用户需求的市场,对需求做出快速反应等。

表 2-3 效率型供应链和响应型供应链的比较

项目	效率型供应链	响应型供应链
主要目标	高效率 可预测性的需求	快速响应 不可预测的需求
制造过程的重点	低成本	柔性
生产方式	面向库存的大批量生产 精益生产	面向订单的小批量生产 定制
提前期	在不增加成本的前提下缩短提前期	采取主动措施减少提前期
供应商管理	选择的重点是依据成本和质量	选择的重点是依据速度、柔性和质量
产品设计战略	单品类供应链、成本最低	模块化设计,多品种小批量供应链,尽量延迟产品的变化点,使差异化开始点推迟

效率型供应链和响应型供应链的划分主要是从满足顾客需求的角度出发的,重点是在供应相对稳定的情况下,供应链如何处理需求不确定的运作问题。在实际供应链管理过程中,不仅要处理来自需求端的不确定性问题,还要考虑如何处理来自供应端的不确定性问题。来自供应端的不确定性也可能对整个供应链的运作绩效产生较大影响。

在实际生活中,大部分的顾客需求并不能简单地用功能型或创新型来划分。例如,时下国内各汽车厂商纷纷推出的经济实用型轿车,每款车型又都有自己独特的个性化设计。这就使得产品的需求特性难以判断,给企业的战略匹配造成障碍。由于创新型产品需求的不确定性,会使得产品的生产销售与需求失衡,一旦失衡要么导致产品脱销,要么导致产品积压,给企业造成损失,此时企业的竞争战略具有高风险性;相反,功能型产品的风险性则很低。

2. 敏捷供应链战略

从供应和需求两个方面的不确定性对供应链运作的影响出发,人们进一步细分供应链战略为效率型供应链、响应型供应链、敏捷供应链、避险型供应链,如图 2-4 所示。

敏捷供应链应该是一种综合能力最强的供应链系统,它能对供应不确定性和需求不确定性做出及时反应,能随着运行环境的变化而变化。

敏捷供应链由客户订单拉动,动态构建供应链,组织生产。这与通过预测组织生产,继而将产品推向市场的推式生产完全不同。敏捷供应链战略的关键要求包括以下三点。

(1) 供应链中所有运营都由顾客价值驱动。
(2) 响应能力和柔性能力较强。
(3) 动态地组织供应链运营的能力。

从供需特征来看,敏捷供应链本质上是按照需求进行供应的能力。供应能力可以根据需求来"敏捷"创建,因此,敏捷供应链的关键问题在于敏捷的可行性与敏捷的易行性。

在构建敏捷的供应能力时，会涉及生产的不确定性，因而会需要模块化生产、柔性生产方式等。

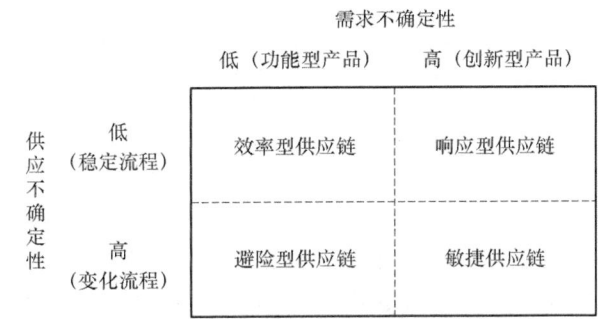

图 2-4　考虑需求不确定和供应不确定的供应链战略

3. 精益供应链战略

精益供应链出自精益生产。精益生产来自日本丰田汽车生产线的实践总结，后经美国麻省理工学院教授研究和总结，正式发表在 1990 年出版的《改变世界的机器》一书中。其关注点是消除或减少生产过程中的浪费及提高向客户提供的总价值。其成功之处除了消除和减少浪费，还在于持续改进和更专注于客户的需求。约翰·卡莱克（John Kraleik）在 1988 年《精益生产系统的胜利》中第一次提出精益（Lean）。他曾在美国加利福尼亚州的丰田公司担任质量工程师，后来在麻省理工学院学习工商管理。麻省理工学院根据这篇文章设立了研究课题，畅销书《改变世界的机器》则来自其研究成果，精益得到了全球范围的广泛传播。之后精益生产方式在制造业获得广泛应用，直至现在。

最初发现和改善生产和消除浪费的典型精益工具包括价值流程图、5S、看板、防错、全面生产维护和控制图等。价值流图可用来分析、设计物料流和信息流，以识别改进的机会。之后的现代精益模式注重以持续稳定性消除不平衡所产生的浪费。不只靠精益工具的技术性来实现浪费的减少，更上升到重视体系和管理的改善。常用的方法是"平衡生产"、使用看板实现需求拉动的体系和"生产均衡"排序法，即称为"丰田模式"。精益思想的本质是全员参与，以团队为基础，实现生产的持续改善，重点关注识别并消除那些对顾客来说并不增值的"浪费"。

如今精益思想推广到了企业之外，还被运用到物流运营以及同客户及供应商的协作之中。例如，通用电气在向医院销售产品的同时，还将精益思想、工具及管理手段推广到医院的日常管理中，取得了惊人的效应，而医院与精益的思想简直是异曲同工。

精益供应链是按计划有条不紊运行、稳定、协同和可视化的供应链。精益供应链聚焦消除浪费，即不为客户增值的步骤和行动，来持续降低供应链所用资源及生产周期。为了达成这一目标，必须通过企业全体员工和管理者的有效并有纪律性的流程降低库存并确保"第一次就做对"。此外，整个供应链各个环节企业的步调必须很好地服从客户的节拍，始于客户的需求拉动，使得整个供应链总体库存最小化。精益供应链的目的是用最低的供应链总成本递送给客户最高的价值。

供应链成本在企业运营成本中占据了较大的比例，有学者研究，只要降低一点点供应链成本，就会带来销售利润比较大的增长，而这些利润的增长若要靠增加销售额来达到，则销售额需要增长4倍。降低成本成为精益供应链战略受到青睐的重要原因。另外，依靠新技术的发展构建精益供应链还可以有效减少供应链中的"牛鞭效应"，使供应链运营效率提高。通过与供应商的紧密协作，能够使供应链运行速度加快，缩短交货期。

精益供应链战略包括了协同计划与预测、注重长期合作关系的精益采购、精益生产与配送、精益物流、精益仓储等，运用精益思想削减采购、生产、配送、储运、退货等各环节的浪费。

4. 供应链中常见的浪费种类

持续发现并降低供应链中的浪费是精益供应链管理的重点，在满足不断变化的客户需求的同时持续减少全供应链的总成本，提升供应链各方的盈利能力。减少和消灭浪费表面上看很简单，而实践中要找出周围习以为常的各种浪费现象并非易事，从复杂、隐蔽的环境中发现、诊断和分离浪费需要学习和积累。总结浪费的种类和形态有助于在供应链管理的实践中更好地识别并采取措施减少并根除浪费。供应链中典型的浪费有七大类。

（1）运输（Transportation）。没有增加价值的物料搬运，如重复、绕远、反向运输等。

（2）库存（Inventory）。不必要的原料、在制品、在途、半成品和成品，处在非加工或是等待状态的物料。

（3）移动和搬运（Moving and Handling）。物品、设备和人员于必要加工之外的移动及行走。例如，半成品移动到仓库而不是直接到下一工位进行加工，交付报表时的行走等。

（4）等待（Waiting）。物品、设备和人员等待工作的进行，设备修复，更换模具等的等待。

（5）过量生产（Over-production）。超出内外部客户需求数量而多余的产品生产，内部下道工序半成品，供应链各环节中提前准备的半成品、安全库存，没有客户订单需求的生产等。

（6）过度操作（Over-operation）。超出客户公差要求的加工，有瑕疵的产品设计或工装夹具造成的额外工序等。

（7）不合格品（Defects）。残次品及避免残次品流出而进行的检验，处理已经出现问题和返工、返修等。

将七大浪费的英文单词首个字母连起来为"TIMWOOD"，浪费也被丰田称为"MUDA"。

5. 精益和敏捷供应链结合应用

复杂多变的市场使得供应链单纯地选择精益或敏捷变得非常困难，这是因为：①供应链管理面临的典型挑战就要求在上游分离点之前使用精益管理，之后实施敏捷管理；②某些产品（例如规模化、标准化产品）可能更适合使用精益供应链，而另外一些产品（例如定制化、小批量、交付期敏感的产品）可能更适合推行敏捷供应链；③市场在不断变化，当价格是市场竞争主要因素，这时候精益就相对更为重要，而敏捷更能对应反应速度和变化能力的竞争。市场要求打造一个既精益又敏捷的供应链，才能在现代经济中得以立足和持续发展。将敏捷和精益结合到一条供应链上是不可缺少的能力。图2-5给出了将精益和敏捷有机整合在一起称为精敏（Leagility，Lean+Agile）的系统。

2.2.3 供应链合作多赢战略

企业为了共同利益需要在一起工作，这时就会有合作。供应链合作的确立就是多个企业间的合作，因此，基于合作的战略也是供应链战略实施的基础。合作战略创造了一种协同的经营环境。

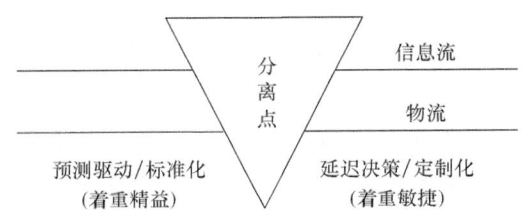

图 2-5　精益和敏捷混合发展的精敏系统

基于合作的供应链战略需要成功确立供应链企业的合作伙伴关系，发展这样的合作关系需要"黏合剂"。目标、承诺、协调、信任、沟通的质量、参与意愿、共同解决冲突，合作方的结构契合等都是发展合作关系需要考虑的。表 2-4 总结了成功的供应链合作的关键要素。虽然没有一种列表可以穷尽所有要素，但这里所列出的要素都是成功合作的关键要素。

表 2-4　成功的供应链合作的关键要素

1. 理解目标	6. 公平地分享收益、损失和投入
2. 信任和承诺	7. 参与方的总体利益要大于单独获得的利益
3. 企业包容性	8. 有效的绩效评价策略与方法
4. 沟通	9. 对合作关系的战略规划
5. 共同制定决策，达成共识	

下面详细介绍成功合作的各要素。

（1）理解目标。合作成员要理解供应链合作的目标及其各自的目标。合作成员需要讨论它们如何能为供应链中的每一方成员，以及供应链顾客创造价值。

（2）信任和承诺。信任可以有效地清除合作障碍，信任也意味着对合作伙伴的依赖。信任和承诺有很强的关联性，都可以鼓励企业与合作伙伴为长期利益而共同努力，抵抗住短期诱惑，有放弃投机等机会主义行为的意愿，小心应对供应链运营中的潜在风险。

信任有个人间的信任、基于机构的信任。信任还可以分为：计算型信任（Calculus-based Trust）、了解型信任（Knowledge-based Trust）和认同型信任（Identification Trust）。计算型信任指交易者都是理性的，交易者自己也相信他人会充分考虑被信任和不被信任的收益和成本。了解型信任依赖交易双方共同的思考方式，他方行为的可预测正是这类信任的核心。认同型信任指交易双方有着共同的价值观，包括道德责任等方面的共同认识。信任还可以分为契约型信任（Contractual Trust）、能力型信任（Competence Trust）和善意型信任（Goodwill Trust）。契约型信任是一种依赖于契约的信任。契约越细致，越能形成交易当事人的信任。能力型信任指一方具有按照对方要求和预期完成某一行为的能力。善意型信任指交易一方出于善意而对他人授予信任。这里所指善意，包括共同的信仰、友谊、同情等。

（3）企业包容性。这里最重要的是关系，各方需要有共享的愿景、使命、目标、文化。人与人的合作，过程的联合都需要相互包容，应该看到合作方的长处，而不是短处。

（4）沟通。沟通和信息的分享与应用是有效合作的核心。分享和应用预测信息对供应链参与方很重要。经常的代表会议对合作有很大帮助。

(5) 共同制定决策，达成共识。所有参与企业坐下来，一起来解决问题。参与方应该努力避免对彼此活动细节的干涉，而应该将责任与义务在事前就讲清楚，达成共识很重要。

(6) 公平地分享收益、损失和投入。虽然许多企业表明了它们对各自目标的贡献，但是成功的合作要求发展共享收获、损失和投入的机制。可持续的分享将依赖所有成员的共同信念与公平。

(7) 参与方的总体利益要大于单独获得的利益。为了持续更长的时间，成功的合作需要为参与方创造收益，这将超过那些企业独自能够实现的价值。

(8) 有效的绩效评价策略与方法。合作中所有参与方认可所使用的绩效评价方法和策略，共同制定供应链成功运营的关键绩效指标（Key Performance Index，KPI），实现对所有参与方的承诺。

(9) 对合作关系的战略规划。成功持久的合作会有挑战和困难。对合作关系，需要做好战略规划，开发成功合作细则，才能很好地长期发展这种合作关系。

基于合作的供应链战略具有如下特点。

(1) 从价格竞争转变为产品/服务的价值的提升。利用价格竞争取得的利益是建立在牺牲另一方利益的基础之上，而共同提升顾客价值则可以获得供应链的多赢。

(2) 长期的信任合作，而不是短期合同关系。供应链管理环境下的合作关系是建立在相互信任、相互合作的长期伙伴关系的基础之上，这大大减少了双方交易谈判的时间和次数，降低了交易成本。

(3) 从产品研发时就合作，协同开发。供应链合作利用合作方的技术优势，通过协同开发，改进产品质量，降低产品成本、加快产品开发进度，从产品设计源头着手提高对市场的快速反应能力。

基于合作的供应链战略更加强调信息的分享、沟通，以及高效率的协调运作，构建合作伙伴关系，实现供应链各方的共同成长与壮大。

2.2.4 领导力

供应链中的领导力涉及多个领域，如供应链愿景和使命、供应链管理战略、供应链网络、供应商战略、采购战略、供应商开发等。优秀的领导者都是擅长合作协调的优秀关系管理者。合作是互利的，要根据供应商战略确定合作关系的方式和紧密程度，还要最大限度地发挥各方优势，努力解决问题，追求双赢目标。必须适当运用合作和领导力才能取得最大的成功。

近些年来，关于领导力的许多定义都非常周密，但也许最简单、最有影响力的、最有用的是彼得·德鲁克所提出的"管理是做正确的事情，领导力是正在做正确的事情"。此外，记住"领导力不是你对别人所做的什么事情，而是你同别人一起做某些事情"。在关系管理的背景下尤其如此。一种仆人式的领导风格不仅建立了一种有意义的关系，而且更容易引导和影响创造双赢的谈判结果。反过来，关系越好，说服、谈判、指导和整体领导力就越有效，必然会更加合作。以领导力为源头，形成连续的、加强的反馈循环，相互渗透。

吉姆·柯林斯认为谦逊的领导是许多著名企业长期成功的重要原因之一。他将其称为"第五级领导"：第一级是个人技能，第二级是团队技能，第三级是管理技能，第四级是领导能力。除此之外，还有另外一个级别，即第五级领导力，其特点是：①谦逊为怀，躲避他人的奉承，从不自夸；②行事沉稳而坚定，不仰仗个人魅力，而是通过拉高标准来激发下属进步；③不图个人，只为组织，挑选能够让企业在未来更加成功的继任者；④企业表现不佳时，望向镜中而不是窗外，从不将过失归因于其他人或外在因素，不会抱怨运气不佳；当公司评功论赏时，看着窗外而非镜子，从来都是把成功归因于其他人、外部因素，或者运气。柯林斯调查发现，从优秀到卓越的公司的领导人，在开始再造企业之前，不是从"哪儿"开始，而是从"谁"开始。他把公司比作一辆巴士，企业领导人比作巴士司机。领导人关心的不是开向哪儿，而是"让适当的人上车，让不适当的人下车，让适当的人坐在适当的位置上"，"首先是人，然后才是方向"。

良好的领导力提供了一个现实的、有效的、可持续的供应链愿景，让所有的供应链利益相关者，无论内部的还是外部的，都能理解未来的使命和过程。良好的领导能力为利益相关者服务。良好的领导力寻求并激励利益相关者，无论是在日常执行中还是在危机期间，都能做出最有效的行动方针。良好的领导力坚持对过程、输入和输出拥有所有权。它提供了引领——指导和监督，使所有的利益相关者受益。优秀的领导者有效地利用关系管理。良好的领导力形成良好的供应链战略管理，引领供应链合作多赢，走向成功，并最终使顾客、终端用户受益。

2.3 供应链规划与设计

2.3.1 目标与步骤

供应链规划与设计的战略目标可以是以下三方面。

（1）满足顾客需求，提升顾客服务能力。提升顾客服务水平，往往会带来库存成本的上升，但由服务水平的提升带来收入的增长会占据上风。重要的是通过供应链管理带来了服务能力的全面提高，顾客群体大大增加了，由此又会带来规模经济的优势。

（2）降低总成本。在服务水平可以保持不变的前提下，降低与仓储和运输相关的可变成本，往往要制定多个备选的供应链方案，选择总成本最低或收益最大的方案。

（3）投资回报最大化。在投资回报相同的情况下使投入最小化，避免高额投资扩张战略带来的可变成本上升及风险增加，例如放弃自建仓储中心，而采用按需租赁公共仓储的方案。

供应链规划设计的步骤如图 2-6 所示。通过全面审视外部环境，确定供应链目标与供应链战略，对供应链所服务的市场及关键顾客进行分析，计划好供应链提供的产品/服务、生产系统、交付系统以及退货等逆向物流系统，平衡供应链的供应与需求，做好与需求匹配的资源分配，重点做好供应链网络设计；对供应链集成做出规划，详细规划供应链集成的各项活动，如顾客服务、采购与供应、库存、仓储、运输等，确定供应链协同计划与控制方法、关系管理以及供应链信息系统平台的运营。在此基础上设计全面的集成化供应链管理系统，设计供应链总体绩效评价方法，及时对供应链运行状况做出评估，并改进集成化供应链系统的规划。

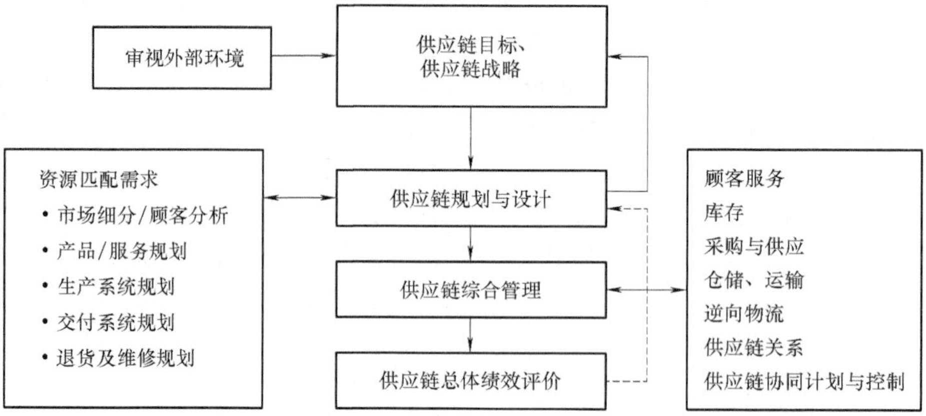

图 2-6 供应链规划设计的步骤

2.3.2 供应链网络设计

1. 供应链网络设计的外部环境

供应链网络设计首先要了解供应链特性及供应链所处的外部环境，定位供应链战略。扫描外部环境包括全面权衡影响供应链成员企业及其业务合作、市场等有关因素，主要有以下八个方面。

（1）市场地理环境。市场所处的地理环境，如气候、地形以及生产地的位置等，会影响到物流的成本、运输方式的选择以及仓储地点的决策。

（2）当地政策和法规。主要指供应链成员企业所处国家的各种政策规定、汇率问题、贸易保护以及区域经济圈的整合等。

（3）社会因素。供应链成员企业所在城市或地区的社会因素，如人口老龄化程度、人口流动性、居民收入增长、生活环境、消费水平的变化等。

（4）竞争策略。企业之间的相互竞争与合作将对供应链物流系统有着直接或者间接的限制，供应链的竞争策略需要从供应链整体来考虑产品策略、定价策略、营销策略以及分销、配送策略等四个方面。

（5）供应链技术设施系统。主要指的是铁路、公路、航空以及水运运输设施、仓储设施，这将影响到物流系统线路、运输/仓储方式的选择。

（6）经济状况及产业结构。供应链上企业效益的好坏与经济状况息息相关，经济复苏将会促进企业及物流系统的发展，反之则阻碍企业及物流系统的发展。同时，产业结构的形态，例如垄断的市场、自由竞争的市场，都会产生不同的贸易方式，从而影响供应链物流系统的发展。

（7）科技因素。科学技术的不断发展将会影响到供应链企业及产业结构的发展，从而会影响到供应链上企业运营方式及供应链物流系统的发展。

（8）管理教育。对供应链企业的员工进行良好的管理教育将不断地提高人才的素质，进而增强企业竞争力与合作意识。

2. 供应链网络设计的步骤

供应链网络设计的目标必须与供应链规划的目标相一致，如在满足顾客需求的同时使企业的收益最大化。全球供应链网络设计决策可以通过四个步骤来完成,如图2-7所示。

(1)步骤Ⅰ:明确供应链战略。包括确定供应链的活动是内部生产还是外包,明确供应链竞争的战略重点是响应时间,还是质量、成本与效率?还要明确供应链网络必须具备哪些能力来支持该竞争战略。管理者必须预测全球竞争的可能演变以及每个市场的竞争对手来自当地还是全球。管理者也必须识别可利用资金的约束,理解增长模式靠供应链合作来实现。

(2)步骤Ⅱ:确定区域设施配置。确定设施将要选址的区域、它们潜在的作用(功能)以及大概的产能。分析可以从国家或地区的需求预测开始。这种预测必须包括对需求规模的估量,还要对跨地区顾客需求的同质性和多样性做一个基本判定。同质性的需求需要大型设施,而地区的差异性需求却需要较小的本地化设施。

给定现有生产技术,管理者要确定规模经济或范围经济效应,确定能对降低成本起到显著作用的方式。管理者还必须识别与区域市场有关的需求风险、汇率风险以及政治风险。同时必须识别区域的关税、当地生产的要求、税收激励以及出口或进口限制。选址选在税率较低的地方、选在自由贸易区等都是不错的选择。

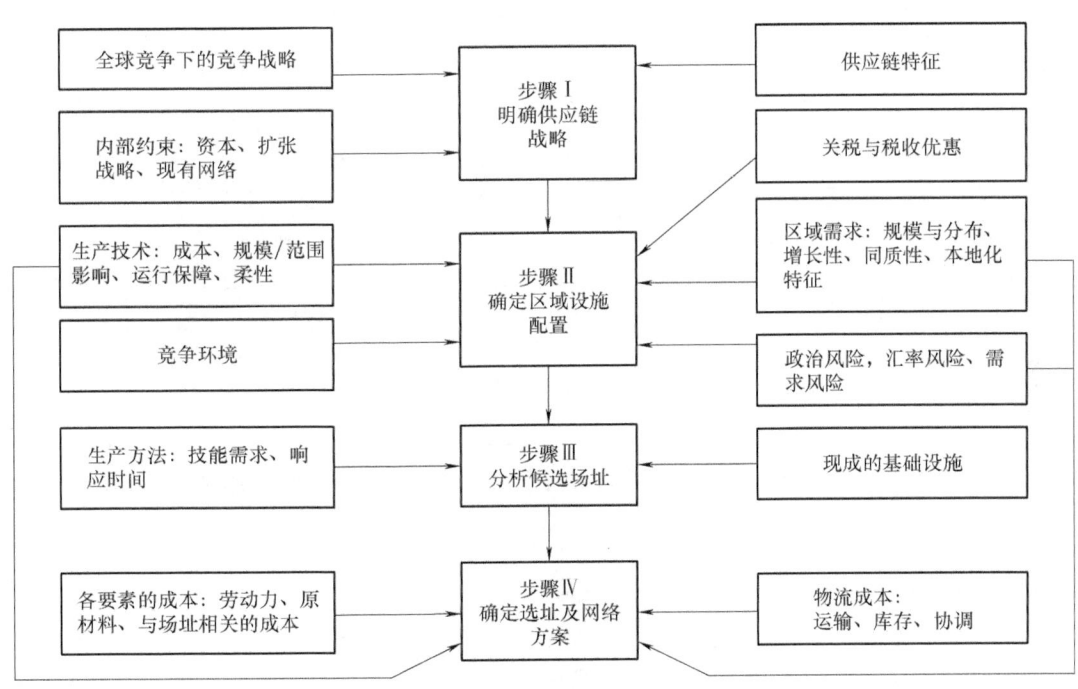

图2-7 全球供应链网络设计决策步骤

管理者必须识别区域竞争对手,设施是靠近还是远离竞争对手呢?对市场的响应时间以及总体物流成本也必须进行分析。

基于这些信息,管理者可以建立网络设计模型来确定供应链网络的区域设施最佳配置。区域配置定义了网络中设施的大概数量、所在地区,以及设施所服务的市场等。

(3)步骤Ⅲ:分析候选场址。选择一组候选的场址,进行对比分析。地点的选择应重点考虑基础设施能否支持将来的生产。对基础设施的要求包括供应商的可获得性、运输服务、通信、公共设施以及仓储设施等。对基础设施的另一方面的要求包括熟练劳动力的可获得性、劳动力的流动以及社会的接受能力。

（4）步骤Ⅳ：确定选址及网络方案。为每个设施选择最终场址并分配产能。网络设计的目标可以考虑每个市场所期望的毛利和需求、各种物流和设施成本，要在每个地址的税收和关税的基础上，使总利润最大化。

2.3.3 价值链增值指标

在价值链的 SIPOC 模型中，增加组织绩效评价的指标，可以用来评估价值链上每一环节的绩效，如图 2-8 所示。中层管理者、一线主管和员工可利用这些评价指标来监控各自的增值流程。当然，高级管理者一般不会对这些日常细节感兴趣，但他们感兴趣的企业绩效指标往往来源于此。这些指标遍及财务会计、市场、人力资源和运营，可以帮助高层管理者评估并改善整个价值链的绩效（如图中虚线所示），实现企业战略目标。

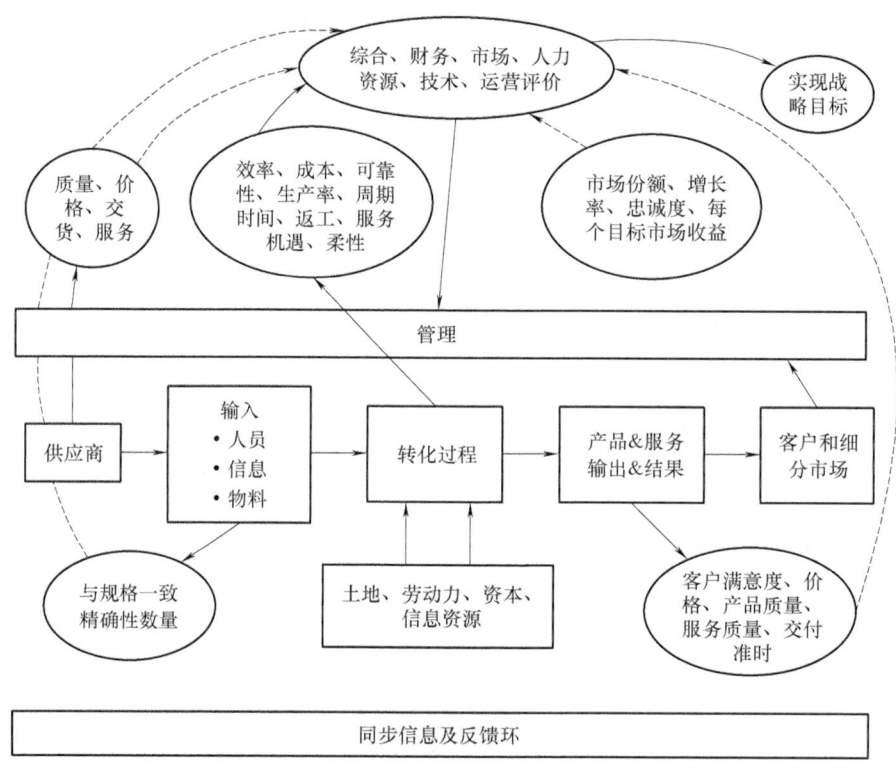

图 2-8 价值链增值绩效评价指标

供应商将产品和服务投入价值链中，用来创造和产生价值链的输出。如果购买的产品和服务的质量很差，那么顾客价值包的质量也不会好。如果供应商不能精确、及时地交付，他们的客户也很难完成自己的计划。因此，组织需要从其供应商处获取与产品和服务相关的绩效数据以及时间数据，一般的供应商绩效评价指标包括输入的质量、价格、交付可靠性以及服务评价指标。以产品供应商为基础的数据也是供应商合作关系的基础。

运营管理者对设计、管理价值链上的增值流程及相关资源负主要责任。流程数据可以反映运作的缺陷和错误，还能有效地评价成本、周期、交付柔性、生产率、进度、设备可靠性、预防性维修工作、能源和设备效率以及原材料使用效果等。

企业通过评价产品或服务，来了解流程是否满足了顾客期望的质量和服务水平，了解产品合格率，了解各职能部门的绩效及缺陷率，这也为如何控制生产制造过程提供了反馈信息。

企业通过顾客和市场信息，来了解顾客满意度、股东满意度，了解如何更有效地配置产品和服务（即顾客价值包），并从中可以发现增加价值、需要改善的价值链环节。

同步信息和反馈是协调价值链中的物质流和信息流，评估组织战略目标的实现所必需的。及时的信息共享有利于降低存货，合理安排员工，合理安排运输计划等。及时准确地连接价值链中的各种信息，利用大数据分析，可以帮助供应链创造卓越绩效。

2.3.4 供应链设计中的权衡

1. 响应时间的权衡

企业的供应链网络设计应考虑许多战略因素，包括宏观经济、政治、技术、基础设施、竞争要素等，还要考虑供应链内部因素，主要是物流及设施成本。网络设计要满足顾客所要求的客户服务水平，降低总体分销成本，还要考虑网络对环境的影响与可持续性。网络设计需要在以上各个方面做出权衡。

客户服务方面的影响要素包括响应时间、产品品种（单一的品种似乎不能满足顾客的个性化需求，多样化品种满足了顾客的多样化需求，但也增加了管理的复杂度，从而使客户服务大打折扣）、产品可获得性、顾客体验（让顾客感受到下订单和收货的便利性程度等）、订单跟踪的可视化（让顾客等待也要明白地等待）、可退货难易程度（反映了分销网络处理退货的能力）等。供应链成本方面的影响因素包括库存成本、运输成本、设施和搬运成本、信息处理及传输成本。

各个影响因素之间也存在着关联关系。例如，供应链中仓储设施数量的增加，缩短了到最终顾客的距离，会缩短响应时间；但同时，设施数量的增加，会使总库存水平提高，进而增加库存成本。通常为了降低库存成本，企业会尽量合并或限制供应链中的仓储设施数量，但仓储设施数量变化会影响运输成本。运输成本涉及进仓的运输成本和出仓的运输成本。一般来说，单位进仓运输成本要低于出仓运输成本，因为前者的运输批量大，可能是整个集装箱过来的，具有规模效应。那么，增加仓储设施数量可以缩短出仓运输的平均距离，进而降低运输总成本。但如果设施数量增到一定数量时，使得进仓运输的批量变小、失去运输规模效应时，增加仓储设施数量就会带来运输总成本的增加。增加仓储设施数量必然会导致仓储设施成本的增加。

供应链网络的物流总成本是库存成本、运输成本和仓储设施成本之和。随着仓储设施数量的增加，库存成本和运输成本逐渐降低，但是设施成本随之增加。物流总成本的趋势是先降低达到一个临界值然后再上升，如图2-9所示。所以应至少拥有使总物流成本最小的仓储设施数量。还要考虑响应时间，响应时间是随着设施数量的增加而缩短，快速的响应能力能够吸引顾客并留住顾客，有的企业宁愿增加物流总成本也要提高响应能力。那么，就要进一步权衡由响应能力增强所带来的经济收益和竞争优势与设施数量进一步增加带来的成本上升。

2. 全球化与本地化的权衡

全球供应链中存在许多跨国公司，跨国公司可以理解为在若干个国家内获取资源，建立市场并生产产品或服务，使得成本最小和利润最大化，提高顾客满意度和社会福利的一种组织。例如，通用电气、丰田。它们的价值链可以在世界范围内获取资源，进行营销活动，为顾客提供产品和服务。

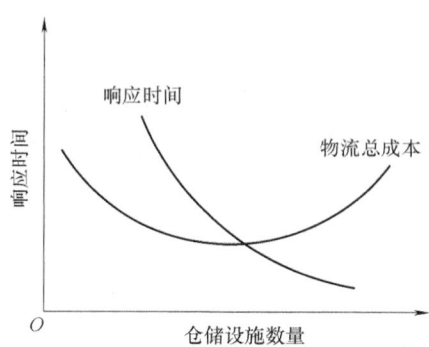

图 2-9　仓储设施数量与物流总成本和响应时间的关系

跨国公司复杂的价值链对运营管理者来说也是一个挑战。在全球化商业环境下，全球供应链的运营管理者必须面对以下问题。

（1）如何设计一条满足经济增长缓慢的工业化国家以及快速发展的新型经济体的价值链。

（2）在全球哪些地方设置制造和物流设施以充分利用价值链的效率并提供最大的顾客价值。

（3）在制定关键价值链决策时，需要使用哪些绩效评价指标。

（4）是否应该和竞争者建立合作关系，共享供应链中设计、制造或物流方面的技术知识。

复杂的全球供应链的战略规划需要考虑更多的问题，还要进行全球化与本地化的权衡。

（1）全球供应链要面对更高的风险和不确定性，需要更多的库存和日常监控，防止产品短缺。例如罢工和政府骚乱这样的问题会造成库存短缺和订单大幅度的波动。

（2）全球供应链中各国的交通基础设施存在较大的差异。例如，中国沿海拥有比广大内陆地区更好的运输、分销以及零售基础设施。

（3）全球化采购面临着跨越国界的诸多障碍，例如，结算汇率的变化使得决策者必须谨慎地做出计划。在处理商品时，还要考虑期货合约的问题。国际采购还可能会带来与价格操控和质量缺陷相关的法律纠纷，以及全球供应链连接的各个国家的文化与制度差异及政治影响。

（4）危机管理及应急管理成为全球供应链战略规划所必须考虑的重要部分。

2.4　供应链运作参考模型

供应链关注的阶段也有侧重，许多企业的供应链主要是指产品到客户的渠道建设，有些则更关注供应商及其上游的货源，还有些企业则将重点放在自己内部的各个环节。供应链运作参考（Supply Chain Operations Reference，SCOR）模型获得广泛应用。SCOR 模型帮助企业建立产品从企业流向其客户或其他企业时所涉及的供应链的各个环节的流程，并给出定期评估的方法，帮助企业评估和完善供应链管理的可靠性、一致性，持续保持业务的效率和生产力。

SCOR 模型旨在推行标准化流程，即一套跨行业使用的适用于任何供应链流程的通用定义，及一种可度量的方法来跟踪结果。通过使用 SCOR 模型，企业可以判断供应链流程的先进或成熟程度，以及它与企业目标的一致性如何。

SCOR 模型最初的版本由管理咨询公司 PRTM 于 1996 年开发，随后得到了供应链理事会的认可，该理事会现在又是美国生产与库存管理协会（American Production and Inventory Control Society，APICS）的成员。在全球有数百家企业和大学参与到 SCOR 模型的开发、更新、应用和研究中，不断进行现代化改造，加入新的主题和元素，引入最佳实践，从而推出新的版本。

根据 APICS 的说法，新版本包含更多"供应链成功的新兴驱动因素"，涵盖了诸如全渠道、元数据和区块链等主题。该框架还使最佳实践更好地与数字战略相一致，包括使用全球报告倡议组织（Global Reporting Initiative，GRI）来制定新的培训信息和综合的可持续标准。

2.4.1 管理流程对接

SCOR 模型的重点是关注订单下达到订单支付之间的各个环节与客户以及与供应商的交互。这包括完成订单所需的所有物料和服务，包括供应、原材料、软件和设备。与市场的互动也视为模型的一部分，因为它是建立需求的渠道。

SCOR 模型中所定义的流程是供应链管理中常见的范例。它使用标准化和通用的定义，考虑了所有行业的简单或复杂供应链的情形，适用于大多数组织中的供应链。但不同企业可能有不同的优先级，还有可能某些步骤与其业务目标无关或是多余的，需要进行裁剪。图 2-10 表达了 SCOR 模型的六个流程。

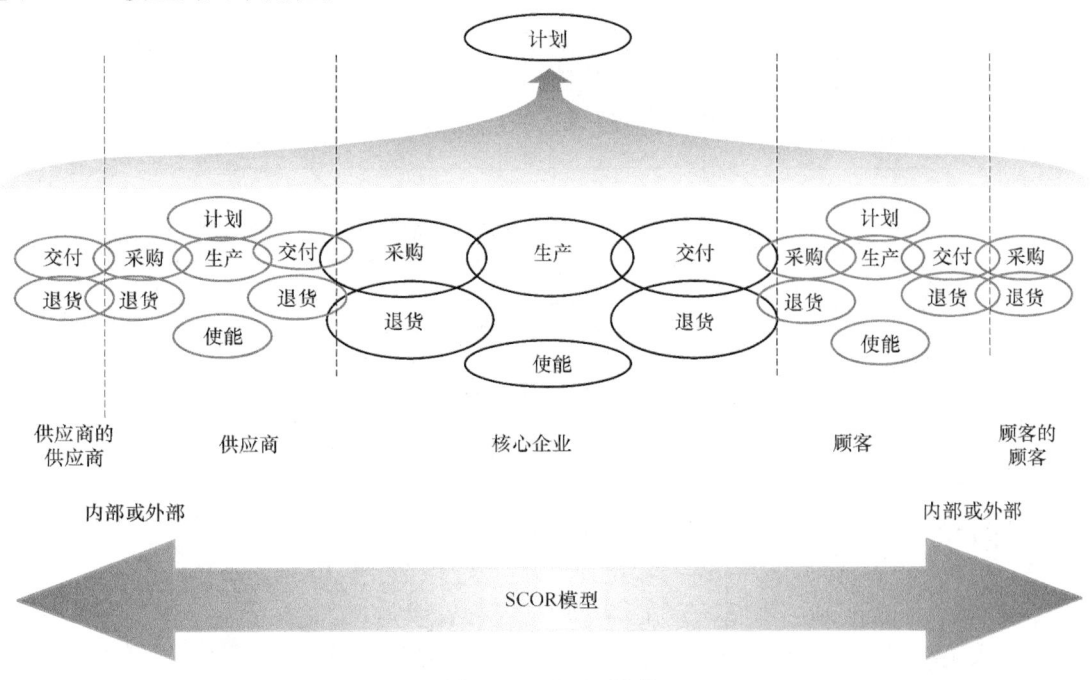

图 2-10　SCOR 模型

（1）计划（Plan）。计划过程包括确定资源、需求，建立流程的沟通链，以确保供应链的运营与业务目标保持一致。包括战略和操作两个层面上的计划。例如，供应链的结构、开发供应链效率的最佳实践，还应该考虑运输、资产、库存、合规性和供应链管理的其他必要要素。

（2）采购（Source）。采购过程包括获取必要的产品和服务以满足计划、生产或实际的市场需求，还要将更前端的"寻源"活动，以及具体的购买、收货、检验以及原材料供应和供应协议等包括进来。

（3）生产（Make）。产品生产的过程，是为供应市场做好准备以满足计划或实际的顾客需求。这里的生产是一个广义的过程，还可包括服务过程的实现、完成顾客要求的操作等活动。

（4）交付（Deliver）。产品和服务的交付过程，以满足计划或实际需求。典型的交付包括订单处理、客户服务、运输、库存和配送管理。主要活动在流通环节实现。

（5）退货（Return）。退货流程包括从客户处接收退货产品或向供应商处退货。这还包括了交付后的客户支持流程，现在更加重视的另一个环节是产品生命周期结束后的处置，满足无害化、可回收、可重复使用、环境友好等要求，将一个产品生命周期的完结变成新的另一个产品生命周期的初生，即"从摇篮到重生"的过程。

（6）使能（Enabler）。这是与供应链管理相关的过程，如业务规则、设施性能、数据资源、合规性、合同和风险管理。

1. 整合 SCOR 模型的四个要素

图 2-11 表达了推动实施 SCOR 模型的四个要素的逻辑关系，这四个要素如下。

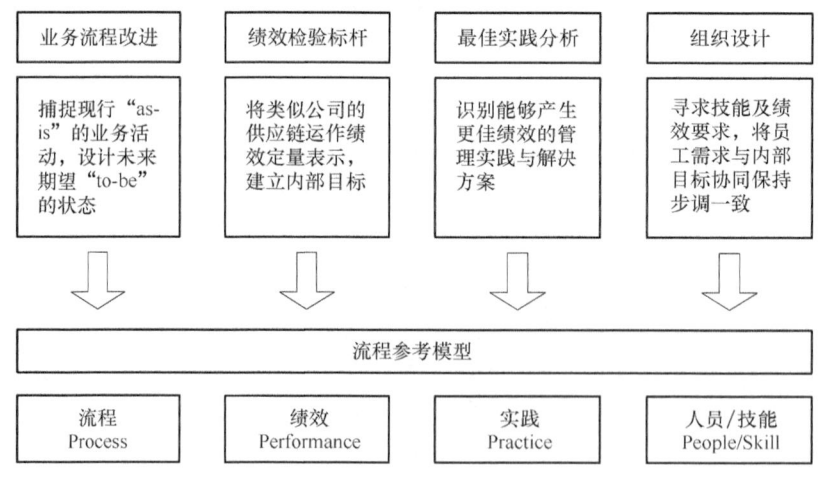

图 2-11　将四个要素整合到一个方法论中

（1）流程（Process）：描述管理流程和流程关系。

（2）绩效（Performance/Metrics）：过程绩效的描述和定义战略目标的度量。

（3）实践（Practice）：能够显著提高过程绩效的管理实践。

（4）人员/技能（People/Skill）：供应链流程执行中所需的技能。

2. SCOR 模型的结构分解

SCOR 模型的核心是流程，流程又分为四个层次，分解图如图 2-12 所示。

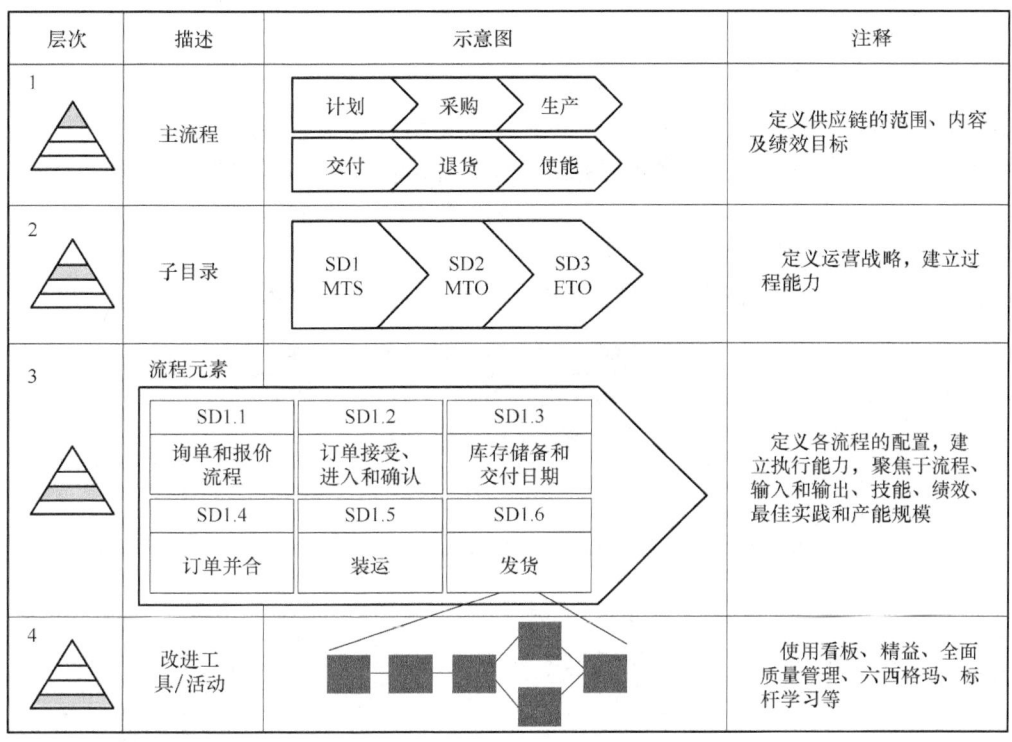

图 2-12　层次 1~4 分解图

（1）层次 1：六个主流程，分别是计划、采购、生产、交付，退货和使能。

（2）层次 2：每个主流程下的子目录，以交付主流程为例，可以分为四个层次的目录，分别如下。

1）SD1 按库存生产（Make to Stock，MTS）。

2）SD2 按订单生产（Make to Order，MTO）。

3）SD3 按订单设计（Engineer to Order，ETO）。

（3）层次 3：流程元素。在这个层次上涉及一些最终的具体流程，例如上面 SD1 MTS 中的第一个流程是 SD1.1 询单和报价流程（Process Inquiry and Quote），它描述了接收顾客的咨询和询价单的反馈（Requests for Quotes，RFQ）。

从 SD1.1 到 SD1.15，SCOR 共计用了 15 个流程来完整地描述从顾客的订单查询一直到给顾客开票结束的全部过程。

（4）层次 4：执行流程中需要使用的一些管理工具。使用流程工具，保证达到目标。

3. SCOR 最佳实践的四种类型

如何实践一个好的 SCOR 过程？下面四种类型给出了 SCOR 的最佳实践。

（1）前沿（Emerging）：涉及组织流程的新技术、新知识或新方法的流程。

（2）最佳（Best）：通过供应链绩效产生一致和可靠结果的最好的实践。

（3）标准（Standard）：多年来，多个同行业的许多组织使用的典型实践，能够产生一致的结果。

（4）衰退（Declining）：一直在使用，但现在是多余的或过时的做法，是供应链绩效的障碍，要改变之。

2.4.2 指标和绩效评价

供应链的绩效评价指标体系的建立有助于组织针对其业务进行评估，即使各种类型组织的运营方式有所不同，也可以根据本行业及其他行业的组织标杆对比来判断供应链绩效。

SCOR 模型中指标超过 250 个，按照五个涵盖整个供应链的绩效属性进行分类：物流绩效、柔性与响应性、物流成本和资产管理效果等，如表 2-5 所示。组织通过确定优先考虑哪些绩效属性以及组织可以确定以何种强度和速度来执行哪些领域以满足供应链的需求。

表 2-5 SCOR 模型绩效评价项及评价指标

绩效评价项	含义	评价指标
物流绩效	供应链配送绩效的特征：恰当的产品，到达正确的地点，恰当的时间，恰当的包装，恰当的质量和正确的文件资料，送达正确的客户	订单发货期、订单完成率、订单差错率、订货响应速度
柔性与响应性	在变化的市场环境下，供应链获得或维持竞争优势的灵活性 企业将产品交付顾客的速度	供应链总体响应时间 生产柔性 供应链提前期
物流成本	供应链运营的总体成本，包括运输、库存、业务合作及协调等成本	供应链运营总成本
资产管理效果	组织为满足需求，资产利用的有效性，包括各项资产的利用：固定资产和运营中的可变资产	库存周转期 现金周转期 净资产收益率

（1）物流绩效。供应链中的物流系统是企业必不可少的竞争利器，竞争迫使物流配送的提前期越来越短。SCOR 模型从订单发货期、订单完成率、订单差错率、订货响应速度等多个方面对物流绩效进行了评价。

（2）柔性与响应性。这方面主要就指生产柔性、供应链提前期。增加一定比例的非计划产量所需要的生产时间越短，生产柔性越好。供应链提前期包括零部件生产或外包的平均时间、产品生产平均时间、生产完成到交货的平均提前期。

（3）物流成本。主要包括整体物流管理成本、订单管理成本等。

（4）资产管理效果。供应链的资产主要包括库存、厂房、资金和设备，可以通过库存周转率、现金周转率和净资产收益率来反映资产管理的效果。库存周转率是指某一时间段内库存货物周转的次数，反映库存周转快慢程度，库存周转率＝年销售额/年平均库存值。现金周转率是指从原材料的现金投入之后到客户端的现金收回的平均时间。净资产收益率是公司税后利润除以净资产得到的百分比率，用以衡量公司运用自有资本的效率。

SCOR 模型同时被许多重要的信息技术平台所支持，SAP 公司的 MY SAP 供应链管理解决方案就支持美国供应链协会的 SCOR 模型，并且包含了 300 多个预先配置的供应链关键绩效指标，如交货情况、预测准确性和投资回报率等。

SCOR 模型提供的绩效评价指标是一个标准化参考模型，对一般的供应链通用。具体供应链的绩效评价指标可以参考该模型。不过，这一模型缺少对供应链可持续发展能力的评价，也缺少供应链产品质量（产品或零部件的质量：合格率、废品率、退货率、破损率、破损物价值等）及顾客服务质量的评价。

实际中，具体供应链的绩效评价指标也可以参考平衡计分卡模型来设计。卡普兰和诺顿提出的平衡计分卡是个很好的指南，它通过将财务指标、客户满意度、内部流程与组织学习和成长结合起来，提供了对业务绩效的总体平衡描述。平衡计分卡关注的焦点是对赢得客户满意度影响最大的核心竞争力、流程、决策和行为，以学习和成长的观念来评估员工、业务系统和流程的持续完善程度。该框架的最上层是财务评价指标。从根本上来说，平衡计分卡在保持输出绩效（如财务状况、客户服务）和绩效驱动（如价值、流程、学习与成长程度等）之间获得平衡。

一旦对当前供应链的绩效进行了测量考核，就能够发现其低绩效领域或缺陷所在。一个好的 SCOR 模型是结构化的、能够适合当前环境的、经过验证的和可重复。达到这些要求，就决定了 SCOR 模型的过程可能不是最前沿的，但也不会是过时的，SCOR 模型有明确的目标、范围和流程，并且被证明在多种环境中能够重复运用，并且是成功的。

当然，SCOR 模型的这种结构可以运用于其他的系统分析方法中。

2.5　供应链项目管理

项目管理是将知识、技能、工具和技术应用于广泛的活动中，以满足特定的项目要求。图 2-13 描述了供应链项目管理的五个阶段。如果生命周期提供了项目的高级视图，那么这五个阶段是完成的路线图。

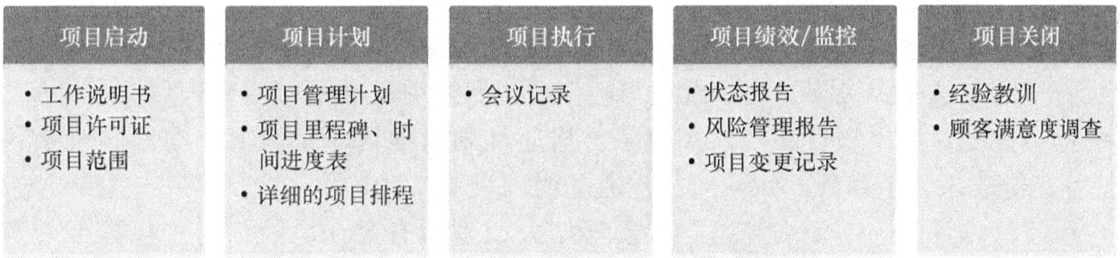

项目启动	项目计划	项目执行	项目绩效/监控	项目关闭
·工作说明书 ·项目许可证 ·项目范围	·项目管理计划 ·项目里程碑、时间进度表 ·详细的项目排程	·会议记录	·状态报告 ·风险管理报告 ·项目变更记录	·经验教训 ·顾客满意度调查

图 2-13　供应链项目管理的五个阶段

1. 阶段 1：项目启动

该项目从商业案例开始，项目开始时的目标是在广泛的层面上定义项目。在启动阶段，项目所有者研究该项目是否可行，以及是否应该进行。在这个阶段进行任何可行性测试都是需要的。项目所有者将会与重要的利益相关者进行接触，以确定项目是否成功。如果一个决定继续进行，项目业主将制定项目章程或项目启动文件，这些文件概述项目的目的和要求。项目章程应包括：业务需求、利益相关者、商业案例。

2. 阶段 2：项目计划

（1）SMART 目标制定原则。这种方法有助于确保目标已经完全调查并提供了一种清楚理解其含义的方法去理解目标设定过程。

1）具体（Specific）。通过回答以下问题来设定具体目标：谁、什么、何地、何时、何地、为什么。

2）可衡量（Measurable）。创建可用于衡量目标成功的标准。

3）可达性（Attainable）。确定具备实现目标所采取的举措。

4）现实性（Relevant）。规定具体目标，愿意并能够努力工作。

5）及时性（Tim-bound）。创建时间表来实现目标。

（2）CLEAR 明确目标。这是一种设定目标的新方法，它考虑了当今快节奏业务的环境。其目标方法如下。

1）合作（Cooperation）。目标应该鼓励项目团队一起工作。

2）有限（Limited）。目标应该在范围和时间上受到限制以使其可管理和可实现。

3）情感（Emotional）。目标应该是挖掘员工的激情和他们可以形成情感联系的东西。这个可以优化工作质量。

4）可感知（Aware）。更大的目标应该被分解成更小的任务，这可以很快实现。

5）可修改（Recompose）。随着新情况出现，灵活和精炼目标需要。

在项目计划阶段，项目的范围已经确定并且一个项目管理计划已经制订。该计划涉及确定成本、质量、可用资源和实际时间表，这也包括建立绩效措施。绩效措施是使用范围、时间表和项目的成本。使用基准线对于确定项目是否进展顺利是重要的。在这个阶段，角色和职责应该是明确的，以确保团队了解他们将如何进行衡量。以下是项目经理将在项目计划阶段创建的文件：

- 范围说明。该文件明确规定了业务需求、项目的益处、目标、可交付成果和关键里程碑。该范围说明可能会在项目期间发生变化，但这将要求项目经理和项目发起人的批准。
- 工作分解时间表（Work Breakdown Struture，WBS）。WBS 是一种视觉呈现，将项目在团队范围里分解为可管理的部分。
- 里程碑。里程碑确定了在整个项目中需要的高层目标。这些都包含在甘特图中。
- 甘特图。这是一种视觉时间线，可用于计划任务和可视化项目时间线。
- 沟通计划。如果项目涉及外部股东，沟通计划对项目非常重要。沟通围绕项目和创建基于可交付成果和里程碑的团队成员沟通的时间表。
- 风险管理计划。需要确定风险管理计划去识别所有潜在风险。这些包括不切实际的时间和成本估算、客户审查周期、预算削减、需求变化和缺乏承诺资源。

3. 阶段 3：项目执行

这是可交付成果的开发和完成阶段。项目执行是许多活动正在发生的地方，这包括状态报告、会议、开发更新和性能报告。通常会议标志着项目执行阶段的开始，涉及的团队需要了解他们的责任。执行期间完成的一些阶段任务包括：团队发展、分配资源、执行项目计划、需要时进行采购管理、项目经理指导和管理项目执行、建立跟踪系统、执行任务分配、更新项目进度、更新项目计划。

4. 阶段 4：项目绩效/监控

项目绩效/监控阶段通常与项目执行阶段同时发生，并侧重于衡量项目进展情况，以确保所有活动与项目管理计划保持一致。项目经理使用关键绩效指标（KPI）来确定项目是否在预计轨道上。

项目经理通常选择 2~5 个 KPI 来衡量项目绩效。包括以下指标。

(1) 项目目标。该指标衡量项目是否在预算之内按计划进行。这提供了该项目是否满足利益相关者的目标的可见性。

(2) 质量可交付成果。该指标决定具体任务是否满足可交付成果。

(3) 计划和成本跟踪。项目经理将考虑计划和资源成本，查看预算是否在预计轨迹上。这类轨迹表示基于目前的绩效，项目是否将在规定日期完成。

(4) 项目绩效。考虑出现问题的数量和类型，以及如何迅速解决，监督项目的变化并采取措施。这些变化的发生可能是无法预料的。项目经理需要调整时间表以确保项目进展顺利。

5. 阶段5：项目关闭

此阶段代表已完成项目，关键团队成员得到认可，可以组织特别活动来感谢他们的努力，任何专门从事该项目工作的承包商此时都将被终止。项目完成后，项目经理可能会进行事后会议以评估项目进展是否顺利并确定项目故障，这些经验教训有助于改进未来项目的结果。项目经理还要创建一个没有完成的项目清单，在项目期间与团队成员共同完成。项目经理将收集所有项目文件和可交付成果并将它们存储在指定的位置。

【案例分析】

弘泉集团的下一步变革

弘泉集团是一家总部位于南方的家电生产企业，产品种类多达几百种。公司共有几千名员工，分布在华南、华东、西北、东北四个不同的生产厂区、销售公司和技术研发机构。但是，面对竞争日益复杂的家电市场，该公司越来越感觉到家电市场的快速变化，特别是家电产品的生命周期越来越短，家电产品的市场越来越接近饱和状态，企业的经营风险不断加大，与此同时，客户对家电产品个性化的需求越来越高。因此，如何在竞争激烈和快速变化的市场中运用先进的供应链管理系统就显得尤为重要，特别是要通过提高对商品的预测准确率来降低企业的库存，减少交货期的延误，以保证大量的有价值的客户。

弘泉集团供应链管理的发展历程可以分为三个阶段：10年前，成立采购部，主要职能是采购，没有区分配套与采购，对采购价格不是非常敏感；7年前，成立资材部，开始考虑降低成本，主要包括采购降成本及技术降成本，同时将核价提高到一个较高的程度，逐步在行业取得成本领先的优势；4年前，成立供应链管理部，开始将物料分为集中采购和分散采购，供应链主要负责集中采购，工厂负责及时供应的物料及拉式物料，人员分为配套与采购。

集团总经理认为目前整个供应链管理存在一些问题，在一次周例会上，供应链管理部黄总提出："目前公司部门人员间配合不够，老员工存在固定思维，而新员工能力却跟不上，互相缺乏主动沟通，团队意识差，凝聚力不足，这些都是导致供应链管理出现问题的因素。"

事业部王总提出："生产、品质管理、供应商管理等各方面的都存在异常问题，引起'失火'，现在部门人员基本都在充当'消防员'，大量的工作是在'救火'，模块负责人因为受到降成本压力而忽视了对配套主管的管理。"

其他经理们的意见就更多了:

"采购职能与配套职能分离,引起大量的内耗,工作方向不明,工作重点不清,浪费了大量的时间与精力。"

"这几年连续要求低成本、高品质,再加上管理方面存在问题,对供应商的利益管控根本不到位,供应商的利益得不到保障,处罚过多,直接打击了供应商的积极性,现在他们的合作意愿都比较低,这是个大问题。"

"目前供应商是很多,可是供应商的质量不高,无论是经营规模还是资金实力各方面都不能满足我们精益制造的需要,目前,工厂生产运作受物料影响比较严重。我认为应该进行供应商分析,整合供应商,剔除那些小的、零散的、供应量不多、供应质量不到位的供应商,保留质量高的或者是新挖掘高质量的供应商,保证供货质量。"

……

李总要求供应链部门对来自公司内部、供应商、客户的数据资料进行分析和调查研究,对弘泉集团供应链进行全面的分析,部门拿出的分析结论是:

(1) 人力资源及管理沉淀的不足与超大规模供应链管理挑战的矛盾:超大规模供应链管理对人员的专业知识结构、工作经验有较高的要求;目前部门人员知识结构较好,但经验欠缺,专业度不够;目前人员流动率为26.47%,较高的人员流动率必然导致管理沉淀的不足,而且工作交接缺乏管理,比较随意;新员工的能力需要提高,老员工的固定思维需要打破,部门人员间的融合度不够,缺乏相互间主动沟通,团队凝聚力不足。

(2) 疲于救火而系统管理的流失与应赋予供应链管理职能定位的矛盾:供应链管理职能定位应该是供应链系统规划,优化供应布局,降低供应链综合成本,提高供应链整体效率;生产、品质、供应商等各模块负责人因为降成本压力而忽视了对配套主管的管理;采购职能与配套职能的分离引起大量的内耗,工作方向不明,工作重点不清导致大量的时间与精力的浪费;供应链管理部需要在一个比较理想的环境下构建精益供应链。

(3) 供方合作意愿协同度的缺失与打造精益制造体系的挑战之间的矛盾:供方协同度的初步调查为30.56%,仅有少量供应商有可能满足精益供应链柔性的要求;以丰田汽车为标杆的精益供应链,需要供应商在各方面与核心企业完全协调同步;由于连续几年低成本高品质的要求,供应商的积极性受到打击,合作意愿较低。

(4) 供方结构臃肿及实力的低下与低成本高效率供应链挑战的矛盾:从目前统计数据来看,供方数量过多但实力低下导致供应核心资源无法真正得到保障;大多数供方的管理还处于初级阶段,工厂生产运作受物料影响相对严重;关键原材料价格仍将在一个相对的高位徘徊,要求供应链在高成本压力中持续降低成本,以保证产品市场的价格优势,这将会继续导致物料供应进一步不稳定,增加物料准时交货的压力,影响生产的高效运作。

李总读着这份报告,除了担忧,更多的是欣喜——能够把问题找出来,就能想办法解决。他在沉思,似乎看到了公司未来发展的美好景象。

【讨论题】

(1) 补充一下报告中对供应链部门问题的认识。

(2) 弘泉集团下一步需要做的是什么?应该从哪方面着手呢?

习　题

1. 如何理解需求管理对供应链规划与设计的重要性？
2. 简述客户服务及其评价指标。
3. 供应链面临的不确定性主要来自哪些方面？
4. 效率型供应链与响应型供应链有哪些不同？
5. 说明领导力对供应链管理战略的重要性。
6. 简述供应链规划与设计的主要目标。
7. 说明供应链规划与设计的主要步骤。
8. 说明供应链网络设计的步骤及主要决策内容。
9. 设计供应链网络时必须权衡哪些因素？
10. 如何理解敏捷供应链与精敏供应链？
11. 简述供应链合作成功的核心要素。
12. 结合 SCOR 说明供应链绩效评价的主要指标。
13. 说明供应链项目管理的重要作用。

第 3 章 重塑供应链

【本章要点】

1. 管理实践：快速响应、供应商管理库存、高效客户响应、协同计划预测与补货；
2. 传统供应链信息系统与数字化技术的应用；
3. 供应链金融的概念、几种融资模式与供应链金融风险；
4. 改善供应链的基本做法：控制"牛鞭效应"、延迟与可视化；
5. 供应链成熟度模型。

对供应链的认识，包括供应链的范围、参与的部门、管理的重点等，不同企业都有不同的理解，有的企业聚焦于管理客户的需求，设计供应链，以库存和物流的合理布局来提升客户服务水平；有的企业关注整个供应链协同计划和预测，将供应链与互联网结合起来，形成一些专业化的供应链平台；还有的企业采用订单式拉动来降低整个供应链的库存（如乘用车的模式），或者采用单一产品或减少产品品种来降低整个供应链的库存（如苹果手机的模式）；有的企业试图通过大规模的定制化以完全消除渠道上的库存（如正在推广的鞋、服装等），从最大限度地满足客户的需求转变到管理客户需求、再转变到引导客户的需求；还有些供应链则聚焦于资金的流动，形成供应链金融，利用上下游之间的长期合作关系作为信用进行融资，或者将库存作为资产进行融资，解决供应链的资金不畅通、各自为营的封闭局面。

3.1 供应链管理早期实践

3.1.1 快速响应

快速响应（Quick Response，QR）最早于 20 世纪 80 年代应用在美国的服装纺织行业。1988 年，美国纺织服装联合会（Textile Apparel Linkage Council）给 QR 下了一个较为明确的定义：快速响应是一种响应状态，即能够在合适的时间向客户提供合适的数量、合适的价格和高质量的产品，而且在这一过程中能充分利用各种资源并减少库存，重点在增强企业生产的灵活性。QR 的目的是缩短原材料供应时间，降低产品到销售点的时间和整个供应链的库存，最大限度地提高供应链的运作效率，QR 将 JIT 方法与库存实时监控技术相结合，充分利用销售点 POS（Point of Sale）机终端收集数据，利用 EDI 技术传递给供货商（即服装生产商），以对消费者的需求做出快速反应。

快速响应随着供应链管理技术的发展而发展，下面列出一些比较有代表性的定义。

（1）一种制造业或者服务业竭力按照顾客的要求，以准确的数量、种类和在规定的时间范围内为顾客提供产品和服务的运作方式。

（2）一种制造商所追求的，能够提供给客户准确的数量、质量和所要求时间的产品的响应状态。做到快速响应，缩短交货期，使劳动力成本、原材料成本和库存成本最小化，专注于灵活性以便适应充满竞争的市场不断变化的需求。

（3）快速响应是公司范围内确定恰当的订货数量，使顾客服务水平不断提高。快速响应需要灵活而强有力的团队做出决策。

（4）供应链成员组织之间建立战略合作伙伴关系，利用EDI等信息技术进行信息交换与信息共享，用高频率小数量配送方式补充商品，以实现缩短交货期，减少库存，提高顾客服务水平和组织竞争力为目的的一种供应链管理策略。

供应链快速响应能力是指建立在供应链基础之上，以更快更好的顾客需求响应为核心理念；以资源整合和协调运作为基础；以时间压缩为主要手段的市场竞争能力。

3.1.2 供应商管理库存

20世纪80年代后期，服装行业在QR基础上全面应用了持续补货（Continuous Replenishment，CR），持续补货引入了联合预测方法，使服装生产商与零售商能够共享客户信息，持续补货通过持续补货协议，实现了供应商管理库存（Vendor Managed Inventory，VMI）。VMI是指由供方按照预期需求以及事先达成的框架合作协议，管理客户方（即零售商/批发商）处的库存，进行有效的监督、规划和管理。供方在客户方的允许下设立库存并拥有库存控制权，掌握供应链上的商品库存动向，由供方依据客户方提供的每日商品销售信息和库存情况来统一管理库存，实现连续补货，从而实现对顾客需求变化的快速反应。

1. 实施VMI策略应遵循的基本原则

（1）合作精神（合作性原则）。在实施VMI策略时，相互信任和信息透明是很重要的，供应商和客户（零售商）都要有较好的合作精神，才能保持较好的相互合作，使VMI策略顺利实施。

（2）使双方成本最小（互惠原则）。VMI关注的不是成本如何分配或由谁来支付，而是如何减少成本的问题。通过坚持互惠原则可以使双方的成本都获得减少。

（3）框架协议（目标一致性原则）。双方都能明白各自的责任，观念上能达成一致。如库存放在哪里，何时支付，是否有管理费等问题都要明确回答并体现在框架协议中。

（4）连续改进原则。使供需双方能共享利益和消除浪费。

在VMI实施过程中，并非所有的VMI项目都是成功的，现阶段VMI的实施在运营方面主要有以下三个问题。

（1）供方运作成本较高。

（2）供方运输成本高，运输质量不便控制。在供方向仓库补充库存这一环节，供方可以选择自行完成或委托物流公司完成运输。

（3）VMI仓库分散，配送效率不高，缺乏整合效应。

2. 实施VMI持续补货的步骤

（1）收集数据。供应商集中来自配送中心的数据、零售商店销售点的数据，以及零售促销计划的补充数据等，这些都是VMI系统的主要输入信息。建立客户的信息库，供应商能够掌握需求变化的有关情况，把由批发商/分销商进行的需求预测和分析功能集成到供应商的系统中来。

（2）建立供应商与分销商/批发商的合作框架协议。供应商与批发商/分销商一起协商，确定处理订单的业务流程、控制库存的有关参数（如再订货点、最低库存水平等）和库存信息的传递方式（如 EDI 和 Internet）等。

（3）销售网络的设计。在 VMI 策略下决定仓库的地点设置需要考虑综合成本。因为在供应商、批发商/分销商联合的情况下，不需考虑各自的成本分担，而只需考虑总成本。所以，决定仓库地点，就是对仓库与批发商/分销商的距离远近，运输成本及其可能的延误导致的成本的综合运算。能带来最大效益或最低成本的设置方式就是最佳的。

（4）订单生成与履行。引入 VMI 策略后，在订货部门负责客户库存的控制、库存补给和服务水平，进而控制采购订单的生成。这是由配送中心库存补充机制来驱动的，按订单安排配送。

3.1.3　高效客户响应

高效客户响应（Efficient Customer Response，ECR）是 1993 年从美国日用百货业发展起来的一种持续补货方案。它是供应商与零售商为消除系统中不必要的成本和费用，并给客户带来更大效益而进行密切合作的一种供应链实践方法。按照 GB/T 18354—2021《物流术语》的定义，ECR 是"以满足客户要求和最大限度降低物流过程费用为原则，能及时做出准确反映，使提供的物品供应或服务流程最佳化的一种供应链管理策略"。与 QR 不同的是，ECR 强调运用作业成本分析方法，降低供应链的运营成本，追求高效率。ECR 还强调了商品的分类管理机制，要求按照具有类似需求特征的商品组来组织补货，并确定上架的最佳商品组合，其优点在于即使有商品临时缺货，顾客也能找到替代商品。根据 2002 年麻省理工学院运输与物流中心的"协同规划、预测与补货（CPFR）系统的价值"的研究，ECR 聚焦商品的品类管理，通过商场的布置、新品引入与促销，引导顾客需求，提高顾客满意度，提升了服务质量，降低了库存水平，实现了有效的补货。

可以说，ECR 利用了 VMI 持续补货方案的优势，同时又有了新的发展。它不仅对供方管理库存有用，而且对企业自己管理库存或第三方管理库存都有很大的帮助。

3.1.4　协同计划、预测与补货

志愿性跨行业商务标准协会（Voluntary Inter-Industry Commerce Standards Association，VICS）下属的 CPFR（Collaborative Planning Forecasting and Replenishment，协同规划、预测与补货）委员会开发了一系列商业流程以使供应链参与者间的协作更加便利。CPFR 提供了一个框架，这个框架通过协同管理的方法和共享的信息使得零售商、生产者和供应商之间的协作关系成为可能。一般的 CPFR 方法模型包括 9 个步骤，分为计划部分、预测部分与补货部分。VICS 总结了 CPFR 的功能如下。

计划部分：1）达成各方协调一致的合同。
　　　　　2）创建联合商务计划。
　　　　　3）进行销售预测。
　　　　　4）确认销售预测的例外。

5）合作处理例外事件。

预测部分：6）进行订单预测。

7）确定订单预测的例外。

8）合作处理例外事件。

补货部分：9）补货订单生成。

CPFR 系统是如何工作的呢？它是在贸易伙伴之间协商一致后，在合理的分类管理原则基础上，形成一个特定市场的计划作为起始。成功的关键是合作双方都认同这个方法及计划。这个计划从根本上描述了在哪一期间、哪个市场、什么产品将被销售以及如何交易和进行促销。这个计划通过每个公司既有的系统而变得更具操作性，但是它也可以被符合 VICS 认可的通信标准的任一部门访问。这些部门可以在已制定的参数之内调整这个计划。既定参数之外的改变需要得到其他部门的同意，这可能需要协商才能达到。计划阶段是预测阶段的关键信息输入源。CPFR 的计划部分是逐渐累积起来的，预测部分的平衡（为了非 CPFR 参与者）要通过预测的一些方法来达成。

通过 CPFR 预测能够提前完成，并且可以自动转换生成运输计划。CPFR 系统还能提供一些具有战略意义的信息，如推销的时间安排和供应的约束，这些能够从整个供应链上减少库存的天数。

CPFR 实施的合理扩展将是观念的扩展，即沿着供应链上溯到供应商，并把整个供应链有机结合起来。

CPFR 模型希望供应链上的企业致力于促进供应链协作，提高供应链效率，削弱"牛鞭效应"，实现双赢。

VMI 和 CPFR 有什么联系呢？任何参与 CPFR 计划的客户，如果还没有参与到 VMI 计划中去，都被强烈建议参与 VMI 计划。某供应链上的核心企业接受了 CPFR，认为"CPFR 生成的预测数据更加准确。当预测的准确性提高后，随之而来的效益将变得更好，更准确的预测需求意味着需要更好的周转效率和更优质的服务，它意味着更便利的输出。CPFR 将提供更好的 VMI 信息输入"。

3.2　应用数字化技术

数字化、信息化技术的应用是推进供应链管理系统中信息共享的关键，改进整个供应链的信息准确度、及时性和库存周转率是提高供应链管理绩效的必要措施。基于颠覆性新技术的供应链战略是所有供应链战略实施的基础，这一战略将帮助供应链提供全面集成信息的能力，构建基于互联网的供应链管理信息支持平台。

我国计划打造大数据支撑、网络化共享、智能化协作的智慧供应链体系，目前前沿的高新技术都在供应链中得到应用，如供应链可视化、绿色供应链、协同供应链、虚拟供应链、供应链金融、智慧供应链、物流机器人、区块链等。

3.2.1　传统供应链信息系统

供应链管理信息支持平台利用计算机技术、网络通信技术、互联网、信息科学、管理科学等多学科知识，全面支持供应链的运营和管理，支持企业销售、生产、仓储、运输及供应商管理等基本功能，满足从网络设计、订单启动到产品交付的供应链管理业务。

（1）供应链网络设计。运用供应链网络建模和优化工具，确定合理的设施数量、位置、规模和能力，以实现顾客服务目标；制定分阶段的战术规划，用于确定何时、何地通过网络制造、购买、存储和运输产品。

（2）综合需求计划、分销计划、制造计划和排程的高级计划和排程（Advanced Planning and Scheduling，APS）。需求计划帮助各个公司预测和调整顾客需求。通过库存分析，确保在顾客服务水平和库存水平之间取得最佳平衡，制订所有网络点的同步补货计划，跟踪供应链网络中的制造商和供应商，获得供应链的可视化。识别供应链制造环境，制定基于约束的高级计划。针对相应的制造环境与生产方式，制订有限能力排程计划。

（3）仓储与运输。做好库存、人员工作安排，做好多场站、多任务的仓库管理工作，确保配送拣货及订单履行。制订运输计划、路径安排，做好运输管理和内部贸易物流。

图 3-1 表示了传统供应链核心企业的供应链管理信息系统的几个主体部分及中心数据库。

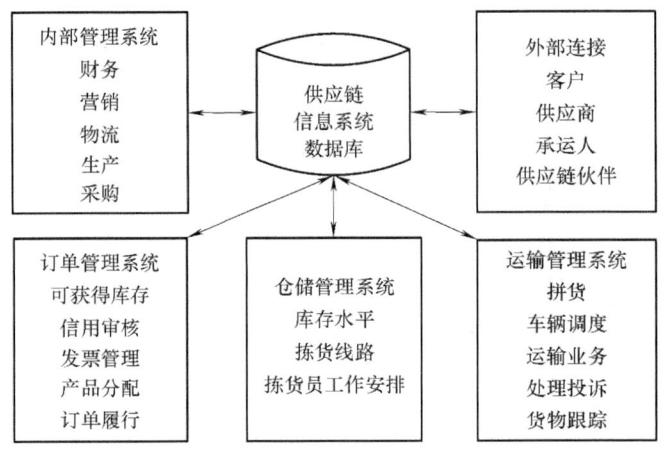

图 3-1　传统供应链管理信息系统的主体部分及中心数据库

企业级数据库主要存放了供应链各成员企业的数据，还有原材料及供应商信息、产品订单信息、生产信息、仓储与运输物流信息等，是整个供应链数据库的一部分。

内部管理系统主要包括财务、营销、物流、生产和采购等多方面的核心内容，重点关注以下三个计划。

（1）企业资源计划（ERP）系统应用较为普遍，具有"实时"的特点，有助于对从客户到供应商的整个供应链进行协调和决策；在减少浪费的潜力方面，它能够减少交易成本，提高速度和信息的准确性；同时，它也能使精益、准时化（JIT）系统成为可能。ERP 系统也能与其他内部系统进行整合，如仓库管理系统（Warehouse Management System，WMS）、预测系统、配送需求计划（Distribution Requirement Planning，DRP）和质量管理系统。

（2）配送需求计划（DRP）常用在企业的分销网络中管理成品，是复杂分销网络的最理想的选择；能更加简单有效地管理库存；促使业务环境从需求推动转变为需求拉动。因此，可以减少以库存、运输和仓储成本形式出现的浪费，以及基于客户订单拉动的触发补货时间。

(3) 高级计划与排程系统（APS）应用包括一系列生产管理流程的软件，使得原材料和生产能力达到最优分配以满足需求。计划通常都会在不断变化的情况下使用。而这些情况包括复杂的权衡、排序优化和竞争优先级。该系统有助于规划流程、关注能力水平、主生产计划（Master Production Schedule，MPS），甚至详细的限能排产计划（Finite Capacity Schedule，FCS）或短期调度水平。高级计划与排程系统可以发挥如下重要作用。

- 减少生产操作中的等待时间和在制品库存，缩短周期时间。
- 减少原材料运输成本。
- 将存储空间作为一项关键资源使用，从而减少成品材料的存储。
- 精确显示工作即将完成的时间，以便提高准时交货能力。
- 提升订单承诺日期的准确性。
- 提高关键资源的利用率。
- 在系统里存储所有的规则，促进调度流程的合理化和规范化。
- 通过集中化信息管理，改善职能部门间的沟通。

供应链信息系统的外部连接包括了与客户、供应商、承运人和其他供应链伙伴的联系。

订单管理系统包括可获得库存、信用审核、发票管理、产品分配和订单履行等内容。在供应链管理中，订单是企业自身与客户之间业务联系的纽带，有效订单管理能够有效减少库存量，提高订单履行率，缩短订单周期，使仓库货物周转加快。

仓储管理系统包括库存水平、拣货线路、拣货员工作安排等内容，基本涵盖了从入库、上架、拣货、包装到出货的所有范围。

运输管理系统包括拼货、车辆调度、运输业务、处理投诉、货物跟踪和运费等内容。集成的仓储与运输管理，可以优化物流关键流程，提高物流效率，降低物流总成本。

从以下这个局部功能集成的例子，我们也能看到供应链物流管理信息的智能化管理的威力。甲骨文公司（Oracle）的 G-Log 是一个运输管理系统（Transportation Management System，TMS）软件，系统支持汽车整车供应链物流控制中心的运营，全方位追踪整车从主机厂到经销商的运输过程（包括国内和国际运输），能辨认出物流运输网络中的晚点情况，智能化处理各种意外和异常情况，提供执行报表来缩短整个运输周期和增加运输服务的可靠性。G-Log 的主要功能包括订单处理、承运商选择、运输路线的安排和优化、运输追踪、运费计价、自动付款、进出口贸易、索赔处理等功能，通过基于 Web 架构的应用系统，可以满足运输过程中整车厂和物流商的管理需求，将广泛的物流过程与运输管理结合到一起，无论整车物流的需求是针对单一运输模式下的业务或某一地域，还是针对复杂的多式联运、包含多种业务的全球运输网络。

可见，供应链管理的效率来自供应链管理信息平台。供应链管理信息平台可以展现一个清晰可见的全球供应链物流运作系统，这是真正的电子供应链。通过多系统间的信息集成，实现对整个供应链物流网络完整的掌控能力和近似实时的获取数据的功能，跟踪供应链上的数据流，根据客户的真实需求对供应链企业进行有效统一的协同管理，进而提高交付的可靠性、准确性和及时性，并改善整个网络的可视度。

3.2.2 数字化产品/服务

1. 概念与特征

数字化产品/服务是指信息、计算机软件、视听娱乐产品等可数字化表示并可用计算机网络传输的产品或劳务。在数字经济时代，这些产品/服务可不必再通过实物载体形式提供，可通过计算机网络在线传送给消费者。它具有有形资产的特征，也具有无形资产的性质，但同时它既不同于有形资产，又不同于无形资产。

数字化产品的特征主要表现在以下几个方面。

（1）存货形态为无形化实物产品。原材料、产成品、库存商品等都表现为一定的实物形态，但数字化产品的形态是无形的。既没有实物形态的产品，也无须有形的仓储设备，更不存在库存数量的问题。无论是作为"原材料"的数字化产品（如计算机硬件商购买的机载软件），还是作为企业主营业务的数字化产品（如计算机软件、多媒体产品等），数量上都是取之不尽的，可无限供应。

（2）生产过程虚拟化。即使是跟数字化产品较接近的出版印刷品，其生产过程也表现为产品如何从原材料形态，经过若干生产步骤最后形成产成品的过程。生产的每个步骤，都是具体明确的，但数字化产品的生产过程是虚拟化的。一般的计算机软件进入市场前要经过两个阶段：一是研制开发阶段；二是制作、附件配备、包装直到入库待售。前者一般为研发阶段，后者为生产阶段。而对数字化产品来说，如果研究开发过程不作为其正常的生产过程，那么数字化产品本身就没有生产过程。数字化产品生产的概念需要重新定义。

（3）收益模式自由化。实物产品的交易一般以失去商品的所有权或控制权，获得收入权作为企业的收入。数字化产品交易除个别产品，如在线音乐、影视等可采取直接收款的方式外，大都采取先提供产品的使用，由顾客自由决定是否付款以获取进一步的使用权的自由收益模式；或为了扩大市场份额，采取会员或定期许可的方式，或采取其他手段实现收益的间接收益模式。

（4）销售过程网络化。实物产品即使通过网络进行销售也属于不完全电子商务，即商品始终要运输、装卸。而数字化产品的销售则是完全通过电子商务，不需要发生物流作业，也不需有协作厂商，因此更适合中小企业的经营。

数字化产品具有实物产品的许多特征。在一个以生产和经营数字化产品为主的企业里，作为企业主营业务收入的主要来源，企业要为销售而持有数字化产品，并提供售后服务。

2. 现状与发展趋势

随着智能设备的普及，消费者的兴趣焦点已经开始转移。作为全球市场的重要组成部分，中国的数字化消费者除了与全球其他地区消费者存在共同的趋势外，也展现出独特的趋势与特点。

越来越多的消费者拥抱数字化浪潮，中国已经成为全球最大的智能手机市场，出货量居全球之首；平板电脑的出货量也十分惊人。同时，消费的数字化程度也不断深入。中国的数字化消费者拥有多个数字化设备已成常态。中国消费者对目前市场上主要的内容和服务类型均显示了强烈的需求，并对移动端的数字化服务与内容青睐有加。

随着包括可穿戴数字设备在内的新型数字化设备的推广，虚拟与现实世界的界线逐渐模糊，数字化服务的范围将从信息和娱乐为主的虚拟世界进一步向健康管理、本地化服务及虚实结合的 O2O 等领域拓展。中国消费者对这些新型数字设备,以及由此带来的新的数字化内容与服务领域,抱有较大的兴趣和乐于尝试的积极心态。

(1) 中国数字化消费者的主要特征。

1) 期望越来越高。借助于网络数字化平台的优势,主流在线零售渠道所提供的某个品类可供选择的库存单元(SKU),是那些囿于卖场物理空间限制的线下零售商无法比拟的。同时,这些供应商之间在满足消费者需求、改善消费者体验方面的激烈竞争,也使得消费者对产品和服务的期望值越来越高。

2) 正变得更加精明、见识更广。各类线上服务的蓬勃发展,网络平台上方便易得的产品信息和用户评价,导致供应商相对于消费者的信息不对称优势大为缩减,这就使得中国的数字化消费者变得更容易做出明智的消费选择。

3) 要求更高的自主权。随着自我意识的不断增强,消费者越来越看重自身独特需求的满足。同时他们越来越倾向于选择自我服务的方式,更愿意利用多样化的渠道随时随地获得所需服务。

4) 要求日渐多样化。随着移动网络的不断扩展,消费者使用相关产品和服务的场景越来越丰富,从而导致需求的多元化。

5) 越来越倚重移动功能。中国消费者相比其他国家消费者而言,更倾向于选择"迷你"平板,居全球之冠。表明移动性对中国消费者的重要性。

(2) 数字化服务发展趋势。

1) 内容与服务的整合与融合。首先是网络平台与设备间的融合与整合。运营商向用户提供融合的固网宽带、移动宽带和 Wi-Fi 服务,已经成为市场的主流。由于种种原因进展迟缓的三网融合,在政府大力推进信息服务消费的举措下,亦有逐渐加速的迹象。在此基础上,对数字化消费者所拥有的不同数字化设备进行整合,同时也在不同方向上逐渐推进在同一设备上整合更多的应用。例如,在手机平台上,除了游戏和视频/电视等娱乐功能不断发展外,通过物联网和 M2M 技术使得健康管理、家居安全等功能可以逐步得以实现。又如,国产家电企业推出的可以使用手机远程控制开关的家电,以及以手机、运动手环为终端的基于云平台的健康管理等。

在中国,生态系统中的不同参与者,包括智能手机厂商、智能电视厂商以及应用和内容提供商,都在致力于实现数字化内容在不同设备平台上的自由流动,优化消费者体验。它们从跨设备平台的操作系统开发入手,并且以此为基础实现内容的自由流动与随需获取。在网络与平台之外,另一个重要的整合与融合领域是服务与内容。这一整合需要相关的市场参与者自身的经营理念和组织架构领域做出较大的调整才能奏效。当前的服务与内容,主要从提供商的业务和组织架构的角度分类:固话、固网宽带、移动语音、短信、流量业务、视频业务、电子书等。随着服务与内容的不断丰富与多样化,这样的分类将会使消费者越来越难以管理,并进而影响消费者对新服务的兴趣与接纳。

2) 计费的整合。类似于服务与内容的整合,当前按照产品和服务分类而形成的计费方式也与未来相关应用的继续发展和完善难以适应。未来的整合与融合的计费,也应当是从消费者所实现的应用和价值出发,并将计费单位从单个用户转变为家庭等更加合理的单位,从而实现计费领域从用户平均营收向家庭平均营收和应用平均营收的转变。

3) 个性化和消费者体验成为竞争的核心。复合型数字化服务的基础是服务与内容的个性化。目前许多内容与服务提供商已经向消费者提供诸如个性化的用户界面、针对性的信息推送等服务。未来，随着业务分析和大数据等技术与解决方案的逐渐成熟，内容和服务提供商将能够提供更加深度定制的个性化内容与服务，包括服务内容的更多选择，以及更加灵活有效的服务与内容组合方案。一些新的技术手段，如预测型数据分析，将使得服务与内容提供商从被动满足消费者需求向主动引导消费者需求转化。

个性化的另一个重要领域是内容与服务提供渠道的个性化。针对消费者不同的偏好和使用场景，内容与服务提供商需要匹配相关内容与服务的交付渠道，并提供更多的渠道选择。渠道选择的多样化不仅包括内容与服务的交付，还应当包括相关的售后服务等，使得消费者真正体验到全渠道覆盖的优势和便利。

消费者个性化的服务体验还应当包括个性化的计费与付费方式。这方面，不仅包括基于消费者使用实际状况的更加精确的计费，也包括诸如公用事业方式的按需付费，按照实际提供的服务水平付费等的灵活选择。未来，甚至可以提供付费模式的选择：追求用户体验的前端付费方式，或者接受一定的广告时间；放弃一定的选择权而得到服务；内容提供商后向付费的免费获取服务与内容的安排。

4）内容和服务的互动性不断增强。当今的数字化消费者已不满足被动单向地接受来自供应商的内容和服务，他们具有更强的自我意识，要求更高的互动性并更积极地参与其中，他们希望自己的声音被倾听，对自己所购买和消费的服务与内容施加自己的影响，并把自己的观点和评论和与自己具有类似背景和经历的人分享。同时，中国消费者也显示出对互动性渠道的强烈偏好。越来越多的消费者倾向于选择社交网络，像微博和微信这类互动平台，为数字化内容与服务提供商带来巨大价值。

3.2.3 区块链的应用

1. 区块链的概念与特点

狭义来讲，区块链是一种按照时间顺序将数据区块以顺序相连的方式组合成的一种链式数据结构，并以密码学方式保证的不可篡改和不可伪造的分布式账本。广义来讲，区块链技术是利用块链式数据结构来验证与存储数据，利用分布式节点共识算法来生成和更新数据，利用密码学的方式保证数据传输和访问安全，利用由自动化脚本代码组成的智能合约来编程和操作数据的一种全新的分布式基础架构与计算方式。区块链具有如下特点。

（1）去中心化。区块链数据的验证、记账、存储、维护和传输等过程均是基于分布式系统结构，采用纯数学方法而不是中心机构来建立分布式节点间的信任关系，从而形成去中心化的可信任的分布式系统。

（2）时序数据。区块链采用带有时间戳的链式区块结构存储数据，从而为数据增加了时间维度，具有极强的可验证性和可追溯性。

（3）集体维护。区块链系统采用特定的经济激励机制来保证分布式系统中所有节点均可参与数据区块的验证过程，并通过共识算法来选择特定的节点将新区块添加到区块链。

（4）可编程。区块链技术可提供灵活的脚本代码系统，支持用户创建高级的智能合约、货币或其他去中心化应用。例如，以太坊（Ethereum）平台即提供了图灵完备的脚本语言以供用户来构建任何可以精确定义的智能合约或交易类型。

（5）安全可信。区块链技术采用非对称密码学原理对数据进行加密，同时借助分布式系统各节点的工作量证明等共识算法形成的强大算力来抵御外部攻击，保证区块链数据不可篡改和不可伪造，因而具有较高的安全性。

一般说来，区块链系统由数据层、网络层、共识层、激励层、合约层和应用层组成。

（1）数据层。数据层封装了底层数据区块以及相关的数据加密和时间戳等基础数据和基本算法；在数据结构的设计上，区块链中每个区块包含区块头和区块体两部分，如图3-2所示。区块体存放批量交易数据，区块头存放 Merkle 根、前块哈希（Hash）、时间戳等数据。基于块内交易数据哈希生成的 Merkle 根实现了块内交易数据的不可篡改性与简单支付验证；基于前一区块内容生成的前块哈希将孤立的区块链接在一起，形成了区块链；时间戳表明了该区块的生成时间。

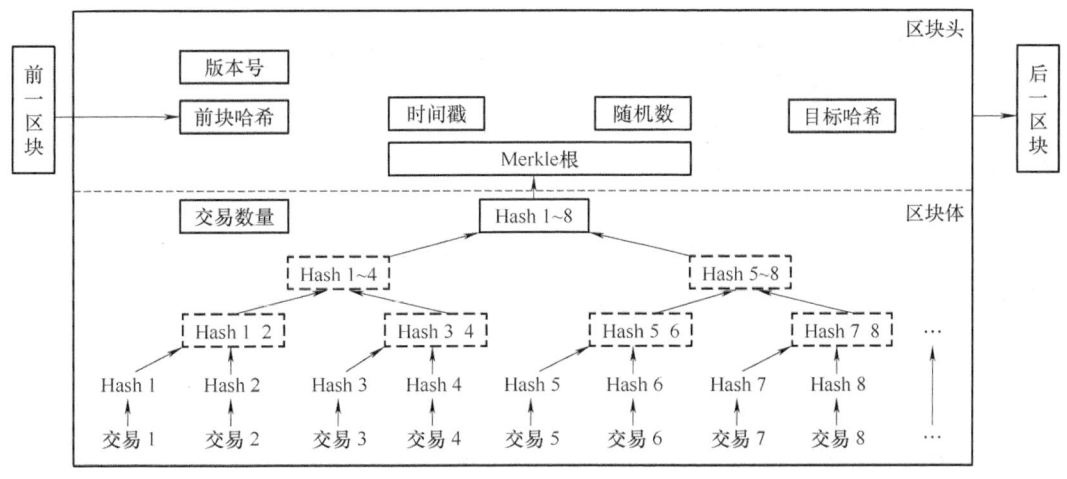

图 3-2　区块结构图

（2）网络层。网络层封装了区块链系统的组网方式、消息传播协议和数据验证机制等要素。结合实际应用需求，通过设计特定的传播协议和数据验证机制，可使得区块链系统中每一个节点都能参与区块数据的校验和记账过程，仅当区块数据通过全网大部分节点验证后，才能记入区块链。基于 P2P 的区块链可实现数字资产交易类的金融应用，区块链网络中没有中心节点，任意两个节点间可直接进行交易，任何时刻每个节点也可自由加入或退出网络，因此，区块链平台通常选择完全分布式且可容忍单点故障的 P2P 协议作为网络传输协议。区块链网络节点具有平等、自治、分布等特性，所有节点以扁平拓扑结构相互连通，不存在任何中心化的权威节点和层级结构，每个节点均拥有路由发现、广播交易、广播区块、发现新节点等功能。

（3）共识层。共识层主要封装网络节点的各类共识算法。早期的比特币区块链采用高度依赖节点算力的工作量证明（Proof of Work，PoW）机制来保证比特币网络分布式记账的一致性。随着区块链技术的发展和各种竞争币的相继涌现，研究者提出多种不依赖算力而能够达成共识的机制，例如点点币首创的权益证明（Proof of Stake，PoS）机制和比特股首创的授权股份证明（Delegated Proof of Stake，DPoS）机制等。除上述三种主流共识机制外，实际区块链应用中也衍生出了 PoW+PoS、行动证明（Proof of Activity）等多个变种机制。这些共识机制各有优劣势，比特币的 PoW 共识机制依靠其先发优势已经形成成熟的挖矿（即 PoW 共识过程）产业链，支持者众多，而 PoS 和 DPoS 等新兴机制则更为安全、环保和高效，从而使得共识机制的选择问题成为区块链系统研究者最不易达成共识的问题。

（4）激励层。激励层将经济因素集成到区块链技术体系中来，主要包括经济激励的发行机制和分配机制等。区块链共识过程通过汇聚大规模共识节点的算力资源来实现共享区块链账本的数据验证和记账工作，因而其本质上是一种共识节点间的任务众包过程。去中心化系统中的共识节点本身是自利的，最大化自身收益是其参与数据验证和记账的根本目标。区块链系统通过设计适度的经济激励机制并与共识过程相集成，从而汇聚大规模的节点参与并形成了对区块链历史的稳定共识。

（5）合约层。合约层是建立在区块链虚拟机之上的商业逻辑和算法，是实现区块链系统灵活编程和操作数据的基础。合约层封装区块链系统的各类脚本代码、算法以及由此生成的更为复杂的智能合约。智能合约是一种用算法和程序来编制合同条款，部署在区块链上且可按照规则自动执行的数字化协议。

（6）应用层。应用层封装了区块链的各种应用场景和案例。

2. 区块链在供应链管理中的应用

供应链中的商品流、物流、信息流、资金流相互交错，协同难度极高，单纯依靠传统的以供应链核心企业为主导的协同机制已经遇到了运行瓶颈。存在以下诸多问题。

（1）核心企业对供应链控制力弱。

（2）供应链溯源能力不足。

（3）存在信息孤岛现象。

（4）信任机制缺乏。

通过构建基于区块链的场景应用进行供应链管理，能够有效解决上述问题。

（1）基于区块链技术的供应链场景应用能够获取海量数据，记录商品流转信息，在实现溯源、存证、互信、信息沟通等的基础上有效满足供应链金融需求。

（2）区块链与供应链结合的管理遵循去中心化理念，各参与企业平等地进行信息互换与存储，行使相同的权利与义务，二者存在耦合关系。

（3）以区块链技术为核心的供应链信息平台能够有效连接供应链相关企业或机构，促使商品流、物流、资金流、信息流四流合一，从而构建互信共赢的供应链生态系统。

（4）依托区块链技术，供应链上的企业可以快速建立信任关系，且由于数据的不可篡改性，信息不对称程度大幅降低，企业间沟通成本将减少。

（5）利用共识机制，供应链上的企业可以制定一套协作流程用于企业经营，加之已经建立的信任关系，这套流程能够有效指导各企业经营，并形成供应链中的动态企业联盟，产生吸引优质企业、剔除劣质企业的效果。

（6）区块链综合物联网、大数据、人工智能等技术，能够处理复杂多变的海量数据和信息，并自动修正和动态调整供应链规则，提高供应链上企业应对经营中不确定性的柔性能力。

区块链通过值得信赖、安全和共享的记录，了解供应链中每个产品的每个细节。利用它可以满足供应链各方对信息的需求，从原材料到配送再到售后支持，它可以提高企业业务效率，也可以满足消费者对产品的生产地点和生产方式的透明要求，也使监管机构可以利用有关供应链的信息来对违规行为进行处罚；区块链解决了供应链中组织之间的不信任和信息不对称问题，它拥有共享、许可的零件和货物的所有权、位置和移动记录。该共享记录可以提高任何业务的效率、透明度和信任度。或当供应链因自然灾害、意外短缺导致需求飙升而陷入混乱时，或当供应链出现延迟或错误的交付而影响生产时，区块链优化流程将有助于解决问题。在危机出现之前，了解货物存在风险可立即触发补货行动、替换供应商或调整价格行动。借助于区块链数据，可实现库存跟踪、需求预测、环境条件监控、预测维修措施、消除欺诈和错误等，从而增加消费者和合作伙伴的信任。

【扩展阅读】

沃尔玛开启食品透明化时代

作为全球最大的零售商之一，沃尔玛业务分布全球近30个国家，在门店和线上销售生鲜食品和其他食品，在全球拥有庞大的质量安检与配送体系，几十年来，沃尔玛一直追求食品的可追溯性和透明度。随着移动技术的发展和智能设备的普及，沃尔玛找到了区块链技术。通过使用区块链，可以将连接于物联网的标签贴到货物上，每批货物都分配一个唯一的标识号码。通过这些标识码可以记录产品的来源、加工信息、存储温度、保质期及其他信息。沃尔玛从进货、管理、配送，及供应链的各个环节都在全面拥抱区块链变革，也将这一技术深刻地理解、融入了自身的业务中。近一年来，沃尔玛已拥有21项区块链专利，名列2018年全球区块链专利TOP100榜单的第34位。

此外，沃尔玛还对外宣布，从2019年9月开始，沃尔玛超市以及山姆会员店的新鲜绿叶蔬菜供应商要使用IBM开发的数字分类账技术，以实现产品的实时、端到端的可追溯性。根据授权，100多家公司被要求使用IBM的区块链技术。以沃尔玛为代表的巨头企业推动，为供应商提供了使用区块链技术的驱动力，这一举动打通了溯源中最关键的一环，这也必然会改善全球食品安全状况，切实保障食品安全。

3.2.4 物联网与大数据的应用

1. 物联网的概念

简单地说，物联网（IoT）就是"物物相连的互联网"，依托传感器、无线射频识别（Radio Frequence Identification，RFID）技术、全球定位系统、红外感应器、激光扫描器、气体感应器等各种信息传感设备与技术，实时采集物体或过程的必要信息，按约定的通信协议与互联网结合形成的巨大网络，实现人与物、物与物的信息交互的"语言"，方便对物理世界进行识别、决策和管理。

2. 物联网的应用

（1）物联网在供应链生产环节的应用。

1) 生产工位上的RFID可以自动识别当前工位物料的剩余情况，将物料需求信息实时传送到发料室，及时做好备料发料工作。

2) 电子产品代码（Electronic Product Code，EPC）技术可以完成自动化生产线运作，实现在整个生产线上对原材料、零部件、半成品和产成品的识别与跟踪，减少人工识别成本、降低出错率。EPC 属于自动识别科技，不需人工操作，小至单一对象，大至货柜、货车等，甚至涉及服务项目的物品都适合使用 EPC 码，EPC 码以 RFID 标签作为载体，并通过物联网进行电子数据交换。

（2）物联网在供应链运输环节的应用。

1）在运输管理中，可以给在途运输的货物和车辆贴上 EPC 标签，给运输线的一些检查点上安装上 RFID 接收转发装置。

2）能够提高运输可见性，无论是供应商还是经销商都能很好地了解货物目前所处的位置及预计到达时间。

卫星定位系统通过卫星测时、测距系统进行导航、定位，是一种可以授时和测距的空间交会定点的导航系统，主要由空间卫星系统、地面监控系统和用户接收系统构成，可以向全球用户提供连续、实时、高精度的三维位置，三维速度和时间信息。例如，我国自行研制的全球卫星导航系统——北斗卫星导航系统（BeiDou Navigation Satellite System，BDS）由空间段、地面段和用户段三部分组成，可在全球范围内全天候、全天时为各类用户提供高精度、高可靠定位、导航、授时服务，并且具备短报文通信能力，已经初步具备区域导航、定位和授时能力，定位精度为分米、厘米级别，测速精度 0.2m/s，授时精度 10ns。卫星定位系统和地理信息系统的结合应用使得物流配送可以依托强大的地理信息处理能力和实时定位通信能力，对整个配送过程进行同步跟踪控制，对路线路况信息完整采集保存，从而实现实时调度，事故车辆紧急援助，基于动态地理数据分析的计算机辅助配车计划编制，以及科学有效的运输调度管理和物流成本分析。

（3）物联网在供应链存储环节的应用。

1）基于 EPC 的实时盘点和智能货架技术可实现自动化存货和取货，保证了发货退货的正确性以及补货的及时性。

2）能够减少由于商品误置、送错、被盗、损害和库存、出货错误等造成的损耗。

RFID 标签，俗称电子标签，可通过无线电信号识别特定目标并读写相关数据，而无须在系统与特定目标之间建立机械或光学接触来识别特定目标。RFID 标签通常分为两类：无源标签和有源标签。无源标签是指没有自己的电源和发射器的 RFID 标签。当从读取器发出的无线电波到达天线的芯片时，由天线将能量转换成电能，为标签里的微芯片提供动力。标签能够传回存储在芯片里的信息。有源标签是用发射机发回信息，而不是像无源标签那样将来自读取器的信号反射回去的 RFID 标签。大多数有源标签使用电池来发送信号到读取器。然而，有些标签可以从其他来源收集能量，可以在 300ft（100m）以外的地方读取有源标签。它们用于远距离跟踪贵重物品。例如，用有源标签来追踪到达港口的物资集装箱。这一技术适用的领域是物料跟踪、运载工具和货架识别等要求非接触数据采集和交换的场合，以及需要对物流过程实现可追溯，要求频繁改变数据内容的场合。RFID 技术可以实现信息采集、信息处理的自动化，实现商品的实物分拣、搬运、装卸、存储等环节的自动化，进而实现库存管理、订单自动生成、配送线路优化等物流管理和决策的自动化，建设智能化仓储管理系统。

（4）物联网在供应链零售环节的应用。

1）可以改进零售商的库存管理，当贴有标签的物件发生移动时，货架自动识别并向系统报告这些货物的移动，实现适时补货。

2）在商场出口处，读写器将整车货物一次性扫描，并能从顾客的结算卡上自动扣除相应的金额。节约了大量人工成本。

3）EPC 标签包含了极其丰富的产品信息，例如生产日期、保质期、储存方法以及与其不能共存的商品。

利用物联网技术的零售端电商仓库机器人系统就是很好的应用，适用于中、小件仓的入库上架、拣选、并合及搬运场景。例如接到拣选任务后，机器人会按照仓库布局自动计算最优路径，前往目标商品区域；根据指令将货品放置在机器人货筐内；机器人按照系统指示将货筐送至传输带，并继续执行下一次任务。机器人拣货系统可以节省作业人员40%左右的行走距离。

3. 大数据的应用与分析

供应链管理的本质是企业高度集成和共享上下游的信息流、资金流、物流等资源，对其进行整合利用和深度优化，以柔性化、紧密性、及时性和增值性提升客户满意度，获得整体的竞争优势、运行效率和最大效益，增强供应链系统对外部市场环境的应变能力，强化供应链伙伴间的契约关系。

而网络经济信息资源环境在现代信息技术及网络技术的支撑下，通过充分利用网络工具和技术，能够高速度、低成本地实现供应链间的交流与协作。企业通过互联网技术和供应链管理的紧密结合，形成电子化供应链管理体系，可以实现资源共享、流程简化、效率提高、成本降低、服务质量提升等集成效益，使企业间的战略合作伙伴关系更加密切，价值得以充分体现。

供应链管理中的大数据应用和有效数据挖掘，不仅是企业和社会竞争的焦点，也是时代发展面临的重要课题。通过大数据分析技术对各项关键业务的海量数据进行深度挖掘与处理，分析、了解大数据体现出的特征并对其进行优化，便于企业管理者们对供应链需求预测、采购战略制定、采购业务改进、供应商管理、库存控制、常规业务监控预警等子系统进行决策分析，实现供应链不同环节乃至供应链整体的分析。下面就大数据在供应链主要环节中的应用做简单的说明。

（1）采购管理。采购的本质是连接商品与服务的过程，涉及供应商选择、合同谈判、签订采购合同、供应商考核评价等环节，大数据环境下的采购管理可以帮助企业实现成本控制、流程改进、制定采购决策和预测未知风险等作用。

通过利用大数据，可以对订单流程管理构建相应的管理信息系统，对客户从订单下发至完成订单采购的整个交易过程、交易周期、产品订货方式等进行管控，提高订单完成效率和准确性，缩短采购周期，节约各项成本，提升客户满意度。

企业管理者还可以利用大数据，将具体的发票、合同或零散的物料信息相互结合起来，通过数据量化分析转化形成视觉化图形、图像或动画，根据分析结果进行快速决策。供应链中的分散成员可采用统一的数据平台协作交流，在共同开发设计产品的同时，并行开展产品模拟测试、选择供应商和生产成本预估等活动。

（2）制造管理。大数据能够改变企业满足最终客户需求的思维方式，通过对具体消费者的需求进行全面彻底的分析，以明确企业准备生产制造具备什么样价值和特点的产品，而不是传统意义上的市场调查、直觉分析或经验判断，既充分把握最终客户的实际需求，又达到个性化产品设计生产制造的目的。

利用大数据可以改进在企业制造流程中具有重要地位的人力资源管理、质量管理、库存管理等环节。大数据帮助企业对各岗位员工的需求情况进行预测分析，提出所需要的能够高效完成工作的员工类型，以及如何将合适的人员类型安排布置在合理的关键岗位，并根据业务开展实际情况进行岗位的轮换与调整。

大数据还可以对产品的生产制造过程进行实时的质量监测预警，避免了传统生产模式大多在事后进行控制的弊端，降低生产制造风险。库存管理时，大数据可以对库存物资的数量种类、存放位置、装卸搬运、易燃易爆、危险化学品等特殊物资的存放环境进行监控检测，使企业动态了解库存的具体情况，及时制定有针对性的应对措施。

（3）物流管理。物流管理是对订单处理、生产计划、交通运输、仓储管理和客户服务等相关环节的协调管理和整合。大数据可以根据发货时间、运输效率、送达完成率、客户满意度等综合数据进行分析，识别不同客户的不同需求，提供运费折扣、发货时间等不同的组合运输方式，并根据全球定位及导航系统，第一时间掌握路况信息，智能优化改进路线，降低物流成本，提高运输效率。

对于配送中心或仓储中心，大数据能够完善企业配送信息的管理，加强对供应链配送信息数据的挖掘，综合评估企业配送能力，对送达距离、送达路线、交通路况等各种因素分析得出最优方案，确定最合适的仓储存放选择地点，为仓库管理人员按照不同种类的货物设计最短取货路线，缩短企业存货周期和时间，有利于产品保值、增值，降低企业运输和仓储成本，提高人力资源使用效率。

（4）销售管理。供应链的重要驱动因素是影响企业进行市场定位的销售环节，大数据根据消费者的搜索记录、消费习惯、行为情感等信息进行分析，优化产品、价格、宣传策略等因素，为线上顾客推荐可能感兴趣的、参考性较强的商品和服务，为线下企业提供更贴近消费者购买习惯的、改善商品摆放布局的合理化建议。

4. 大数据对供应链管理的提升作用

（1）信息高度共享协同。供应链的信息协同可以使信息传递更加准确、快捷，共享数据信息的真实性可以有效避免信息失真引发的信息风险，对消除"牛鞭效应"起到积极作用，促进供应链管理透明、优化发展。

（2）精准预测市场商机。企业实时分析掌握整条供应链采购、生产、制造、物流、销售等各环节的数据资源，就要采取多样的数据搜集手段，明确数据的搜集方式和途径，满足大数据以海量数据为基础，筛选鉴别、分析整理而形成的价值信息，对市场需求、市场变化和市场定位进行前瞻性的预估和判断，优化配置供应链整体资源，将信息资源转变成企业利润增长的核心力量。

（3）协同整合供应链。大数据促进供应链从产品研发、采购供应、生产制造、市场销售、仓储运输、客户管理、信息跟踪等核心业务实现无缝对接和功能性整合，供应链管理采用数学模型、模拟技术、优化分析等技术手段，实时进行评估判断，高效整合供应链之间的不同运作环节，随时为企业提供最佳的优化选择策略，协调统一企业间供求关系，实现供应链成员利益最大化。

（4）有效降低经营成本。供应链管理通过高效利用各类资源、工具和技术，获得技术和流程的综合效益，以对企业内外部海量数据信息的智能化收集、分析为基准点，全面关注数据资源的真实价值，与市场的变化发展保持同步，提高企业的快速响应能力，及时做出战略调整，制定适应形势的发展战略，使供应链风险管理保持可控，降低企业的经营管理成本。

（5）驱动资源合理部署。大数据的应用对现代企业供应链管理而言无疑是重要的竞争手段之一，大数据中蕴藏的巨大潜力有利于发挥供应链的整体价值，巩固供应链管理的核心地位。与此同时，供应链管理具有的复杂性、关联性、全球性等特点，要求企业在应用大数据技术的同时，还要注意数据信息的存储、管理和应用安全问题，企业数据、战略方案、客户隐私、商业机密等数据一旦泄露，会给企业发展造成无法想象的巨大损失。因此在供应链管理中有效发挥大数据技术作用的同时，也应同步强化信息使用安全意识。

（6）产品的可追溯性。客户使用的产品可追溯到供应链的源头。

3.2.5 自动化与人工智能的应用

1. 机器人与自动化设备的应用

供应链管理将利用机器人与自动化设备来完成传统人工的任务，如货物拣选、分类、检验、存储等来提高整体运作效率。

自动导引搬运车（Automated Guided Vehicle，AGV）指装备有电磁或光学等自动导引装置，能够沿规定的导引路径行驶，具有安全保护以及各种移载功能的运输车。工业应用中的自动导引搬运车不需驾驶员，用可充电的蓄电池作为其动力来源。一般可通过电脑来控制其行进路线以及行为，或利用电磁轨道来设定其行进路线，电磁轨道粘贴于地板上，无人搬运车则依据电磁轨道所带来的信息进行移动与动作。

AGV以轮式移动为特征，较之步行、爬行或其他非轮式的移动机器人具有行动快捷、工作效率高、结构简单、可控性强、安全性好等优势。与物料输送中常用的其他设备相比，AGV的活动区域无须铺设轨道、支座架等固定装置，不受场地、道路和空间的限制。因此，在自动化物流系统中，最能充分地体现其自动性和柔性，实现高效、经济、灵活的无人化生产。

2. AGV的应用领域

（1）仓储业。仓储业是AGV最早应用的场所。1954年，世界上首台AGV在美国的南卡罗来纳州的Mercury Motor Freight公司的仓库内投入运营，用于实现出入库货物的自动搬运。

（2）制造业。AGV后来在制造业的生产线中大显身手，它能高效、准确、灵活地完成物料的搬运任务。并且可由多台AGV组成柔性的物流搬运系统，搬运路线可以随着生产工艺流程的调整而及时调整，使一条生产线上能够制造出十几种产品，大大提高了生产的柔性和企业的竞争力。

（3）港口、码头和机场。在港口、码头和机场等场合，物品的运送存在着作业量变化大、动态性强、作业流程经常调整，以及搬运作业过程单一等特点。AGV的并行作业、自动化、智能化和柔性化的特性能够很好地满足上述场合的搬运要求。在荷兰鹿特丹港，50辆称为"Yard Tractors"的AGV能完成把集装箱从船边运送到几百米以外的仓库这一重复性工作。

（4）烟草、医药、食品、化工行业。对于搬运作业有清洁、安全、无排放污染等特殊要求的烟草、医药、食品、化工等行业中，AGV的应用也受到重视。在国内的许多卷烟企业，如青岛颐中集团、玉溪红塔集团、红河卷烟厂、淮阴卷烟厂都应用了激光引导式AGV完成托盘货物的搬运工作。

（5）危险场所和特种行业。在军事上，以AGV的自动驾驶为基础集成其他探测和拆卸设备，可用于战场排雷和阵地侦察。英国军方正在研制的 MINDER Recce 是一辆侦察车，一种具有地雷探测、销毁及航路验证能力的自动型侦察车。在钢铁厂，AGV 用于炉料运送，减轻了工人的劳动强度。在核电站和利用核辐射进行保鲜储存的场所，AGV 用于物品的运送，避免了危险的辐射。在胶卷和胶片仓库，AGV 可以在黑暗的环境中，准确可靠地运送物料和半成品。

3. 人工智能的应用

美国斯坦福大学人工智能研究中心尼尔逊教授对人工智能下了这样一个定义："人工智能是关于知识的学科——怎样表示知识以及怎样获得知识并使用知识的科学。"而美国麻省理工学院的温斯顿教授认为："人工智能就是研究如何使计算机去做过去只有人才能做的智能工作。"这些说法反映了人工智能学科的基本思想和基本内容。即人工智能是研究人类智能活动的规律，构造具有一定智能的人工系统，研究如何让计算机去完成以往那些需要人的智力才能胜任的工作，也就是研究如何应用计算机的软硬件来模拟人类某些智能行为的基本理论、方法和技术。人工智能促进了计算机网络工业的发展，也为人类文化生活提供了新的模式。

随着互联网、云计算以及人工智能领域的科技企业陆续进场，加上算法提供商、数据提供商以及企业服务项目的跟进，中国正在经历人工智能企业级服务与人工智能供应链服务的高速发展，云服务提供商将人工智能作为一项服务提供给企业使用。例如，华为云发布了 EI 企业智能服务，已包括 30 多种子服务。人工智能开始能够处理和解决各种传统产业、小数据产业和特殊产业的问题。人工智能的渗透能力和渗透方式开始普遍增长，已经渗透到供应链的各个环节，很多企业开始打造智慧供应链。例如，电商企业从消费者洞察作为原点，借助大数据和人工智能技术，融合公司零售数据，与各方合作伙伴一起打造敏捷、智慧、开放的零售供应链，不断满足日益变化的用户期望，提供智慧化的供应链"软"服务，共享消费时代的品质生活。智慧供应链以市场和消费者需求为导向，围绕"人、物、场"整体框架，以数据智能、信息技术、流程优化和员工赋能为四大基础，通过提供物流管理、动态定价、需求计划、订单承诺履行、库存管理、自动补货和调拨、协同计划、供应计划、成本效益分析、年度经营计划等应用场景的解决方案，为上游企业构建和优化全新的运营计划和决策体系。建立在云计算、大数据、人工智能和闭环业务流程基础上的智慧供应链理念、技术和体系是构建电商企业未来核心竞争力的基础，也是新零售体系的关键所在。

3.3 供应链金融

3.3.1 供应链金融的概念

供应链金融是银行以及其他金融机构将以供应链核心企业为主体的整个供应链作为服务对象提供金融产品的一种新型融资模式。供应链融资在供应链的管理中加入资金流来为贸易环节提供资金支持，为以中小企业为主的弱势企业提供贷款服务，在国外与之相关的研究通常将其称为供应链财务管理（Financial Supply Chain Management，FSCM），国内在这方面的研究早期基本包含金融物流的概念，当深圳发展银行 2006 年首次提出供应链金融的概念之后，这一课题在国内迅猛发展，各大银行以及金融机构纷纷推出了各种供应链金融产品。

供应链资金失衡的主要原因一般是在供应链中占主导地位的核心企业对其上下游的中小企业的价格、交货以及账期等贸易条件异常严苛，给这些企业带来了巨大的压力，而这些中小企业因其自身规模较小且经营困难而难以获取银行的贷款。供应链金融将核心企业作为出发点，为其上下游企业提供资金支持，并将自身信用融入供应链中来增强商业信用，巩固企业之间的战略伙伴关系，提升供应链的整体竞争力。

一个复杂的供应链金融系统需要很多企业之间的协作才能运行，其中主要涉及的几个主题包括：金融机构、第三方物流公司、供应链核心企业和资金需求企业。

（1）金融机构。金融机构泛指能够提供金融服务的公司，包括银行、信托公司、担保公司等。动产可能会因为贷款人的转移而给债券公司带来风险，因此，不动产凭借其稳定性而常常被作为金融机构给企业提供贷款时，为规避金融风险所选择的抵押和担保方式。

（2）第三方物流公司。第三方物流公司在供应链金融系统中所扮演的角色主要是质物（动产）相关服务以及资产管理（监管、拍卖）服务的承载方。在一定期限内第三方物流公司按照合同所规定的内容提供企业所需要的供应链服务项目，在这个工程中第三方物流公司不仅为资金需求方提供服务而且帮助金融机构规避风险，这种模式的优势与价值体现在成本价值、服务价值、风险规避以及社会效益四个主要方面。

（3）供应链核心企业。供应链核心企业凭借其人才、资金、信息和技术等优势占据供应链的核心地位并掌握着先发主动权。核心企业应当考虑自己所处供应链的整体利益而非单独自身企业的利益，在这个基础上，利用自身信用为上下游中小企业提供信用担保以帮助他们从金融机构获取贷款来摆脱困境，增强供应链企业之间的伙伴关系，促进长期可持续发展。

（4）资金需求企业。供应链环境下资金需求企业一般是围绕着核心企业的上下游中小企业，资金的不足会严重影响企业的决策并最终限制企业的运营与发展。如果这些企业能够得到金融机构的资金支持，则可以实现最优运营决策并推动整个供应链的有效运转，增加整体效益。

供应链金融和传统的金融模式相比最大的不同在于，它所有的服务都是基于一条供应链中核心企业，并针对核心企业上下游主要以中小企业为主的其他企业而提供的一种金融服务，改变了金融机构与企业之间缺乏必要联系的尴尬局面。在传统的金融模式中，除对于同自身业务密切相关的企业之外，金融机构一般不会考察企业的实际经营情况。以至于在企业与金融机构开展单独的金融业务时，金融机构会面对自己几乎毫无了解的企业，承受由于信息不对称而带来的巨大风险，企业也会因为对自身综合素质没有准确定位以及对金融机构的金融服务缺乏全面的了解而无法找到适合自己的金融产品。

由于供应链中企业相互之间存在紧密的联系，整个链条呈现一种闭环模式，使得金融机构能够通过供应链金融精准地考察到所有环节中企业的基本信息。这些金融机构以核心企业的综合实力为标准对其上下游中小企业开展金融服务，能够在最大程度上规避风险。企业因此更容易获得金融机构的资金支持并实现资金与信息的整合，及时跟进生产及物流，提高资金收付效率，加快供应链的产品流通与资金运转，提升供应链的整体价值，实现金融机构与企业的共赢。

3.3.2 供应链融资模式及创新

金融机构普遍缺乏对中小企业一般持有以动产为主的资产监督机制,而在供应链环境下,第三方物流同金融机构合作并利用自身优势协助金融机构监管企业资产,解决中小企业贷款困难的问题。目前供应链金融主要以基于权利质押与基于动产质押两种融资模式为主,而在这两种融资模式中都不可缺少的重要角色之一就是第三方物流企业。

(1) 基于权利质押的供应链融资。权利质押融资又称仓单质押融资,企业将产品交给金融机构指定的物流公司管理,凭物流公司开具的仓单向金融机构申请贷款。仓单作为一种物权凭证早已出现在信贷体系中,并通过担保的方式弥补企业信用不足。在供应链环境下,融资期限、金额、贷后管理均以仓单作为基础,这种转变不仅扩大了目标市场,同时也提高了风险管理能力。在国内,这种融资模式所涉及的市场环境并不成熟,且第三方物流企业的仓单由于缺乏认证而不够权威,因此少有完全意义上的基于权利质押的融资,大多的仓单仅作为存货凭证,其业务普及程度远低于基于动产质押的融资模式。

(2) 基于动产质押的供应链融资。动产质押融资又称存货质押融资,企业将动产托付于具备合法保管动产资格的第三方物流企业,核心企业同金融机构签订回购协议或担保合同,保证在被担保企业违约时回购质押动产或代偿,从而帮助被担保企业获得贷款。其中物流公司的作用主要是动产保管、价值评估与去向监督等。图 3-3 给出了基于动产质押融资的具体流程。

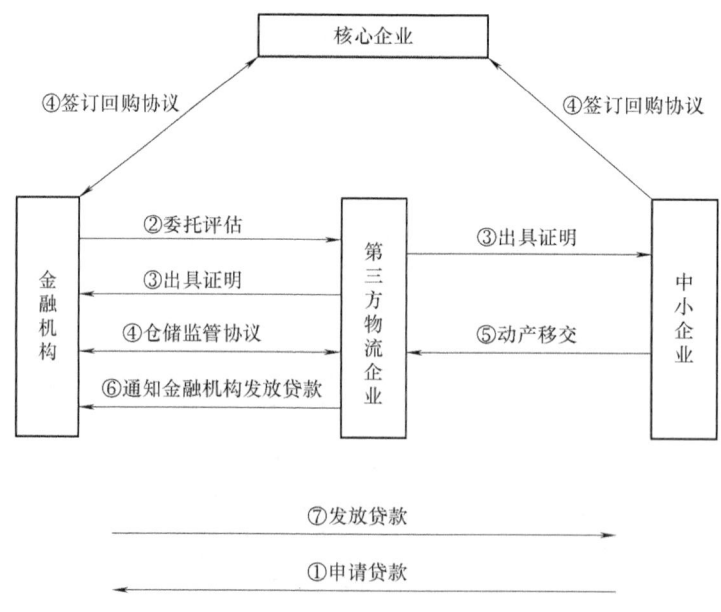

图 3-3 基于动产质押融资的具体流程

3.3.3 中小企业融资模式的创新

在供应链环境下,中小企业融资模式的创新主要分为应付账款融资模式与应收账款融资模式,两者是根据资金需求企业相对于供应链核心企业的关系而划分的,而无论是这两种融资方式中的哪一种均以供应链核心企业作为出发点。

（1）应付账款融资模式。应付账款融资模式又称保兑仓融资模式，如图 3-4 所示，在这种融资模式中，中小企业是相对于核心企业的下游企业即资金的提供方与产品的接收方。企业向核心企业支付款项来获得生产所需的原材料、半成品以及成品等。如果此时上游核心企业自身综合实力较好即可通过应付账款融资模式来为下游中小企业融资。

在上游核心企业承诺回购的前提下，下游中小企业向金融机构支付 20%~30% 的风险保证金，金融机构向上游核心企业支付全款购得物资，并委托第三方物流企业代理查收并运至指定仓库管理。金融机构根据下游中小企业的还款情况释放一定比例提货权直至待偿金额等于风险保证金为止。

应付账款融资模式通过分批付款解决中小企业资金周转的问题，上游核心企业为下游中小企业提供担保，在降低金融机构风险的同时提升自身产品的销量，与此同时，第三方物流企业由于参与了融资过程而带动自身储运和监管业务，实现供应链中各经济主体的共赢。

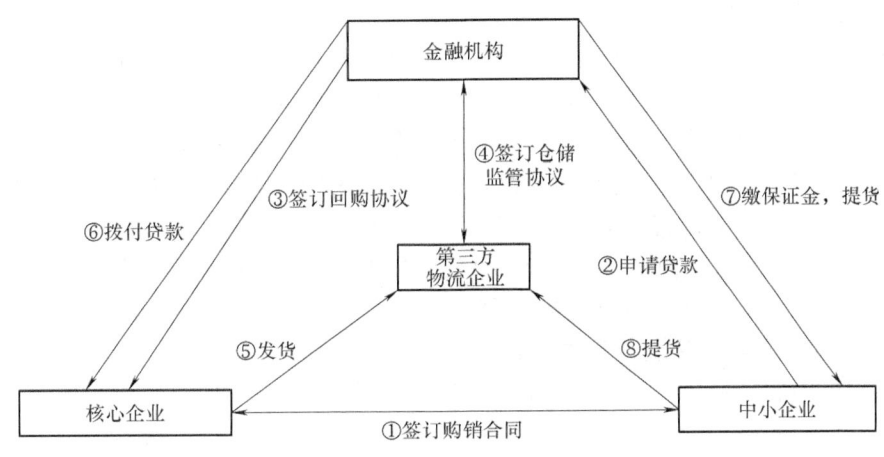

图 3-4　应付账款融资模式

（2）应收账款融资模式。应收账款融资模式是与应付账款融资模式相反的模式，如图 3-5 所示，在这种模式中，中小企业是作为上游提供产品的一方，而核心企业是作为下游提供资金的一方。下游核心企业向上游中小企业支付预付款项以保证其生产活动的正常进行，但下游核心企业同样可能面临资金周转的问题，因此，下游核心企业向金融机构申请贷款来向上游中小企业支付预付款项并承诺若上游企业有违约行为则己方会代偿。这是一种用下游核心企业的信用作为反担保的融资模式，相当于将其信用转嫁给上游中小企业，第三方物流企业此时并无明显作用。

这种融资模式的受益方主要是上游中小企业，企业能够获得生产所必需的资金，而下游核心企业也能在一定程度上解决资金短缺的问题。这种全新的质押担保模式的优势体现为还款方式灵活、款项变现容易、信用风险较低等，由于在这种融资方式中第三方物流企业参与度较低，因此相关的融资费用也较少，是中小企业同下游综合实力较强的核心企业进行合作的不二选择。

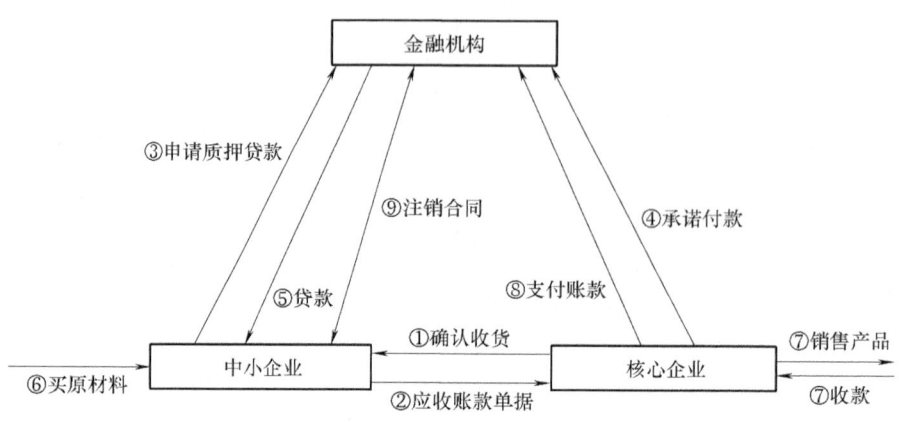

图 3-5 应收账款融资模式

3.3.4 反向保理融资模式

反向保理（Reverse Factoring）是指保理商与规模较大、资信卓著的高质量买方达成协议，对为该公司供货、位于其供应链上的中小企业提供保理业务。实务操作中，保理商首先与资信较好的买方达成协议，确定由保理商为向买方供货的中小企业提供保理融资。供货的中小企业履行合同后，向保理商提示买方承兑票据，保理商立即提供融资，并进行应收账款管理，待票据到期时，买方直接向保理商付款。

反向保理是近年来在发展中国家中较为流行的一种贸易融资业务，它在大幅减少保理商风险的同时，提高了中小企业市场开拓能力。

1. 适用反向保理融资模式的供应链特点分析

与供应链金融的一般特征一样，反向保理也是围绕供应链的核心企业。这些企业常常是知名公司，有较强的市场影响力。他们掌握了产业链或价值链的核心价值，在上下游交易中处于谈判的优势地位。此外，核心企业的财务实力突出、资信水平普遍较高，在融资市场中具有更高的信用等级，是各家金融机构争夺的优质客户。

反向保理的融资企业是核心企业上游的供应商。这些供应商的规模较小，与核心企业的谈判地位较低，在交易价格、结算方式等方面受到核心企业的挤压，导致资金流紧张。资产的主要形式是预付账款、存货和应收账款，占用了企业大量的流动资金。他们往往信用基础薄弱，属于银行的高风险客户。此外，反向保理不适用于那些将信用条款作为公司定价策略，进行价格歧视的供应商。这些供应商往往不希望将与某个客户的信用条款披露给另外的客户或者第三方机构，因此一般不会接受保理业务。

在结算方式方面，反向保理不适用于买方在不同阶段支付相应费用的分期付款方式。因为这种情况下，供应商所提供的产品或者服务一般比较复杂，技术含量高，很难评估风险，并且这种结算方式在一定程度上缓解了供应商资金流的问题。

反向保理的流程如图 3-6 所示。基于应收账款融资服务需要确定的参数包括贷款利率、应收账款质押率以及贷款期限。由于反向保理没有涉及贷款还款的过程，并且在供应商的资产负债表上没有新增的负债，反向保理的实质并不是一种贷款，因此不需要考虑质押率的问题，对符合条件的应收账款进行全额保理。还款的期限取决于应收账款的账期，由核心企业直接还款给金融机构。需要确定的是贷款利率，贷款利率可在金融机构规定利率基准上考虑一定范围的可调整空间，这直接关系到供应商的融资成本，也取决于核心企业的偿付能力。

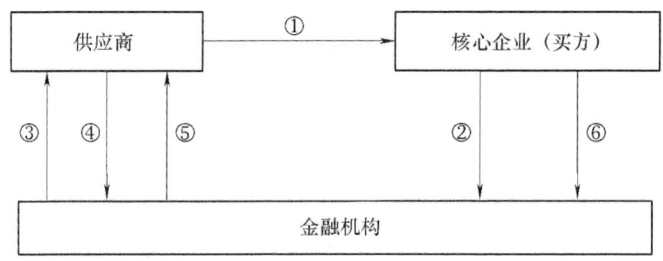

图 3-6　反向保理模式的流程

注：① 供应商与核心企业签订协议之后，向核心企业发货。
② 核心企业收到货物之后验收，并将应收账款单据交给金融机构，并确认将来会支付货款。
③ 金融机构将应收账款情况告知供应商，并要求其确认是否要保理。
④ 供应商选择某些应收账款，申请保理。
⑤ 金融机构根据供应商的申请，按照一定的贷款利率，扣除手续费，为供应商提供资金。
⑥ 在账期内，核心企业直接将应收账款支付给金融机构。

2. 反向保理模式的优点

反向保理模式有何优点呢？这种方式下，保理业务中所有的参与者都可以从中获益。

首先，同正常保理相比，反向保理业务为中小企业提供了更多的融资机会。由于国家信用体系的不健全，正常保理要求的资信调查在许多国家无法进行，使得中小企业因为资信资料不完整，无法利用保理的融资功能。而反向保理业务中，对中小企业资信资料的可获得性的要求并不高，只要其供应商地位得到买方认可，它与买方的有效货物买卖合同就可以得到保理融资。而且由于该合同的信用风险较低，保理商可以提供利率更低的保理业务，减少了中小企业的融资成本。而与保理商的长期合作，有助于更好地提升中小企业的资信等级。

其次，买方客户也可以从中受益。由于市场竞争激烈，越来越多的企业开始利用外部资源进行外包。外包和跨国供应的发展，使得中小企业成为大企业供应链的组成部分，在降低企业生产成本，提高其经营灵活性的同时，也增加了企业管理的难度。反向保理的应用，一方面，使得大企业可以利用保理商进行应付账款管理；另一方面，保理商的资金融通使其能从中小企业获得更为优惠的付款方式。

最后，反向保理为保理商提供较好的保障。这种方式下，保理商只从高质量买方收购应收账款，承受的资信风险只是高信誉客户的违约风险。保理商只需集中精力收集买方信息，计算买方信贷风险，而不是出口方中小企业的违约风险。这种融资方式对于买方信用较好、卖方信息不完善的交易是件极好的规避风险的工具，使得保理商可以为许多信贷风险较高的客户提供"无追索权"保理业务。另外，保理业务依托于合同的顺利执行，而反向保理中的合同均已由买方确认，不存在正常保理中对合同执行和"贸易纠纷"的过度担心，货物买卖合同执行的风险性大大减小。而长期与中小企业的合作，使得保理商可以逐渐了解客户，积累客户信息资料，拓宽与中小企业的合作领域，在将来为其提供更多其他的信贷服务，扩展其业务量和客户量。

综上所述，与正常保理相比，反向保理业务降低了客户资信调查的交易成本，为参与者提供了更多的融资机会，减少了保理商融资风险，可以促使出口商和保理商更快达成协议。

3.3.5 物流企业发展供应链金融

物流企业涉足供应链金融是近几年开始出现的，随着大数据、物联网技术的发展，海量分散的物流数据得以利用，物流企业发展供应链金融的优势越来越明显。

物流占据了整个商品交易过程中重要的交付环节，连接了供应链的上下游。它们基于物流服务环节及物流生产环节在供应链上进行金融服务。国内大型快递公司如顺丰、申通、圆通、中通、百世汇通等，物流公司如德邦、华宇、安能等，均通过海量客户的收发物流信息进行供应链金融服务。目前顺丰、德邦已经开始通过物流数据渗透了货主采购、仓储物流费用等方面，进入供应链金融。

顺丰 2015 年全面开放全国上百个仓库为电商商家提供分仓备货，同时推出顺丰仓储融资服务。优质电商商家如果提前备货至顺丰仓库，不仅可以实现就近发货，还可以凭入库的货品拿到贷款。顺丰具备庞大的物流配送网络、密集的仓储服务网点及新兴的金融贷款业务，三点联结形成完整的物流服务闭环。除仓储融资外，顺丰金融供应链产品还有基于应收账款的保理融资，基于客户经营条件与合约的订单融资。2016 年，菜鸟供应链金融成立，菜鸟供应链金融为商家提供订单融资、预付款融资、存货融资、应收账款融资的全链条融资，向菜鸟网络的物流合作企业以及淘宝、天猫平台上的商家开放。

物流企业参与的供应链金融有以下特点。

（1）标准化。不仅所有物流产品的质量和包装标准都以国家标准和协议约定的标准由物流企业验收、看管，而且要求所有动产质押品都是按统一、规范的质押程序由第三方物流企业看管，避免动产质押情况下由金融机构派人看管和授信客户自行看管的不规范行为，确保质押的有效性。

（2）信息化。所有质押品的监管都借助物流企业的物流信息管理统一进行，金融机构的业务管理人员可以随时通过物流企业的信息管理系统，检查质押品的品种、数量和价值，获得质押品的实时情况。

（3）远程化。借助物流企业覆盖全国的服务网络，再加上金融机构系统内部的资金清算网络，动产质押业务既可以在该行所设机构地区开展业务，也可以开展异地业务，并能保证资金的快捷汇划和物流的及时运送。

（4）广泛性。物流金融的服务区域具有广泛性，既可以在金融机构所设地区，也可以超出该范围开展业务。质押货物品种具有广泛性，可以涵盖物流企业能够看管的所有品种，如各类工业品和生活品，产成品以及原产品等。

3.3.6 供应链金融的风险

信用风险是指企业由于各种原因被动失去或主动放弃偿还金融机构对其部分甚至全部贷款的能力而使金融机构蒙受损失的风险。与传统金融服务中的风险评估方式不同，在提供供应链金融服务时金融机构不仅需要将授信企业的规模、固定资产价值、财务指标、经营状况以及担保方式等企业自身因素纳入考察范围，还需要将企业所处行业的规模、单笔贸易的真实背景以及供应链中核心企业的实力与信用水平加入到评估体系中。也就是说在供应链金融环境下企业信用评估要将整个供应链作为主体而非个别企业。

供应链中存在信息不对称的问题，第三方物流就扮演了供应链金融中很重要的角色。物流企业掌握的信息全面，可随时跟踪物流、信息流，还有运用客户信息系统了解企业的经营状况以降低风险。而中小企业通过物流方提供的信息获得了金融机构的资金，从而盘活资金流，实现融资。

除信用风险之外供应链在融资过程中还包括商品选择风险、质押监管风险、质物变现风险以及宏观经济风险等。

(1) 商品选择风险。在提供供应链金融服务的过程中，选择恰当的商品抵押对于金融机构而言是至关重要的。一般情况下出于对市场需求和风险规避的考虑，金融机构应选择具备市场通用、容易保存、价格质量稳定、可分割且便于计量、流动性强等特点的大宗商品，代表的商品包括钢铁、有色金属等。与此同时，还需要考察供应链中核心企业的规模及其与贷款企业的关联程度、业务水平等，对货物质量需要进行严格的把控。

(2) 质押监管风险。质押监管风险的决定因素主要是物流公司管理水平的高低以及质物出入库时的风险规避手段。为降低风险，金融机构在选择物流公司进行合作时需要充分考察物流公司的资产规模、偿付能力、专业化信息化水平、仓库管理水平以及监管网络覆盖范围，并在此基础上制定严格的质物出入库风险规避方案。目前金融机构大多将入库单作为质押，需指定科学的管理来保证其唯一性与物权凭证性质。

(3) 质物变现风险。质物变现风险即流动性风险，其具体表现为质物无法变现或变现值低于金融机构授信敞口余额。为规避此风险，金融机构应该选择市场交易量较大且需求稳定的商品作为质物，并设置合适的质押率，同时对其进行价格以及供需水平的监控，利用金融衍生产品使风险分散化。

(4) 宏观经济风险。几乎任何行业的发展都受到宏观经济环境的影响，宏观经济因素包括利率、汇率以及宏观经济政策等。金融机构在提供金融服务时必须重视宏观经济因素对于供应链整体运作甚至每个企业运营的影响，综合运用金融工具来规避风险，消除宏观经济波动带来的不良影响。

3.4 改善供应链的基本做法

3.4.1 控制"牛鞭效应"

"牛鞭效应"将会增加生产成本和库存成本；出现生产能力不足或库存不能满足需求的缺货情况；导致运输需求剧烈波动，应付高峰需求必然会增加运输成本；导致劳动力需求波动，增加劳动力成本；出现大规模缺货，减低服务水平；导致供应链实体间的不信任，增加未来协调的难度；势必增加物流总成本，降低供应链盈利能力。因此在供应链管理中只有通过合作，才能消除"牛鞭效应"。若没有合作，各自为政，必然会产生"牛鞭效应"，而且还会相互指责，相互埋怨，进而破坏合作关系。

解决"牛鞭效应"的根本对策是建立供应链合作关系，整合链中企业，建立企业之间的诚信机制，实现信息共享。信息共享，就是供应链中各个企业共同拥有一些知识或行动，如生产、销售、需求等信息。实现信息共享，可以减少由于信息不对称或不完全带来的风险。通过建立一个基于互联网的供应链信息系统实现信息共享，协调各企业的行动，确保需求信息的真实、快速传递，从而减少供应链中的"牛鞭效应"。

1. 缩短提前期

一般来说，订货提前期越短，订量越准确，因此鼓励缩短订货期是破解"牛鞭效应"的一个好办法。根据沃尔玛的调查，如果提前 26 周进货，需求预测误差为 40%；如果提前 16 周进货，则需求预测的误差为 20%；如果在销售时节开始时进货，则需求预测的误差为 10%。并且通过应用现代信息系统可以及时获得销售信息和货物流动情况，同时通过多频次小数量联合送货方式，可以实现按需订货，从而使需求预测的误差进一步降低。

使用外包服务，如第三方物流也可以缩短提前期和使小批订货实现规模经营，这样销售商就无须从同一个供应商那里一次性大批订货。虽然这样会增加额外的处理费用和管理费用，但只要所节省的费用比额外的费用大，这种方法还是值得应用的。

2. 规避短缺情况下的博弈行为

首先，当出现商品短缺时，供应商可以通过互联网查询各下游企业以前的销售情况，以此作为向他们配货的依据，而不是根据他们订货的数量，从而杜绝了下游企业企图通过夸大订货量而获得较多配给的心理。惠普公司就采用这种办法。其次，通过互联网，链中所有企业共享关于生产能力、库存水平和交货计划等方面的信息，增加透明度，以此缓解下游企业的恐慌心理，减少博弈行为。制造商也能够了解到更加准确的需求信息，合理有序地安排生产。

3. 加强出入库管理，合理分担库存责任

避免人为处理供应链上的有关数据所采用的一个方法是，使上游企业可以获得其下游企业的真实需求信息，这样，上下游企业都可以根据相同的原始资料来制订供需计划。例如，IBM、惠普和苹果等公司在合作协议中明确要求，分销商将零售商中央仓库里产品的出库情况反馈回去，虽然这些数据没有零售商销售点的数据那么全面，但这总比把货物发送出去以后就失去对货物的信息要好得多。

使用移动互联网及现代信息技术对销售情况进行实时跟踪也是解决"牛鞭效应"的重要方法，如戴尔通过互联网、移动电话等组成了一个高效信息网络，当订单产生时即可传至戴尔信息中心，由信息中心将订单分解为子任务，并通过互联网和企业间信息网分派给各区域中心，各区域中心按戴尔电子订单进行组装，并按时间表在约定的时间内准时供货（通常不超过 48 小时），从而使订货、制造、供应"一站式"完成，有效防止了"牛鞭效应"的产生。

联合库存管理策略是合理分担库存责任、防止需求变异放大的先进方法。联合库存管理是使供应商与销售商权利责任平衡的一种风险分担的库存管理模式，它在供应商与销售商之间建立起了合理的库存成本、运输成本及竞争性库存损失的分担机制，将供应商全责转化为各销售商的部分责任，从而使双方成本和风险共担，利益共享，有利于形成成本、风险与效益平衡机制，从而有效地抑制了"牛鞭效应"的产生和加剧。

4. 加强企业和客户的沟通，建立新型客户关系

通过互联网，企业和客户可以进行互动，缩短了企业和客户的距离，便于企业了解客户的需求和趋势，因此企业做出的需求预测准确度高。而且上游企业也能够和客户交流获得信息，对下游企业的订单要求进行评估判断，这就有效地缓解了"牛鞭效应"。

同时，制造商也可以通过互联网建立直销体系，减少供应链中的层次，简化供应链的结

构，防止信息在传递过程中过多地被人为扭曲，避免"牛鞭效应"的产生。例如戴尔公司通过互联网、电话、传真等组成了一个高效的信息网络，客户可以直接向公司下订单要求进行组装、供应，使订货、制造、供应"一条线"完成，实现了与客户的直接交易，有效地防止了"牛鞭效应"的产生。

综上所述，对大多数企业而言，单靠自己的实力，要想在激烈的市场竞争中求得生存和发展，是相当困难的。企业之间通过供应链彼此联系起来，以一个有机的整体参与竞争，共同合作，优势互补，实现协同效应，从而提高供应链的竞争力，达到群体共存。供应链运营需要企业相互信任，整合供应链业务流程，才能互惠互利，实现多赢、共赢的格局，需要各节点企业共同参与合作，才能从整体最优的角度做出决策，实现产品/服务在供应链过程中不断增值，塑造有竞争力的供应链品牌。

3.4.2 通过变型点延迟获得差异化优势

延迟这一术语要求产品定制尽可能晚些完成，越接近客户端越好。延迟的好处是显而易见的。在接近产品交付客户的时候，产品还是通用产品，再稍微做一些加工或包装就是交付给客户的个性化产品了。这就使企业能够获得规模经济效益，减少变更要求的次数和品种数量。延迟可以迅速适应客户对畅销品类的需求，有效降低产品库存数量，有利于早期的流程实现标准化。当产品和服务的变型对客户很重要的时候，管理者可以考虑在何时、何地产生这种变型，获得差异化优势。延迟是使变型的活动尽量延迟，这需要一个跨功能团队对流程设计的全面评审计划。

供应链中延迟的运用能够支持供应链的快速响应与敏捷机制。供应链中的延迟能够建立针对个性化需求的最佳方案。延迟本质是推迟供应链中的某项活动，以在晚些时候或离客户近的地点产生差异化，满足个性化需求，增强快速响应能力。在供应链管理中，常见的延迟有以下几种。

（1）物流延迟（延迟时间和地点的职能决策）。在敏捷环境下缺货往往具有很高的成本，产成品的库存对于应对缺货风险具有重要意义。物流延迟对供应链中的配送部门很有帮助，它提高了供应的响应能力。在配送过程中，将最终产品完成个性化加工时间以及运输时间延迟到收到客户订单之后。将最终产品完成个性化加工的地点从工厂延迟到离客户最近的本地仓库进行。这一做法避免了企业根据预测提前生产加工了客户并不需要的产品款式，避免了缺货，避免了产品库存的盲目增加。

（2）外形延迟。将确定产品最后的外形规格和功能增减延迟到接收到客户订单之后，而不是提前做好各种外形，放入仓库保存。许多公司会延迟包装、贴标签、增加说明书和产品外围设备等。将外形和功能的差异化延迟扩展到工厂的制造、组装、模具制造等工序，将有助于产生符合敏捷要求的更大柔性。

与外形和功能定制相联系的是跨产品和产品线柔性设计的制造和工程原则。为了实现产品定制的目的，有时需要改变产品包装、零部件及设计特征。这无疑增加了设计、制造等的复杂性与不确定性，因此利用延迟，创建敏捷供应链是较好的方案。在敏捷供应链的设计上将不确定性特征放入供应链的末端，充分利用下游的合作伙伴关系，强化客户服务，从改善物流和配送管理上完成产品定制。

当企业具有以下特征时，应用延迟比较合适。

(1) 生产工艺技术特征。可以将初步生产和延迟作业分离、定制不太复杂、模块化产品设计、从多个地点采购。

(2) 产品特征。模块化通用程度比较高的产品；产品单位价值高，定制后产品的体积或重量增加时。

(3) 市场特征。产品生命周期短、销售量波动大；加工提前期短而可靠；价格竞争激烈；产品拥有多个目标区域市场。

产品的标准化和延迟战略的综合运用常常可以有效降低管理的复杂性，又能满足客户需求。物流渠道提供多样化的服务是有代价的。产品品种的增加会提高库存，减小运输批量。即使总需求不变，在原有产品系列中增加一个与现有某品种类似的新品种也会使综合产品的总库存水平大大增加。

敏捷供应链战略的核心问题就是如何为市场提供多样化的产品以满足客户需求，同时，又不使物流成本显著增加。生产中的标准化可以通过可替换的零配件、模块化的产品来实现，产品的标准化可以有效地控制供应渠道中必须处理的零部件、供给品和原材料的种类。

3.4.3 全资产可视化

全资产可视化需要的不仅仅是自动化信息技术，总目标是能够提供及时、准确的、关于人员、设备、物料和供应品的位置、移动、状态和身份等信息。它还包括能够根据这些信息采取措施，以提升供应链物流的整体绩效。让经理们始终都掌握供应链上所有资产的位置、数量和状态的有用信息，以便优化库存状况，并尽量减少不必要的资产采购。

资产项目编码序列化管理要求确定所选资产项目组，包括产品部件、组件和最终产品。使用唯一产品标识符（Unique Item Identifier，UII）标记每个产品组的所有产品项目，生成、收集和分析每个具体产品及其组件的维修、供应和使用数据，实现供应链上所有产品组产品的有序管理。UII 是赋予产品生命周期内该产品的明确标识，是完全唯一且永久的。通过它可以掌握整个产品生命周期内和各信息系统中的各个产品项，从而使供应链能够一致地定位、控制资产并评估其价值，以改进供应链数据和资产管理。

条码是实现可视化技术状态管理的重要工具。条码是一种光学的、机器可读的数据表示，用于显示其所在对象的数据。最初，条码通过不同宽度和间距的平行线来表示数据，是线性或一维（1D）的。后来演变成二维（2D）的矩形、点、六边形和其他几何形式。尽管二维系统使用各种不同的符号，也被统称为条码。

RFID 技术用于解决供应链节点之间缺乏资产可视性和运输流程低效的问题。RFID 有助于在一个一体化的端到端的供应链内实现准确、自动的数据采集。

供应链可视化的任务是分享所有类别供应品的地点与数量，实现全局可视化，以优化供应链体系的有效性和效率。可视化应用程序按供应链资产类别编排，每个预定的查询都可归入相应部分，实现在处理、在存、在运供应品的全资产可视和快速查询。

3.5 供应链成熟度模型

该模型的主要目的是让使用者根据进展水平，或功能活动的"成熟度"来考虑公司所处位置，以此来考虑公司为了高效发展改进该采取的下一步活动或功能。典型的成熟阶段一般分为 4~5 级水平，成熟度越高，供应链整体绩效越好。

在物流与供应链功能中，成熟度模型与哈耶斯和威尔莱特（1984，1985）的"制造战略角色演进的四个阶段"基本相似。在对公司贡献水平最低的时候，他们将制造部门定义为"内部中性"，它需要外部的帮助来制定战略决策并保持响应。从公司外部来看，通过采用最佳行业规范，它可以移至业绩的下一水平并成为"外部中性"。在下一水平，"内部支持性"通过确保制造战略从公司战略出发并能支持公司战略来实现升级。在最高水平，"外部支持性"通过制造部门在流程和技术（例如涉及重要营销和工程决策）方面有一定创新来实现。

成熟度模型因此可以用于多种目的和多种活动。它在供应链管理中特别有用，因为一些公司在供应链管理方面仍然有很长一段路要走，而其他公司已经在最近几十年取得了巨大发展。成熟度模型可以让公司创建一个改进到最佳表现的路线图。成熟度模型可以用于供应链管理的任何支柱领域，如库存管理、仓库管理、信息管理系统、运输管理或采购管理，或将模型进行整合用于整体方向的沟通。

成熟度模型是一个决定功能发展攻略，从而改进公司表现的工具。可以在模型的第一阶段召开部门讨论会，然后以此为基础每年审核评估并讨论其进展，模型应当如何进一步发展以解释长期的方向问题，以及在接下来 2~3 年内就优先事项如何发展达成一致。

如何使用成熟度模型呢？可以采用两种方法。

第一种方法就是任命一个年轻的管理者查找关于现有模型的文献，选取理想的特征要求，然后创建一个基本模型，允许在每个阶段有些不同的变化。

第二种方法就是利用理念来就供应链管理在公司内如何发展达成一个共同的愿景，通过召开涉及所有关心供应链绩效的讨论会的方式来实现。这可包括营销、客服、会计、运营等部门的代表。讨论会的结果应当是都能接受的、总结性的图表，如图 3-7 所示，再加上升级到下一个成熟度水平的行动计划。

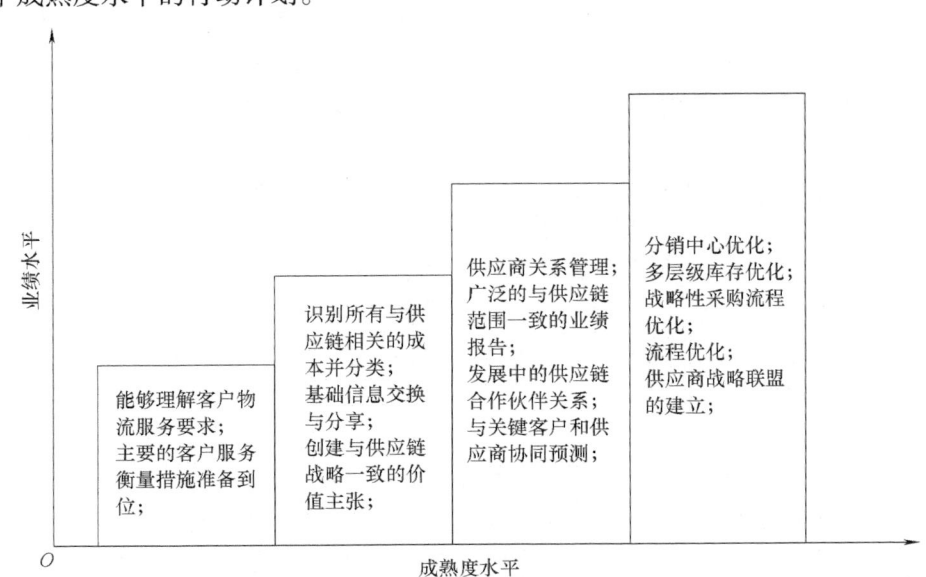

图 3-7　简化的供应链管理成熟度模型

【案例分析】

SE汽车公司的战略供应链变革

7月2日下午，SE汽车公司的董事会正在召开，公司自去年年底走出亏损低谷后，现在正进入罕见的高速增长期。今年上半年，SE汽车销量同比翻倍，顺利完成全年12万辆的销售目标似乎不在话下，这不能不令董事会成员们感到高兴。但是，似乎没有任何一位董事对此表示完全满意。因为公司对以前提出的供应链模式改进还没有见到多少成效，这是金融危机期间公司苦练的一项内功。顾客需求多样化，如何以较低的成本快速制造，满足需求，进一步推动公司精益化、敏捷化精敏供应链集成成为一个亟待解决的问题。公司自成立之初就建立了现代化汽车城，当时在行业中具备竞争优势，但是这一优势现在不明显了，公司需要进一步改进这一模式。董事会认为目前公司15万辆的产能无法满足需求，董事会已经一致决定将未来5年规划产能提升至30万辆，将分期投入，扩建产能，但是新产能的建设要着眼于响应需求。大家已经达成共识："必须寻找适合SE的供应链战略解决方案，以适应公司快速发展需求，必须尽快构建精敏供应链数字化平台。"会议通过了总经理决定从德国聘任供应链高级顾问理查德·佐尔格以协助实施供应链战略变革的提议。

SE汽车原来属于小批量、多品种装配型，面对众多品牌的多个系列产品，加之每个系列的产品还有不同组合的配置。每个车型展开来都有三四十个零部件品种系列，例如座椅有十几种，车灯也有十几种。SE汽车计划通过模块化生产、发展模块供应商的方式来实现快速响应顾客需求的制造过程，建立敏捷化的供应链。SE汽车在建厂之初就以前瞻性的规划，全盘导入同一体系35家专业配套厂，紧密环绕于主机厂周围，组成占地近200万m^2的SE汽车城，依靠产业集群布局，构建了SE汽车紧密而完备的生产配套体系，这在当时吸引了国内外专家学者的无数双眼睛。SE汽车还严格甄选了国内200多家（含SE汽车城35家）具有优良品质管理的配套厂合作，尤其是SE汽车城内主机厂与配套厂之间紧密合作的形态，有利于SE汽车缩短零部件开发时间、降低零部件物流成本、提高产品品质。

汽车工业从专业化的原材料供应、汽车零件加工、零部件配套、整车装配到汽车分销乃至售后服务已经形成了一整套汽车制造、销售、服务供应链。"市场上只有供应链而没有企业"。汽车零部件产业更加专业化，如德国博世的燃油喷射系统、电子系统和制动系统，法国法雷奥的电器和照明装置。汽车供应商规模化程度提高，如德尔福、韦氏顿、米奇林等，德尔福模块化产品包括车用网络系统、集成化车用娱乐系统、电子服务系统和智能防撞系统等高度模块化的高科技附加值产品。汽车总装厂倾向于模块化采购与组装。汽车供应链的模块化特征愈发明显。

SE汽车公司实施了销售、服务、零件供应、信息反馈四位一体同时到位的高品质销售策略。按照由点及面，由沿江沿海、自经济发达地区向其周边地区展开之方式，部署建立其经销网络。全国已有76家一级经销商，108家4S店，449个经销网点，网络辐射区域已包含国内所有经济发达地区及主要城市，并且正向更广阔的区域延伸。为了更直接地了解市场对产量、品种、产品品质的需求，公司开通了互联网预订。顾客预订信息以及4S店信息反馈表明，顾客对车型需求发生了很大变化。顾客所要求的车型配置不断增加，市场变化加大，需求更加多元化，消费者可能今天想买这样的，明天就不想要了，这就使得供应链运营越来越复杂，竞争日益加剧带来的成本压力也不断增大。

SE汽车可以根据销售订单组织生产与原材料、零配件的采购，零配件配套供应商根据SE的采购订单提供配套件。零部件生产、原材料供应、物流以及整车的装配共同构成SE汽车生产的配套体系。SE汽车需要形成0.5级配套厂、一级供应商与二级供应商相结合的多层次供应网络体系，形成由顾客、分销商网络、维修网络、整车制造商，以及备件供应与配送构成的汽车分销与汽车服务体系。这两大体系交织在一起，还要有效平衡市场需求的多样化与汽车生产所要求的批量及平稳生产的矛盾。

由于顾客需求的新变化带来的新车型不断涌现，以及汽车领域应用的新材料、新技术的迅猛发展，SE汽车对原有配套厂的需求必然会发生变化。以锁止装置为例，电子式车身综合锁止系统中电子元件取代了其中70%的机械部件，其供应商的生产与供应系统必然发生变化。另外，国外汽车零配件巨头在华设立的许多独资或者合资企业，还有部件供应民营企业，都对SE汽车原有的汽车城内"嫡系"供应商格局产生了一定的冲击。理查德·佐尔格先生是SE汽车模块化的倡导者。发展模块化供应商，实施模块化生产可节省工厂用地，有效减少零部件数量，从而降低组装难度，减少管理费用，降低库存及零部件的废品率，便于质量监控。但是，公司原先实施的"丰田式"精益模式，主张汽车城里的模块供应商应具有对部件的独家供应权，应用电子化看板，实现了准时化供应与准时化生产。这些供应商是SE的配套供应商，他们可以精确地掌握SE的需求量，每天都可以查到未来6个月的需求预测。在汽车城里，可以自己生产部件，也可以进行模块的组装。

理查德·佐尔格希望改变这一局面，适当增加模块化供应商的数量，并在全球范围内选择模块化供应商，将汽车业面临的压力传导至汽车城内的供应商，减少对它们的依赖性，促进其技术的变革。在寻求供应商体系相对稳定的同时，也保持相对灵活性。按照整车不断"换型"的需求，灵活配置模块供应商，一些松散合作的供应商随时可能被换掉。针对理查德·佐尔格的这一想法，汽车城内原有的长期供应商可能会有些看法，总经理很想让他的团队成员一起讨论一下，到底要不要有意扶植本地的供应商，要不要异地选择有竞争力的模块供应商。

【讨论题】

（1）在SE汽车模块化供应商的本地集群化与全球化的权衡问题上，你是否同意理查德·佐尔格的做法？为什么？

（2）你认为SE汽车当前面临的困难以及战略转型的挑战有哪些？汽车城集群化原来是优势，现在变成障碍了吗？

习　　题

1. 解释QR、VMI、ECR、CPFR的含义，说明它们之间的联系。
2. 传统的供应链信息系统包含哪些核心业务模块？
3. 如何理解数字化供应链？它与企业的信息化有何不同？
4. 举例说明颠覆性新技术会给供应链带来什么革命。

5. 什么叫供应链金融？供应链金融包含哪些风险？
6. 供应链中的"延迟"意味着什么？供应链"延迟"了，顾客还满意吗？
7. 企业供应商管理有哪些内容？
8. 控制供应链的"牛鞭效应"就能改善供应链吗？
9. 举例说明供应链延迟的具体做法。
10. 说明供应链成熟度模型。

第 4 章 管理采购与供应

【本章要点】

1. 采购管理概述、集中采购与分散采购；
2. 采购决策与采购策略矩阵；
3. 战略供应商管理：供应职责、供应定位模型、供应商管理的全生命周期；
4. 供应合同管理：合同要素、合同条款、知识产权问题、合同管理制度及契约理论。

4.1 采购管理概述

4.1.1 采购职能的演进

以前企业高层管理者的兴趣往往集中在市场营销、研发、财务和生产运作上，采购往往只是企业或部门的附属部门。很多人认为，从事采购职业的人员既不需要专业技能，也不需要才能，企业不会让高级人才去做采购员，采购的事似乎人人可做。但具有讽刺意味的是，采购要为产品成本负责，很多的产品质量问题来源于采购物料，采购对生产运营的影响比其他部门要大。

在 20 世纪 60 年代至 70 年代，采购者的注意力主要集中在采购价格和防止生产停工上，还有库存的管理。采购部门有一位采购经理，几名高级和初级的采购员、办事员，或还有驻外人员。

20 世纪 70 年代末，全球化市场及全球化采购的势头开始出现，库存管理使用了计算机，生产过程自动化程度提高了，物料成本控制成为管理者的重要内容。高级经理意识到，降低成本要靠外部供应商，而不是内部做个项目就能实现的。迫切需要提高供应商的专业化水平，通过大规模、标准化生产来降低产品的单位成本。这就要求改变企业的采购职责，以适应企业对供应商要求的变化。与此同时，采购和物料管理开始在企业中发挥更重要的作用，企业对库存控制更加关注。

20 世纪 80 年代早期，企业运用计算机生成物料需求计划（MRP），确定生产需要的零部件及原材料的采购数量，加上对供应商的改善，准时化生产与准时化采购的运用，企业有效地减少了库存数量，而且保证了生产的顺利进行。企业采购部门增加了物料、物流和计算机方面的人才，当供应商要求技术支持时，技术专家可以随时出现。采购和物料管理的高效率随时保障企业生产所需，采购对组织的贡献已不可小视。

4.1.2 采购与采购活动

美国供应管理协会给出了采购的定义：组织为了追求和实现自己的战略目标，识别、采办、选择、获取与管理组织所需要（或潜在需要）的所有资源。采购的基本活动包括三个方面。

（1）定"货"。确定组织需要采购哪些物资。
- 需求的确定或重新估计。
- 定义和评估用户的需求。
- 自制与外购决策。
- 确定采购的物资。

（2）定"源"。确定从哪些供货商处采购。
- 进行市场分析。
- 确定所有可能的供应商。
- 对所有可能的供应商进行初步评估（或者招标投标，或者比价）。
- 剩余供应商的再评估。
- 谈判、协商，选择供应商，确定购买合同。

（3）获取。下订单、收货、验货并支付。
- 到货检验。
- 购买后的评价。

可见，采购的一般过程包括了确定采购需求、选定供应商、谈判价格、确定交货及相关合同条款、签订合同并按要求收货、付款结算等。采购是从供应商那里购买原材料、零部件和产成品存货，并安排运往制造工厂或装配工厂、仓库、零售店的内向运输。采购活动能促进和改善运营系统与供应商间的互动。

4.1.3 采购项目类别及产品特征

1. 采购项目类别

在日常经济生活中，经常发生各种不同类型的采购：根据采购主体不同，有个人采购、家庭采购、团体采购、企业采购和政府采购；根据采购客体不同，有农产品采购、工业品采购、工程采购、项目采购、服务采购；根据采购频率和数量的多少，有定期采购和日常采购；从交易方式看，有现款采购、租赁采购、交换采购、委托采购、协议采购、招标等竞争性采购等。在供应链中采购物料的类别遍及整个产品/服务供应链，可分为不同类型，包括以下项目。

（1）初级原材料。初级原材料包括：石油及其副产品、煤炭、木材、橡胶、矿石，还有各种有色金属，如镍、铅、铜、铝、贵金属，如金、铂、银等；另一类是农作物，如谷物、可可、咖啡、甘蔗、橙子、大豆和棉花。原材料的一个主要特征是还需要经过加工而变成一种适用性的产品，另一个主要特征是质量差异较大。原材料常常有不同的等级，以表示不同的质量水平。由于利润率、汇率、通胀率波动，及政府政策、短缺和过剩以及进口国和出口国之间的关系状况变化，这些农矿产品可能发生大的价格波动。一些其他的影响因素是罢工、自然灾害、气候条件、作物歉收、作物病虫害，这些可能影响供应和需求状况，投机者的行为也会影响价格。原材料价格波动对于工业生产企业的经营影响巨大。

（2）初加工的材料。初加工的材料是指已做了一些加工或有一定增值的材料，这样的物品仅部分完成或已成型并符合规格，使得下一道工序易于制造。如钢铁公司的棒材、管材、线材等。

（3）零部件和组件。这是指可用作最终复杂产品生产的一个组成部分，可以是零件、部件、组件和系统，如紧固件、轴承、齿轮、显示屏、控制器、汽车引擎和车架等。很多汽车、摩托车、手机等工厂通过购买大量的零部件、组件来组装，将产品子系统及组件的制造委托外包给供应商，加大了对供应商质量、成本及交付时间的要求。

（4）产成品。所有组织都需要从外部供应商那里采购产成品以满足内部使用的目的，例如，办公设备、实验仪器等。

（5）维护、维修、运行（Maintance，Repire and Operations，MRO）供应及服务。为了维持组织资产设施（建筑物、行政和生产设施）的正常运转，需要各种各样的供应物品及低值消耗品。这些在生产过程中不直接构成产品的物料和服务。然而，这些物料和服务对公司的运营、维修至关重要。它们分为消耗品和维护、维修及运行物品。

（6）生产支持产品。生产支持产品指那些用于包装和运输最终产品的物料，如托盘、箱子、袋子、包装纸、插件及包装材料，大到集装箱，小到胶带。生产支持产品将直接支持组织的生产活动，这也是与MRO物料的主要区别。这些物料不会出现在BOM中，其用量的规划、采购及供应商管理容易被忽视。

（7）服务。服务主要是某种工作、任务，而不是提供有形的货物或材料。服务采购变得日益重要，几乎所有的组织都依赖于外部承包商为其提供各种通用的、特殊的服务。服务是无形的活动，需要服务的提供者和客户进行互动来实现。例如，维修、仓储、运输、金融、IT服务、设计、保健、培训等。与MRO产品一样，服务采购品种繁多、金额跨度大、需求形式多变，管理难度高。因此越来越多的组织趋向于外包某个项目，如委外物流、维修服务等。

2. 产品特征

产品特征是产品本身构造所固有的属性，一般指产品的外形、质量、功能、包装、价值、可替代性、易腐性、易燃性等物理、化学特点等。产品特征不仅是影响消费者认知、情感和行为的主要刺激物，也对物流战略有重要影响。产品的重量、体积、价值、易腐性、易燃性等物理、化学特点会对供应、仓储、运输、搬运和订单处理提出一定特殊要求，这些要求最终会在物流成本上得到显现。重点分以下四个方面介绍。

（1）重量与体积之比。这是一个具有特殊意义的衡量指标，随着产品密度增加（即产品重量与体积比高的产品，如轧制钢托梁、印刷品和罐头制品），仓库和运输的成本就会降低。密度小的产品，如棉花、羊绒制品、薯片、灯罩等，占据空间大，达不到载重限制要求。由此可见，由于产品特征的改变可能会使某些物流成本发生改变。

（2）价值与重量之比。价值与重量之比低的产品，如煤炭、铁矿石、沙子等存储成本低，单位运输成本占销售价格的比例比较高。价值与重量之比较高的产品，如高精密数控机床、电子设备、珠宝、乐器等，存储成本较高，运输成本相对低。这些都对企业的供应战略、物流战略有影响。

（3）可替代性。多家企业生产同一种产品，这些不同品牌的相同产品就具有了可替代性。当一家供应商的产品出现了质量问题，企业自然可以选择另外一家供应商的质量好的产品。当一家供应商的产品频繁出现缺货时，企业也要考虑可替代性产品。标准化产品往往具有可替代性。

（4）风险特征。这是指产品的易腐性、易燃性、易贬值、易爆、易盗等特征。产品表现出上述某一方面的风险特征时，产品的单位运输成本和存储成本占销售价格的比例就会很高。如运钞车、黄金运输、疫苗运输、保鲜食品、高级香烟、高级手表、危险化学品等在运输、搬运、储存过程中都要特别小心，需要专业车辆（防盗车、高危品车辆、恒温保鲜车等）来运输、需要特殊区域来保管，这些特殊处理都会增加物流成本，因而也会影响供应战略。

4.1.4 采购管理

采购管理作为一般的管理活动，有目标、有组织、有计划、有执行、有控制。采购的主要目标是以最低的物流总成本提供及时的采购，采购物料的品种和数量可由企业制造资源计划系统计算出来，采购支持制造或销售活动的顺利进行；采购需要建立采购组织与相关制度、划分职责与权限、设计作业流程等；采购需要考虑企业生产计划、工程项目计划等的需要，制订相应的采购计划与预算；采购执行包括为达到采购目标而采取的各种行动方案，包括供应商的评选、采购合同的签订、交货验收管理等内容；采购控制是指为达到企业要求而对采购行为进行评价、调控等，包括采购行为规范、拟订采购绩效评价指标、供应商考核与调整，以及内部、外部关系的协调等内容。

采购关系到企业产品的质量和成本，并且采购资金在总成本中占很大比重，使得采购在企业经营活动中占有重要地位。据统计，在制造业中，多数企业的采购资金占最终产品销售额的40%~60%，这意味着采购成本的降低将对企业利润的增加产生巨大的影响，采购自然成为企业降低成本、增加利润的重要环节。

供应链全球化的进程越来越快，企业面临着更多的采购选择，采购成本和效率的高低影响着企业的经济效益，有效的物料和服务采购管理会给企业带来竞争优势，所购入的物料和服务的质量会影响产成品的质量，进而影响客户满意度和企业的长远发展。供应链管理者需要考虑选择具有响应能力的供应商还是具有低成本、高效率的供应商，需要考虑有些生产是自己做还是外包，还要考虑有些活动是自己做还是外包给第三方完成。

4.1.5 采购组织的集中与分散

采购组织在企业机构中的地位越来越重要，看看采购部汇报对象的行政级别就知道了。在20世纪60年代，很多采购部是以二级部门的身份向部门经理汇报的，并且是向生产部或业务部汇报。到20世纪80年代，汇报级别有了变化，有些企业采购部的汇报级别是最高行政执行官、高级副总裁，还有同级别的人员。

在大型企业组织中，在采购部设立不同功能的部门，以支持专业化的采购活动，如设立采购与谈判专业小组，负责特定种类的产品与服务的采购以及供应商的识别与谈判，如机械采购组、电器采购组、工程采购组等；设立采购计划部，预测物料需求，进行价值分析，评估供应商能力，分析供应商成本结构等；设立运营支持部门，支持日常业务，如订单催货、跟单、调度等。

采购部权利划分是要确定如何组织其采购活动的决策权。如果必须由公司总部高层来审核相关的决策,那么这个企业就是一个决策集权化的结构。如果采购部对分支部门、业务单元或地区性部门具有一定的决策权,那么该企业就具有各种不同的分散决策权。完全集权化采购的企业或完全分权化采购的企业都是少见的,大多数企业属于稍微倾向于某一端的混合型。对于诸如评估和选择供应商这类会影响企业全局决策与任务的决策,通常需要集中管理,而对于下订单之类决策则属于当地采购者。一些企业可能会对超过某资金限额的资本支出进行集权化管理,而低额采购决策可由二级部门做出。

1. 集中化采购

20世纪70年代的采购集权化观点在一定程度上导致公司层级过多。显然,这一集中的决策程序不能满足敏捷竞争环境下的快速决策要求。更糟糕的是,臃肿的组织结构成为供应链灵活响应的最大障碍。集中化管理理念应该强调运营中不同任务的相互支持、整合和协调,而不意味着对采购流程的所有活动都"管死"。管理者需要确定哪些流程活动需要进行集中控制或协调,哪些需要相关运营部门来落实。

集中化采购可以带来一些明显的优势,特别是当企业拥有多个采购中心时。集中化采购并不意味着把多个采购中心合并为一个采购中心,并且由这一个采购中心执行所有采购任务,这纯粹是一个大大的误解。就像有的公司把分公司、子公司的采购权集中起来,由总公司统一采购,这样分公司、子公司就变成了内部顾客,分公司、子公司在不断提要求,总公司的采购中心在提高服务意识,这并不是集中采购的本意。集中采购需要在系统、流程和战略等影响全局的问题上有所作为,而不是陷于具体事务。例如集中采购中心可以选择供应商,并就采购合同进行谈判,以获得充分的谈判筹码与规模采购的优惠;分公司、子公司熟悉业务、熟悉当地市场,操作性采购工作仍然由他们来做。企业决定采取集中采购方式时,看中的是集中采购带来的好处,而不是集中采购的形式。下面列出集中化采购带来的一些主要好处。

(1) 协调采购量。集中化采购的一个主要优势是累积采购数量获得优惠价格。有些企业运用集中化采购时,不仅集中管理了对供应商的采购,而且还统管了采购订单流程,将操作性采购工作也纳入到集中采购中,这是我们坚决反对的,因为这样做会使很多人误以为集中化采购是一种费时的僵化管理方式。当然,随着信息技术的发展,公司完全可以识别出不同部门或业务单元所需采购的共同商品,地区或部门采购人员可以直接向供应商下订单(这就属于"操作性采购"),企业可以通过总计采购量获得物料成本的降低,同时仍然保留部门或工厂采购者的操作性订购权。同理,企业也可以累积服务需求。

(2) 减少重复性的采购工作。考虑一家各部门分布在10个地区的公司,并且采用的是完全分散式的采购体制。该公司可能会发现企业内存在各种各样的采购合同样本:10套采购订单、10套询价单、10套物料入出库单、10种供应商质量评价标准、10种采购培训手册及10种与供应商进行电子数据交换的标准。重复性工作无疑会大幅度增加企业运作成本。这种分散式的采购体制成本高,效率低,且各业务部门间缺乏协调与一致性。

(3) 协调采购计划和战略,避免内部竞争。采购部越来越具有战略性趋势,企业集团正将公司战略、业务战略与采购战略结合起来,将公司计划、业务计划与采购计划融合为整体计划方案。这就需要集中化采购管理委员会从企业最高层出发制定采购战略、协调采购战略。

（4）建设全公司物资采购信息系统。从公司战略出发，建设先进的、精准的电子采购系统及信息系统已经变得越来越重要。这类系统的设计和协调不应该是公司个别业务部门的责任，更不能从各自视角建设孤岛式电子采购系统。例如，某跨国集团公司依赖集中化采购管理小组为公司建立和管理全公司物资采购系统及数据库，公司可以清楚地掌握其众多分支机构或部门需共同采购的产品，同时也能从整个公司的角度出发来评估供应商的绩效表现。同时，该系统还能为全公司的物料预测提供支持和帮助。

（5）拓展特定采购领域的专业技能。随着采购部门工作内容的复杂化，工作技术含量越来越高，采购人员不可能在所有领域都成为专家。采用集中化采购管理专业采购小组可以开拓专业采购知识，支持具体的采购业务。例如，采购谈判、国际采购、采购的法律相关问题、供应商质量项目、采购预算、采购调查及宏观经济趋势分析、物资储运管理技术、持续改进技术、总体拥有成本分析、团队建设技能、全面质量管理、计算机和信息系统技术知识等专业技能是需要重点发展的，需要对采购人员进行必要的培训，进一步支持专业化的采购业务。

（6）实施公司变革。实行集中化采购管理的企业在实施一些变革的新举措时会比较容易进行。

伴随着集中采购模式的出现，自负盈亏的集中采购中心在一些跨国公司出现了，当然国内有些企业集团对自有采购中心的内部管理也类似于自负盈亏，只不过是内部结算。自负盈亏的集中采购中心整合公司自己的供应商的采购量，拿到更好的价格，加价再卖出去，这样的价格仍旧有竞争力。这种集中采购中心的主要优势在于全面整合供应资源，不仅为自己公司采购，而且为行业内其他公司采购，它的生命力在于更大范围内的集成，使供应公司可掌控供应渠道，从而更具有价值。

2. 分散式采购

虽然集中化采购具有许多优势，为什么还有企业会采用分散式采购呢？企业采用分散式采购可赋予采购人员直接的采购权，企业由此获得益处。分散式采购具有如下优势。

（1）速度和响应。分散式采购的一个主要优势是能够对顾客需求做出快速响应。有些企业担心集中化采购的集权制可能会导致更慢的反应速度。

（2）理解顾客定制化需求。分散式采购人员对当地的运营要求具有更深刻的认识和理解，采购人员熟悉产品、流程、商业惯例及部门或工厂所拥有的客户，便于与当地供应商建立稳定的合作关系。这对于诸如像高露洁这样在世界各地都有公司的跨国公司尤为重要，因为各国家、各地区的公司运营都有其特殊性。

（3）产品开发支持。大多数新产品都是由部门或业务单元依据市场需求而开发的，因此分散式采购将有利于在早期就对新产品的开发提供支持。采购部可以以多种方式支持新产品开发，可以让供应商在新产品设计时期就参与进来，还可以评估长期物料的需求，制订战略性采购计划，判定相关替代性物料的可能性。

（4）项目所有权问题。当地部门或人员拥有项目的所有权，自然会对所采购的物料或服务的成本负责，他们想实现项目目标，降低采购成本，提高物料质量。如果集中化采购能为他们带来便利与成本的节省，他们自然赞成；但是如果集中化采购不能为他们带来便利，他们需要申请、上报、审批，不仅手续烦琐，而且还会让他们花费增加，他们自然会抵制这种集中化采购制度。此时公司采用分散式采购对公司、对部门、对项目更有利。

3. 混合式采购

很多企业可能更倾向于集中化采购，但仍然需要从实际出发，具体问题具体分析。绝不能采用了集中化采购的结构，却不能获得集中化采购的优势。企业要做的是在日益激烈的全球竞争中，采购组织机构既要具有集中化采购的优势，又具有分散式采购的优势。因此，大多数公司将会选择混合式采购组织，某些任务的决策权由集中化采购管理小组掌控，有些权力则分布在各运营操作层。混合式采购组织既不是完全的集权化，又不是完全的分散化。

4.2 战略性采购

4.2.1 采购决策的战略性体现

20世纪八九十年代，采购管理中相继出现了一些战略性的决策，如设计供应源结构、自制/外购决策、发展长期合作关系/交易关系、企业-供应商流程整合等。这预示着企业面临的供应市场变得更复杂，风险更高，企业的采购策略在发生转变，战略性采购就出现了。

(1) 设计供应源结构。具有战略意义的供应源结构的变化包括供应商数量的减少，以及供应商结构的优化。许多企业都在大幅度裁减供应商的数量，例如，克莱斯勒公司将其供应商从原有的3000个减少到1000个（Raia，1993），而施乐公司则从1981年的5000个供应商降低到1987年的300多个（Morgan，1987）。对于某一物料是向单一供应商购买还是多个供应商购买，理论界和实业界的观点也发生了转变。传统观点认为，保留多个供应商，保持供应商之间的竞争能令买方企业渔翁得利。而新的观点推崇合作型采购理念，由多源变成单源，大大削减企业供应商数量，对生产工艺复杂、采购品种多的制造企业尤其明显。削减供应商数量，为买方和供方发展长期合作交易关系奠定了基础。日本汽车企业丰田公司和尼桑公司，施行缩减和优化供应商，开发供应商合作关系，将其供应商分层次管理，第一层次供应商为企业实时提供装配子系统，供方进行子系统的产品设计和工艺设计，并负责管理低层次的供应商。这种做法减少了企业与供应商网络的节点，从而支持了准时化生产，使得对供应商的管理更高效。

(2) 自制还是外购、自制还是外包的决策。对企业来说，某一原材料、零部件或服务是在企业内自制还是从供应商那里购买，或者委托供应商制造，不仅仅是一个关乎成本的决策问题，而且是一个关乎外包与核心能力培育的战略问题。组织需要权衡哪些应该自己制造，哪些应该从外部采购或委托加工，这是在供应链上游经常遇到的决策问题。有些产品的自制还是外购、外包决策很容易做出，几乎很少有组织愿意或能够制造自己生产所需的设备及工具。许多研究者坚持认为，企业应专注于核心业务，即把对企业知识、技术等依赖性强的高增值部分掌握在自己手中，而将自己不擅长、实力不够或没有优势的非核心业务外包出去，在此基础上通过与供应商联盟，达到整合外部资源、弥补自身劣势的目的。任何企业都不是万能的，都有一定的能力缺陷，都有一些不擅长的业务。企业需要寻找与其能力互补的供应商，将该业务外包给他们做，他们会做得更出色。

在外包决策中，自制—外购分析起关键作用，它对相关成本信息进行了分析。近年来，许多企业已经开始考虑对生产环节、数据处理、门卫、保安及后勤服务等实行外包，以提高企业的盈利性，或聚焦核心业务。外包的另一种形式是合同制造。合同式制造中由供应商生产产品的某一部分。当供应商拥有剩余生产能力或生产经验，而采购方生产能力或相关技术不足时，合同式制造使供应链的上下游都实现了成本效益战略。

最近一些优秀企业业务外包的范围不仅仅限于非核心业务，而且还包括一部分核心业务。由于当前企业要从竞争中胜出，不能只凭借已有的核心能力，而是要依赖其控制和创造关键能力的能力。在动态能力要求下，企业为了保持价值链更具弹性和组织更具灵活性，"借力"成为许多企业的制胜法宝。在动态竞争环境下，外包决策也是一个动态决策问题，企业必须根据未来环境的变化不断做出调整。

在外包决策中，不能只注重短期效益而忽视长期战略性目标，因为成本效益是建立在净利润等短期会计评价指标上的。必须强调的是，在运用相关成本分析时，长期的战略因素应予以认真考虑。忽视战略因素，可能采取不当的形式（例如，压低价格，降低质量等）利用相关成本分析来实现短期利益，造成未来的巨大损失。例如，企业可能接受短期相关成本分析为正值的一笔临时性订单，而没有充分考虑这笔订单的性质可能会造成极大的负面市场形象，并可能对其他产品的销售产生不利影响。相对于成本，更重要的是在任何决策环境下都应将企业的战略目标放在首位。

自制、采购还是租赁，及再加工前出售还是再加工后出售的决策中，还要对企业的获利能力进行定期回顾分析，随着各种市场因素的改变，过去的决策及执行情况对产品的获利能力的影响是否发生改变及对未来获利能力是否有影响。这种回顾应注重如下几个问题。

- 哪些产品是最盈利的？
- 产品的定价是否合理？
- 在决策前后产品成本及利润发生了哪些改变？

对于那些需要从外部采购的产品，重要的决策问题是选择什么供应商才能得到更好的产品和服务。

（3）发展长期合作关系还是交易关系。削减供应商数量和外包都使买方和供方发展长期合作关系成为可能。削减成本和利用供应商资源是买方企业和供应商发展紧密关系的原动力。克莱斯勒公司生产一辆汽车70%的成本是用来向外部供应商采购，而与供应商建立合作关系将为其带来可观的成本节约，仅1994年，克莱斯勒公司就通过供应商节约成本近亿美元。

（4）企业-供应商流程整合。随着竞争压力的增大，敏捷制造、按单定制等多种经营模式的出现，制造企业纷纷转向供应商资源整合，通过整合供应商的资源和知识，确立更稳固的竞争地位。战略采购强调买方职能部门与供方采购、生产流程的整合。

在供应链管理中，战略采购从交易管理向关系管理模式转变。价格不再是采购所考虑的唯一因素，采购的决策影响着后续的原料运输、调配、维护、调换，乃至长期产品的更新换代，因此必须有考虑总体成本的远见，必须对整个采购流程中所涉及的关键成本环节和其他相关的长期潜在成本进行评估，例如，由于特定采购原料或设备带来的配套原料和设备的获取、安装、维护、运作和清理成本等。质量成为重要标准，当然，质量不限于产品质量，也包含了工作质量、交货质量、技术质量等方面的全面质量。供需双方共同开展质量改进和质量管理活动，需求方不需要对采购产品进行烦琐的检验手续。供需双方依靠协调合作，防止内耗，双方可以签订长期战略合作协议，供方根据需方要求进行计划调整，保持整个供应链统一协调，可以有效消除供应链"牛鞭效应"，提高供应链效率。需方甚至可以邀请供方参与新产品改进与开发,需方也可以参与供方生产过程的质量控制。

4.2.2 采购策略矩阵

采购部门的活动都必须围绕提高公司能力展开,并为实现公司战略做出贡献,企业需要计划、实施、控制战略性采购及运营性采购的决策过程(Carr,Smeltzer,1997)。战略性采购与运营性采购、大量采购策略都是在运营战略指导下制定的具体采购策略。为什么会出现这种采购策略的转变呢?原因在于企业所面临的环境,包括供应市场环境在发生变化。供应市场环境包括了供应市场面临的威胁与挑战、运营环境、保障环境、质量安全要求等。供应市场环境分析重在理解产品生命周期及其品种的变化趋势、产品消耗资源及对自然环境的影响评估、提供产品的全球企业数目及其竞争状况等。通过供应市场环境的分析,识别环境风险与机会。为简化分析,根据供应市场的风险大小与机会、企业采购预算的规模,确定合适的采购策略,如图 4-1 所示。

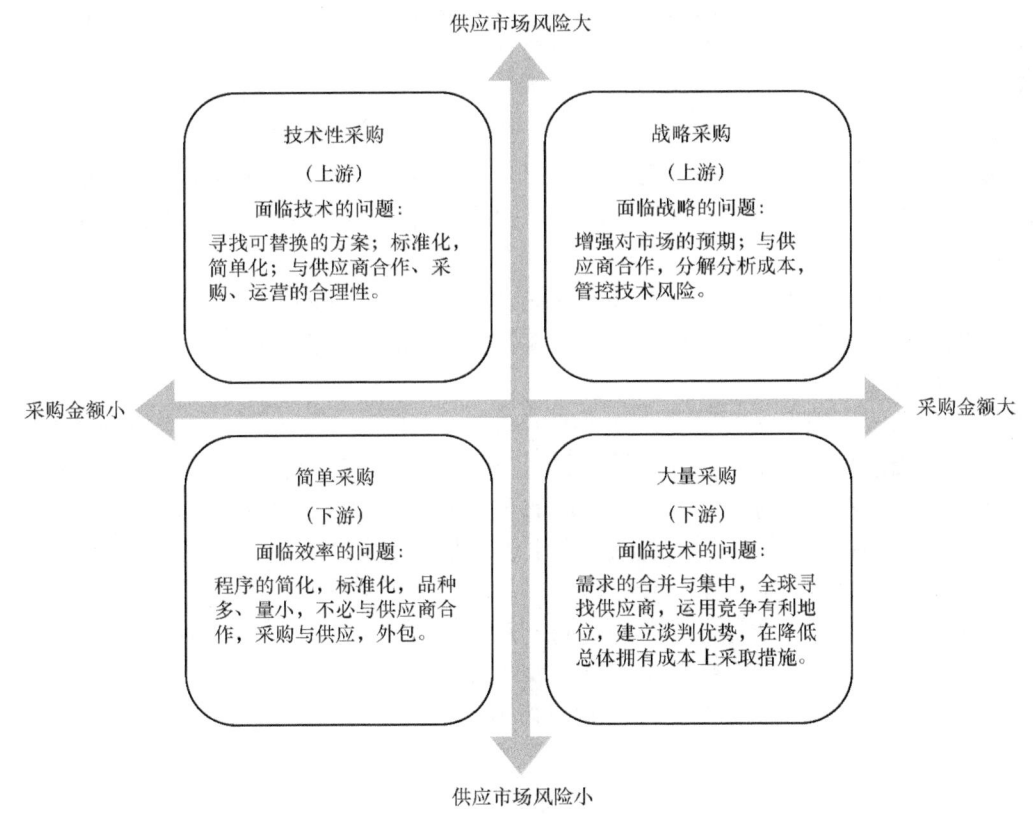

图 4-1 采购策略矩阵

战略采购是根据组织的竞争战略确定供应管理目标,确定供应商管理与关系开发,并在供应商、采购部门、其他职能部门间进行战略目标和活动的整合;而大量采购是传统的采购职能在组织中的角色定位,服务内部顾客,"在适当的时间、适当的地点以适当的价格获得适当质量、适当数量的适当商品和服务"。采购部门根据企业内部顾客的预算和要求购买所需投入的物品,企业内部顾客往往给予采购部门充分的采购权,内部顾客仅发出购买请求信息。采购部门并不能把握企业未来的购买需求,企业也缺乏对供应商资源的充分利用与挖掘。

大量采购考虑最低总拥有成本,不是以最低采购价格获得当前所需原料的简单交易。但战略采购运用智慧,充分平衡企业内部和外部的优势,对成本进行了分解分析,注重长期供应商关系管理,例如从关注谈判筹码转向了建立战略伙伴关系。把采购管理上升到战略性高度考虑,例如,采购策略和合作伙伴的选择评估标准应作为企业整体战略中的一部分,新产品的开发和改善应与战略供应商保持自始至终的合作;运用集中化采购方式,因为分散式采购忽略了货源的整体布局与配送、供应网络的最优化配置等整体利益,分散式采购也缺乏有效的工具和信息平台进行采购跟踪、评估、分析和智能化决策。

战略合作伙伴关系可以有效解决供应链管理中的库存问题、风险问题、成本问题、组织协调与流程整合问题,有效提升顾客响应能力。供应链关系管理将在后面专门介绍。

如果说,简单采购消极地引进能力,战略采购则具有能力引进和能力创造的双重功能。能力引进基于企业与供应商之间的沟通机制和信息整合;能力创造基于企业与供应商之间的流程创新和知识整合,是企业与供应商双赢的解决方案。

还要特别关注长周期项目的采购。长周期项目是指那些需要比通常更长的制造和获得时间的产品。长周期项目对客户和制造商都有风险。对于客户,长周期项目可能需要数周、数月甚至数年的交货期,订了之后会超过需要的时间。对于制造商,在确认订单之前决定生产长周期产品则意味着,如果客户要改变该产品的任何规格,做出反应的机会将很小,因为产品已经进入生产流程。长周期产品往往复杂、费用高,并含有难以获得的材料或部件。制造过程本身可能也费时并受外部环境因素的制约。项目经理应和供应商一起,在采办阶段及早确定长周期项目,并在标准的周期之前提前做好计划订购。不难看出,要做好长周期项目的采购,战略性采购是首选。

随着集中采购组织形式的出现,企业的采购预算规模越来越大,在供应市场风险不大的情况下,企业当然可以采用运营性大量采购,企业可以在全球内寻找供应商,在全球的供应商之间比较价格,获得最好的采购价格,降低采购成本,企业所需要的采购物品来自全球。但是,全球化采购在全球化环境不佳的情况下,面临着较大的风险。企业需要转向战略性采购。首先,企业可以从价值分析、标准化、产品和服务的再设计,改善所采购的产品规格,提升产品质量;其次,企业可以与供应商进行联合再工程(Reengineering),把供应商集成到企业生产过程中来,共同降低成本,提升盈利水平;最后,与供应商建立战略联盟和伙伴关系,实现共同开发、协同创新,发展与供应商的长期合作关系,实现企业供给侧结构的变革。

4.3 战略供应商管理

4.3.1 供应经理职责的转变

前面提到,20世纪80年代末期,采购和物料管理对公司影响重大。采购和供应经理开始意识到企业不仅需要跨部门的团队来进行采购和物料管理的具体策略的制定与执行,而且需要供应经理来负责企业供应的长远战略规划及其开发。团队中的物料采办员依据供应合同下达订单，维持生产运行，确保库存最小化。供应经理则要参与新产品的开发、供应商的选择、供应伙伴关系和战略联盟的开发与培训，并做好成本管理、长期合作协议及合同管理等工作。也可以理解为，前者做操作性采购的工作，后者做战略性采购的工作。这也是采购职能的一种变化——从采购迈向供应。

供应经理也是企业战略规划的积极参与者，企业供应策略逐渐成为战略武器，与企业的市场营销、生产运营和财务战略一样重要。企业战略经营计划就需要全面整合这些战略。

从采购迈向供应，从采购经理转变为供应经理，管理职责由关注物料采购价格、维持生产运行、控制部门管理成本等，转向以下七个方面。

(1) 供应战略与计划。供应经理必须认清企业供应环境，制定与企业的业务战略、市场营销战略、生产运营战略以及财务战略相匹配的企业供应战略。供应战略也要与供应物料及企业生产流程相匹配。在供应战略基础上做好供应计划，以满足企业经营计划的需要。

(2) 源头供应商质量。确保所采购的物料及服务的质量。考虑到供应商质量需要供应链集成团队共同管理，这一部分放在供应链关系管理部分专门介绍。

(3) 总成本。供应管理部门注重总体成本管理，从整个供应链上降低成本。

(4) 时间。供应管理部门必须建立和完善供应管理系统，缩短新产品上市时间，缩短产品交付提前期。

(5) 综合供应信息系统与大数据分析。搞好供应数据库，做好数据收集、处理与分析，运用商务智能工具做好大数据分析，为供应决策提供支持。

(6) 技术。供应管理部门需要解决好技术使用和控制问题，需要拥有技术专长的供应工程师，提供技术支持，在与供应商合作时更要注意保护企业核心技术，做到不流失，不泄密。

(7) 保持供应连续性。供应管理部门必须掌握行业信息，了解物料的供应趋势，与供应商建立合适的关系，做好战略供应商关系管理，以减少供应风险。

最新的趋势是供应战略与供应链战略相融合，做好供应链整合，根据产品及物料的不同特点，采取不同的供应策略及方式，如面向订单的供应、面向仓库供应、应急供应、供方管理库存策略、准时化供应策略等。

4.3.2 供应定位模型

进行供应市场的调研和分析可以帮助企业降低采购成本、缩短采购周期，并在采购的产品或系统中增加更多的技术含量。供应市场调研需要收集有关产品特性、供应商能力和商业实践的数据，并对这些数据进行分析，以做出正确的采购决策。收集和分析市场信息，预测重要物资价格走势，确定供应市场的产品或服务是否能满足需求，有关定制、修改产品或剪裁服务的商业惯例是否满足需求，有哪些惯例条款和条件，包括保修、买方融资和商业销售的折扣等，以及潜在供应商的配送和物流服务能力是否满足需求。市场研究信息可以用来制定采购与供应策略，确定产品描述或工作说明的类型和内容，确定合同条款和条件，以及用于供应商选择的评价因素等。

供应定位模型是供应链管理者普遍使用的工具，它根据所采购的物料的性质，视采购方的具体需求来确定物料的种类。矩阵式关系结构中，根据物料本身的价值和供给风险分为：杠杆物料、战略物料、瓶颈物料和非关键物料，如图4-2所示。

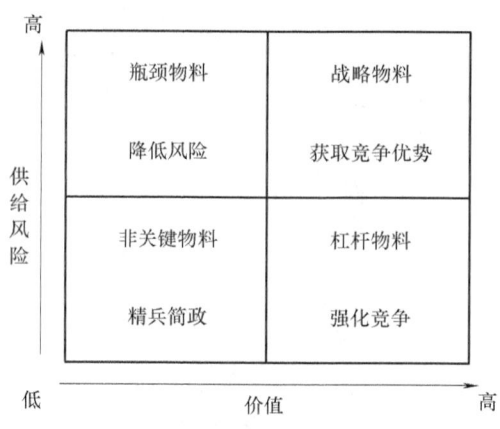

图 4-2　供应定位模型

在组织的采购需求中，了解并能够应用这个模型对于理解组织在管理和开发供应关系中的需求具有根本意义。表 4-1 进一步给出了不同物料类别的管理策略和手段。

表 4-1　不同物料类别的管理策略和手段

物料类别	战略物料	瓶颈物料	非关键物料	杠杆物料
管理策略	建立长期的合作关系	保证供应、维持生产的连续性	减少供应商、提高工作效率、提高标准化程度	获取最低价格
手段	1. 准确预测需求 2. 分析供应风险 3. 谨慎选择供应商 4. 分析综合成本 5. 滚动采购订单 6. 有效控制订单 7. 供应商开发	1. 准确预测未来需求 2. 进行供应风险分析 3. 排出供应商优先次序 4. 准备应急措施与方案 5. 寻求备选供应商 6. 建立适当库存	1. 开展联合集中采购 2. 按产品大类或产品群采购 3. 产品标准化 4. 制定有效的作业程序 5. 电子化采购 6. 网络采购	1. 提高对产品、市场的认识 2. 寻找备选供应商 3. 在供应商之间调整订购量 4. 优化订单数量 5. 设定目标价格 6. 联合集中采购

当然，对应不同物料就有不同类别的供应商：战略物料供应商、瓶颈物料供应商、非关键物料供应商、杠杆物料供应商。

图 4-3 表示了供应定位的多个分析领域，同时也说明了与供应关系相关的一系列领域对供应物料定位的影响。使用供应定位模型进行分析，采购组织可以得到以下重要结果。

（1）清晰理解采购产品的相对重要性，从重要性角度进行关系管理。

（2）识别采购的风险，以及对内部客户和供应市场的影响。

（3）理解指定产品对不同利益相关者的重要性及产生的影响。

（4）自制或外包的决策，及不同的内部和外部利益相关者的关系管理模式。

（5）制定供应战略，引入不同的电子工具，以管理供应商关系。

（6）库存管理、采购过程、特定产品组采购团队的资源配置，以影响内、外部的关系。

供应定位过程需要与供应商一起开展一系列的活动和计划，在这个框架内，它帮助供应商明确工作要求和方法。这个框架的重要性还体现在，它有助于与供应商进行密切的沟通，从而明确顾客期望。在项目启动阶段，选中的供应商必须清楚地认识到自己的工作要求、自己充当的角色和责任，以及顾客的需求。要想实现这个目的，顾客需要一个全面的供应商定位方法：规划、开发和执行。有效的定位过程要确保实现以下目标。

（1）识别供应商及顾客组织中的关键资源和联络点。
（2）理解关键工作流程和要求。
（3）通过有效沟通确定所有异议和问题。
（4）确定供应商培训和发展的需求，形成一个正式的方案满足这些需求。
（5）报告手段和方法，包括活动状态的跟踪情况。
（6）确定与进度、质量和交付相关的任何问题。

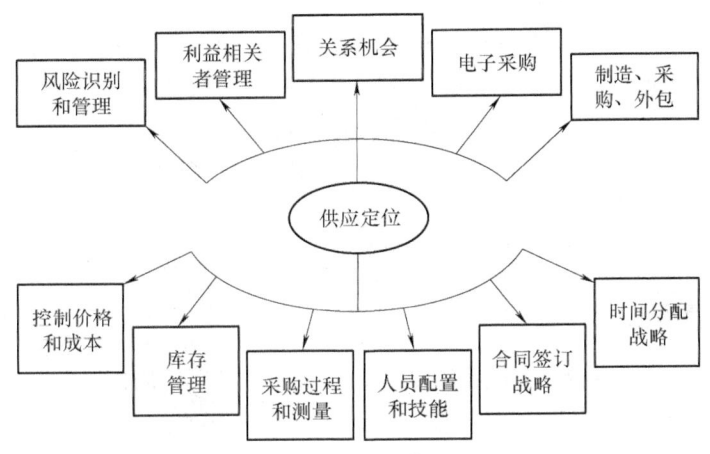

图 4-3　供应定位的分析领域

在供应管理职责的第六条，提到了核心技术的保护问题，这在供应管理中尤为重要，这里简单介绍一下。

核心技术一般是企业经过较长时期的积累，具有很大价值，关乎企业核心能力的技术。核心技术具有延展性、核心价值性、先进性、复杂及难以模仿的特性。

企业应该如何有效地对核心技术进行管理呢？一般可以从以下四个方面来进行。

（1）对技术进行分类整理，界定核心技术。企业在成长的过程中，各种新产品开发势必带来很多新技术的开发，这就需要在这一过程中进行不断汇总与界定，从而形成有效完善的核心技术控制清单。同时可逐渐形成企业的技术模块与基础资源库，在产品设计时可以直接引用从而提高效率。

（2）鼓励技术应用与创新。鼓励对技术模块的应用及技术创新，将公司智力资产（技术模块、专利等）分析作为产品开发流程中的重要活动，及时进行知识产权的保护并明确所有权归属。

（3）基于产品开发的核心技术研发策略。核心技术往往需要较长时间来进行开发，这需要企业在制定长期战略时进行新产品规划，围绕新产品规划来进行新技术研发，保证核心技术的升级与发展。

（4）核心技术推出控制。拥有核心技术的公司在制定市场战略时注重在客户需求和核心技术保护方面寻求平衡。对其核心技术的推出是谨慎的，并非一下子把核心技术都拿出来到市场上推广。如 IBM 公司、微软公司等都有一套完整的技术战略。它们以雄厚的人力、财力、研发能力等，储备几个档次的新技术，但只推出比其他公司先进半步的技术，以保持技术领先和对核心技术的垄断地位。对于尚未利用的技术或一时很难转化为商品的技术，则让技术保持原有的状态加以储存。

一方面，在与供应商合作中，企业往往需要提供相关技术资料给供应商，特别是由供应商来承担部分设计任务时。这些技术一般来说是比较新的，这就存在如何对这些技术进行管控的问题。另一方面，在产品设计过程中，也有可能会产生新的技术资产，那么其所有权的归属等也要进行事先约定。针对以上两个方面，技术管控需要考虑以下四个方面的内容。

（1）与供应商签订保密协议与相关合约，并确保企业的律师对所有约定的条款进行检查与确认。这应包括对产品本身以及所有设计的技术进行保密。

（2）将核心技术相关的设计部分由本企业核心部门完成。

（3）在合同中约定合作过程开发的技术资产的归属权问题，如双方共同所有或客户方所有。

（4）对设计所用到的工具、软件及专利等在合同中进行明确的约定。

4.3.3 供应商管理过程

供应商管理就是对供应商的寻源、评估、选择、开发、使用和控制等综合性管理工作的总称。其中，寻源、评估是基础，选择、绩效评价、开发、控制是手段，使用是目的。供应商管理的目的就是要建立起一个稳定可靠的供应商队伍，为企业生产提供可靠的物资供应。

供应商对企业竞争力的影响主要表现在以下几个方面。

（1）客户满意度取决于供应商的表现。供应商所提供的原材料的质量对最终成品的质量影响很大，供应商产品质量对最终产品及客户满意度有重要的影响。

（2）零部件和原材料的购买是成本控制和企业竞争力的重要来源。采购费用通常占产品销售额的很大比重。供应商产品的价格在很大程度上决定着企业的生产成本，从而决定成品的价格。供应商产品的价格对企业利润水平影响显著。

（3）供应商的反应速度决定了企业的反应速度。供应商的交货时间、订货提前期、生产柔性影响企业的反应速度，企业为适应市场的快速变化，对原材料的需求变化也很大，这时就要求供应商能够有快速的反应能力，才能有助于企业产品快速投入市场，把握商机。

（4）供应商生产的稳定性。企业的生产稳定性受到供应商的连带影响，很多情况下，由于供应商不能够及时交货，使企业不能够按照生产计划进行生产，最终导致缺货或承担不能按时交货的损失。

总之，供应商管理的目的在于获得符合企业质量和数量要求的产品或者服务，以最低的成本获得产品或服务，确保供应商提供最优的服务和及时的送货，发展和维持良好的供应商关系，开发潜在供应商等。供应商的绩效考核也要围绕着为企业竞争力做增值的角度进行设计。

1. 供应商选择与管理流程

图 4-4 显示了完整的供应商选择及管理的流程，图 4-5 显示了整个供应商管理流程。理解这个流程，有助于采购组织设计一个整体的供应商管理构架，及为每一个职能配备相应的资源。

2. 寻源

寻源是"识别能够为采购组织提供所需产品和服务的供应来源的过程"。这一过程包括了若干步骤，其最终目的是发现和确定能为采购组织提供产品和服务的供应来源。

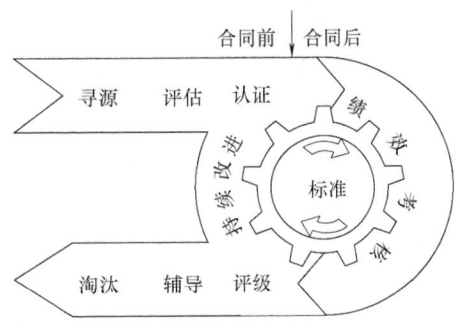

图 4-4 完整的供应商选择及管理的流程

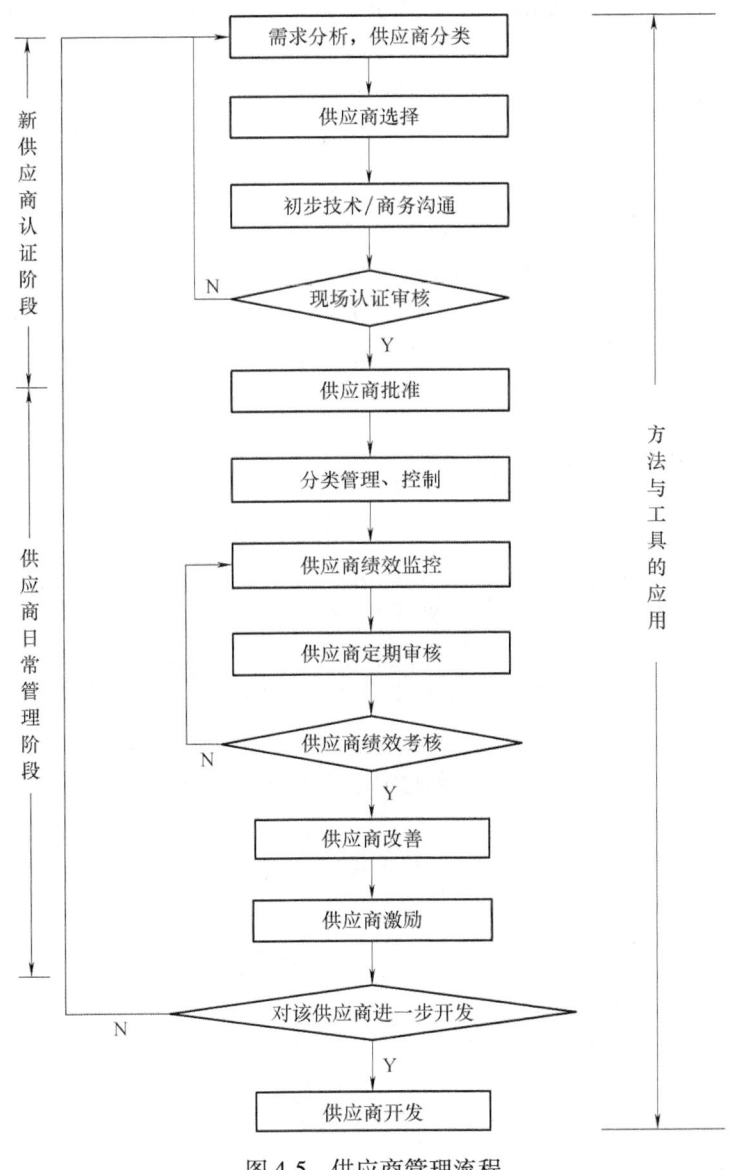

图 4-5 供应商管理流程

一般来说，下面三种情况下，采购组织需要展开寻源活动。

（1）内部因素。当采购组织对产品或服务质量、技术、成本、交付等要求发生变化，而现有供应商无法满足这些变化的要求时，或者采购需要加强对供应来源的控制力时。

（2）外部因素。当现有供应市场发生剧烈变化，导致采购组织无法从现有供应商那里获得持续稳定的连续供应时。

（3）产品因素。当采购组织开发新产品和服务，从而对组织没有采购过的原材料、零部件或其他供应品产生需求时。

寻源既是一个活动过程，也是一个对供应来源做出识别和选择的决策过程。决策一般可以从三个不同的层次做出，即战略层、战术层和运作层。寻源决策从其基本属性上来看，既具有战略层决策属性，同时也具有战术层决策属性。战略层面的寻源决策体现在采购组织与被选定的供应来源之间的、长期的相互承诺和资源投入。因此，寻源决策的制定必须与组织中更高层次的战略保持一致，如集团战略、业务战略；还必须建立在充分的商业环境和数据分析基础之上，并辅以切实可行的战略实施计划和执行控制系统。而战术层面的寻源决策，则更多地从效率角度加以考虑。例如，一个寻源决策下获得供应的直接与间接成本，产能的可得性，直接控制质量的能力，机密信息保密的需要，供应商的灵活性与可靠性，采购批量和最小订购量的约束，劳动力的稳定性，劳工关系性质等。

供应来源既可以是来自于采购组织外部的供应商，也可以来自于组织内部，包括关联公司、姐妹公司、合资公司、全资子公司、分支机构等。因此，在进行供应来源识别和选择的过程中，往往首先需要解决的问题，就是内部来源或外部来源的问题，也就是自制或外购的问题。

总体而言，采购组织的寻源决策是一个具有战略意义的管理活动，必须具有前瞻性和指导性，而不是仅仅被动地去响应内部用户对产品和服务的需求。采购组织要想做出一个有效、高效的寻源决策，就必须与组织的五个主要领域的战略、战术和运作层面的需求保持一致性。这五个主要领域如下。

（1）运作管理。任何组织里，最重要的一个目标就是保持运作的平稳与持续性，无疑这需要有供应的保障。因此，寻源决策需要满足运作管理的需求。

（2）财务管理。资金的有效投入与合理分配是组织另外一个重要的关注点。因此，寻源必须在权衡组织的总体目标及投入回报的经济性的基础上做出决策。例如，提前购买的采购政策需要在采购成本的节约与库存持有成本的上升之间做出综合评估后进行抉择。

（3）市场营销。寻源决策与采购计划必须在市场营销策略上保持一致性，因为，采购的需求与采购计划从根本上是要满足客户的需求，而市场营销通常是组织内部反映和诠释客户需求的第一责任部门。

（4）供应管理。作为供应管理领域的一个重要组成部分，寻源决策必须充分理解和满足采购组织整体供应管理战略与规划的需要。

（5）技术管理。今天，技术发展日新月异。新产品和新服务中的技术革新或升级不仅仅反映了采购组织自身的技术发展水平和能力，同时，也需要外部供应来源的技术支持。因此，寻源决策中必须要充分考虑到组织产品和服务技术发展对供应来源的技术能力和水平的要求。

4.3.4 供应商评估

在对供应商实施评价时,每一个步骤对企业来说都是动态的,都是一次业务改善的过程。学习型的组织通过不断的学习和改进,对于供应商的选择评价、评估的指标、标杆对比的对象以及评估的工具与技术都需要不断的更新。供应商选择流程的发展与采购组织的整体管理架构及管理阶段有关系,需要根据组织的整体战略的调整而不断地调整供应商选择的要求和策略,供应商的选择不仅仅是入围资格的选择,而且是一个连续的可累积的选择过程。阶段性评价体系的特点是流程透明化和操作公开化,所有流程的建立、修订和发布都通过一定的控制程序进行,保证相对的稳定性。图4-6是一个典型的供应商评估流程。

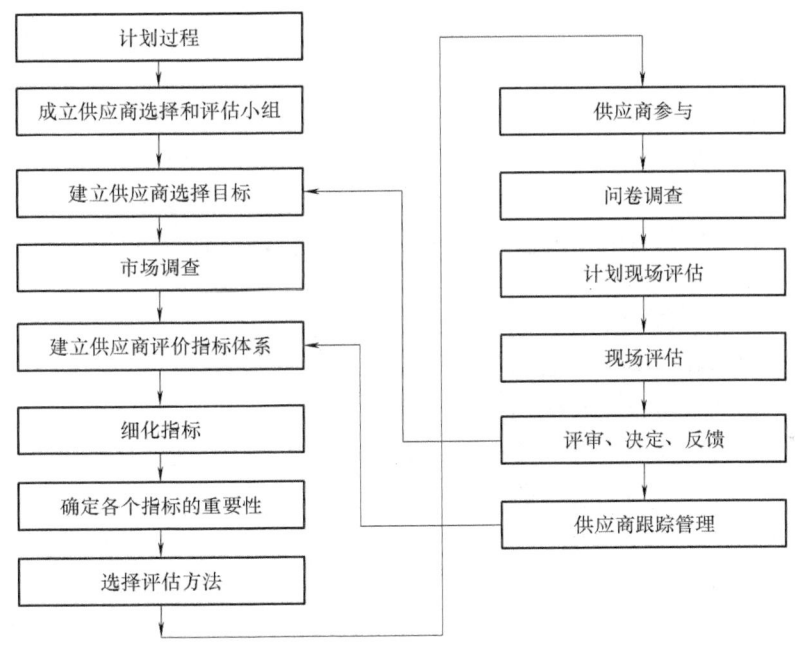

图4-6 供应商评估流程

(1) 计划过程。供应商评估作为项目管理,对重要的过程进行计划至关重要,评估之前需要回答下列一些问题。

• 此次供应商评估的目标是什么?每一次评估可能都是不同于其他评估的项目管理。

• 有多少供应商需要评估?范围有多大?评估的供应商越多,所花费的时间和成本越多。

• 评估的规模如何?规模与所花费的时间和成本也是相关联的。

• 现有哪些资源?是否充分?是否拥有足够的人员有效地完成该评估过程?如果没有,或许需要改变评估规模或供应商人数。

• 管理层是否了解并支持?如果得不到高级管理层的支持,资金和人员难以到位,过程就可能失败。

- 以往的供应商评估经验是否有帮助？经验越少，需要更多、更充分的准备。
- 需要多少时间以及还剩下多少时间？如果没有足够的时间完成工作，应缩小规模或争取其他资源。
- 是否有现有合作的供应商？与供应商目前的关系如何？如果关系密切，了解和信任对方组织和人员，评估过程就更容易推动，不需要大规模的调查。如果情况相反，则需要更多的时间与供应商建立关系。
- 供应商的地理位置在何处？这对成本、时间和风险有着明确的影响。评估海外供应商的成本要远高于评估本地供应商。再有，供应商距离遥远，风险更高，意味着评估更应小心、仔细。
- 获得供应商的供货的收益是否大于成本？这是对投资收益回报的检验，如果回报是负数，这个项目应就此停止。

（2）成立供应商选择和评估小组。采购组织需要建立一个专门的小组来控制和实施供应商评价，成员以来自采购、质量、生产、工程等与供应链合作关系密切的部门为主。这些组员必须有团队合作精神，而且还应具有一定的专业技能。另外，这个评选小组必须同时得到采购组织和供应商企业最高领导人的支持，同时评价小组必须得到评估项目其他各利益相关方的支持。这不是一个必需的步骤，有些组织由专职的供应商评选团队负责供应商的评选。

（3）建立供应商选择目标。典型的供应商评估、选择的目的有以下方面。
- 为新产品选择供应商。
- 获得符合企业总体质量和数量要求的产品和服务。
- 确保供应商能够提供最优质的服务、产品及最及时的供应。
- 力争以最低的成本获得最优的产品和服务。
- 淘汰不合格的供应商，开发有潜力的供应商，不断推陈出新。
- 储备后备供应商或防止单一源的风险。
- 供应本地化要求。
- 建立新的市场。
- 供应商长期供货中断而重新启用。
- 供应商的重大变更（人员、设备、场地、工艺等）。
- 新材料、新技术的应用。
- 老供应商赋予新的产品。
- 供应商参与产品开发。
- 初步的技术分析。
- 制订技术及工艺开发计划。
- 产品的工业化。
- 设计变更。
- 工艺认可、更改。
- 扩大供应源。
- 建立、维护和发展良好的、长期稳定的供应商合作伙伴关系。
- 为未来需求储备供应源。
- 供应商库整合。

不同的目的导致随后不同的方法、评估指标及最终目标。采购组织必须确定供应商评估如何实施，信息流程如何，谁负责，还必须建立实质性的具体目标。其中降低成本、准时配送和高质量是主要目标，不同评估项目有着一些具体的、量化的指标。

（4）市场调查。分析市场竞争环境，识别用户需求，确认供应商的合作伙伴类型，寻找目标供应商。有必要应用一些市场分析工具，例如，PESTEL、SWOT方法及四种市场形态（完全垄断、寡头垄断、垄断竞争及完全竞争）的分析。对供应市场的分析，非常有用的工具是供应定位和供应商偏好模型，许多组织在评估时急切希望找到供应源而忽略了这一步骤。

（5）建立供应商评价指标体系。不同行业、企业，不同的供应商关系类型，不同产品需求和环境下的供应商评价指标应是一样的，大多涉及以下几个可能影响供应链合作关系的方面：供应商业绩、设备管理、人力资源开发、质量控制、成本控制、技术开发、客户满意度、交货协议等，另外供应商的经营范围也是至关重要的。供应商评价指标有所差别，应以指定的条件、目标为基础，建立供应商综合评价指标体系。典型指标范围包括供应商的以下信息。

- 基础数据。
- 业务体系和程序。
- 技术/过程能力。
- 成本结构。
- 质量体系。
- 提供服务的能力。
- 客户支持/营销。
- 交付绩效。
- 财务状况。
- 物流。
- 管理能力。
- 运作/制造。
- 未来共同发展的机会和潜力。
- 供应链能力。
- 在商界的地位。

可根据需求进行其他领域的评估，每个被评估领域的范围取决于所采购的商品、对该供应商的了解和其他合理的假设。例如，可以合理地假设世界500强中的一些巨人型公司的财务状况良好，因此，没有必要设立专门的指标，对其账目进行详细的评估。选择评估领域是一个复杂的、需要智慧的、具有挑战性的工作。

（6）细化指标。供应商评价指标体系是企业对供应商进行综合评价的依据和标准，是反映企业本身和环境所构成的复杂系统的不同属性的指标，是按隶属关系、层次结构有序组成的集合。在进行较复杂的评估时，可能需要确定主要指标里的下一级分指标。如在检验中，可能会包括来料检验、过程检验及最终检验，还要考察检验设备和人员等项目，可能需要评估多少人有经验、人员的资质及设备可用性和状况等。最好用每一个评估成员和供应商团队的人员都明白的语言对该标准进行表述。越具体，越有助于提升可操作性。例如，在评估供应商的设备情况时，所使用的条款可简单表述为"设备能力和水平"，但如具体表述为"拥有生产 2.5μm 芯片的设备及制造经验"更可评估。

（7）确定各个指标的重要性。权衡主要的指标分领域，然后决定评分机制。设计评分机制要尽可能地保持客观性和一致性。

一般来说，在这一步骤的操作过程中，首先，也是最关键的一点，就是将评价的绩效指标分成不同类型，并赋予不同的权重值，要求这一权重值能反映各类型的重要程度。如果质量绩效是重要的，可能给该类型分配一个比较大的权重。分配的权重反映了每一个大绩效类型的相对重要性。其次，要确认每一个大绩效类型下的子类型，例如对供应商质量体系评价中，需要确认一些独立的子项目。同等重要的是，必须决定如何为大绩效评价类型下的每个子类型分配权重。再次是要确定每个绩效的分值。最后，评选人员就可以用这些定量的分值，来表达自己的评选意愿，这是较为客观的，企业必须确定如何实施供应商评价程序，而且必须确立实质性的目标。供应商评价和选择不仅仅是一个简单的过程，它本身也是企业自身的一次业务流程重构过程，如果实施得好，就可以带来一系列的效益。

显然，在对特定供应商进行评估时，各项指标的重要性是不同的，具备多专业知识的评估团队需要讨论哪些领域最为重要，例如按百分比给出其权重。在确定权重时，大多数企业还是用集体智慧的方法共同确定，实际上，有许多数学和统计工具可以使用并检验权重的合理性。

（8）选择评估方法。对于简单的供应商可能用定性方法可以评价和确定，但随着采购额及重要程度的提高，组织对评价的要求也在提高，可以应用一些定量的、全面的评估工具。再有评估的手段还受到团队能力的限制及利益相关方的诉求的影响。

苏建茹、李晓林对供应商的多种定性与定量评估选择方法进行了归类比较，归纳出各种方法的局限性，如表 4-2 所示。企业也必须从自身的战略角度出发，明确哪些供应商是需要建立合作伙伴关系，以及建立哪个层次的供应商合作关系。因为不同类型的供应商对于企业的意义是不同的，企业与其合作的深度与广度也不同，不能用同一个评价的标准与方法来评价不同的供应商，而是需要有针对性地选用恰当的方法。

表 4-2 供应商评估及选择方法的比较

供应商选择方法	定量/定性	适用范围	优点	缺点
直观判断法	定性	非重要或短期合作的供应商	简单快捷，可以实现即时采购	受采购人员个人的经验和知识水平的限制
招标法	定性	重要供应商或竞争性供应商	通过竞争可以获得最有利的采购价格，保证招标过程的公正性	手续复杂，时间长
协商法	定性	所有供应商	通过协商可以充分了解供应商及供货情况	不一定得到价格最合理、供应条件最有利的供应商
采购成本法	定量	非重要或短期合作的供应商	实现有效的采购成本控制	只适用于质量和交货期差别不大的供应商

（续）

供应商选择方法	定量/定性	适用范围	优点	缺点
ABC成本法	定量	战略型供应商	帮助企业识别成本类型，促使企业有针对性地降低成本	对供应商的类型要求十分严格，适用范围有限
神经网络法	定性与定量	战略型供应商	是一种主观与客观、定性与定量相结合的有效的供应商选择方法	操作过程比较复杂，对供应商历史数据要求比较严格
数据包络分析法	定性与定量	战略型供应商	适用范围广，可以评价供应商的发展潜力	只能对供应商进行分类，不能对有效单元进一步排序
层次分析法	定性与定量	所有供应商	需定量数据少，易于计算，操作简便	判断矩阵不一定满足一致性检定
模糊综合分析法	定性与定量	战略型供应商	考虑到现实世界中亦此亦彼的中介过渡现象，便于把定性指标转化为定量指标	没有考虑到待评供应商的指标值变动的可能性和样本选取的科学性，只是在待选供应商已经确定、评价指标已经给定的情况下的评价方法
灰色关联选择模型	定性与定量	所有供应商	操作简单、效率高，易于推行	只能通过有限的主要指标来进行分析，具有信息不完全的"灰色"的特征
模糊层次分析法	定性与定量	所有供应商	克服了层次分析法检验判断矩阵的缺陷，定性因素、模糊因素进行定量化	模糊因素以统一的模糊数方式表示可能不会十分准确，即决策者的主观判断直接给出的权重很难与实际情况相符合

（9）供应商参与。一旦组织决定实施供应商评价，评价小组必须与初步选定的供应商取得联系，以确认他们是否愿意与组织建立供应链合作关系，是否有获得最高业绩水平的愿望，组织应尽可能让供应商参与到评价的设计过程中来。然而，投入到评估的力量和资源毕竟是有限的，只能与少数关键的供应商保持紧密的合作关系，所以参与的供应商应该是经过精选确定的。

（10）问卷调查。作为跨部门、多专业评估团队应充分了解采购需求，以及哪些需求更加重要。许多采购组织尚未做好准备工作，就匆忙进行评估，而这些准备工作对于评估过程的成功是必要的。在对供应商进行实地考察之前，要求对方提交问卷是了解供应商业务重要方面的有效途径，做出一份优秀问卷是挑战性极高、难度极大的工作。制作问卷有七个主要的环节。

1）明确目标。确定调查问卷所需要获得的内容。

2）使用标准模板设计问卷，并根据需要和前几个步骤所确定的重点做出改动，供应商调查问卷不可以一成不变。

3）对照评估标准及条款做出检查表。

4）模拟调查和修正。对自己的企业或类似部门做模拟测试，按照示例完成问卷，参考他们的意见修正问卷。

5）发出问卷，处理供应商提出的问题，接收和处理答复。

6）根据预先确定的标准做出评价报告。

7）与内部利益相关者进行沟通，很可能召开有众多专业团队和供应商参加的会议，确定初审报告。

感谢供应商的参与并充分通报有关情况是至关重要的。

评选供应商的一个主要工作是调查、收集有关供应商生产运作等全方位的信息，在收集供应商信息的基础上，就可以利用一定的工具和技术方法进行供应商的评选。

（11）计划现场评估。根据问卷反馈及初审报告的结果，筛选出入围的供应商名单，该阶段要减少供应商的数量，要考虑以下问题。

- 是否需要对供应商进行现场评估访问。
- 考察团队成员的组成。
- 希望详细调查的供应商运营领域。

把决定和要求通知供应商的联系人，安排合适的时间进行访问，应该与供应商的主要联系人进行各种形式的沟通，包括邮件、即时通信工具（QQ、微信等）、电话、电视会议等，在整个评估过程中与此人保持联系。

现场评估的计划工作来自调查问卷，不能将这两项工作割裂。现场评估是对调查问卷的核实及进一步延伸，并准备更加详细的资料，例如，价值流分析、成本分析等。

这个步骤的输出是现场评估的检查表，及现场评审的行程表，行程表需要得到供应商的确认。许多企业的行程表非常具体，包括每一段行程的区域、生产过程和设备，主要审核对象，审核员、陪同人员，审核时间、所需设备、保密要求等。

（12）现场评估。现场评估的目标如下。

- 澄清、核实调查表内容。
- 验证初审报告。
- 收集有关供应商的信息，如战略实施、组织人员配置和满足所购产品/服务所需能力。
- 评估供应商具体能力，包括人机料法环测等领域。
- 评估供应商的合作意愿。
- 了解双方组织在过程和方法上潜在的问题领域。
- 调查改进和发展的机会。
- 对各个供应商进行比较。
- 学习。
- 与供应商一起制定绩效测量指标。
- 开始建立关系。

审核应该有首次会议、审核阶段会议及沟通、末次会议等环节。多专业团队一抵达现场，首先应要求会见供应商在场的最高领导，就对方花时间满足采购组织的要求表示感谢，并且让供应商了解将要使用的方法和过程。

评估中，应对所观察的情况做出书面记录，以备最终的报告。记录应包括时间、地点、人物，所观察的事实描述，所记录的事实应当和陪同人员或者当事人进行确认。

在访问结束时，应再次约见该最高领导并一定要再次表示感谢，可与对方讨论调查结果的临时性总结，以后再向供应商的有关人员递送更为正式的报告。

严肃、专业化、规范的现场审核体现了采购方的职业素养和专业精神，也是对供应商的尊重。审核技巧和沟通技巧是每一位审核人员必备的能力，在现场审核中常常需要面对冲突，审核组长对于审核的成功更是起了关键的作用。没有经过培训、没有经验的审核团队有可能导致不可预期的结果。

（13）评审、决定、反馈。评审团队回到采购组织后尽快举行信息反馈会议是很重要的。在访问过所有的供应商后，应依据预先确定的标准进行评分，做出决定并通知供应商。主要评估结束后应与每个供应商进行会谈，做出决定后，可能会与所选择的供应商进行进一步磋商和谈判，并就供应商需要改善的领域做详细的沟通。

许多成功企业的实践经验表明，做好目标明确、深入细致的调查研究，全面了解每个候选供应商的情况，综合平衡、择优选用是开发新供应商的基本要点。一般来说，选择新供应商应遵循以下几方面的原则。

1）目标定位。这个原则要求新供应商评审人员应当注重对供应商进行考察的广度和深度。应依据所采购商品的质量特性、采购数量和质量保证要求去选择供应商，使建立的采购渠道能够保证质量要求，减少采购风险，并有利于自己的产品打入目标市场，让客户对采购组织的产品充满信心。

2）优势互补。即开发的供应商应当在经营方向和技术能力方面符合企业预期的要求水平，供应商在某些领域应具有比采购方更强的优势，在日后的配合中能在一定程度上优势互补。尤其在建立关键、重要零部件的采购渠道时，更需对供应商的生产能力、技术水平、优势所在、长期供货能力等方面有一个清楚的把握。只有那些在经营理念和技术水平方面符合或达到规定要求的供应商才能成为企业生产经营和日后发展的忠实和坚强的合作伙伴。

3）择优录用。在相同的报价及相同的交货承诺下，毫无疑问要选择那些企业信誉好，有卓越的客户口碑，供货稳定可靠的厂家作为供应商。诚信度高的企业更有可能兑现所承诺的事情。

4）共同发展。如今市场竞争越来越激烈，如果供应商不以全力配合企业的发展规划，企业在实际运作中必然会受到影响。若供应商能以荣辱与共的精神来支持企业的发展，把双方的利益捆绑在一起，这样就能对市场的风云变幻做出快速、有效的反应，并能以更具竞争力的价位争夺更大的市场份额。

（14）供应商跟踪管理。将供应商选择过程中的有用信息——评价指标和被选供应商的指标值转变为供应商管理过程的关键信息。通常供应商的评价指标很多，而关键指标所占的比例并不高，因此，选择关键指标进行管理，有助于供应商的持续改进。而许多企业，包括世界著名的大公司，更愿意用一套标准化的指标体系，评价所有的供应商，使得评估过程更加标准化，流程更加简化，各个供应商更具有可比性，人为因素更少。

采购组织应根据产品类型和自身能力及资源状况制定相应的评估流程，项目的复杂程度不同，流程也有所不同。

4.3.5 供应商的全生命周期管理

供应商管理的规范化是很重要的。不管选择何种供应商管理模式，重要的是做好供应商的全生命周期管理，这要求公司做好以下十项工作。

（1）公司战略目标及策略。包括六西格玛管理及精益方法、持续改进、倾听顾客声音等。

（2）公司人口统计资料。具体包括公司人员构成、规模、总体绩效、公司成熟度等。

（3）产业成熟度及趋势。是否依靠规模经济来控制成本；是否推动流程精益；需求的稳定性和可预测性；对产品及其组件的需求；关键部件/装配交货时间。

（4）顾客期望的质量水平、田口损失函数方法。

（5）基于关键资源的公司选址。技术型人才；大学和创业中心；工业中心；原材料基地。

（6）垂直整合/全球采购与合同制造外包。

（7）商品和资源的行业竞争。

（8）竞争价格或特征的差异化。

（9）市场周期性。新产品"外观"的短竞争周期；推动交付新的真正价值，而不是时间驱动；是否由技术驱动周期。

（10）供应链中的物流问题。运输方式的组合：陆运/海运/空运；运输时间、运输中的经济价值；税务影响等。

4.4 供应合同管理

4.4.1 合同要素

1. 合同目的

供应链中各个组织之间的经济活动的保障大量依赖合同管理，如买卖合同、工程合同及租赁合同等。合同管理涉及合同的撰写与签署，以及后续合同的有效执行，包括合同变更、对不良合同后果的纠纷处理手段与方式等内容。

市场环境下的商业合作需要对双方当事人的责任与义务做出规范，以保障商业关系的合法性与强制性，这也体现了法律对商业活动的影响与支持。合同是契约的一种具体类型，充分表现了契约的精神和价值。

（1）契约是产生司法权利义务的最重要的根据。

（2）保护交易进而促进实现私法上的目标。

（3）最大限度地增加经济价值和资源的有效利用。

（4）可以使司法主体依照自己的意志对私人事务做出合理的安排。

合同的主要内容是对双方的权利义务做出约定，买卖合同的主要部分包括：合同标的、数量与质量、价款与报酬、交付方式、违约责任、争议解决条款。可能还会包括其他约定，例如，知识产权、保密条款、技术转移、运输方式、权益转让等内容。

组织内对合同审批与文档管理等管理规范化的流程和要求，是买卖合同管理的基本条件，这包括合同审批的程序、授权、签章、合同保存、归档等内容。

除此之外，合同管理还会涉及风险应对、条款变更、违约处理，甚至法律诉讼等事宜。供应链的管理者应该对其影响有足够的认识、了解及对策。

合同的签署、关系确定、权利维护及后续的正常履行，需要大量的法律来支持，例如物权法、民事诉讼法、知识产权法等，合同法的具体制定与实现是依赖法律环境支持的，这就涉及合同法的法源。

2. 合同关系

合同有广义与狭义合同之分。《中华人民共和国民法典》规定："合同是民事主体之间设立、变更、终止民事法律关系的协议。"供应链各方的合作关系在法律环境下的状态受到法律的承认与保护，这对维系正常的商业环境运行是至关重要的。

合同是当事人在自愿平等的基础上执行的民事行为。在经济和社会生活中，各种主体签署的合同具有不同的性质与约束力，这表现在不同类型的合同有着不同的法律约束与要求。

合同本质是表达一种合意的一致性。使合同得以成立的合意是指当事人对合同必备条款达成意见上的一致。合意的过程是经过要约、承诺，达成合同内容协商一致的过程。"要约"是向对方提出合同条件做出签订合同的意思，而"承诺"是另一方对提出的要约表示接受。一般而言，一方发出要约，另一方做出承诺，合同就成立了。许多合同是经过了一次又一次的讨价还价、反复协商才得以达成，要约和承诺往往难以区分。

3. 价格类型

在合同实践中，围绕合同价款和报酬的差异性设计，可以将合同分为两大类，即固定价格合同与成本补偿合同。

固定价格合同是双方同意对特定产品或服务给卖方支付一个固定价格，卖方承担了特定产品或服务的成本超过固定价格的风险。

固定价格合同也并非不可以进行价格调整，如制造产品或交付服务需要较长时间并且涉及大金额的合同，某些原材料等价格波动的风险（例如通货膨胀或通货紧缩）太高，卖方无法承受，在这种情况下，可以进行调整以适应由于原材料或者劳动力成本的上升或下降所导致的价格变动的情况。

重新估价的合同通常适用于在将来的原材料和（或）人工的成本和（或）数量都不确定时。对于重新估价合同，数量和（或）价格的信息最开始都是未知，签订合同时，采用临时的固定价格，随着经验的积累会了解到人工和原材料的信息再做价格修正。

附带激励的固定价格合同，通过目标成本、目标利润、封顶价格来建立最后利润的公式，优点是给卖方提供了控制成本的激励。最终利润公式引入卖方参与成本降低过程，努力不超过目标成本，同时也增加了卖方的利润。这类合同比较适用于高成本、长周期的项目。

成本补偿合同是指在安排合同的价格方式中，提供了合同履行中产生的可分担的、允许的、合理的成本信息，建立合同总成本的估算框架，以此确定合同价格。也可以设立封顶价格，约定如果未经买方同意，卖方不得超过封顶价格。成本补偿合同保证卖方获得的价格能足够覆盖包括允许成本加上额外的支出和应得的利润。利润的补偿金额可通过谈判确定。成本补偿合同的主要形式有以下四种。

1）成本加固定费用合同，保证卖方可以在得到允许成本的条件下，加上事先确定的固定费用的补偿。

2）成本加上浮比例合同，合同价格由所花费成本加上相应的酬金构成。这是买方最不愿接受的方式，因为它没有驱动卖方降低成本的激励措施。相反，更高的成本导致卖方获得更高的利润。

3）成本分摊合同，规定了买卖双方之间分享成本和利益。例如，买方可以开发一些自用的设备，卖方也可能使用它生产产品或服务来销售给其他客户。

4）成本加激励费用合同，与固定价格加激励的合同类似，签订合同时估算一个项目成本及对差异的分摊比例。如果合同实际花费低于目标成本，双方都可以按比例分享成本节约。如果高于目标成本，卖方所得的酬金也会相应降低。如果成本显著超过目标，卖方只能补偿所有的花费，得不到酬金。

4.4.2　合同条款

完整的合同条款才能保证合同成立、生效以及随后的顺利履行。合同的条款是合同的核心内容，《民法典》第五百九十六条规定："买卖合同的内容一般包括标的物的名称、数量质量、价款、履行期限、履行地点和方式、包装方式、检验标准和方法、结算方式、合同使用的文字及其效力等条款。"所列主要条款的规定只具有示范性与提示性。合同主要条款并非必备条款，无任何强制力，未约定的可以补救，以促进合同生效为原则。

合同的主要条款包括九条。

（1）当事人的名称或者姓名和住所。这一条款是每个合同所必须具备的，当事人是合同的主体。合同中如果不阐明当事人，搞不清楚谁与谁做交易，就无法确定义务的承担和权利的享受，未来发生纠纷也难以解决，特别是在合同当事人涉及多方的时候更是如此。不仅规定参与合同的各方当事人，而且要准确、清楚地表达各方当事人名称或者姓名和住所。

（2）标的。标的是合同当事人的权利义务指向的对象。标的也是合同成立的必要条件之一，是所有合同的必备条款。没有标的，合同关系无法建立，合同不能成立。合同标的有许多种类，形式多样，主要有以下四种。

1）有形财产。有形财产是指具有价值和使用价值并且法律允许流通的有形物。包括生活物资与生产资料、种类物与特定物、可分物与不可分物、货币与有价证券等。例如计算机、建筑等。

2）无形财产。无形财产是指具有价值和使用价值并且法律允许流通的不以实物形态存在的智力成果。例如专利、著作权、商标、知识产权、技术秘密等。

3）劳务。劳务是指不以有形财产体现其成果的服务与劳动。例如保管与仓储合同中的保管行为，运输合同中承运人的运输行为，接受委托进行代理、居间、行纪行为等。

4）工作成果。工作成果是指在合同履行过程中产生的、体现履约行为的有形物或者无形物。例如，建设工程合同中承包人完成的建设项目，承揽合同中由承揽方完成的工作成果，技术开发合同中的委托开发合同的研究开发人完成的研究开发成果等。

合同中对标的的规定应当准确无误，清楚明白，对于名称、规格、型号、品种、花色、等级等都要约定得准确、细致、清楚，防止差错。特别是对于不易确定的无形财产、劳务、工作成果等更要尽可能地描述清晰、准确。合同订立还应当注意各种习惯称谓以及语言、方言的差异，避免因歧义造成不必要的麻烦和纠纷。

（3）数量。对于大多数合同来说，数量是必备条款，很难设想没有数量的合同能够成立。有些合同，只要有了标的及数量，即使没有规定其他内容，也不妨碍合同的生效与成立。因此，数量是合同的重要条款。有形财产的数量可以是对单位的数量、质量、长度、面积、体积、容积等的计量；无形财产的数量可以是个数、字数、件数以及使用范围等多种灵活的量度方法；劳务的数量可以定义为劳动量等；工作成果的数量可以是工作量或成果数量。合同的数量必须准确，选择当事人共同接受的计量方法、计量工具和计量单位。合同中的数量条款应根据情况要求不同的精确度，允许的自然耗损率、磅差、尾差、超欠幅度等。

（4）质量。质量是指技术要求、标准，包括效用、性能、工艺等，可以用型号、品种、等级、规格等表达。有形财产的质量可以是物理、化学、生物、机械等性质。对无形财产、服务、劳务、工作成果来说，许多情况下质量的定义有些困难，但也需要规定衡量的特定方法。有形财产中也有不易衡量的主观质量，例如外观形态等。质量条款的重要性是毋庸置疑的，许多合同纠纷是由质量冲突引起。合同中应尽可能细致、准确和清楚地做好质量标准的规定。有强制性国家标准规定的，必须按照国标的规定执行。如有其他质量标准的（如国际标准、行业标准、国家推荐标准等），应尽可能约定其适用的参照标准。当事人可以约定质量检验的方法、质量责任的条件和期限、对质量提出异议的条件与期限、质量问题的处理方式等。

（5）价款或者报酬。价款或者报酬是一方当事人向对方当事人所付代价的货币支付。价款一般是指向提供财产的当事人所支付的货币，例如，买卖合同的货款、借款合同中借款人向贷款人支付的本金和利息、租赁合同的租金等。报酬一般是指向提供劳务或者工作成果的当事人支付的货币，例如，保管合同与仓储合同中的保管费、运输合同中的运费以及建设工程合同中的设计费、勘察费和工程款项等。如果存在政府定价和政府指导价的，要按照相应规定执行。应当在合同中明确规定价格或者清楚规定计算报酬或者价款的方法。在有些比较复杂的合同中，货款、保管费、运费、装卸费、保险费、报关费以及一切其他可能支出的费用，要规定清楚由谁来支付。

（6）履行期限。履行期限是指合同中规定的当事人所履行义务（如交付标的物、履行劳务、完成工作，支付价款或者报酬）的时间期限。履行期限涉及当事人的期限利益，直接关系到合同义务完成的时间，也是确定是否延迟或者按时履行合同的客观依据。履行期限可以是即时的、定时的、分期的、在一定期限内的等方式。期限可以以小时、天、月、年计算，也可以以生产周期、季节计算；可以是非常精确的定义期限，还可以不是非常确定的。对于不同的合同，可能有不同具体含义的履行期限。例如，买卖合同中交货日期是卖方的履行期限，付款日期是买方的履行期限；工程建设合同中承包方的履行期限是从开工到竣工的时间；运输合同中承运人的履行期限是指从起运到目的地卸载的时间。在可能的情况下，期限条款还是应当尽量具体、明确，或者对计算期限的方法做出明确规定。

（7）履行地点和方式。当事人履行合同义务和对方当事人接受履行的地点为履行地点。合同类型不同，履行地点的特点不同。例如，在买卖合同中，卖方送货的，在买方收货地履行；买方提货的，在提货地履行。工程建设合同履行于建设项目的所在地。运输合同的履行地点从起运地到目的地。履行时可能确定由谁负担运费、由谁承担风险以及是否转移、何时转移所有权。在发生纠纷后履行地点还是确定由哪一地法院管辖的依据。因此，在合同中应当明确、具体地规定履行地点。履行方式表示了当事人履行合同义务的具体做法。履行方式的差异决定于合同的不同。买卖合同交付的是标的物；运输合同按照运输方式的不同可以分为公路、铁路、水路、航空等；承揽合同交付的是工作成果。可以一次性履行，也可以是分期、分批的，还可以是在一定时期内的。履行方式还包括报酬或者价款的支付及结算方式等，如现金结算、转账结算、支票结算、托收承付、委托收款、委托付款、信用证、汇兑结算等。履行方式密切关系到当事人的利益，应当考虑到方便、快捷和防止欺诈等，宜采用最为适当的履行方式，并且应当明确规定于合同中。

(8) 违约责任。违约责任是指当事人一方或者各方不适当或者不履行合同，按照当事人的约定或者依照法律的规定应当承担的法律责任。违约责任是保证合同履行的主要条款，是促使当事人履行合同义务，使对方免受或少受损失的法律措施。合同各方都非常重视合同中的违约责任条款，一般有关合同的法律对于违约责任也都已经有了较为全面的规定。但法律的规定只是原则上的，不会过于细致也不可能面面俱到，照顾到所有合同的各种特殊情况。因此，为了保证严格按照约定履行合同的义务，为了更加及时有效地解决合同纠纷，当事人为了特殊的需要，常常在合同中约定具体明确的违约责任，如约定定金、赔偿金、违约金额以及相关金额的计算方法等。

(9) 解决争议的方法。解决争议的方法是指解决合同争议的途径，当各方发生合同条款争议时的解释以及适用法律等。争议的解决途径主要包括：各方进行协商和解、第三方调解、仲裁解决、诉讼解决。可以在合同中约定争议的解决方法，如果解决争议的方式是通过诉讼则不需要约定，其他途径解决都要在事先或者事后约定。根据《中华人民共和国仲裁法》的规定，如果争议适用仲裁解决，除非当事人的约定无效，则排除法院对该合同争议的管辖。但是，如果对仲裁的裁决不同意，可以依法申请法院不予执行或者申请法院撤销仲裁裁决。当事人解决争议中若选择和解、调解方式，都不能排除法院的管辖，当事人可以提起诉讼。涉外合同在约定以仲裁方式解决争议的，可以选择国内的，也可以选择国外的仲裁机构进行仲裁。涉外合同还可以选择解决争议所适用的中国或者外国的法律。但如果法律对有些涉外合同法律的适用有限制性规定的，必须遵守规定。选择解决争议的方法，例如选择仲裁，不能笼统规定"采用仲裁解决"，而是要具体、清楚地规定选择哪一个仲裁机构，否则，将无法确定仲裁协议条款的效力。选择解决争议的方法对于纠纷发生后保护当事人利益是非常重要的，应该认真慎重对待。

4.4.3 合同中知识产权相关问题

1. 知识产权的定义和种类

知识产权是"权利人对其所创作的智力劳动成果所享有的专有权利"，通常有限时间内有效。各种智力创造和发明，以及在商业中使用的名称、标志、图像以及外观设计，都可被视为某一组织或个人所拥有的知识产权。

知识产权是关于人类在社会实践中创造的智力劳动成果的专有权利。知识产权制度随着科技的发展应运而生并不断完善，更好地保护了产权人的利益。科技飞速发展的同时，侵犯专利权、商标权、著作权等法律的纠纷案件也在增长。

知识产权是在传统人身权、物权、债权基础上发展起来的一种新型民事权利，有许多与传统民事权利相比不同而突出的特点。知识产权是一种无形的财产权。区别于财产所有权的本质特性是权利客体的非物质性。权利客体即知识产品是一种无形的精神财富。

知识产权包括发明专利、商标以及工业品外观设计等方面组成的工业产权。工业产权包括专利、商标、厂商名称、服务标志、原产地名称，以及工业新品和集成电路布图设计专有权等。

2. 知识产权的特征

(1) 专有性。知识产权的专有性表现为绝对性和排他性。第一，权利人独占知识产权，垄断这种专有权利并得到严格保护；第二，知识产权的独占性是相对的；第三，排他性表现在排斥非专有人对知识产品进行剽窃或不法仿制、假冒；第四，对于同一个知识产品，不允许有多于一个以上的同一属性的知识产权并存。

(2) 时间性。时间性是指知识产权仅在法律规定的期限内受到保护，这一权利一旦超过法律规定的有效期限就自行消灭，相关知识产品即为全人类所共同使用，成为全社会的共同财富。时间性是知识产权异于有形财产权的一个重要特征。

(3) 地域性。地域性是指根据一国或一地区的知识产权法所取得的知识产权的效力只限于本国或本地区境内，不具有域外效力。知识产权的这一特点又有别于物权。

3. 合同保密条款

商业秘密是指不为公众所知悉，具有商业价值，并经权利人采取相应保密措施的技术信息、经营信息等商业信息。这一概念最早出现于1991年的《中华人民共和国民事诉讼法》中。技术信息包括：与技术有关的结构、原料、组分、配方、材料、样品、样式、植物新品种繁殖材料、工艺、方法或其步骤、算法、数据、计算机程序及其有关文档等信息。经营信息包括：与经营活动有关的创意、管理、销售、财务、计划、样本、招投标材料、客户信息、数据等信息。

《中华人民共和国反不正当竞争法》规定了商业秘密的具体定义，并将侵犯商业秘密作为一种不正当竞争的行为加以禁止。《中华人民共和国劳动法》规定了可以在劳动合同中约定关于员工保守单位商业秘密的有关事项。《中华人民共和国刑法》将侵犯商业秘密的行为规定为刑事犯罪，并明确地规定了刑罚。

合同中的保密条款就是约定受许可方应对供方转让的技术秘密承担保密义务，保证不向第三方泄露这些技术秘密，以维护供方的权益，保持其专有技术的价值。

4.4.4 合同管理制度

在企业合同管理中，需基于合同管理的基本原则，结合企业实际情况对合同的全过程进行管理。

合同的过程管理目的是为了减少及防范在签署、审批、履行合同活动过程中的风险，维护企业合法权益，防止由此导致的经济损失。

合同管理部门是指负责合同管理综合事务的主管部门，而不仅仅是合同的文档管理。合同承办部门根据业务性质和工作职责，负责合同立项、谈判和起草。合同过程管理部门在合同履行中，对合同执行进度、变更、验收、纠纷等事项承担管理职责。合同审查部门负责合同审查；重要的合同可以召集技术管理人员、财务人员、审计人员、法务人员共同进行合同的专项审查，有权依据各自的职责对合同进行审核监督。合同审查也包括合同完成之后的审计，相关部门有义务配合和支持。

1. 合同管理的基本内容

典型的合同管理的基本内容有以下几点。

(1) 制定与合同管理相关的各类配套制度或流程，并对合同管理工作进行定期监督和检查。

(2) 管理和正确使用公司关于合同的签字或（和）用章。
(3) 合同的分类、分级管理，合同的审核、签章，监督的履行和结算。
(4) 合同台账的建立、维护，合同文本的保管、发放和借阅。
(5) 协助处理合同争议或纠纷。
(6) 对合同签约、履行和存在问题进行收集、统计、分析，并上报管理层。

2. 合同的审查批准

根据法律、法规的规定或企业内部的流程，合同应当呈报各级相应主管部门批准；如果需要公证的合同，则须经过批准和公证等流程。对新客户/新供应商的合同应做好资信调查，以防范合同风险。

出于效率的考虑，许多企业的内部流程会进行合同签署的授权管理。对于不同的金额、标的，以及被授权的类型和额度不同，合同由不同级别的管理人员签署、管控。

合同和项目管理的能力，以及合同签署的决定权涉及各个企业的结构和文化，授权会有很大差别。重要的是决定谁对此承担责任，并且整个组织对此责任都非常清楚，否则就可能出现未授权的合同流出公司并成为事实上的有效合同。授权的额度还要考虑到决策负责人是否有足够的资源审核合同。例如时间，一家上市公司的所有2000元以上的合同都需要总经理签字，在第三方审计时，被问到"是否所有合同都能仔细阅读"时，总经理的回答是"否"，审计报告的结论是"该公司总经理不能有效管理合同"。

许多组织在合同生成和批准的流程上得到法律部门的密切配合。法律部门建立起合同格式和需要遵守的流程。当发生重大的法律问题时，法律顾问和法务部门可以参与并给予更专业的支持和帮助。

3. 合同的执行

合同的执行应该得到适当和必要的过程控制，以防止发生违约事件。应采取必要的管理工具和方法以使合同过程受控，例如设定里程碑、合同进度管控、设定监督部门和项目责任人等都是行之有效的方法。在合同执行中，应建立并遵照流程，使工作完成、工作检验和接受、开票和付款都纳入流程管理。

还可以采用年度工作计划的方式来整体把握企业合同的执行，企业的年度工作计划通常提供了在预算年度需要完成的任务及时间安排，规定了预算指导和项目时间要求的平衡。在进行年度工作计划的周期性回顾时，讨论、审核、批准合同的资源计划，跟踪、处理、修正任务时间进度。

年度工作计划的详细内容通常包括目标和假设、时间及人员安排、工作授权审核结果和预算年度的成本估计。年度工作计划还可能在每个财务年度的中期或季度中更新。

合同中的工作授权通常包括了工作授权期限的信息、工作任务的分项说明、工作任务的成本估计、与年度工作计划相对应的授权工作之进度及控制方式等内容。

买方的合同检查包括了实际的日常监控和管理，可以指派给其他部门或第三方组织。对于特别复杂、专业性强、技术性强或大型项目的合同，可能要求产品或服务的内部使用者或第三方组织的帮助来确保卖方达到了合同的要求。

合同的审查内容包括以下方面。
(1) 合同能按时履行吗？
(2) 成本是否控制在估计范围内？

(3) 最终产品的质量是否符合规范？
(4) 合同提供方和（或）卖方的过程监控系统充分吗？
(5) 所有的合同条款（包括那些和工作本身不相关的）都被执行了吗？
(6) 按照合同规定的价格和质量标准，是否收到了所有的产品和服务？
(7) 是否记录和友好解决了合同条款的变更项目？

买方的支付责任，可能从合同授予开始持续到最后完成，卖方当然会关心在工作完成后能否尽可能地按时得到付款，这是供应链供方端的风险之一。不同种类的合同付款时机、方式、核算方法都不同，合同各方之间建立了不同的财务关系。

4. 合同结束

合同结束是指各方在完成各自的义务后针对合同所采取的必要活动。合同结束活动包括检查所有工作是否正确地完成，接受确认，产品验收和移交，开发票和全部付款的核实，争议解决等。卖方交付所有的保证文件，适当地终止约束协议。对于复杂的合同，有效的方法是准备一份有相关方签字或行动已经完成的关于合同关闭的检查清单。

在合同结束前，未解决的争议可能需要进入协商、调解或诉讼程序。合同条款和条件可规定合同结束的具体要求和程序。

合同提前终止是合同结束的一个特例，可因各方的协商一致同意结束，或因一方违约而终止。可以在合同的终止条款中规定双方在提前终止情况下的权利和责任。有些合同条款约定了买方有因或无因都有权随时终止部分项目或整个合同，可能需要就此向对方付出的工作进行赔偿，并对终止之前已经完成和被验收的工作支付报酬。

合同后审计是指对从合同规划到合同执行的整个过程进行全面、系统的审查。其目的是保证在合同管理的全程所有活动都符合国家的法律法规及行业、企业的规章制度和流程，合同各方交往活动的正当性，特别是财务活动的合规性，防止资产流失。同时审计中还要找出可供本项目其他合同或组织实施其他项目借鉴的成功经验与失败教训。对合同的项目进行深入、全面和系统的回顾，考察"如果有机会重新做该项目可以如何改进"，对合同本身及合同的整个管理过程的经验教训进行分析并提出改进建议，进行完工后评价，提炼有关经验教训并形成文件，并使它成为组织知识积累和知识管理的"资产"。以供将来的合同和项目规划和实施过程借鉴。

合同结束活动还可以包括合同档案管理系统，形成一套完整的编有索引的合同文件组，并将其纳入项目最终合同档案之中。

4.4.5 契约理论与合同

许多人在讨论"合同"时，往往局限于将合同理解为那本标着"合同书"的文件，希望通过这一份文件能处理所有问题，还要防止对方利用合同钻空子，并尽可能利用合同规避己方责任，在法律顾问的指导下，将各种意外情况都写到合同中。有些公司的合同文本长达200页。更多的人则希望通过这张纸，将自己的风险最小化，将风险推给对方。还要求对方要有"契约精神"。何为契约精神，就是在任何情况下，你都要完成合同所做的承诺。若双方都是在合同文本上进行博弈，最终这种博弈还会延续到合同的执行上而继续讨价还价，纠缠于这项活动属于合同内还是合同外。

事实上，我们片面地理解了合同，也夸大了那张合同文本的作用，有一种极端的理解认为："合同最重要的作用是为了打官司"。应注意到合同文本的作用有限。合同更重要的含义是交易环境下契约人的经济行为与结果。它代表着一种关系，在这里合同与契约是同一个词（Contract）。为了区别，中国的经济学家们煞费苦心将其翻译成为契约理论，它是近30年来迅速发展的经济学分支之一，契约理论主要包括不完全契约理论、委托代理理论、激励理论以及交易成本理论等分支。2016年诺贝尔经济学奖授予了推动契约理论研究发展的两名经济学家。契约理论也由此成为一个热门话题，契约理论对于理解供应链的认识，特别是供应链各方的关系管理有着重要作用。

1. 不完全契约理论

不完全契约理论体现在：①在极其不可预测的复杂世界中，人们很难想得太远，为各种可能发生的情况都做出计划。②即使能够做出某个单个计划，各缔约方也很难就这些计划达成协议，因为他们很难找到能够描述各种情况和行为的共同语言。过去的经验对未知的未来也提供不了太多的帮助。③即使各方可以对未来进行协商和计划，用下面这样的方式将计划写下来更是困难：外部权威（例如法院）在出现纠纷的时候能够明确这些计划的准确意思并加以强制执行。

时间越长，预测越困难，从而对买方来说，关于产品、服务或劳务供给的契约期限越长，就越不可能，也越不合适明确规定卖方该做什么。由于人们的交易事项的不确定性、信息的不完全性及有限理性，使得将所有的特殊权利进行明晰的成本过高。理解了这一点，拟定完备、没有风险的契约是不可能的，经常存在不完全契约是必然的。

在契约中，可实施、可预见的权利对资源配置的重要程度比不上对那些契约中未提及资产的控制权，称为剩余控制权。对一项资产的所有者更为重要的是对该资产剩余权利的拥有。信息掌握得越多，外部选择权越多，资产权力越大，剩余控制权就越大，谈判能力也能获得更多的剩余。这可以加深对各方在合同中的博弈、合同纠纷的处理，以及对不同类型的供应商的管理方法的理解。

2. 委托代理理论

患者和医生、选民和候选人、股东和管理者、采购和供应商、管理者和采购员，都存在委托代理关系。老板开一家牛肉面馆，请了大师傅做面，承诺一碗面给大师傅提成0.5元。大师傅为了招揽更多的顾客，放了许多的牛肉，顾客越多，老板亏得越多，老板改变做法，让大师傅拿固定工资，从此，大师傅的牛肉切得比纸还薄，顾客少了，面师傅清闲了，可老板还是亏了。

委托代理理论，建立在信息不对称的前提之上。在所有权和管理权两权分离的前提下，由于存在代理人的"隐藏信息"和委托人的"隐藏行动"导致的道德风险和机会主义问题，需要设计"最适激励"机制，即事前设计一种完全合约来解决有效激励和风险分担的两难问题。

委托代理模型的基本分析逻辑是：委托人为最大化自身效用，将其所控制或者拥有的资源的某些决策权交给代理人，并要求代理人提供的服务或行为需有利于委托人利益。代理人也是最大化自身效用的经济人。代理问题源于在信息不对称和利益不一致的情况下，代理人在行使委托人交付的资源决策权时极可能会为了自身利益而伤害到委托人的利益。为了防范代理问题，委托人需要建立一套有效的制衡机制（契约）来约束、规范并激励代理人的行为，提高代理效率，降低代理成本，有效地保障自身利益。在不完全契约条件下，为了合理减少代理问题的影响，必须推动内外部的激励。解决方案之一称为"乘务员理论"：在上面的牛肉面馆案例中，老板的有效激励手段之一，是让大师傅成为股东。

3. 逆向选择及劣品驱逐良品

这一法则打破了"优胜劣汰"的思维，与"丛林法则"相悖，市场上能生存的是质次价低者。假设1L高质纯牛奶批发价格为1美元，1L稀释牛奶价格为60美分。普通消费者可能愿意花1.2美元购买1L高质纯牛奶，花80美分购买1L脱稀释牛奶。交易双方在无论哪种情况下都会获利：双方都明白自己所得到的是什么，并且最终都认为自己所达成的是公平交易。但是当消费者没有辨识牛奶质量的能力，而等级不同的牛奶都是90美分/L的相同售价时，此时，掺水牛奶的无良商贩会发财，而诚实的纯牛奶商就会破产，或者也去兑水。这是诺贝尔经济学奖得主乔治·阿克尔洛夫想象的一个实验，不幸的是现实居然比实验还疯狂。

逆向选择的后果既明显又微妙，现实是供应链中的采购方每天都得用更少的钱买到更多的东西，这是全球化经济带给人们的挑战，虽然这种挑战令人备受鼓舞，其结果却也令人感到畏惧。

4. 信息不对称及道德陷阱

商品市场的信息不对称的假定前提是，每个人在自己的专业领域会比别人掌握更多的信息，但对别人的专业了解甚少，形成信息不对称。供应链的参与者中，生产者、采购方和使用者三方所拥有的信息也是不对称的，而拥有信息的一方在签订合同中，不会将对自己不利的信息透漏给对方，将风险转移给对方，或使自己成为受益者。

道德风险是指在交易协议签订后，其中一方放松自己本应承担的义务，增加自己利益或损害另一方利益的行为。一些典型道德风险的例子是车主在购买了全额保险之后，其行为会变得不合情理；购买了家庭财产盗窃险的业主不再花钱加固门锁；车主购买了汽车被盗保险之后不再花钱安装先进的防监装置。由于属于道德范畴，无法用合同或法律强制性地约束对方。供应链中的道德风险也常见，当一些服务外包后，使用方的服务频次会显著地提升，直接引发供应商的成本上升。

5. 交易成本与信任

交易成本的一个例子是毕业生为了找到好工作，花费大量的资金投入简历的包装、外形的设计及面试技巧上；而用人单位更是在招聘上花费巨大，从广告、招聘会到各级面试，目的在于甄别应聘者，选对人、选好人。当外在环境变化多端，而交易又是复杂的、长期的、具有特殊性的，在契约中很难规范交易各方的行为，为了防止这些风险，就会产生交易成本，而交易成本会随着不确定性而增加。这时，管理者倾向于把这类交易内化到内部管理体系内，置于一个管理权威之下，靠命令保障交易的完成。但是这种"低度社会化"看不到社会互动与信任关系在商业交易中扮演的角色，而倾向于依靠法律、契约，以及公司内的制度规章防止欺诈。

交易完成与否来自交易双方的互信，而信任的产生主要依赖长期的互动。在同盟关系中，质量要求、赶货、插单，甚至损失都可凭善意轻易解决，此时，防止欺诈，解决争端所需的交易成本，诸如签约、法律顾问等诉讼都可以节省下来。当市场上存在信任关系而使交易成本较低时，交易双方都更有继续留在市场上的积极性。这种关系如果被制度化，交易双方成了长期盟友，则形成供应链的网络式组织，并铸造组织间的信任。

信任是供应链上各环节企业交往的基础。无论是交易型还是伙伴型的关系，信任都必不可少，信任感可以在双方的交易过程中逐步加深。彼此间的信任可以增加合同双方关系的专属性相互投资，增加双方信息分享程度，提高再次合作的概率，增加交易量，从而最小化交易成本，最大化双方的交易价值（见图 4-7）。信任让企业的供应结构趋于集中，向更少的供应商采购更多的产品，从而使交易降低成本、提高绩效。

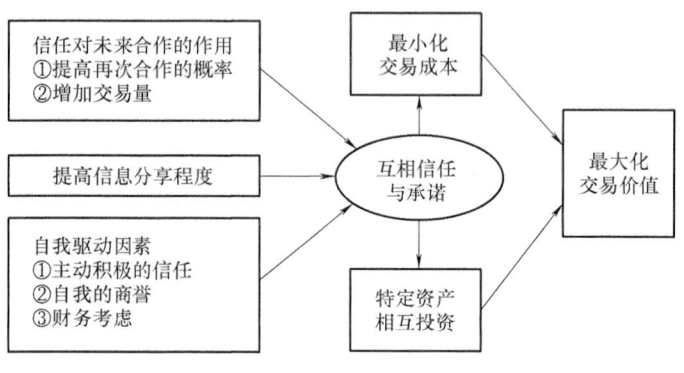

图 4-7　信任和交易成本

对于供应链上的各个环节来说，信任是必要的。契约存在着不完全性和交易的不确定性，如果没有信任，必然会出现效率低下，企业与供应商之间交易成本增加。契约在商业关系下并不总是适合或有效的，对于一项交易而言信任是必需的，任何经济行为都不可能建立在没有起码的信任基础上。

供应链的企业间的信任行为有助于互相了解。当制度信任存在时，参与者就有了解彼此战略计划的机会，然后对相关的成本和预测信息实行共享，公开提出风险和回报。在一个不断变化而且不确定性的环境下，竞争优势是信任所创造的，唯一能保持稳定因素的信任是建立在真诚、承诺和共同价值观之上的，而其他因素诸如战略、技术、人员等都在变化之中，只有在信任的环境中才能减低风险和伤害，共享共同愿景及信息，可以避免发生投机行为。

【案例分析】

精疲力竭的马拉松

欧斯是世界著名的灯具提供商，当下他们正进行着一个大项目——为市场提供一种与众不同的新型节能灯。市场部预计前景非常好，所以这个项目由总部领导挂帅，由好几个国家的不同部门的人员共同组成。经过协商讨论，最终决定在德国完成设计，生产完全 OEM，在中国广东的几家供应商中选出外包方。经过考察，几家供应商入围，他们都能够胜任这个节能灯项目的生产。

项目到了采购部，采购部经过考虑，决定在这几个供应商之间进行招标。主要原因是公司的 KPI 指标中有一项是提高采购中招标的比例。而对这个项目有兴趣、有能力的供应商有五家以上，竞争比较充分。事实上，招标过程比较顺利，供应商反应都很积极。最终选定了一家价格最低，而且其他各项都符合条件的供应商：浩旗公司。

浩旗公司非常配合，也表示了积极的意愿，随后欧斯和浩旗公司签订了合同。浩旗公司着手根据规格书开模打样，他们对这个项目投入了很多精力，加班加点，保证质量。欧斯也催得很急，一个月后样品就呈送到了欧斯，采购部将样品送到德国的工程部门进行认证。由于认证程序非常烦琐，认证过程历时了7个月。在这期间，欧斯没有主动联络浩旗公司，浩旗公司也通过各种渠道打听过几次，却石沉大海，音讯全无。样品通过后，又由德国总部的供应商管理部门进行了一次现场审核。审核通过后，又要求供应商进行小批量试生产。这时，欧斯又火急火燎地催，35天后试生产的首件和几个样品又重新送到德国的工程部进行认证。这个认证过程又花费了5个月，所幸认证也顺利通过了。

项目转到了采购运作部门，采购员再次和浩旗公司谈判，要求VMI（供应商管理库存）和60天的付款账期。浩旗公司此时勃然大怒：这些条件在最初招标时并没有提出，此时提出来有些出乎意料和突兀；而欧斯的采购员认为VMI和60天付款账期都是公司对供应商的基本要求，是约定俗成的规矩，不存在出尔反尔。经过两次商谈未果，采购员正准备采取何种策略迫使供应商就范时，欧斯收到浩旗公司的一份商务信函，主要内容是：经过浩旗公司管理层的考虑，董事会的批准，决定中止和欧斯节能灯项目的合作。

这时，市场部的准备工作已经就绪，就等待新产品面世了，却出现了这种始料未及的状况，导致这个项目不得不暂时搁置。公司项目组负责人对此非常不满，但也无可奈何，想不出对策。随即，采购员决定破例退让一步：答应可以货到立刻付款，但浩旗公司态度坚决，仍然不同意。采购员被逼无奈，又退让了一步，不要求VMI了，欧斯公司自己也备了库存，浩旗公司仍坚持不再同欧斯做任何生意，浩旗公司认为欧斯在与之合作中，并没有表示任何诚意，还总是犹豫不决，决策拖延，进展速度太慢。浩旗公司甚至还表示：今后浩旗公司及其子公司都不会参与欧斯任何的招标活动。

采购部门只能再将招标中分数次低的一位供应商拉进来，重新进行一轮合同、样品、现场审核、小批量试生产及谈判过程，而整个过程，紧赶慢赶，还是使得新产品上市的时间延长了9个月。

采购员在谈到这个项目时都愤愤不平，认为浩旗公司根本没有资格和欧斯讲条件。浩旗公司居然要和世界级大公司耍大牌。今后要找机会修理修理浩旗公司。但人家不和你做生意，你也难找到修理的机会了。

【讨论题】
（1）在整个过程中欧斯的组织内部存在哪些问题？如何可以做得更好一些？
（2）你认为导致供应商断绝和欧斯合作的原因有哪些？有什么措施可以避免这种结果出现？

习　题

1. 什么叫采购管理？如何理解战略采购？
2. 如何理解供应战略？现在供应经理的职责有哪些？
3. 解释采购策略矩阵。
4. 解释供应定位模型。
5. 供应商管理过程包括哪些重要活动？

6. 如何理解供应商的全生命周期管理？
7. 如何确定供应商评估的指标体系？
8. 供应合同通常包括哪些要素？哪些条款？
9. 合同管理的基本内容有哪些？并做出简单说明。
10. 在供应合同中会存在哪些知识产权问题？知识产权具有什么特征？
11. 供应链中的信任会降低哪方面的成本？
12. 谈谈如何避免合同中的道德陷阱。

第 5 章 管理供应商关系

【本章要点】
1. 供应商关系管理的挑战；
2. 供应商关系管理的定义与模式；
3. 供应商开发与认证；
4. 供应商偏好及供应市场管理；
5. 构建供应战略联盟。

5.1 供应商关系管理的挑战

供应链中的组织都要做出关系管理的决策，需要确定与本组织目标及战略相一致的关系类型。在特定的环境下，有多种因素能决定企业与供应商的关系，这些因素是双向的，买方和卖方的行为都会对它产生影响。所寻求的关系会影响这些因素，而这些因素本身也会影响关系各方的行为。在关系的进程中双方的行为也会影响这些因素。图 5-1 列出了供应商关系路线图及其要素。

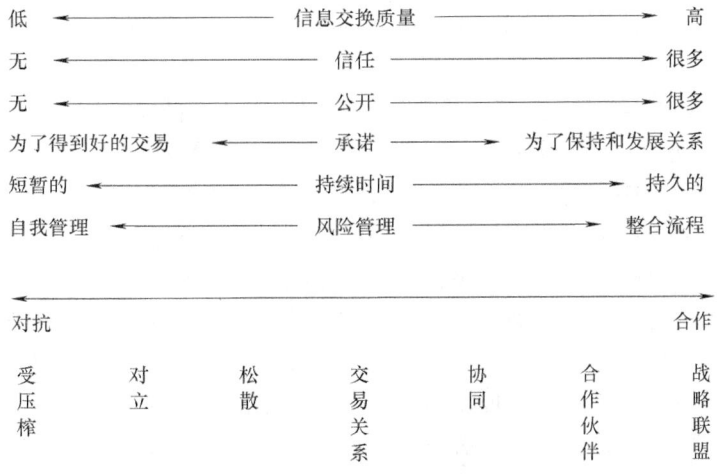

图 5-1 供应商关系路线图及其要素

1. 受压榨

在双方的关系中，买方处于绝对的劣势，不得不接受卖方的苛刻条件，而卖方寻求其最大利益。买方受压榨往往是因为对方的技术、资源、市场地位或品牌的影响力等因素处于垄断地位，而买方可能处在供应定位中的"战略"或"瓶颈"的象限：风险高，供应市场可选择机会比较稀少，卖方无须关注客户关系的管理和建设；反之，买方关系投入显得更加重要，借此以找到发展长期合作与共赢的可能性，开发新供应商也是买方长期的任务。

2. 对立

买卖双方都在谋求自身利益最大化，损害对方利益也在所不惜。对立关系通常出现在供应定位中的"杠杆"象限：风险低，供应市场有许多潜在供应商，需求标准化，采购组织在此领域花费较大，因而试图使用竞争性选择方法，诸如招标或电子反向拍卖来平衡对于供应商的花费和势力，采购组织不会寻求长期的关系。对立关系中交易比关系更加重要。

从自我利益和短期关系出发，采购组织的挑战是确保所购产品和服务的最低总拥有成本。采购组织并不追求长期交易，希望在变化的市场中自由更换供应商来确保更好的交易，而不被长期合同所束缚。供应商将寻求每次交易的收入和利润最大化，不会劳而无获。

3. 松散

采购组织从供应商那里采购的次数不多，采购量不大，或没有必要建立更紧密的关系。松散型关系通常出现在供应定位中的"杠杆"或"非关键"象限；供应市场有大量的标准化产品可供购买，风险低，采购组织在这个领域有重大或不经常的花费，采购对不经常购买的产品不熟悉，更倾向于使用竞争性选择方法而非长期固定的合同，招标或电子反拍卖都是常用的工具。保持市场的竞争态势以降低价格或获得最低的总拥有成本是采购的主要目标之一。同样，在松散型关系中，特定的交易比关系更重要。

产品和服务的标准化可以降低更换供应商的风险。买方将关注价格、交付、指定质量和所需数量等基本要素。而如果采购的产品和服务是非标准化的，或同时需要供应商的参与或设计开发，关系管理会更加显现其重要性。

4. 交易关系

这是采购方最常用的一种形式。买方关注合格的、有能力的供应商，要求其交付低价值、低风险的产品和服务。交易关系更多地出现在"杠杆"象限。采购组织寻求能够"交付产品"和符合要求的供应商。在这里是交易和关系几乎同等重要。

做好平衡是处理这种关系的挑战：维持供应市场的竞争性，使得自身利益最大化，同时还要确保产品和服务的持续供应，避免供应商由于各种因素的退出及供应中断。而风险之一是供应商会竭力在采购组织内部确立其供应地位，提升采购方对其的依赖程度。

交易关系中另一类供应商是协调下级供应商以保障供应，常常为低风险的产品和服务，例如 MRO 采购。这种关系通常出现在供应定位模型的中心区域。采购组织需要的关系不是伙伴关系或者战略联盟；如果用对立关系来看待显然存在太大的负面影响，其关系的紧密程度会有所提升，如果对二级供应商的协调作用进一步增强，就转化为协同关系。

5. 协同

这种形式需要采购方有一种战略的视角。通过对供应链各个环节竞争优势的整合，共同创造和获取最大的商业价值，并提升各自的获利能力。例如，双方将具有共同商业利益的供应链环节整合起来，通过将整个供应链中的信息进行共享，满足不断增长的客户的需求，同时也保持自身的竞争性。协同关系更可能放在"战略"象限，但采购组织还想利用供应商的专业特长来从市场中获取最大优势，那么这种关系可能用于供应定位的其他象限。在这里，关系处理和信息沟通尤为重要。

6. 合作伙伴

伙伴关系显然是战略性的关系管理。需要双方对长期关系的一种承诺，以信任和明确的双方约定目标为基础，共同目标，共担风险，共享回报。伙伴关系是那些具备高信任等级、长期合作的关系。这种关系比双方的一次性交易更有价值。

7. 战略联盟

战略联盟上升到组织战略的层面。双方协作提供产品或服务，寻求长期共同利益的最大化。出于共同的利益，组织之间可能就部分或全部服务/产品组合在指定的地理领域、指定的市场结成联盟，双方的关系处于"战略"象限。战略联盟是比合作伙伴更高一个层次的关系，这种关系基于完全的信任和双方组织完全的相互依赖，为了共同的长期利益而伸出援助之手，或牺牲自己的当前利益。采购组织的挑战是要实现这种关系的理念，保持新意和创新，及维护双方的战略利益。

在众多供应商中选择某个供应商，就某一系列特定部件签订排他性协议，会加强双方的信任和承诺。这种关系通常位于供应定位模型的多个象限。例如，有些高风险"杠杆"项目也可用单一供应源。需要与供应商建立更强的合作关系时，可以选择单一供应源方式，以获得更低成本优势，在交付方面获得更优惠待遇及卓越服务，获得整个供应链的持续改进。双方需要长期战略考虑才能带来这一关系的收益。注意到单一供应源本身是一种风险。单一供应源是合作伙伴及战略联盟关系中常采用的方法之一。企业需要选择一个合适的合作伙伴，对关系进行投资，使其合作高效，并不断改进和发展。

5.2 供应商关系管理的定义及模式

5.2.1 供应商关系管理的定义

对于供应商关系管理（Supplier Relationship Management，SRM），咨询公司 Gartner 是这样定义的：供应商关系管理是指企业为了实现盈利，有必要与产品/服务供应商进行沟通，针对其不同的重要性，建立相应的商业规则的行为。

企业根据供应商的特点以及其对企业的战略价值，采取不同的对待方式，使供应商关系得到优化。供应商关系管理能在以下几个方面帮助企业提高竞争优势。

（1）通过对更新、更好、以顾客为中心的解决方案的快速引入，建立竞争优势和合作管理，更快速、更灵活地反映市场的需求，以增加营业额。

（2）把供应商集成到企业流程中，扩展、加强与重要供应商的关系。

（3）以维持产品质量为前提，降低供应链与运营成本。

（4）信息与资源得以更快的循环。

在解决企业的库存、产品质量控制、风险等问题时，供应商关系管理是有效措施之一。供应商的关系管理也促成了企业的成本和风险控制。

对于供应商来说，建立良好的供应商关系也有着积极意义，供应商需要能够对市场需求的变化做出快速反应,良好的供应商关系提高了供应商的应变能力和对未来需求的可预见性、可控能力,并使库存成本大大降低;合作伙伴关系稳定了供应计划,也在技术上、质量上、管理上和资金上得到制造商的支持,提高了供应商的市场竞争力。

5.2.2 供应商关系模式

在供应商控制模式方面,存在两种截然不同的模式:竞争与合作。这两种方式各有其优缺点,在实践中都有广泛应用。

1. 竞争模式

在这种模式下,供应商控制主要是通过完全竞争控制来实现的,其激励方式以竞争淘汰为主。美国的企业多信奉正常交易的模式,这种模式主要是源于迈克尔·波特企业竞争战略的观点"在采购中相应的目的就是寻找某种能够抵消或超越供应商权力源的机制,通过这种方式,采购行为可以扩展到所有可供选择的供应商,以提高企业讨价还价的能力"(波特五力模型)。采用这种模式进行供应商管理的企业在采购时有意同供应商保持正常交易关系,避免任何形式的相互承诺。这种管理模式的好处是企业在采购过程中不会被任何供应商企业所牵制,企业具有较高的讨价还价的能力,能够获得一定的价格优势。但是这种模式要求企业管理大量的供应商,相应的管理费用或交易成本很高,企业在谈判和处理订单上可能花费更多。同时,采购额在多个供应商之间细分也降低了供应商取得规模效益的能力。

2. 合作模式

日本和韩国的供应商控制则包括合约控制、股权控制和管理输出控制,以激励扶持为主。日本的企业多与其供应商建立非常紧密的关系,这和正常交易模式完全不同,建立伙伴关系的企业能够共享更多的信息,能够充分信任,协调相互依赖的任务,并且投资创造具有关系特定性的资产,从而降低成本改进质量,加速产品开发。但是建立与维持这种关系的协调成本很高,也可能会降低企业脱离低效益供应商的能力。

3. 差异化的管理模式

这是一种折中的选择方式。这类企业在进行采购时对供应商群体进行了战略性细分,以明确各供应商在多大程度上对企业的核心能力与竞争优势做出贡献,并在这些基础上,有针对性地采用两种模式对供应商进行差异化管理。这不仅能实现正常交易模式的优点也能实现伙伴关系模式的优点。

5.3 供应商开发与认证

5.3.1 供应商开发的定义

供应商开发是买方为了满足自身长期或短期的采购需求,开展的任何帮助供方提高其绩效或能力的活动。通过供应商选择评估,从中筛选并确认良好的供应商,而且采购方希望与其合作得更紧密,使这种关系向着"合作伙伴"或"战略合作"关系的类型发展。供应商开发的一些表现如下。

- 买方积极帮助供应商提升绩效水平。

- 供应商将表现出接受帮助，而且对买方发展有贡献。
- 评价仍然很重要，但是正从基本的业务评价转向流程、设计和管理的综合评价。

买方给供应商提供的财务支持、技术支持或其他形式的帮助，使供应商能够按照买方要求提供产品或服务，或者是以合适的方式与采购组织接口。

5.3.2 供应商开发的目标

供应商开发具有前瞻性，供应商开发包含了帮助供应商迅速解决问题，更着眼于在开发过程中帮助供应商掌握学习能力。掌握学习能力对供应商来说很关键，他们可以借此持续改进其内在系统，具有学习能力的供应商还可以帮助其下一级供应商提高能力，最终形成一个更有能力、更具有竞争性的供应链。供应商开发的目标如下。

1. 长期合作战略

传统情况下，当供应商不能达到要求时，企业通常有三种选择。

（1）把外包项目改成自制。

（2）寻找更有能力的供应商。

（3）帮助现有供应商提高能力。

在实践中，企业经常采取多供应商策略来分担供应中可能出现的风险，但事实上，多家供应商与单个供应商相比在提升质量、降低成本、缩短供货时间等方面并无明显改善，在供应链管理模式下，采购方和供应商的关系不再是独立的竞争关系而是合作伙伴关系，拥有稳定精良的供应商库，是企业在全球化竞争中的一大优势。因此，发现供应商存在问题，明智的做法不是简单地抛弃或淘汰供应商，而是在衡量成本和收益后，基于长期发展的目标，和供应商一起寻求解决问题的方法，一旦企业做出选择，那些最优秀的供应商就不会频繁地从一家客户转向另外一家，明智的供应商也将同采购方一起努力，建立一个能够带来最大利润的企业组合，共同占据全球化竞争中的优势地位。

2. 供应链总成本最低战略

通过对供应商进行压价来降低采购成本已经被证明对买卖双方的长远发展是极其不利的：①这种过分注重价格的做法使采购人员将压价作为完成采购任务的首要目标，忽视该价格的合理性，忽略采购环节其他方面的因素。②供应商为了得到订单而在价格上不得不向采购方做出让步，供应商的对策通常只有两种：从内部挖掘潜力、提高效率来弥补这一损失，或是将该损失再以其他形式追加给采购方。第一种对策在短期内难以实现；第二种对策则是供应商比较常用的手段，过多的利润榨取最终将供应商推到了采购方的对立面，最终结果可能包括质量与交付上将频繁出现问题、重要部件不能按期交货、收到劣质部件，甚至在供给短缺时稀缺货源会流向竞争对手。③由于供应商长期被压榨，造成其利润低下，缺乏应有的积累，无法进行设备更新和技术提升，渐渐失去了竞争优势甚至破产。总之，这种凭借自己目前的优势压迫供应链上其他成员放弃利益的做法，只是暂时改变了利润的分配方式，不能增加整个供应链的价值，从长远来看，对买卖双方都没有好处。

越来越多的组织将目光从自己放眼到了供应链上，提出"共创利益，共同分享利益"的双赢做法，致力于实现与供应商建立和维持长久、紧密伙伴关系的管理思想和解决方案，以双方的共同目标为基础，扶持供应商，使供应链总成本达到最小，创造更多的经济效益。

供应商在成本控制、质量绩效等方面目前所能达到的水平和期望的水平之间存在着绩效差距,采购方被认为有责任消除供应商的这种绩效差距。其目的不是要压缩供应商的利润,而是确保供应商的利润额度是合理的,有效的供应商开发不仅能为某一方节约成本,还意味着采购方要帮助供应商削减他们工艺流程中的成本,有效的供应商开发人员将对供应商生产的整个流程予以关注,从而在质量、配送、周期和成本方面都达到消除浪费并取得改进的目的。

作为供应商来说,面临着一个共同的问题,就是尽力缩小自身与高业绩企业之间的差距,最大限度地开发自身潜力以满足生产需要。供应商或许已经是某个领域的专家,但大多数中小型的供应商还是无法独自承担大规模的技术革新活动或改进提升项目,其需要一定的帮助才能发展壮大,作为核心企业的采购方知道某些能使买卖双方受益而供应商不了解的信息,这种互惠可能限于特定订单,或者是一些影响深远的方面,如技术、财务、管理制度、技能或质量水平,供应商需要企业的帮助,来获悉先进的技术或者有效的管理方法,来帮助其更有效地缩小绩效差距,提升业绩。

3. 高回报

良好的供应链管理将给企业带来巨大的利润,开展了供应商开发的赢家们都在继续关注着其所蕴含的巨大利润机遇。调查显示,每名专业的供应商开发工程师带给企业的成本节约通常是其薪酬的 2~5 倍。从供应商开发中获得成本节约的一个成功案例是戴夫·纳尔逊在迪尔农用机械企业进行的供应管理运作,戴夫和他的开发团队从供应商开发投资中获得了 500%~1000% 的回报,过程中涉及的每一个供应链管理者都获得了 5~10 倍的报酬。

5.3.3 供应商协作

供应商协作是确保供应链运转平稳、实现目标和提升的最有效的工具。谈判应该建立在双赢战略和协作方式的基础上。协作应该在多个领域进行:研发与设计(Research and Development,R&D)、纠正和预防措施(Corrective Action and Preventive Action,CAPA)、持续质量改进项目(Continuous Quality Improvement,CQI)、供应商提升活动、问题解决等。例如,将一个团队派驻到供应商,培训其生产部件批准程序或类似的质量工具,对故障率进行调查,同时使用诸如因果关系图、故障测试分析、5W 和过程映射图等工具来分析问题并找到根本原因。还例如,提出一个纠正和预防措施主题与供应商分享,并对其进行培训,精确地判断流程的健壮性。此外,联合的改善活动可以带来突破、减少潜在的错误、节约成本。最后,在供应商改进计划上进行合作,纠正供应商的缺陷,这是对顾客和供应商的一种未来投资。

当供应商了解顾客期望(质量协议)以及如何接受评估(测量和监控)时,自然就专注于改进,例如减少变异、降低成本。减少变异所带来的成本降低将使供应商在实现其财务目标的同时签订长期合同。供应商保证与顾客建立长期合作关系,这一做法对双方都有利。

供应商协作是供应商开发的先决条件和步骤。供应商协作是通过规范供应商的日常工作来提高供应商竞争力,减少供应商内部浪费。供应商开发则是帮助提高供应商战略、工具和技术来提高其竞争力,通过对供应商提供帮助,例如规划工厂、减少装配时间、帮助实施工艺及管理等手段来提高供应商的能力,其关注点是能力。供应商协作注重企业和供应商的有效联系，而供应商开发的目的是提高供应商的能力。

5.3.4 供应商开发步骤

供应商开发工作主要包括工作流程、开发方法、影响因素分析和开发实施。

供应商开发计划应集中于提升供应商未来的能力、技术和产品，而不仅仅在产品质量和成本。一个清楚的长期战略将会是供应商开发流程的关键成功点，供应商员工、供应商评估、开发目标、投入水平、开发团队、开发流程等因素也会直接影响开发过程。不同的组织机构，实施的步骤会有所不同，没有两家企业的供应商开发采用完全相同的方法，一些企业已经使用并证明有效的供应商开发一般化模式中遵循以下九个步骤。

(1) 确定需要开发的关键产品。
(2) 确定关键供应商。
(3) 评估供应商的执行情况。
(4) 确定供应商当前绩效与期望绩效的差距。
(5) 为供应商的开发组成跨功能团队。
(6) 与供应商的高层管理小组会面。
(7) 弥合察觉到的差距。
(8) 为实现改进设定最后期限。
(9) 监测改进情况。

供应商开发应该由企业跨部门团队进行，包括采购人员、关键用户、产品设计师、生产方面的人员参加。评估供应商执行情况离不开现场审查，到供应商的工厂去，理解供应商的质量与绩效情况，由跨职能团队来确定供应商的过程能力、物料管理及监控方法。

5.3.5 供应商认证

供应商认证（Supplier Certification）指"买方取消来料检验的计划，评价关键供应商质量系统的过程"。通过供应商认证确定供应商的等级，对企业来说很重要。供应商认证项目也是企业确定战略联盟候选人的一种方式。企业往往要求供应商已经开展了一些国际标准的正式认证项目，如 ISO 9000 等，类似的认证审核过程可以作为供应商认证的一部分。这可以节省时间，但不能代替企业跨部门团队进行的供应商认证。因为企业要寻找最好的和最可靠的供应商，并确定与供应商的关系模式。这么慎重的决策当然应基于事实，而不能仅仅依据感觉，需要对供应商的质量体系与供应商绩效进行全面的、有针对性的客观评价。

进行供应商开发也是获得合作谈判的一个筹码，需要的是双赢。如果供应商提供的是业界第一的产品，技术也是一流的，根本无须进行供应商开发，供应商也不需要买方的帮助。

如果某个供应商对企业很重要，可以作为战略供应商，那么就可以了吗？还要问问供应商是否愿意，如果供应商认为不重要呢？所以企业还要了解供应商的偏好，了解当前的供应市场状况，才能达成与供应商合作谈判的成功。

5.4 供应商偏好及供应市场管理

5.4.1 供应商偏好

供应定位模型并没有考虑供应商对特定情况的看法。所以，即使某种需求对于组织非常关键，供应商也可能认为这个需求或该组织并不重要。另外一个普遍使用的模型是供应商偏好模型，如图 5-2 所示，它有助于组织理解供应商如何看待他们以及他们的需求。该模型分为四个象限，纵轴代表业务对供应商的吸引度的评估，横轴代表业务相对供应商的价值大小。

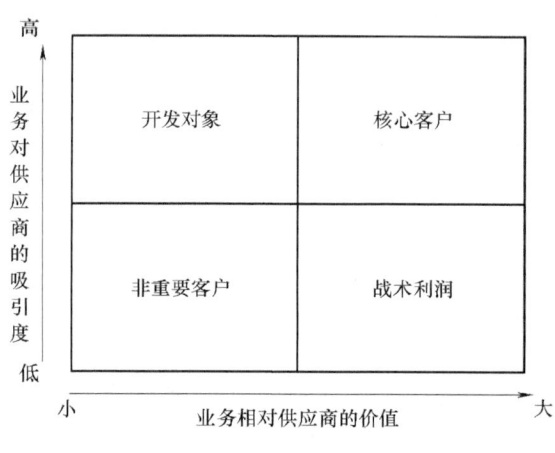

图 5-2　供应商偏好模型

供应商偏好的四个象限如下。

（1）核心客户。销售组织中现有业务很重要的客户，属于赖以供应的组织类型。核心客户并不等于一定得到最好的价格和服务，但如果出现威胁，销售组织要努力保持与这些客户的业务关系，寻求与采购组织及其人员非常紧密的关系。

（2）开发对象。是销售组织的未来潜力，基本目标是将采购组织推入核心领域。销售团队已经做了深入调查分析，意识到采购方的强烈需求，希望从中获取利润，成功地转换到核心客户被视为成功的象征。一些客户虽然采购量不多，但吸引力足以成为开发对象。例如，著名企业的名字出现在销售组织客户名单上就是一种珍贵的荣誉。

（3）战术利润。这些客户并不是很有吸引力，但是仍然拥有大的交易量。卖方没有失去业务的风险，所以仅限于赢得、保持业务的努力，价格成为最重要的因素，采购方任何附加需求都被视为额外工作。采购方过激的进攻态势，或没有长期关系的承诺，或对待供应商的个人关系处理不当也可能造成吸引力下降。

（4）非重要客户。与其他业务相比较，低价值且低吸引力，维持提供产品或服务是出力不讨好。对于成本的计算和产生的业务规模的考虑都会促使卖方结束业务。

买方需要站在卖方角度，了解销售方将自己置于那个象限。

买方当然希望做一个对供应商有吸引力的客户，表 5-1 列举了买方具有或不具有吸引力的因素。

表 5-1 买方具有或不具有吸引力的因素

买方具有吸引力的因素	买方不具有吸引力的因素
拥有最新的技术	傲慢
客户相关利益	官僚
业务扩展可能性	无理要求
信息/需求模式的持久性	频繁改变交付时间表
道德行为	政策的变化影响供应商
财务完善	决策单元不清晰或复杂
良好的公众推广	无力决策
良好的安全习惯	延迟支付
确保支付	长的支付期
订货量大	从不让供应商把事情办好
缺少商业机敏性/判断力	不展示"全景"
长期合同	不遵守诺言
按时支付	烦琐的责任条款和条件
准备倾听	计划不周
有威望的组织	频繁二次投标请求
专业态度	短期合同
盈利性合同	不遵纪守法
很少起诉	没有社会责任
将卖方推荐给其他人	产品处于生命周期的衰退期

5.4.2 供应市场管理矩阵

将供应定位与供应商偏好结合到一个模型中,形成了供应市场管理矩阵(Market Management Matrix)(见图 5-3)。

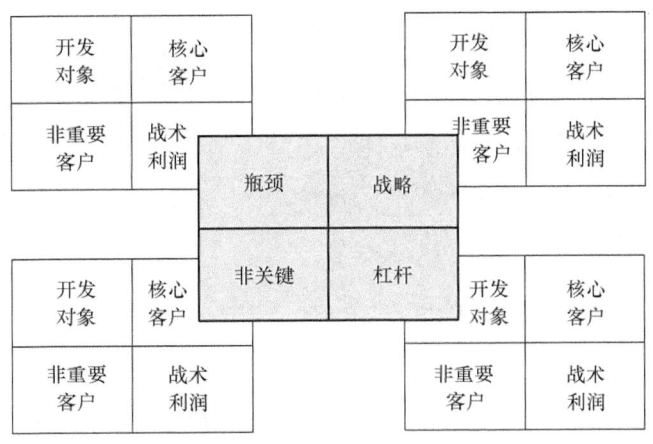

图 5-3 供应市场管理矩阵

供应市场管理矩阵帮助买方检验并管理供应市场及其风险,其指导作用在于:创建战略联盟;识别新的供应商和额外业务来源;对未来业务风险点的预警;说明何时必须变更供应商；说明何时必须改变关系而不是变更供应商。

买方通常希望供应商将自己放置于供应商偏好模型的上半部。图 5-4 中的箭头表明了买方希望关系在理想情况下移动的方向。

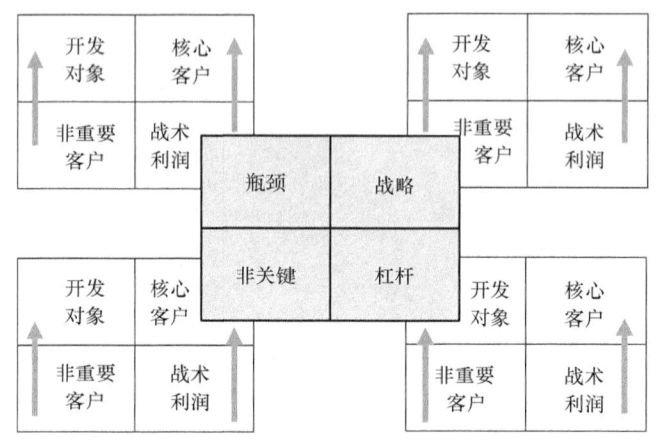

图 5-4 供应市场管理矩阵的变动

例如，买方拥有"杠杆"这一象限需求，而供应商将他们视为"非重要客户"象限的情况中，必须得到迅速处理，因为如此供应商会存在将产品和服务提供给别的客户的风险。可采取的行动有：提高企业吸引力、更换供应商，因为在此领域有许多供应商。

拥有"杠杆"这一象限需求的买方和将买方也视为"战术利润"的供应商可能面临一种对立关系。此外，考察供应定位中与"战略"及"瓶颈"象限相关联的"非重要客户"和"战术利润"象限的优先次序。这三种情况都是"高风险"，为了避免产生灾难性结果，必须马上采取行动。

买方必须了解矩阵的变化，从而找到自己属于 16 种局势中的哪一种

关注买方和卖方对对方的看法，这些看法会随着关系进程而变化。例如，避免出现供应商关系开始处于"开发对象"象限，而结束于"非重要"象限的局面。

在分析供应市场管理矩阵时可能会产生的一个错误是：大供应商和其产品的销量、重要性并不一定画等号，例如，大企业往往分为各个事业部，而某些产品虽然量很小，但对于特定的事业部来说，已经算拳头产品了，而名不见经传的小买家也可能成为其关键客户。

5.5 构建供应战略联盟

5.5.1 合作关系

合作关系不同于市场化的交易关系，合作者认识到合作的相互依赖性和合作的必要性，合作会给双方带来很多益处。成功合作关系的建立离不开双方的沟通，离不开对合作内容与范围的清晰表示，离不开信息的相互反馈。合作双方需要共同努力，相向而行，了解对方需求，培养合作意识，建立信任。合作关系常常是构建战略联盟关系的一个良

好的开端。

合作是大势所趋。供应链上的合作，可以降低总成本，使需求具有较大的确定性和连续性，有利于供应链战略的实现。

确定合作关系需要考虑的战略因素有以下几点。

（1）供应的可替换性。如果供应市场存在很多并无差别的供应商，合作关系就不合适。

（2）供应商发展的潜力。供应商如果有发展的经济实力，可以考虑合作关系，也可考虑交易关系。

（3）合作的潜在利益大，且双方有共识，有合作需求，那么合作关系通常是合适的。

（4）合作带来竞争优势的提升，促进企业的战略成长。

（5）供应商在价格、创新、适应能力、团队工作能力、承担风险能力等方面具有综合优势。

（6）战略相关性。

（7）灵活性与响应性的传导性。供应商的灵活性和响应性对企业的灵活性与响应性有直接的影响，合作就可以带来竞争优势的提升。

供应链合作伙伴关系（Supply Chain Partnership，SCP）也就是卖方/供方与买方/需方成为合作伙伴的关系，这是一种紧密的供应商合作关系，指在一定时期内，卖方/供方与买方/需方之间共享信息、共担风险、共同获利的契约（协议）关系。

必须通过合理设计契约，减少合作双方的机会主义行为，促进企业之间的紧密合作，确保有效完成任务，保证产品质量，提高顾客满意度，降低供应链成本，提高供应链整体绩效及合作伙伴企业的绩效。

合作契约可增强供应链成员的合作关系，降低"牛鞭效应"的影响。契约中可规定具体场景的决策权、决策机制，规定降价条件、数量折扣规则，规定订货最小批量，规定回购条件，规定退货方式、质量规范及异议处理，规定收益分配方式、激励方式、信息共享机制等，规定损害双方合作行为的判定标准，以及相应行为的惩罚措施。

值得注意的是合作伙伴是相互、平等的关系。企业需要选择好的供应商，供应商也需要选择好的顾客。以下是供应商最关心的几个方面。

（1）支付能力。客户能否按时支付？这方面名声如何？现金流是所有供应商关注的主要方面。

（2）人品。客户企业的采购员好打交道吗？供应商更愿意同坦率的、可接近的采购员打交道。

（3）业务的及时响应与回复。与客户企业的供应管理部门联系能否得到及时的答复，供应机构存在官僚主义吗？供应商期望对方是易于取得联系的。

（4）企业管理的规范性与专业化。世界级供应商需要为世界级企业服务。

5.5.2 战略供应商联盟

供应链中的战略供应商联盟开发是指增加关键或战略供应商能力的供应商开发的延伸，开发战略联盟的目的在于缩减一般供应商的数量，提升战略供应商的能力。建立战略供应商联盟，联盟的合作伙伴成员间一定要存在合作空间，具有价值互补特征（有对方看重的价值），具有各自的需求，具有共同的理想，在合作领域内能够达成共识。联盟还需要共同制定持续改进目标，共同制定章程、准则及规章制度，确立联盟解散的条件与清算机制，建立有效的正式与非正式的沟通机制与信任机制，如联盟成员可以在合作范围内交流彼此的战略计划，共享相关的成本信息、预测、设计和制造质量规范、风险防范手段，成员基层部门的沟通机制、信息系统访问机制等。

联盟成员可以从联盟中获得产品价值的提升，更好的市场渗透途径及更广泛的市场机会，获取新技术、新知识，提高组织技能，增强技术力量，相互学习，提高运营能力，进而得到较高的投资回报率，增强企业的财务优势等。

随着企业关键供应商关系的建立以及其自身联盟发展活动的进行，战略联盟的开发最终会延伸至企业供应商的供应商。企业与其关键供应商之间的联盟发展趋向于更加紧密的多合作伙伴关系。需要各方投入更多的时间、人力、沟通和资金来实现共赢目标。伴随着联盟伙伴内部的质量改进与学习活动的展开，供应商的关键能力得以扩散，并延伸至供应链中。

1. 战略供应商联盟管理

战略供应商联盟拥有自己的生命周期，需要联盟项目的协调者和联盟活动的促进者（可设立一定的部门）来进行持续的管理和发展，协调各项活动，做好监督，管控好冲突，定期评估联盟绩效以及合作伙伴的适配性，做好联盟合作伙伴的选择，不断吸收新伙伴。联盟可以基于供应链战略重点对联盟伙伴做出相应的调整。

在联盟合作伙伴的选择中，供应商认证项目是确定联盟伙伴候选人的一种重要方式。可以不断规范正式的供应商认证项目，也有必要要求 ISO 9000 或类似的质量认证审核过程作为其认证的一部分。

选择联盟伙伴首先要考察是否具有合作关系的基础。在合作关系基础上再发展战略联盟关系，主要看三个关键点。

（1）创新能力。联盟是企业获得新知识和增强创新能力的最佳途径。联盟需要合作伙伴之间资源和信息的共享，通过共同努力，形成技术创新应用的相互依赖与支持。

（2）优势互补。优势互补是联盟存在的基础。合作伙伴必须有互补性的优势，只有这样才能达到双赢的效果。同时，一个有活力的组织应具有很强的学习能力，学习合作伙伴先进的组织管理经验、先进的企业文化和创新能力等，也是企业参与联盟的重要目标。

（3）文化相容。供应链的运作以统一的协调行动为基础，合作各方在实现供应链整体价值的基础上，实现自我价值增值。因此，它要求联盟企业有协同行动的基础，而企业文化体现企业的核心价值观念，是企业的精神支柱。合作企业必须有共同的价值观念，才能有效地实现行动的协调性。因此，价值观念的相容，以及由此决定的相容的企业文化是企业选择合作伙伴的重要因素。

2. 战略供应商联盟的优势

战略供应商联盟可给联盟成员带来竞争优势的提升，至少表现在以下几方面。

（1）降低供应链总成本。联盟中能够产生的协同运作是一般合作关系所不能达到的。联盟伙伴部门间的协同运作能够减少劳动力、机器、物料和总体直接或间接成本。

（2）缩短产品入市时间。减少设计、开发和分销产品与服务时间是提高市场份额和增加边际收益的关键推动力。

(3) 提高质量。联盟使设计和制造符合质量要求,而不是停留在检验上。通过更低的总成本改进了质量。

(4) 提高技术人员的交流与技术共享程度。开放和信任机制增加了联盟中合作伙伴的技术交流,加大了团体内的技术扩散,从而有利于新产品升级与问题的解决。

(5) 提高供应的连续性。通过联盟确保在突发事件出现时供应不中断。

5.5.3 战略供应商联盟的构建步骤

构建供应商战略联盟,不管是与关键供应商建立战略供应商联盟,还是与第三方物流商建立物流联盟,或者与连锁零售商建立供货联盟等,都应考虑以下步骤。

1. 明确目标

建立联盟的目的在于实现企业的战略规划和目标,企业首先必须明确战略目标和规划。根据战略目标、战略规划,确定企业建立联盟的策略。

2. 分析环境

企业必须全面了解和评价企业内部和外部环境,认真思考企业经营战略、组织结构和人员安排等,以便能使联盟顺利推进。首先,根据企业创建联盟的目标,分析企业的核心竞争力和核心能力,企业竞争优势的真正源泉,企业可以利用的资源(包括人力、财力和便利条件等),企业能够控制及吸纳的资源等;其次,企业还必须认真分析目标市场目前的状态,掌握客户目前的和未来的真实需求,以及竞争对手的优势和劣势,掌握其未来发展潜力和动向等。

3. 理解合作伙伴关系及其依赖性

联盟企业之间是一种战略合作伙伴关系,对企业来说,建立联盟给企业带来的竞争优势是什么?联盟企业必须正确地认识和把握相互间的关系,了解对方如何看待自己,坚持信任与合作原则,在合作中提高企业竞争力。合作中要注意学习对方的核心能力与技术,适当保护本企业的核心能力与核心技术。

4. 理性选择联盟合作伙伴

联盟伙伴的选择是实施联盟非常关键的一步。联盟失败的主要原因往往与伙伴的选择有关。在长期的合作过程中选择那些可以帮助企业实现战略目标的联盟伙伴。

5. 确定适合的联盟形式

企业应该根据自己的战略目标、自身条件和需求,与合作伙伴协商,选择并采用适当的联盟方式,如股权式联盟或契约式联盟等,并明确联盟的权利和义务关系。并对厂址选择、成本分摊和市场份额等细节,以及对知识创新和技术协同等方法进行约定,以确保联盟得以顺利实施。

6. 构建联盟的实施条件

联盟实施的条件包括确立适当的战略伙伴关系模式,就运作模式、利润分配和成本分摊等问题达成一致,建立有效的绩效评价体系、解决冲突的机制和机构,以及利用信息技术和网络工具建立共同的信息交流平台等。信息交流和信息共享是联盟运营的基础。合作伙伴一旦确立了联盟关系,就应立即着手建立共同的信息平台,建立联盟内信息共享和信息交换的通道。

7. 实施供应链战略管理

根据联盟业务需要，企业可以重新勾画自己的市场边界，对供应链关系实施有效的管理，合作开发充满活力的产品，拓展目标市场，并运用适当的绩效评价手段，按照已经确定的评价体系，对供应链效果进行评价和监控，并将监控结果进行反馈。定期召开伙伴会议，交流并解决协作中的问题和矛盾。必要时对供应链业务流程进行重组，在动态中管理和发展联盟。

成功管理与供应商的关系有几个必要因素。供应商关系管理者要理解供应商的总体期望。购买的产品或服务有明确的说明书或确定的阐释；质量协议按需产生；具有不合格品的处理及纠错系统；用于监视供应商质量性能的标准必须一致、可度量、易于报告。以上这些要素以及其他与供应商关系管理直接相关的重要因素，它们的效率都高度依赖有效沟通。一些行之有效的沟通技巧和用于度量的标准同样重要。

有效沟通不仅需要供应商的销售部门内部各成员的会话，例如，区域销售经理、技术支持专家、客服代表等之间，而且需要供应商相关部门成员间的会话，例如，供应商质量工程师、采购员、库存管理专家等之间，也需要供应商的销售部门的成员与其相关部门的有效会话。

客户内部利益相关者与供应商之间的有效沟通对于两个组织的成功非常重要，这些原因通常涉及但不限于以下几点。

- 建立初步接触。
- 处理日常事务和非例行事务。
- 在客户内部利益相关者与供应商平行组织之间建立密切的联系。
- 制定质量协议的细节。
- 编制组件/插件/成分/产品规格说明书。
- 处理不合格品。
- 进行根本原因分析。
- 制定纠正措施。
- 状态报告。
- 保持持续的关系。

随着全球商业交易的增加，文化差异可能对所有形式的沟通的有效性产生重大影响。总部设在一个国家的内部利益相关方经常从世界另一端的其他国家的供应商那里购买零部件和服务。在口语交流中，文化差异更难处理，因为口语交流都是实时的（面对面或通电话）。如果发送者和接收者在跨文化交流方面已经具备一定的知识和经验，那么就可以在实现更有效的会议上取得长足的进展。在口头交流过程中，必须了解的对方文化，这样才能避免或尽量避免由于文化差异（而不是主题）造成的误解。

【案例分析】

"小巧玲珑"

客户对助听器的要求之一就是体积要小，最好能不被别人看到自己带着助听器，这也就意味着助听器的耳机必须要小。因此做助听器耳机的难度非常大，但年销售量却不大。所以世界上仅有楼氏电子做助听器耳机（楼氏电子之前是做窃听器的，顺手就把助听器的耳机做了）。由于助听器耳机仅此一家，别无分号，所以楼氏电子的耳机卖得非常贵，40美元一副。作为楼氏电子的客户，西门子对这种情况很不满意，于是就去找楼氏电子谈，希望楼氏电子降价。结果呢？当然失败了，而且楼氏电子提出：由于人工成本上升，我们产品价格每年必须上浮一定比例。

于是西门子四处寻找其他供应商，最后找到了声扬，要求声扬帮自己做耳机。声扬果断拒绝了：楼氏电子耳机的水平我们还是清楚的，我们的产品完全不可能跟他们竞争，而且这块的市场也不值得我们投入人力物力。西门子各种说服：放心吧，我们全力支持你们，只要你们做出来，产品再差我们也买，你们肯定不会亏。最终双方达成协议，声扬帮西门子制作耳机。

最初，声扬耳机的质量差得令人发指（当然是跟楼氏电子比），产品合格率低得令人不忍心看。但是西门子坚持采购一定比例的声扬耳机。经过三年（请注意，是整整三年，36个月）后，声扬的耳机质量终于接近楼氏电子的水平了。于是西门子又去找楼氏电子谈判：要么降价，要么我们大幅降低采购比例，于是楼氏电子只好降价了。同样的耳机现在的价格是1美元！毫无疑问，这是西门子的一个非常经典的案例，通过这一系列操作给公司节约了很大一笔支出。

可你有没有想到过，在这个过程中，生产工程师和质量工程师会是什么态度？

毫无疑问，生产工程师，包括生产员工，肯定是怨声载道。因为对于生产部来说，重要的是完成生产任务。用楼氏电子的耳机，也许10分钟就能生产出一个助听器。最初用声扬的耳机，也许20分钟都生产不出一个满足要求的产品。

质量工程师又会怎么想呢？从质量的角度讲，声扬的产品是绝对不合格的，声扬也绝对不应该列入合格供方名录。从另外一个角度讲，允许声扬给自己供货，质量工程师也会承受很大的压力。例如饱受声扬耳机折磨的生产员工肯定会质问：你们什么水平啊，这种东西都能放进来！吃多少回扣啊，有没有点质量意识啊！

可是如果按照进货检验标准，供应商考核标准，一开始，甚至整个第一年坚持拒收声扬的耳机，声扬还会做下去吗，还有持续改进产品的动力吗？那样的话，西门子还只能继续采购40美元一副的耳机。

我们经常听到生产工程师、质量工程师抱怨：公司老板就知道省钱，整天找一堆烂供应商，这样下去还要不要产品质量？公司还有没有未来？

根据有关数据，惠普90%的供应商都是小企业。世界一流的供应商产品质量肯定好，这谁都知道，可你跟他们打交道，有话语权吗？能谈价格吗？能让他们按你的要求如何如何吗？

其实很多小企业生产的产品未必就很差，这就需要优秀的采购工程师去寻找，需要优秀的质量工程师去辅导那些小企业，提高他们的产品质量。这也是采购工程师和质量工程师的价值所在。如果永远选择世界一流的供应商，还需要采购工程师干什么？还需要质量工程师干什么？

【讨论题】

供应商质量工程师在供应商关系管理中应发挥什么作用？对西门子公司的做法展开辩论。

习 题

1. 供应商关系管理的内容与模式有哪些？
2. 什么叫供应商开发？
3. 供应商开发的步骤有哪些？
4. 如何开展供应商认证工作？
5. 解释供应市场管理矩阵。
6. 如何理解供应商战略联盟？
7. 如何构建供应商战略联盟？
8. 讨论沟通如何促进供应商关系管理。

第 6 章
管理供应链成本

【本章要点】

1. 成本属性及分类核算；
2. 管理中的成本分析方法；
3. 质量成本；
4. 标准成本法；
5. 顾客盈利性分析及转移定价；
6. 供应链管理的成本权衡。

全球竞争、商业周期变化和技术革新带来的压力，已使供应链的成本管理比以往任何时候都更加变化莫测。面对压力，有效的战略成本管理对企业及整个供应链的成功至关重要。

长期性思考包括预期变化。产品与生产过程的设计必须容纳预期的顾客需求变化。供应链的灵活性是重要的，必须具有迅速变化的能力。供应链越来越长，但产品生命周期从产品引进到退出市场变得越来越短。企业追求的是长期成功，短期的、单个企业的成本降低不再是最终成功的标志，而这一目标需要长期性的、全供应链的战略性思维。

强调成本战略需要综合性思考，亦即从整个供应链的观点出发，关注满足最终顾客的需求，供应链上所有的节点企业的资源利用都以此为导向。

在质量和技术的驱动下，相对于材料和人工成本，产品中的设施成本所占比例逐渐提高，维护产能成本的比例在增加。供应链也从以关注材料及人工成本为主，转变到同时重视对设施成本的控制。

供应链上最重大的变化是互联网、信息技术以及电子商务的普及与应用。"新经济"集中体现在供应链之间网络通信的快速发展，越来越多地使用电子数据处理，这些技术加速了成本管理战略化的进程，这些进程导致随着信息处理越来越快、文档处理成本越来越低，供应链上各节点更容易得到内外部、行业以及世界经济环境的信息。

市场环境的一个重要变化是顾客对产品功能与质量的期望日益增加，导致产品生命周期更短，新特征和新产品面世更快，从而导致更激烈的竞争。过去的观点是通过自动化生产线造出大量低成本的产品占领市场，而今新的业务流程为顾客创造价值，关注顾客满意度，从低成本大批量生产转向关注质量、服务、及时地向顾客提供超值性能的需要，为顾客提供解决方案。成本管理实务变化了，聚焦于满足顾客偏好和期待以获得更大市场和收益。

一位牧民的羊总比别人的优质，被问及是如何做到的，回答是："当别人忙着给羊称体重时，我却想办法如何让羊长得更肥"。同样地，成本管理本质上也不是关注成本，而是要注意识别那些供应链成功的关键因素。

6.1 成本属性及分类核算

6.1.1 成本动因与成本对象

1. 成本动因

成本动因是导致总成本变化的所有因素。对基于成本领先战略进行竞争的企业，管理核心成本动因尤为重要，获得竞争优势的关键步骤是识别核心成本动因。例如，一家超市重要的成本动因之一是货物损毁，所以要求供应商建立并执行小心细致的搬运、摆放和存放流程。对于非成本领先的产品，尽管成本动因的管理不是最重要的，但关注核心成本动因还是有助于产品的成功。例如，一家公司为了获得仪器生产中的低成本优势，仔细考察了引发成本的设计及生产因素，以设计改进为突破口来降低成本，通过生产线平衡及自动化来实现原材料、人工和设备的高效利用，进而降低成本。

成本产生于当资源为某种目的而耗用时。例如，许多生产制造企业的材料成本、人工成本及其他成本。成本可以被归纳为各具意义的不同类别，这些类别就称为成本池。按照不同的方式将各成本分组，就定义了不同方式的成本池，例如成本类型（材料成本、人工成本池……）、来源（部门1、部门2……）、责任（经理1、经理2……）等。

为了某种统计管理目的将成本所分配的产品/服务单元称为成本对象。通常的产品/服务都可以作为成本对象，而生产车间既可能是成本对象也可能是成本池，这取决于被考虑的是生产部门成本还是产品成本。成本对象是一个广泛的概念，可以包括一个或一组的产品、服务、部门，等等，还可延伸到供应商和客户。任何成本可追溯并且在管理战略中有统计作用的项目，都可形成成本对象。

将成本归集到成本池或将成本从成本池归集到成本对象的过程称为成本归集。直接成本可以很容易追溯到成本池或成本对象。例如，生产一个特定产品所消耗的材料便是直接成本，因为它可以直接追溯到这件产品中去。同样，酒店为客人提供餐食的各种食材也是所提供服务的直接成本。

材料成本通过成本池（例如生产部门）来归集，然后分配到每个成品。而成品则是成本对象。酒店为每个客人提供的餐食的食材成本是直接成本，可以追溯到每个客人（成本对象）。成本对象的单位个数就是直接成本中的成本动因。总直接成本随数量成比例增加。

间接成本是那些成本或成本池不太容易追溯到成本池或成本对象，涉及多个成本对象或成本池。例如，生产管理成本和处理材料成本就不易追溯到某个产品，酒店的电费对于单个客人是间接成本，因为这一成本无法直接追溯到各个客人，但如果成本对象是这家酒店，则电费是直接成本。

将间接成本归集到成本池或成本对象的过程称为成本分配。用于成本分配的成本动因常被称为分配基础。虽然间接成本不能直接追溯到成本池或成本对象，在成本归集使用成本动因时，需要按一种有代表性的、成本的实际发生方式（例如材料价值）归集到成本池或成本对象。图6-1、表6-1列示了一家制造企业中成本、成本池、成本对象和成本动因之间的关系。

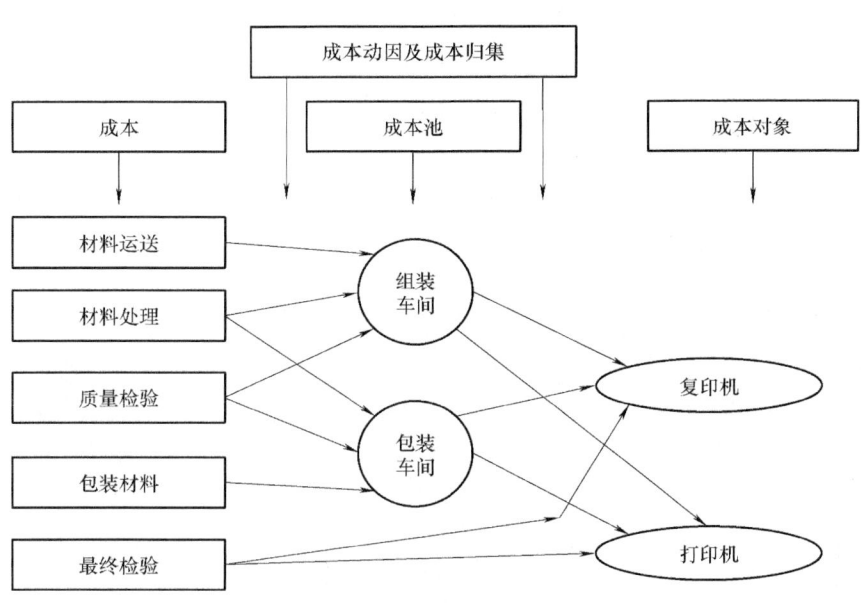

图 6-1 一家制造企业中成本、成本池、成本对象和成本动因之间的关系

表 6-1 一家制造企业中成本、成本池、成本对象和成本动因之间的关系

成本	成本动因	成本池	成本动因	成本对象
直接成本				
材料运送	直接追溯	组装车间	直接追溯	复印机和打印机
包装材料	直接追溯	包装车间	直接追溯	复印机和打印机
最终检验	直接追溯	不适用	不适用	复印机和打印机
间接成本				
质量检验	分配基础：车间员工数	组装与包装车间	分配基础：产品的直接工时	复印机和打印机
材料处理	分配基础：产品的零件数量	组装与包装车间	分配基础：产品的零件数量	复印机和打印机

2. 直接成本和间接成本

直接材料成本是成本对象或产品中的材料及运费、残次品扣除、相关费用等成本。间接材料成本为用于生产而不包含在最终产品中的材料，例如生产工人和机器使用的清洗材料。

直接人工成本包括生产产品和提供服务的人工及一些不可避免的正常非工作时间，如工间休息时间和个人时间。间接人工成本为生产提供支持，例如质量控制、监督、检查、采购与接收、材料处理、厂房管理人员劳动、停工时间、清理及培训。但由于成本对象不同，可能属性也不同，例如，设备维护与修理的人工，对这个设备所在的车间是直接人工成本，而对于产品则为间接人工成本。

直接成本、间接成本的概念同样适用于服务业。图6-2是一家医院的成本、成本池、成本对象和成本动因之间的关系。

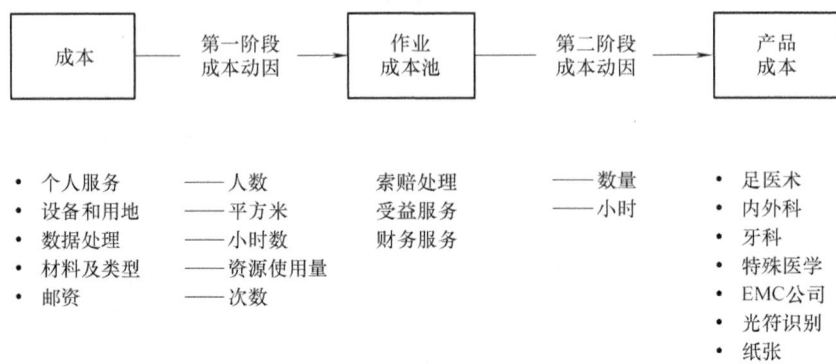

图6-2　一家医院的成本、成本池、成本对象和成本动因之间的关系

除了人工成本与材料成本之外，生产产品或提供服务还需要其他类型的间接成本，以改善各种支持设备，如材料处理所用设备。间接材料、间接人工和其他间接成本汇集成一个成本池，所有这些间接成本称为间接费用。

直接材料、直接人工、间接费用这三类成本为了不同的管理目的而进一步组合，例如直接材料加直接人工称为主要成本，直接人工加间接费用称为转换成本。在一些高度自动化的制造企业中，人工成本在总成本中的比例较低，因此可能会将其战略重心放在材料和设施及间接费用上。

3. 成本动因的类型

成本管理需要识别成本动因变化对成本对象总成本的影响。有四种成本动因描述成本的变化：作业基础的成本动因、数量基础的成本动因、执行性的成本动因和结构性的成本动因。作业基础的成本动因与特定的生产作业（或服务中的作业）相联系，是在具体的生产层次上制定的，如产品检查、机器准备、材料处理和包装；数量基础的成本动因是在一个总体水平上制定的，与产出水平相关联，如产品数量或生产中所耗直接工时数等。两者的差异是：作业基础成本动因一般是建立在作业层次上详细分析，常常包括了单个机器或工作单位。表6-2列示了一家银行的作业和成本动因。而数量基础的成本动因则一般建立在总体水平上，如总产量或总工时等。

表6-2　一家银行的作业和成本动因

作业	成本动因
提供自动提款机的服务	银行顾客存取款次数
开户和销户	自动提款机的交易次数
提供存取款服务	开户和销户数
签发旅行者支票	要求开支票数
给顾客提供建议	接受咨询顾客数

(续)

作业	成本动因
调查异常交易	调查的交易数,取决于管理政策和程序
计算机更新顾客账户余额	更新账户数量
定期测试现金和交易处理的内控问题	测试次数,基于公司政策,部分由新员工人数和以前贪污盗窃次数决定
处理贷款申请	贷款申请处理数
准备新贷款申请(汽车、房子及商业贷款)	准备的贷款申请数
准备批准贷款和付款	批准贷款数
处理银行间转账	转账次数
邮寄顾客对账单	账户数
回答顾客问询	顾客询问次数

执行性成本动因和结构性成本动因用于促成经营决策和战略决策,在供应链中更为关注。执行性成本动因是企业在短期经营决策中降低成本的一些管理因素,包括:员工参与、生产过程设计、供应商关系等。研究这些执行性成本动因可以发现降低成本的手段。

结构性成本动因具有战略性质,有助于企业改进其竞争定位,涉及诸如规模、经验、技术、复杂性等有长远影响的计划与决策。这些分析包括价值链分析和作业管理。特别是价值链分析有助于企业评估其当前的和未来的结构性成本动因的长期影响。例如,零部件供应商的规模和生产能力的提升,促使整机厂重新考虑某些部件自制/外购的决策。

6.1.2 固定成本与变动成本

变动成本和固定成本构成了总成本。变动成本是总成本中随成本动因数量变化而变化的成分,如直接材料成本和直接人工成本。固定成本则是在定义的范围内,其总额在相关范围内大致是不变的,是不随成本动因数量变化的固定成分。如图 6-3 中,固定成本用一条水平线表示,单位变动成本是斜率,总成本是上斜的直线,是变动成本与固定成本之和。

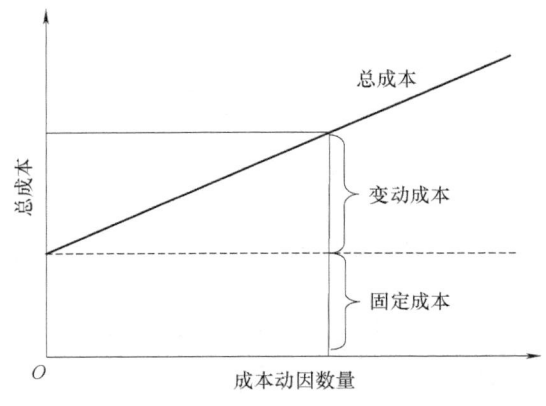

图 6-3 总成本、总可变成本和固定成本

直接材料和直接人工都是变动成本。固定成本包括一些间接成本，尤其是设施成本（折旧或租金、工厂建筑所纳税款、保险等），以及其他不随产量变化的生产支持成本，如生产主管工资。然而，间接成本中也有变动成本，例如机器的润滑油。而是否归于变动成本，则由成本对象而定。如制造业中，产品可成为成本对象；但在服务业中，成本对象不易确定，例如医院的成本对象可以有不同的归类，如病人数量、治愈人数、患者人天数等。从长期的角度，所有的成本都是可变的，只要时间足够长，任何成本都会变化。但从经营角度考虑，更多地考虑在一定期间内是属于固定的还是变动的。

阶梯式固定成本随成本动因的变化呈离散型的阶梯状变化。例如，如果一个服务人员每天能处理100个顾客投诉，那么每超过100个顾客，就要增加一名客服人员。每一阶梯对应一个成本动因的特别层次。可以通过考虑成本动因以决定一项成本究竟是固定成本、变动成本还是阶梯式固定成本。

总成本除以总产量等于单位成本，或称平均成本。常用于产品定价和盈利性评估。单位成本中也还可分解出单位变动成本和单位固定成本，区别同样是前者不随产量变化，而后者随产量变化，如表6-3和图6-4所示。

表6-3　单位固定成本和单位变动成本

	假设产量10000个		假设产量20000个	
	固定成本	变动成本	固定成本	变动成本
总固定成本（元）	100000	—	100000	—
单位成本（元/个）	10	8	5	8
单位成本合计（元/个）	18		13	

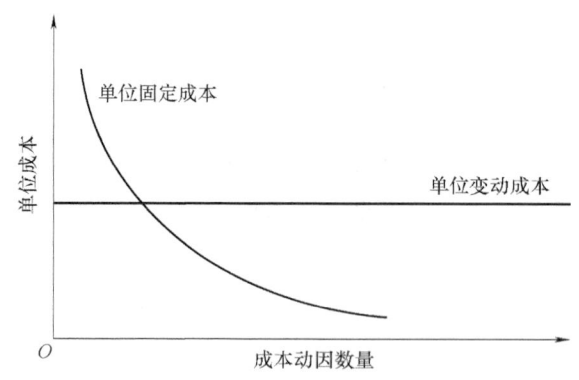

图6-4　单位变动成本和单位固定成本

边际成本是指成本动因增加一个单位时增加的成本。假设相关范围内存在线性成本关系的条件下，边际成本等于单位变动成本。

采购方常常要求供应商在报价中提供成本细分，表6-4是一家猪肉生产企业基于成本动因的成本分解。这里，人工成本是固定的，因为员工的工资基础是固定的，只有当工资变成福利的固定成本动因变化时，人工成本才会发生变化。成本对象是猪的数量。

表 6-4 猪肉生产企业基于成本动因的成本分解

成本	成本细分	成本动因
变动成本	饲料 肥料 兽药 运输	死亡/挑选成本 饲料肥效的成分 投入成本 维护协议 药物成本 猪群健康 运输距离 运输成本 饲料/水效能
固定成本	人工成本 设备成本 　折旧 　出租/合同 　保险 　房产税 　公用设备 　物料用品	工资 福利 员工所得税 人员配备程度 奖金

6.1.3 成本核算

产品与服务成本的精确信息在战略管理、计划与决策、管理和经营控制及财务报表编制等每一项管理职能中都很重要。制造业企业和商业企业差异很大，例如，服务企业的存货一般没有或很少，相对简单。

存货无论在制造业企业还是商业企业都是资产负债表上的资产，当存货具有市场价值时，销售前被视为资产，销售后产品成本转入利润表，作为产品销售成本。从设计开发、生产（或商业企业的购买、存储）到销售服务，亦即从资产负债表上的资产到利润表上的费用。这便是产品成本的生命周期。

制造业产品成本包括制成产品的必要成本。分为三部分：直接材料（产品生产所耗费的材料，最终成为产成品的物质组成部分）、直接人工（产品生产中所耗费的人工）和间接费用（间接材料、间接人工和支持生产的设施）。

商业企业的产品成本包括购买成本和零售商、批发商支付的运输费。

期间成本是所有其他的管理、销售费用在发生时的，但不包括在直接或间接的生产成本中（或产品的购买中）支出。期间成本并不为未来创造价值，但销售存货产生未来现金流。期间成本主要包括行政管理费用、销售成本，例如广告费、数据处理成本和管理人员、员工工资等。

表 6-5 给出了一个整套沙发的生产成本的例子。成本对象是沙发的生产线，而非单套沙发。

请注意：①产品成本和费用都可以直接或间接地归集到成本对象上。应用时要注意区分产品直接成本和间接成本，可以不区分直接产品费用和间接产品费用。②这里是将沙发的生产线作为成本对象,如果细分将单套沙发作为成本对象,因为生产主管的工资可以追溯到每个生产线却无法追溯到单套沙发,由直接固定产品成本变为间接固定产品成本,其他概念要素不变。

表 6-5　一个整套沙发的生产成本的例子

成本	生产成本		
	直接成本	间接成本	期间成本
变动成本	木头、布、海绵、弹簧	电锯能耗	销售人员的佣金
固定成本	生产主管工资	电锯折旧	销售公司的保险和折旧

成本还随着生产过程在流动着,如图 6-5 所示,左边是制造业企业的成本流,右边是商业企业的成本流。差异在于制造业企业的存货是利用原材料、人工和间接费用生产出来的,而商业企业的存货则是购买的。二者都有期初和期末余额。制造业企业中有三种存货账户记录:原材料成本,即生产用材料的存储成本;在制品成本,即已投入但尚未完工产品的所有成本;产成品成本,即准备销售的产品的成本。

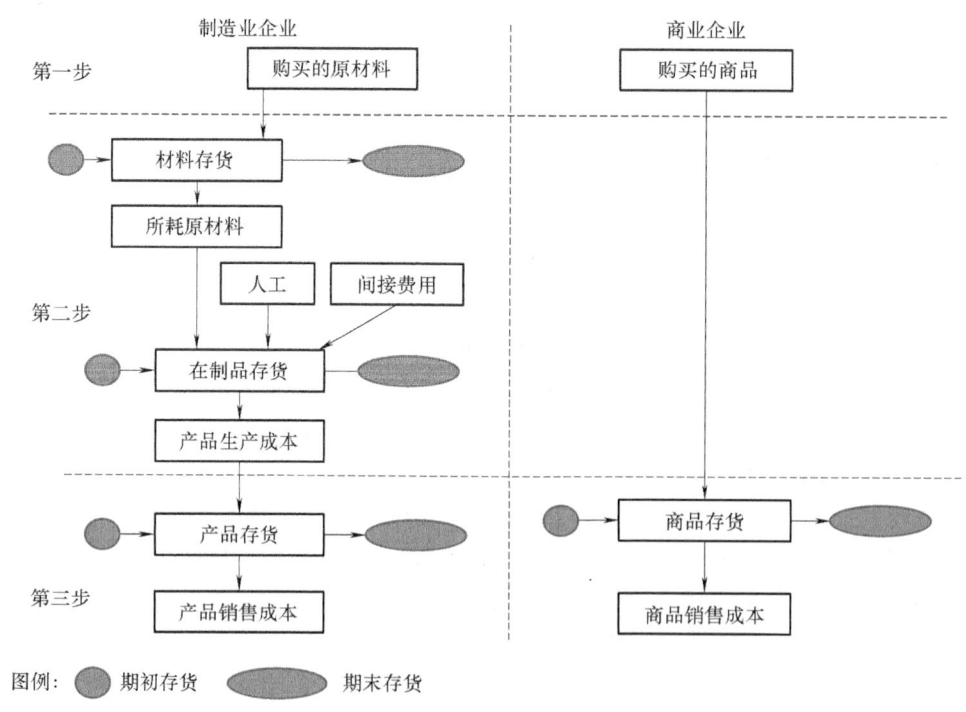

图 6-5　成本流

6.2　管理中的成本分析方法

为了方便管理计划与决策,需要与之相关的成本为相应的决策做出参考。

6.2.1 相关成本

相关成本是将来某一时间发生的成本,它因可选方案而异。相对应,不相关成本不因决策者选择而变。例如,在选购新设备时,只要未来操作培训费用对所有设备都是相同的,采购进行供应商决策时这些开支就可以忽略。此外,已经发生的或已被承诺的成本也是无关的,因为决策并不能影响这些成本。这样,采购方现有设备的成本就是无关的。旧设备未来的价值可能在于残值利用或以旧换新。决策原则是:与决策相关的成本只考虑随可选方案而变化的未来成本(见图6-6)。

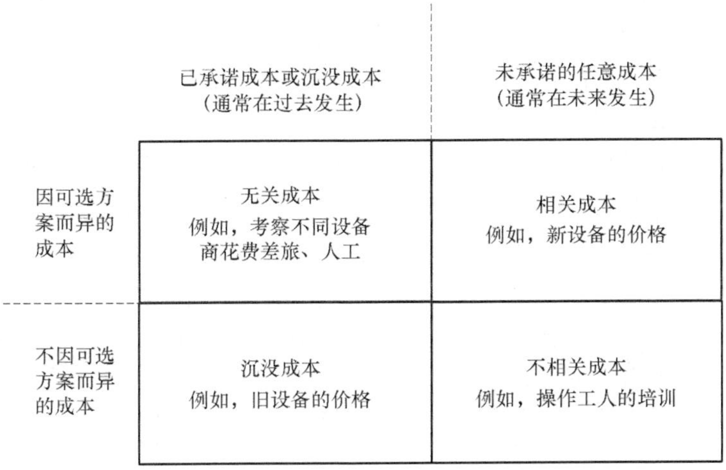

	已承诺成本或沉没成本 (通常在过去发生)	未承诺的任意成本 (通常在未来发生)
因可选方 案而异的 成本	无关成本 例如,考察不同设备 商花费差旅、人工	相关成本 例如,新设备的价格
不因可选 方案而异 的成本	沉没成本 例如,旧设备的价格	不相关成本 例如,操作工人的培训

图6-6 成本分类及成本相关性(以设备采购为例)

当有两个或两个以上的选项时,从财务角度,收益(货币)最大的最好,这时需要相关成本信息。各选项的相关成本不相同,相关成本发生在将来,是相关成本的两个特点。如果某项成本对每种选项都相同,那没必要视作相关成本;而已经发生的成本,因为已不可能再将其改变了,则是不相关成本。

沉没成本是指过去已经发生的不相关成本,它们无法改变。例如,一台新机器坏了,那么过去的买价对当前更新/修理决策而言是无关的。常常有人更愿意投资去"收回"沉没成本而非关注与赚取同样的利润,尽管那些投入已经是沉没成本了,还是企图不断增加投入,试图挽回。

差异成本是各决策选项所预期的未来成本的差异。它可能是与决策直接或间接相关的成本差异,例如,更新旧机器的结果会产生新机器的购买成本(直接)、维护和电力(直接)成本差异。

机会成本是选择该方案后,放弃其他的方案所失去的最大收益。例如,如果选择放弃新顾客的订单,以保证现有顾客的订单可以按时交货,那么,该决策的机会成本就是放弃潜在利润。事实上,保证现有顾客的忠诚有很重要的长期价值但很难估量。而新顾客订单的短期损失可以清楚衡量,而长期却是未知的,也不容易估计。

6.2.2 作业成本法

作业成本法(Activity Based Costing,ABC)是一种基于产品或服务对作业的资源消耗从而将成本分配至产品或服务中去的成本核算方法。ABC 的前提是产品或服务由作业完成，在作业中消耗的资源产生了成本，资源被分配给作业，然后作业被分配到耗用它们的成本对象。通过识别资源、作业及产品生产对其成本的需求，运用 ABC 将间接成本分配给产品或服务等成本对象，将各项资源成本分配到产品或服务中去。ABC 是一种在作业、成本对象、成本动因和作业业绩计量基础上维持和处理企业资源方面业务数据的财务系统，它可以将成本分配至作业和成本对象。

与传统成本核算系统相比，ABC 系统的优点在于：成本池通过作业或作业中心界定，而非固化于部门成本中心或生产车间；分配作业成本到成本对象的成本动因必须建立在因果关系上，而非与资源成本和成本对象不关联的简单数量比例。ABC 更清晰地确认了各种不同作业的成本，能够体现个别产品或服务对作业需求的计量标准，将那些作业成本分配到产出的成本对象，因而能更准确地报告成本。

1. 作业基础的成本动因

作业基础的成本动因是通过作业分析来识别处理的，其描述过程中的具体作业包括产品生产或服务提供过程中的每一活动。对每一活动都建立一个成本动因以解释由作业引起的成本变化。例如，表 6-6 显示了一家网络零售企业各项销售作业的成本动因。

表 6-6　一家网络零售企业各项销售作业的成本动因

销售作业	成本动因
1. 服务普通顾客	1. 电话和电子邮件查询
2. 顾客订单处理	2. 时间（软硬件折旧）
3. 回答顾客问题	3. 电话和电子邮件查询
4. 商品存货选择和管理	4. 新产品数量
5. 成像和注释	5. 存货数据库的变动数量
6. 采购和收款	6. 订单数
7. 虚拟店面最优化	7. 时间（网页开发小时数）
8. 赢得顾客和留住顾客	8. 目标顾客数量
9. 分支机构销售	9. 分支机构链接数量
10. 信息系统支持	10. 数据库容量
11. 企业/行政部门支持	11. 主要动因数量
12. 企业的产品支持	12. 产品品种数
13. 设备/生产维护	13. 生产区面积
14. 设备/管理维护	14. 办公区面积

作业的详细描述，能够帮助管理者更精确地制定产品或服务的成本，从而帮助实现企业战略目标；同时，通过作业分析、监督和评价详细层次上的业绩，也有助于提高管理与运营控制。通过作业成本法和作业管理获得两个结论：①识别哪些作业为顾客贡献价值最大；②关注那些与期望大相径庭的、最耗成本的作业。

2. 作业成本法在供应链中的应用

作业成本法通过提供更好的成本统计来帮助管理者实现更有效地管理，更好地辨识竞争优势和劣势。该方法在一些传统领域得到很好的推行：在生产层面运用计算机计划系统，以降低计量作业成本及作业成本；通过正确计算成本防止产品的定价错误；产品数量、规格和服务，顾客、流程多样化差异较大时，可厘清各种因素的成本贡献。但是，ABC用于分解成本的费用也不能不考虑。总之，当收益超过其推行成本时，供应链的各个节点均可运用ABC。

作业成本法实现的四个主要目标是：产品/服务成本计算、流程分析、业绩管理和盈利性评价。作业成本法系统的推行步骤依次是：①识别资源成本和作业；②将资源成本分配给作业；③将作业成本分配给成本对象。

3. 作业管理

作业管理（Activity Based Management，ABM）是指通过对作业成本信息的管理，帮助管理者提高供应链各环节的价值并提供该价值从而增加获利能力。在作业基础管理下，供应链各环节所获得的价值及利润都增加了。在推动ABM时，ABC是其主要的信息源。

作业管理的主要目标包括以下两点。

（1）对关键运营过程和作业的有效性进行统计，找到降低成本并增加最终顾客价值的环节。

（2）将资源分配给关键增值作业、关键产品、关键顾客，持续改进、改善管理关注点等以提高竞争优势。

成本动因分析、作业分析和业绩衡量是ABM运用的主要根据。成本动因分析是对成本动因的效应进行确定、检查和解释，目的是寻找作业成本的根本原因。成本动因分析的常用工具包括因果图、帕累托和标杆分析。作业分析是对某一过程的作业进行识别和描述，其中收集信息方式有访问、问卷调查、观测、文件回顾等。业绩衡量显示了在作业、过程或组织单位中完成的工作及达成的财务业绩和非财务业绩。财务业绩包括产出的单位成本、销售收益率、各个环节的增值作业和非增值作业的总成本；非财务业绩包括顾客、制造过程和人力资源的评价，例如，顾客满意调查结果、顾客抱怨、不合格品、产品单位量、生产周期时间、准时交货率、员工建议数及员工士气调查结果等。

将运营性作业管理上升到战略性作业管理层次。运营性作业管理旨在提高运营效率，力图提高效率和资产使用效益、降低成本，包括作业管理、企业流程再造、全面质量管理（Total Quality Management，TQM）和业绩评价等管理工具的运用；而战略性作业管理关注于流程设计、产品线、顾客组合、顾客关系、市场细分、销售渠道和供应商关系等方面。

6.2.3 目标成本法

许多行业面临着全球性竞争和越来越高的顾客期望，并不得不生产优质和多功能产品时，都在不断地寻求降低成本的途径，目标成本法成为主要的竞争性定价手段：企业根据竞争性市场价格确定产品或服务的期望成本，从而达成期望利润。

$$目标成本 = 竞争性价格 - 期望利润$$

为了达到目标成本水平，可以有以下几种选择。

（1）通过采购更加便宜的原材料，降低价格。这取决于在供应链中是否占有足够的优势地位去挤压上游供应商及降价的空间是否足够，但降低价格的风险是质量的降低及供应的中断。

（2）通过使用新的生产技术，运用先进的成本管理方法，如ABC，并通过关系管理，寻求更高的生产效率，降低成本。

（3）通过产品或服务的再设计，可降低成本至目标成本水平。此法对很多企业均有益，因为设计决定着产品生命周期成本的大部分。通过精心设计能有效地降低总成本。

许多企业更倾向于后两种选择，即经营控制以实现生产率的提高；利用目标成本法以确定低成本设计。目标成本法结合持续改进，提供了更具体的有意义的目标。明确目标后，执行力更强，也更具激励性。产品在设计初期就考虑成本和市场因素，运用基于功能/成本权衡分析的目标成本法，评估全生命周期的整体成本。目标成本法应用于上游供应商，可帮助供应商降低产品总成本。

实施目标成本法的六个步骤是：①认识市场价格；②确定期望利润；③市场价格减期望利润得出目标成本；④运用价值分析识别降低产品成本的途径；⑤分解、落实目标成本到责任部门（人），如果达不到则回到第①步；⑥运用成本改善方法和经营控制进一步降低成本。

目标成本法中的常用工具之一是价值分析/价值工程（VA/VE），它通过分析"不同类型不同特点的产品功能"与"总生产成本"两者的平衡关系来降低生产成本。VA/VE 的第一步是在设计新产品或改良产品中辨明、分析客户的主要偏好，从而决定产品/服务的预期功能。

像汽车、视听设备和计算机软件等产品，可以轻易增加或取消其功能，新款式或升级的产品上市快，客户偏好也常改变。另一类产品功能不是另外加上去的，而是设计在产品之中的，如专业设备和工业产品，像建筑设备、载重汽车和专用医学设备等，客户的偏好可能更固定一些，改变难度也大。目标成本法对于第一类产品更有效，因为性能的改变、控制比较容易，客户价格敏感度更高。运用 VA/VE 对产品的每一个主要功能或特性的效用和成本进行考查，确定效用满足目标成本要求。

在这一个步骤中，标杆对比经常被用来确定哪些特征能给产品带来竞争优势。这些特征及成本放在市场环境下，与竞争对手相比较才更有意义。在成本低于目标水平的前提下，确定赋予哪些新的效用和特征，以满足顾客的偏好。例如，一款汽车增加改进了的安全气囊，但是，一个改进了的音响系统由于目标成本约束可能会推迟到下一个款型。

第二类产品，即专业化的非消费类产品，VA/VE 需要进行多种有相似特性但效用水平与成本有差异的产品设计分析。价值链和标杆分析有助于形成成本低且有竞争力的方案。设计与成本管理人员协同工作，选择最符合客户偏好、符合目标成本的设计方案。

成本表是关于成本动因的基础数据信息。例如，产品规格、制造所用材料以及产品特性数量等成本动因。同一设计的不同规格零部件，成本表显示了不同材料、不同规格部件的具体成本数据。产品成本可以通过成本表导出。

成组技术将所生产产品中具有相似性的不同部件进行分类，因为两个或更多的产品可以使用相同的部件，从而降低成本。对于拥有多个生产线、产品繁多的大制造商及大供应链，分组技术的意义更大。分组技术不仅可降低生产成本，还可用于保修及服务。

价值工程法用于改进设计，但目标成本法并不止步于此，在制造阶段使用持续改进和经营控制来进一步降低成本。降低成本就要结合价值分析，并引进新的制造方法（例如柔性制造系统），使用新的管理技术，例如经营控制、约束理论和TQM。改进意味着"不断地提高"，即不断创新以降低产品成本。

图 6-7 表现了目标成本法和持续改进之间的关系。在整个产品销售生命周期中，激烈竞

争导致产品质量和性能不断的提升和价格的稳定或逐渐下降。而应对竞争压力的方法还是不断使用目标成本法重新设计产品，增加产品价值，降低产品价格。在价格持续下降的环境下，在图中第一和第二目标成本的两点，产品重新设计，而两点之间则运用持续改进、简化供应链、改进生产方法和生产力规划来降低生产成本。从这个意义上说，在持续降低成本和增加价值方面，目标成本法和持续改进是互补的。

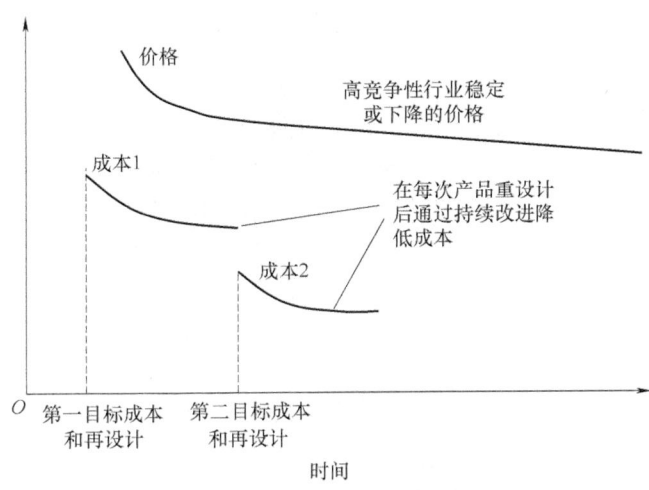

图 6-7　目标成本法和持续改进

6.2.4　约束理论

许多战略措施都旨在提高成本生命周期内的运营速度。速度也是竞争优势。顾客需要更快地获得反应，要求更快地发货。更短的产品销售生命周期要求产品研发时间的缩短。速度正成为一些最成功的商业模式的主要因素。图 6-8 表示了在整个成本生命周期内衡量和加快速度的手段。

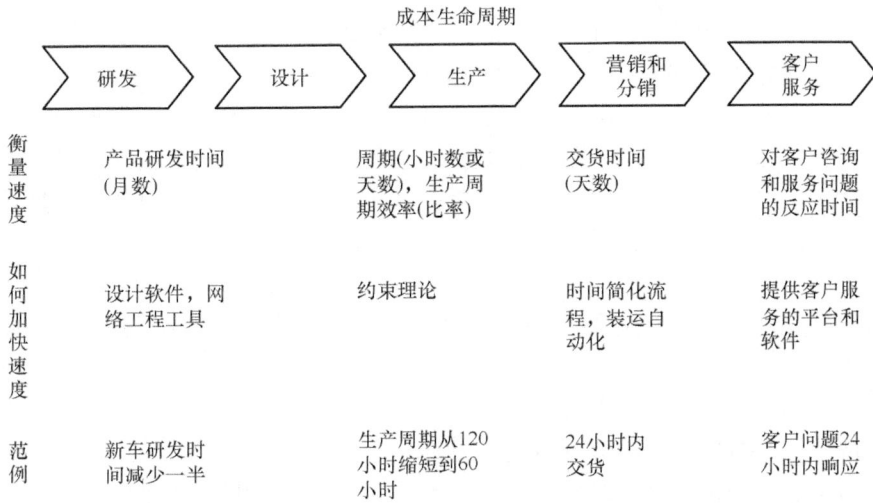

图 6-8　成本生命周期内衡量和加快速度的手段

生产周期经常定义为：生产周期是从接到顾客订单到发货的时间。

另一个指标是生产周期效率（Manufacturing Cycle Efficiency，MCE）。

$$MCE = \frac{加工时间}{生产周期}$$

在整个周期中，除了加工时间（产品的增值作业），还有检查时间、原材料处理时间、等候时间和一些行政时间等。应减少在搬运、等待、检查和其他非增值作业上的耗时，努力使 MCE 接近 1。

约束理论（Theory of Constraint，TOC）是加快生产进度的方法。约束理论聚焦于缩短周期以降低运营成本。TOC 不将资源耗费于提高制造全过程的效率和速度，而是将关注点集中于生产过程中的瓶颈或约束点。瓶颈限制了产品整个作业周期。在行军队伍中，走最慢的人是瓶颈，他决定着整个队伍的速度。提高瓶颈之前的作业效率是无用的，加快非约束性作业的速度和提高其效率会导致生产障碍和在制品积压（就像行军队伍全部都被最慢的人拖住），而且会把关注点和资源从实际误工周期吸引过去。TOC 把关注点转向提高瓶颈因素的速度，以缩短生产周期。表 6-7 比较了 TOC 和 ABC 的区别和关注点。

表 6-7 TOC 和 ABC 的区别和关注点比较

	TOC	ABC
成本动因	没有直接利用成本动因	增加了对单位级、批次级、产品级和设备级成本动因的理解
资源约束和生产能力	明确涉及；是 TOC 的主要内容	无明确涉及
主要用途	最佳生产流程和短期产品组合	战略性定价和盈利规划
主要目标	短期关注；基于材料和与材料相关成本的完工效益分析	长期关注；产品全部成本分析，包括材料、人工和间接费用

6.2.5 生命周期成本法

生产/服务成本只在相对短期内报告和测算，例如一个月或一年。生命周期成本法考虑了产品/服务整个生命周期的成本，从一个长期的视角提供了产品/服务成本和盈利性的更全面的透视。一个草率而快速设计出来的产品，其设计成本的投资极少，但设计不周可能造成生命周期中后期非常高的生产、采购、质量、营销和服务成本。对成本的关注点应该从仅仅聚焦于生产成本转向整个生命周期（上游、生产和下游）的总成本，如表 6-8 所示。生命周期成本可以被定义为四个主要的成本类别，每个类别与连续且重叠的产品生命周期阶段相联系。

（1）与产品方案分析阶段、技术研制阶段、工程和制造研制阶段相关的研究和研制成本。

（2）与生产和部署阶段相关的投资成本。

（3）与持续保障阶段相关的使用与保障成本。

（4）在整个生命周期中发生的处置成本，当产品从有用的服务变为失效部件及"废品"时需要处置，如，不能保留有用服务、不可维修、不可更换或检修的部件和系统。

第 6 章　管理供应链成本

表 6-8　产品生命周期的总成本

上游成本
研发费用
设计费用：原型制作，工程设计和同步检测
生产成本
采购成本
直接生产成本
间接生产成本
下游成本
分销和营销：包装、装运、促销、样品和广告
保修和服务：产品召回、顾客支持和产品责任

总体拥有成本（Total Ownership Cost）的概念是要试图获得产品的设计、研制、拥有和保障的真正成本。在单个项目的层面上，总体拥有成本是产品生命周期成本的代名词，如表 6-9 所示。如果新的产品可以设计得更可靠（更少的故障）和更具维修性（更少的资源需要），同时产品及系统备件的成本也没有大幅增加，那么产品的总体拥有成本将会更低。

表 6-9　总体拥有成本的分解

因素	成本项目（详细说明）
采购成本	供应商销售价格（出厂价） 采购的上游管理费用（供应商管理、资格审核、RFI、RFP、RFQ） （成本按采购量摊销） 非经常性固定成本（研究、工具、工业化、设置） （成本按采购量摊销） 主要采购引起的成本（许可证、合同修订、研制、维修服务等） （取决于采购的类型） 备件（除运行保障以外——资本性投资支出项目的采购） （供应商付款条件）
供应的物流成本	物流交付成本（运输、搬运、外部仓储） 支付运输代理和服务提供商（所有主要参与者） 保险和付款保证 存储成本 供应商/配送公司管理成本（交付时间表和电话、提醒、信息系统成本） 接待费用（手续费、质量检查）
各类风险的费用	预防汇率的波动（取决于合同中的货币） 存储成本（覆盖提前期波动/不合格品的安全库存） 本地指定的技术支持（质保） 处理不良操作（客户退货、供应商退货、纠纷、维修、更换） 停产或重排的成本（随后的交货延迟、供应链功能障碍）

(续)

因素	成本项目（详细说明）
处置成本	报废产品的回收（逆向物流成本） 产品再加工 报废管理的行政管理费用 环境恢复的成本 再售或再利用价值（相关修复的费用抵消额）

在生命周期成本管理中，当过度倾向于重视生产成本时，可能会造成巨大的上游成本和下游成本，尤其在一些特定产业，例如，汽车制造，计算机软件，制药，专用工业设备和医用设备，零售，香水、化妆品和卫生用品等。

可以用多种方式来管理上下游成本，包括通过改善与供应商和分销商的关系。价值链分析可提供一种有效的方法来辨认制造业或服务业的供应链上、下游和其间的关联，如图6-9所示。

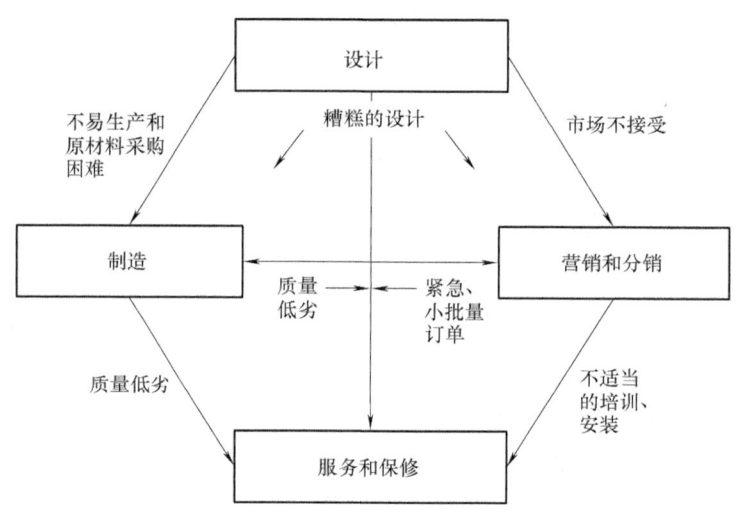

图6-9 价值链上的上、下游关联

在考虑上、下游成本时，关键之一是设计阶段的决策制定。尽管发生在设计阶段的成本可能只占整个产品生命周期全部成本的非常小的比例，但是设计阶段的决策对产品制造、供应链、营销和服务计划具有重大影响，锁定了生命周期的大部分成本。设计阶段的关键成功因素有以下四点。

（1）缩短上市时间。在开发速度和交货速度要求高的竞争环境中，要努力削减产品进入市场时间。

（2）减少预期服务成本。应通过精细、简洁的设计和可替换材料的使用，大幅降低服务成本。

（3）简化制造过程。为了加快制造速度和减少生产成本，设计应易于生产。

（4）流程规划和设计制造。包括柔性化的流程规划，快速的设备切换和产品转换，制造理念、计算机集成制造、计算机辅助设计和同步工程设计的应用。

基础工程设计、模板制作、原型制作和并行工程设计是四种常用的设计方法，如表 6-10 所示。

表 6-10 四种设计方法的特征

设计方法	设计成本	设计速度	对下游成本的影响
基础工程设计	依赖预期的复杂性和功能性；应该相对低一些	快	可能非常高；对于设计过程来讲，市场和生产是不完整的
模板制作	适中	快	未知数；如果在市场或生产中比例不起作用，可能带来不能预期的代价
原型制作	重大；材料、人工和时间	慢	可能带来成本的大幅下降
并行工程设计	重大；设计是完整的、不间断的过程	连续的	能带来成本的最大节省

6.2.6 本量利分析

1. 本量利分析

本量利（成本-产量-利润，Cost-Volume-Profit，CVP）分析是以理解变动成本、固定成本、单位销售价格与产出水平之间的关系为基础，分析运营和营销决策如何影响净收益的一种方法。CVP 应用于以下方面。

- 制定产品和服务价格。
- 引进新产品或服务项目。
- 更换设备。
- 产品或服务自制/外购决策。
- 战略性 What-if（"如果……将会怎样"）分析。

CVP 建立了成本、收入和利润三个因素之间相互关系的模型，分析数量变动对这三个因素的可预见影响。CVP 模型是

$$利润 = 收入 - 总成本$$

也可写成

$$收入 = 固定成本 + 变动成本 + 利润$$

用销售量表示的模型形式变为

$$p \times Q = f + v \times Q + N$$

式中，p 是销售单价；Q 是销售量；f 是固定成本总额；v 是单位变动成本；N 是经营利润。

对 CVP 模型的有效使用要联系到另外三个概念：边际贡献、边际贡献率和贡献收益表。边际贡献可以是单位也可以是总量的概念。单位边际贡献是销售量增加一单位带来的利润增长。

$$单位边际贡献 = p - v$$

边际贡献率是单位边际贡献和销售单价的比率，即

$$边际贡献率 = (p - v) / p$$

贡献收益表显示CVP中所用信息，从销售收入中减掉变动成本及固定成本，得到边际贡献总额及净收益。它简单而准确地预测了销售额（或销售量）变化对利润产生的影响。

2. CVP的战略作用

在产品成本生命周期的早期阶段，可以运用CVP来预测产品是否有可能获得期望收益；在目标成本法使用的早期阶段，运用CVP可以计算预计销售水平下不同的产品设计对利润的影响。在成本生命周期的中期，如在制造计划阶段，可以运用CVP以选择最优化生产程序（包括何时替换设备机器，购置何种类型的机器，何时外包一项生产作业以及何时进行生产过程自动化）。在成本生命周期的后期，可以运用CVP以选择最佳的营销和分销方案，例如，市场推介或折扣计划的可行性评价。CVP关注的战略性问题包括以下方面。

- 为达到期望利润水平，还需要增加多少额外的销售？
- 在销售量一定的情况下，预计的利润水平是多少？
- 销售量的增长会如何影响利润水平？
- 在期望的既定服务水平下，所需的资金规模是多少？
- 单位可变成本降低一定比例会带来多少利润？
- 对销售的预测是否与预计利润一致？
- 为了维持现在的利润水平，为弥补价格一定量的下降，需要增加多少销售量？
- 需要多大的销售量以补偿一个生产线或销售地区的全部成本？
- 需要增加多少销售量才能满足扩张生产线带来的额外的固定费用？
- 为使利润增至期望的水平，需要增加多少销售量？

本量利分析还应用于战略定位中。选择产品差异化战略，会聚焦成本生命周期的早期，可运用CVP评价新产品的盈利性及现有产品新特性的可取性。选择成本领先竞争战略，则更需要在产品生命周期的制造阶段运用CVP，为达到预计业务水平，确定成本效益最大化原则的制造方法，包括外包、自动化质量控制等活动。

本量利分析还在保本计划中获得应用。决定保本点是许多产品运营计划的起点，即收入和总成本相等、利润为零的那一点。CVP可以计算得到保本点。在CVP模型中令N为零，根据已知v、p和f，通过等式法和边际贡献法，都可以求出对应的销售量（额）Q。

6.2.7 自制-外购决策

1. 成本分析

通常情况下，组织产品生产的根据是物料清单（Bill of Materials，BOM）。它是产品生产所需要素的明细。在BOM中，哪些生产用料应由企业内部生产，哪些应从外部供应商处购入，市场可选择性日益广泛，也使得自制-外购的决策更加复杂。

自制-外购的决策中需应用相关成本的信息，零件自制的相关成本信息主要包括短期制造成本，即变动成本，它可能因零件外购而节约。在决策时，只将变动成本与零件购买价格做比较，而暂不考虑其他与外购决策无关的成本。例如，假设有一家生产仪表的企业。目前自己生产仪表显示板，现在正考虑是否从供应商那里购买显示板。表6-11中的成本信息假设固定间接费用不会因公司的购买或自制决策而改变。

表 6-11　成本信息

采购显示板的成本（美元/个）		24.00
生产显示板的成本（美元/个）		
材料	16.00	
人工	4.50	
变动间接费用	1.00	
总变动成本	21.50	
固定间接费用	6.00	
总成本（美元）	27.50	
生产相关成本（美元）		21.50
比购买节省的成本（美元）		2.50

表中，参与决策的不是总成本 27.50 美元，其中的固定间接费用不应影响决策，生产显示板的相关成本是 21.50 美元，比购买少 2.50 美元，所以从成本考虑应自行生产显示板。但是仅进行成本分析是不够的，还要加入零件质量、供应商可靠性以及公司潜在生产能力等战略性考虑因素。

在设备租赁还是外购之间做选择时，也有类似的考虑：随着租赁成本和条款变得优惠和普遍，这样的决策将更加频繁。例如，一家芯片加工企业，制造过程中使用一台大型压片机。这台机器是按年度租赁来的，租赁商提供基本的维护服务，每年的费用包括固定的年租金 40000 美元，每压一个芯片收取 0.02 美元。因为技术的发展，有了最新款的升级型压片机，但是不能租用只能购买，价格为 160000 美元，购买的压片机使用 1 年后，可以以买价的 1/4（40000 美元）再出售。此外，新压片机每年的基本维护费为 20000 美元。它面临的选择是：明年继续租用现有的设备还是购买新设备。相关信息如表 6-12 所示。购买新设备后，电力成本及员工的薪金均不变，所以这些成本都是无关的，在决策中应被排除掉。为简化起见，我们不考虑税收因素。

表 6-12　租赁或购置设备的信息

项目	租赁设备	购置设备
年租金美元	40000	0
每个收费美元	0.02	0
购买价格美元	0	160000
年度维护费美元	0	20000
年末价值美元	0	40000
预计生产量（个）	6000000	6000000

就成本而言的决策是确定哪个方案的成本较低，这取决于未来一年的生产量。运用本量利分析法，确定出无差异点，即新旧设备成本相同的生产量 Q。

　　　　租赁成本＝购置成本

年租金＝购买成本净值＋维护费

40000 美元＋0.02 美元×Q＝（16000 美元－4000 美元）＋20000 美元

Q＝10000 美元／0.02＝5000000 个／年

无差异点为 5000000 个芯片（图 6-10），低于预计的年度设备生产量（6000000 个），表明购买新设备的成本较低，比租赁成本少 200000 美元。

租赁成本减购置成本＝（40000＋0.02×6000000）美元－（160000－40000＋20000）美元

＝（160000－140000）美元

＝20000 美元

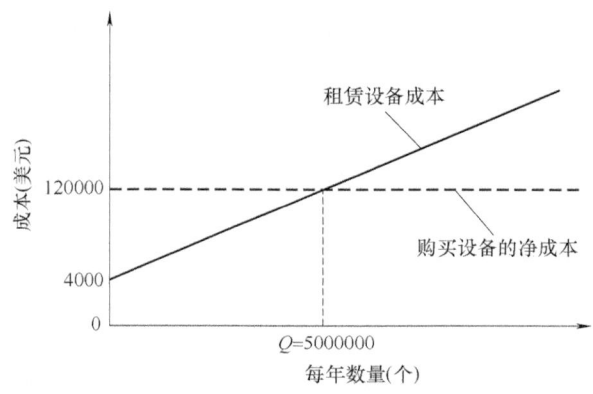

图 6-10　租赁-外购分析图解

自制-外购决策不仅使用在产品制造的决策过程中，同时也适用于服务项目。包括人力资源管理、内部审计、设备维修、安全系统等其他内部服务活动。越来越多的企业选择将服务职能外包。变动成本和战略成本的分析是主要考虑因素之一。例如，企业的人力资本运作需要花费与员工数量相关的固定成本和变动成本，如果选择职能外包，要承担固定费用，或者涵盖固定费用和与员工数量成比例的变动成本。可以用上面的方法计算这两种方案的短期成本以进行决策。但是，在决策时还必须考虑到长期战略性因素。研究人力资源政策的调查表明，如员工间关系、劳资关系、业绩评估等职能不适应外包。真正能解决员工关系问题的人来自内部，把与员工沟通等敏感机制简单外包给供应商处理是不明智的。

2. 再加工前出售还是再加工后出售

供应链的上游要考虑的是自制、采购还是租赁，而下游要考虑的则是再加工前出售还是再加工后出售。

企业面临的另一个选择决策是：将产品或服务以半成品形式出售，还是对其进行再加工而取得较高的售价。再加工可以增加产品特点或性能，还可以提高服务的质量及灵活性。例如，一个组团出游的旅行社经常会面临许多与服务特色有关的决策——对住宿地点、辅助路线及娱乐项目等的选择；一个电器制造商则要对产品特征做出性质及范围的决策。

产品的特征分析对残次品处理方式也是非常重要的。残次品可以直接卖给经销店及廉价连锁店，或者返修后按合格品出售，同样的决策问题是，应当直接出售还是再加工后再出售。相关成本分析再次为解决此类问题提供了一个可行的方法。

当考虑再加工前出售还是再加工后出售时，应符合与企业战略目标的一致性及与其他活动的相互关系，这种行为是否会影响本产品销售？这两种销售形式的包装，交货的成本及销售佣金是否应当有所不同？是否影响客户关系？对品牌形象的作用是什么？等等。除了相关成本分析所提供的主要因素外，还应认真研究整个供应链更广泛的影响因素。

自制、采购还是租赁，及再加工前出售还是再加工后出售的决策中，还有一个重要方面是对企业的获利能力定期进行回顾分析，随着各种市场因素的改变，过去的决策及执行情况对产品的获利能力是否发生改变及对未来获利能力的影响。这种回顾应注重如下几个问题。

- 哪些产品是最盈利的？
- 产品的定价是否合理？
- 在决策前后产品成本及利润发生了哪些改变？

6.3 质量成本

6.3.1 质量成本构成

质量不仅意味着节约，它还能帮助供应链创造利润。不误用每一分钱并不意味着就能创造利润。但重视提高产品和服务的质量，不仅可能会降低供应链成本，还因为满意的顾客使利润增加。质量成本是与鉴定、预防、维修和修复不合格品相关的成本，还有因浪费生产时间和销售不合格品而导致的机会成本。质量成本曾被局限于产品检验和测试的成本，特别应注意隐藏着的不良品所带来的其他成本。

除生产之外，质量成本还包括与供应链及支持职能相关的成本，如产品设计、采购、公共关系和顾客服务。经典的质量成本归纳为预防成本、鉴定成本、内部损失成本和外部损失成本四大类。表 6-13 显示了质量成本构成。

表 6-13 质量成本构成

质量成本类别	质量成本构成
预防成本	培训成本 　教师费用 　培训设备、材料 　外部培训的学费 　培训薪金和工资 计划和实施 　工资 　预防性设备的成本 　会务费用 　宣传成本 　奖励费用 　印刷费用 　流程改进 　产品重新设计 　质量循环

（续）

质量成本类别	质量成本构成
鉴定成本	原材料检验、测试 半成品检验、测试 产成品检验、测试 检测设备 　设备购置费用 　工资和薪金 　维护费用
内部损失成本	废弃 返工 降低等级导致的损失 重检成本 工作中断导致的损失
外部损失成本	质量缺陷引起的折让和退货 保修费用 质量问题导致销售订单取消的边际贡献损失 客户对质量不满而失去的销售机会的边际贡献损失

1. 预防成本

预防成本是为了防止质量缺陷而发生的费用。典型的预防成本有以下几种类型。

（1）质量培训成本。主要有各种培训项目的开支，包括培训期间的工资和薪金、训练成本、办公人员费用、准备手册和训练指南及各类后勤供应的费用。

（2）质量规划成本。包括进行的新工序设计、为提高质量引进的新设备、供应商评估及可靠性研究等所支出的人工费用和间接成本。

（3）设备维护成本。设备维护成本是指用于装配、校准、检验、维修维护及生产工具、流程工序和系统的成本。

（4）供应商保证成本。供应商保证成本是指为了使供应商满足最终顾客的需求，保证原材料供应符合公司质量标准，选择、评估和培训供应商的成本。

（5）信息系统成本。信息系统成本是指用于开发符合要求的数据及质量审计、计量和报告的成本。

（6）产品重新设计和流程改进成本。产品重新设计和流程改进成本是指因评价、改进操作流程和产品设计，简化、改善生产过程，消除、减少质量问题而发生的成本。

（7）质量循环成本。质量循环成本是指为建立和运行质量控制循环，用以确定质量问题和找到改进产品和服务质量的方法而发生的成本。

实践证明，适当增加预防成本，可相应减少其他的质量成本。从长远来看，质量成本管理的最好实践方式是将资源投入预防行为。预防消除或减少了可能发生的质量问题，在四类质量成本中，它是唯一一类增值的成本，是提升质量的最有效途径。

2. 鉴定成本

鉴定（检验）成本是数据的计量和分析以鉴定产品或服务是否符合特定要求而产生的

费用。这是发生于生产之后和销售之前的成本，鉴定和检验是为了保证所有产品都符合或超越顾客需求，不让不合格品流出。鉴定成本的支出并不能防止再次出错或减少不符合，只是在产品被送达顾客之前将缺陷挑出来。典型的鉴定成本有以下几种类型。

（1）测试和检查成本。这类成本包括购进原材料、半成品、产成品或服务的检查和测试成本。

（2）检测设备和仪器成本。这类成本包括用于检测、鉴定产品、服务或过程的仪器、设施、软件、机器的购置、操作或维护成本。

（3）质量审计成本。这类成本包括参与产品或服务质量鉴定和测量的全部人员的工资和薪金，及在质量鉴定测量期间发生的其他成本。

（4）现场评估和测试成本。

（5）实验室验收检测成本。

（6）信息费。准备和证明质量报告的成本。

3. 内部损失成本

内部损失成本是产品或服务送达顾客之前，通过鉴定发现其质量低劣而进行修补的成本，这些支出不增值。典型的内部损失成本有以下几种类型。

（1）修正行为的成本。这类成本是指寻找问题原因并改正问题而产生的成本。

（2）废弃或返工成本。这类成本包括因废弃、返工或重检而发生的原材料、人工和设备等间接成本。

（3）过程成本。这类成本包括因产品或流程重新设计、机器调整、意外停工及由于返工或维修引起流程中断减少生产等引发的成本。

（4）加班赶工的成本。这类成本是指由于在返工或维修上耽误工期，加速制造运营而引起的成本。

（5）重测和重检成本。这类成本包括维修或返工项目的重新测试或重新检验期间付出的工资、薪金和其他费用。

（6）因为对约束资源需求的增加而损失的利润。这类成本是指花在废品上的约束资源造成了生产周期增加，产量减少，而利润和营收减少的损失。

4. 外部损失成本

外部损失成本是指产品或服务送达之后，未被顾客接受而纠正质量缺陷的成本，及因顾客不满意而错过销售机会而损失的利润。典型的外部损失成本有以下几种类型。

（1）重置或修理成本。这类成本包括退回产品的重置或修理费用。

（2）处理顾客问题的成本。这类成本包括服务顾客部门的工资和管理费用、修理退货、对劣质产品赔偿、打折的成本及运费。

（3）产品召回和责任成本。这类成本包括处理产品维修或更换回收的管理费用、法律费用和法律裁决的赔偿费用。

（4）顾客不满意产品所造成的销售损失。这类成本包括因订单取消、销售额减少及市场占有率下降的边际贡献损失。

（5）恢复声誉成本。这类成本是指为最小化质量问题造成的声誉损失并恢复公司的名誉与形象，从事营销活动发生的成本。

外部损失也是不增值的成本，属于最贵的质量成本。最大的外部损失往往是机会成本，它们既不能在质量报告中显示，也无法通过会计系统计算得出。如果不是刻意地挖掘，外部损失往往会被忽视。

质量成本统计的目标是消除外部损失，最小化鉴定成本和内部损失，有效投资预防成本。

5. 符合成本和非符合成本

质量成本还可以分为符合成本和不符合成本两类。鉴定成本和预防成本是符合成本，它们用于确保产品或服务符合顾客的期望。内部损失和外部损失属于不符合成本，它们是产品或服务有缺陷被拒绝而产生的成本和机会成本。符合成本与不符合成本的总和构成质量成本。

预防成本通常是四类质量成本中最少且最易于管理的。外部损失可能是最昂贵的。例如，一家公司被迫召回和重换了650万只轮胎。两个月内公司花了5亿多美元的预算外成本，销量锐减40%多，股价下跌一半。此外还有声誉的损害，失去了潜在订单，付出法律和责任成本，而这场灾难仅来自工厂中的一个质量问题。

预防质量缺陷，会明显降低其余各项质量成本。质量问题越少，需要的鉴定就越少。不合格产品还能减少诸如返工、维修和回收等的内、外部损失机会，节约是巨大的。同时，产品享有了更高的顾客满意度，能增加销售机会和市场份额，提高收益。

理论上说，如果做好了预防，既不需要鉴定成本，也不会存在内、外部损失，设计和生产出高质量产品要比检查和维修容易得多。质量改进使得鉴定成本也在减少。不符合成本的下降幅度比预防成本的上升快得多。

6.3.2 质量成本报告

报告质量成本的目的是让企业注意到质量改进作业的量化效果，并为这种改进活动的评价提供标杆。报告质量成本的活动包括：数据定义、数据来源鉴别、数据收集及质量成本报告编制。应设立一个跨部门的系统，将质量数据反馈给负责设计、研制、采购、生产、供应、维修、合同管理和其他功能的活动，以便及时采取行动纠正，杜绝产品质量缺陷。质量缺陷数据将予以及时报告，确保迅速找到原因，迅速采取纠正行动，预防质量缺陷再度发生。应将保证合同条款或质量保证条款纳入供应商的供货合同。

1. 数据的定义、来源和收集

制作质量成本报告的第一步，是区分质量成本类型，并识别每一类别中的质量成本。可以参考前面的类别描述，然而因运营方式不同，界定类型可能有所区别。要清楚地定义、说明所有质量成本的业务含义，使得收集者有清楚的认识。可以引入顾客和供应商参与识别因质量低劣引发的特定成本。

理想状态下，每一项质量成本都应该有自己的账户，而不是隐藏在不同的账户之中，使得各类信息容易观测和处理。质量成本账户为质量成本信息的形成来源。

2. 质量成本报告

只有能被其接收者理解、接受、使用的质量报告才是有意义的。编制报告的方法可以有许多种，但最好能够促进质量改进，能够集成到企业的信息系统中。制定质量成本报告时要根据报告期间及产品线、部门、工厂或分部公司，适当分层。例如，让每个部门都能识别和认识其行为对质量成本的影响及高质量成本的具体区域。能够包含金额（实际或预计）、基期数额或是预先选择的标杆的相应百分比。可以便于监控过程及随后的决策数额。还可以统计一些占比数据，举例如下。
- 总质量成本/销售收入和销售成本。
- 不符合成本/销售收入。
- 符合成本/销售收入。
- 外、内部损失/销售收入。
- 总质量成本/直接人工小时。
- 总质量成本/工厂资产。

表 6-14 列示了一份年销售额约 5000 万美元的一个小型制造公司的质量成本报告书。该公司经营于激烈竞争的环境中，且成本增加压力及新的和现有竞争者的质量压力都很大。报告显示，在统计起始年保修索赔、市场缩减及顾客不满等外部损失成本的数额占总质量成本的 75%。为了恢复市场份额并增强竞争力，公司开始了 TQM 活动，增加了鉴定成本和预防成本的投入，从第 2 年就得到了回报，内、外部损失和总质量成本都显著降低。质量成本报告可以比较当年与基年的质量成本，比较基础也可选择预算额、弹性预算成本或者长期目标等。质量成本报告统计中应尽可能地包括与产量的比较。

表 6-14 质量成本报告书示例　　　　　　　　　　（单位：美元）

成本分类	成本项目	第 2 年	第 0 年	百分比变动（%）
预防成本	培训	90000	20000	350
	质量计划	86000	20000	330
	供应商评价	40000	30000	33
	其他质量改进	60000	40000	50
	总计	276000	110000	151
鉴定成本	检测	120000	100000	20
	质量业绩衡量	100000	80000	25
	顾客调查	30000	10000	200
	供应商监控	60000	10000	500
	总计	310000	200000	55
内部损失成本	返工和拒收	55000	150000	63
	重新检查与测试	35000	30000	17
	设备损耗	30000	50000	40
	停工	20000	50000	60
	总计	140000	280000	50
外部损失成本	产品责任保险	70000	250000	72
	保修索赔	100000	120000	17
	顾客流失（估计）	600000	1400000	57
	总计	770000	2050000	56
总质量成本		1496000	2360000	37
总销售额		9000000	8000000	13

6.4 标准成本法

华为应花费多少费用制造一部 P30 手机？宝马公司应花费多少费用制造一辆 740 型汽车？京东应花费多少费用售出一台空调？上海火车站广场的采血车采集 400ml 鲜血应花费多少费用？高尔夫球要打多少杆才能完成一局？

高尔夫中用标准杆数作为业绩的计量尺度，是球员要努力达到的标准。华为、京东及上海火车站广场的采血车为其活动设定的成本，称为标准成本。标准成本是企业为开展一项业务或达到一项具体目标而发生的理想预定费用开支。

标准成本是企业规划与控制活动的重要基础之一，这些活动内容有预算编制、监督、控制与业绩评价。例如，以一套沙发的直接材料的标准用量和其标准价格为依据，制定出生产 5000 套沙发所耗费的直接材料的金额。如果每套沙发需用 $3m^2$ 的氨纶无纺布（15 美元/m^2），那么就要制定出 $15000m^2$ 氨纶无纺布和 225000 美元的材料预算。用 15 美元/m^2 和每单位 $3m^2$ 的标准监督其制造活动并评价业绩。

标准成本预先告诉你什么是期望业绩。每个经营成本元素精心设置的标准组成了一项经营活动的完整标准成本，它包括制造成本、销售费用与管理费用。一项制造活动中包括三种制造成本要素：直接材料、直接人工和工厂间接费用。尽管这里的讨论集中于制造活动的标准成本制度上，这些过程和概念仍然适用于其他经营活动的标准成本制度。

6.4.1 标准的类型与选择

管理标准的目标有着不同的期望，不同的期望水平对应标准的两种类型：理想标准和当期可实现标准。

1. 理想标准

理想标准是一种要求营业活动各个方面都得到完全实施并使效率最大化的标准状态。只有所有因素都符合期望，企业也正如预计地推动开展业务，才能达到其营业活动期望的理想标准。理想标准是一种前瞻性标准，而极少作为历史性标准。

设想制造一个 40mm×80mm 的显示屏的理想标准，它需要在一张长宽各 400mm 的玻材上截 500 块玻璃片，因而每块玻璃片恰好长 80mm、宽 40mm。按照理想标准，制造 10 万个显示屏需要 200 张玻材。只有在所有设备、工装夹具运作良好，玻材没有损坏，而且截裁工艺精湛无误差的情况下，才能达到这样的理想标准。

通常理想标准不易达到，业务活动中会发生事故，材料会产生不合格品，不测事件可能出现，不利条件也会接踵而来。然而，完美的业绩也并非不可能达到，当今高度竞争的环境以及经营活动各个方面对质量管理的严格要求，达到更高理想标准的意识正在深入人心。持续改进战略使得理想标准成为可能。有时，只有包括执行任务的以及起辅助作用的每个人都能在整个经营活动中发挥超常的努力，理想标准才能达到。尽管可能，为实现理想标准的超常努力可能会导致长期压力过大，使员工士气降低，消极情绪增加，以致长期生产能力的衰退。出于这种考虑，一些公司在经营活动中并不总是采用理想标准，只在面临危机、需要超常努力时才在其经营活动中提出理想标准。

为此，在使用理想标准时，可以放宽业绩评价与报酬结构，以使员工们不因没有立刻达到理想标准而思想受挫。例如，可以采取渐进达到理想标准的方法，而不是一成不变、脱离实际的标准，作为其业绩评价与奖励制度的考虑因素。

2. 当期可实现标准

当期可实现标准，即在多数时间内适当经验与技能的工人无须超常努力而即可实现的水平上制定的业绩标准。当期可实现标准强调常态并允许有些异常造成的偏离情况。

在上述例子中，考虑可能比理想水平下的投入品质量较低、玻材在加工过程中的损耗、生产过程中设备的偶尔调整及生产过程中人员经验与技能水平各异等。制定了用204张玻材制造10万个显示屏的标准。标准多余的4张出于以下考虑：当期可实现标准允许出现一些偏离，通常可以以适当的努力来达到这一标准。

3. 标准的选择

企业在其标准成本制度中应当使用理想标准还是现实标准，应当因势而宜。评价标准适合与否的尺子是衡量其是否有助于实现战略目标。

当然，面对在高度竞争产业，欲以成本求生存的企业，理想标准可以有力地激励员工们发挥超常努力，从而降低成本。然而，如果总也不能达到标准反而引发员工们的沮丧情绪，反过来对标准置若罔闻，制定理想标准就没有意义了。

相反地，当期可实现标准容忍放纵低效率，在激烈竞争环境下从事经营活动，这种放纵在战略上是不明智的。允许有4张多余玻材的标准，向生产工人传达了这样的信号：只要他们在200张玻材的剪裁操作中犯错不超过4处，他们就获得了优异的绩效成绩。

低效率增加产品成本，减少经营收益，低效率还会降低供应链的竞争优势。理想标准预示着虽高但并不是高不可攀的业绩表现。任何对理想标准的偏离都意味着存在缺陷，必须消除。世界级企业不允许任何低效率，追求零缺陷，在经营活动中更推崇理想标准。

动荡和高度竞争的市场环境逼迫企业定期重新检查其标准，并持续开展技术创新、设备及生产流程改进等活动，固守和保持现行的标准不变难以适应顾客和市场的需求。只有不断地更新、提升标准，在要求全面质量和高效率的激烈竞争中，才能保证企业不断降低成本，获得一席生存空间。

（1）非财务指标。尽管在标准成本制度下，大多数指标可以用金额表示，但非财务指标通常仍在标准制定中扮演着重要的角色。经营活动不仅仅需要管理成本，更包括了整个作业过程的管理，而损失和利润是作业的结果；对实现企业目标极为重要的所有作业活动必须有战略上的控制，其中也包括一些非财务指标，如服务友好性、送货及时与质量等，例如，某快餐公司将质量、服务、整洁和价值（Quality, Service, Cleanness and Value, QSCV）作为衡量其成功的最重要因素，虽然它们都不能完全地以直接财务指标来反映。

（2）标准的来源。有多条途径选择决定经营活动的适当标准，这些途径包括作业分析、历史数据、市场期望（目标成本）、其他同类企业的标准（即标杆）及战略决策。可以以上述一条或多条途径为出发点制定标准。

4. 标准制定程序

权威式标准完全或主要由管理者决定。采用权威式标准体现管理当局的意图或期望，可以恰当考虑所有经营因素，或加快标准制定过程。然而，在标准制定中使用权威式标准时不能忽略的是，只有受标准影响的员工都接受并能实施该标准，权威式标准才能发挥作用。

相反，参与式标准要求在标准制定过程中引入受标准影响的员工的积极参与。标准制定中有员工参与，会使之更乐于接受标准，并会排除员工们认为标准不合理的可能性，使之更愿意将标准纳入自己的行动中。然而，管理者要善于沟通与引导，以保证参与式标准不会偏离经营目标或战略目标。

6.4.2 制定标准成本

标准成本的制定结晶于集体的努力，它包括管理层、管理会计人员、产品设计人员、工业设计人员、生产监督人员、人事部、采购部以及受标准影响的员工，各职能并不需要全程参与，但会在标准成本制定的不同关键点参与。即使在制定一个权威式标准的过程中，也有必要引入各个职能的不同程度的参与。毕竟，管理者并非知晓一切，成功的标准通常在制定前就融入了各个职能的建议。

成本因制造产品或提供服务而产生。管理层管理的不是成本，而是作业，因此，所有关于成本的标准都必须建立在支持与产品或服务成本目标相关联的成本动因之上。

1. 制定直接材料的标准成本

产品直接材料的标准成本包括：质量、价格与数量。

制定标准成本的第一步，是确定制造过程或产品中的直接材料质量。直接材料质量会影响到加工时间与生产过程监管的内容与频率，更直接地影响到直接材料的数量及价格。

在生产过程中通常要在质量较好、价格较高与质量稍差、价格较低的直接材料之间做出选择。营销、生产、工程、财务与供应链管理部门需要明确如何进行选择，并通过规格书确定产品直接材料的质量。

需要与直接材料质量同时明确的，是在制造产品过程中所耗直接材料的数量标准，同样应由各个部门共同参与决定。制定数量标准时需要考虑的因素包括产品设计，制造活动的成本动因及制造产品所用生产设施、设备的运行状态。

确定直接材料的价格标准要考虑质量和数量，一些原材料还要考虑采购时机。在竞争环境下，从供应链的角度，许多企业强调与特定供应商发展长期关系，以保障交付的可靠、及时。对于一个强调长期利润和供应链的可依赖性的企业来说，在价格标准制定中，会考虑保障供应商的长期利益，获得共赢。

2. 制定直接人工的标准成本

直接人工成本由于工种、工人的技能水平、产品的复杂程度、制造过程的性质、使用设备的条件与类型的不同而相异，在这些因素作用下，工业设计部门、生产部门、财务部门与人事部门共同决定直接人工的数量标准，有时还会考虑工会的建议。

人力资源部门掌握着制造过程中所需不同类型与技能水平工人的不同标准工资额。无论直接人工还是间接人工，标准工资额不仅包括所付报酬，还包括付给员工的各类补助及与工资、薪酬相关的税。

3. 标准成本单

标准成本单列出了产品生产过程中各种制造成本要素的标准价格与数量。表6-15是一家企业生产某一产品的简化标准成本单，表内没有包括预算变动销售费用（后面介绍）与管理费用（50元/单位）。

表 6-15 标准成本单例子

产品：XV-l

种类	数量	单位成本（元）	小计（元）	总计（元）
直接材料				
铝	4kg	25	100	
聚氯乙烯 PVC	1kg	40	40	140
直接人工	5h	40		200
工厂间接费用（以直接人工工时为基础）				
变动	5h	12	60	
固定	5h	24	120	180
单位标准成本				520

这一标准成本单中：每一个 XV-l 的标准成本是：4kg 铝，25 元/kg；1kg PVC，40 元/kg；直接人工 5h，40 元/h 及工厂间接费用 36 元/h，即（12+24）元/h。

6.4.3 经营收益弹性预算差异

造成经营收益弹性预算差异的因素有销售价格、变动费用和固定费用等与预算数或标准数的偏差。

（1）销售价格差异是指以不变的当期销售量计算的实际销售收入与弹性预算销售收入之差，它归因于销售价格的差异。

（2）变动费用弹性预算差异是按单位标准变动成本，实际耗费的变动费用与按当期销售量计算的变动费用弹性预算之差。

变动费用弹性预算差异是各成本要素差异的总和，包括直接人工差异、直接材料差异、变动间接费用差异、变动销售及管理费用差异。不同因素导致不同的差异。加总的差异可能掩盖其中业务部门或成本要素的不良业绩，特别是当材料、人工、制造间接费用或销售与管理费用存在相互抵消的情况时。只关注总体成本可能会引发误导。单独分析不同成本差异，可以揭露某种资源的无效使用与一种或多种其他资源的有效使用相互抵消的情形。

（3）直接材料弹性预算差异是指当期生产产品所花费实际直接材料成本与该期用于产出（该期产品生产数量）总体标准的直接材料成本之差。它反映在经营活动中采购与使用直接材料的总体效率，应该在经营活动中很好地控制材料价格与使用材料的数量，有效地采购和使用直接材料。需要将总体直接材料差异进一步分为直接材料用量差异（UV）和直接材料价格差异（PV），以更清楚地揭示成本差异的原因。

经营活动评价指标之一是对效率和有效性的衡量。企业关心投入最少的资源执行当期经营活动的效率，关心达到预定经营目标的有效性。衡量有效性的一项常用指标是经营收益差异，即实际经营收益与总预算经营收益的差异。经营收益差异可分为弹性预算差异与销售量差异。弹性预算差异是实际经营成果与弹性预算的差异，它衡量使用资源的效率。经营活动中没有浪费资源即是有效率的，弹性预算在评价经营效率方面发挥了重要的作用。销售量差异是总预算与弹性预算之差，它衡量销售量变化对销售额、费用、边际贡献与经营收益的影响。

一项生产活动通常要建立标准成本单，详细规定经营活动所有重要生产要素的标准成本与标准数量。建立标准需要对经营活动进行仔细分析，运用作业分析、标杆、历史数据、市场预期及战略思维来建立标准。在直接人工与直接材料的标准中，通过分别比较他们的实际成本与标准成本，可以确认人工效率差异与材料用量差异。图 6-11 将这些差异的关系做了总结。这些差异可以有助于确认可能造成有利或不利经营成果的因素、控制经营活动，可以作为评价绩效的指标。

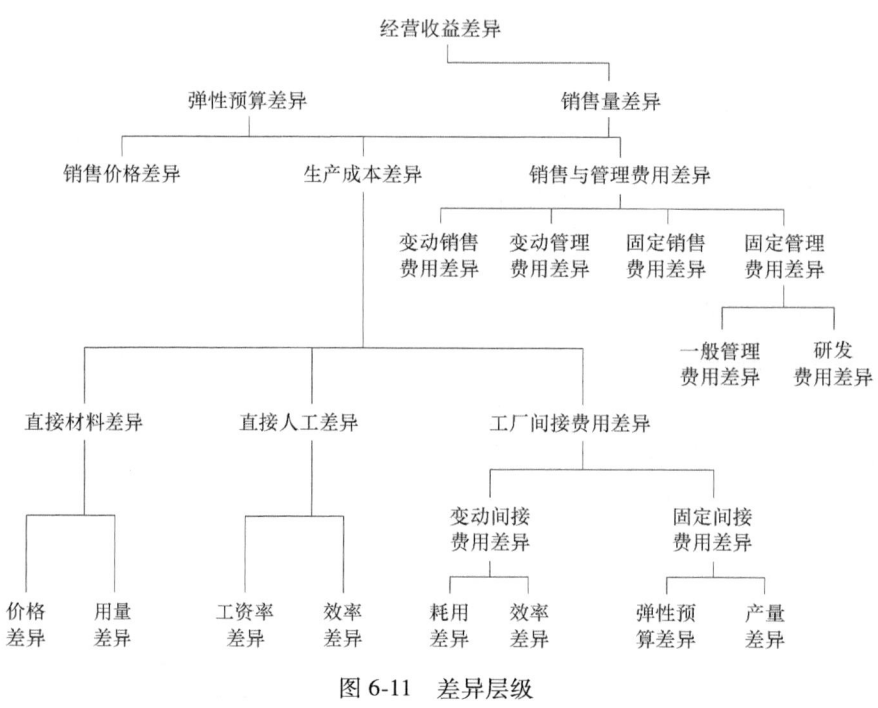

图 6-11　差异层级

柔性制造系统、适时生产制、TQM、约束理论、精益生产等工具方法的应用对生产成本和标准成本产生了巨大的影响。有力地推动了包括直接人工差异、材料采购价格差异及非瓶颈经营活动差异的降低。

使用标准成本的目的是通过积极的激励与加压来促进员工的行为，而非强加惩罚与处分。不合理的标准、标准制定的不公开、沟通不充分、集中控制、缺乏弹性、绩效评价的不公正、奖励不均及过分强调利润等，可能使一项原本很好的标准成本制度发挥不了作用。

6.5　顾客盈利性分析及转移定价

6.5.1　顾客盈利性分析

利润来自顾客，而不是生产的产品。企业经营中的各项指标，如生产和营销，可能是利好差异，但是企业却在蒙受着损失。企业只有意识到利润来自顾客，否则难以达成其预期的目标。在整个供应链的各个环节都深刻地理解当前和潜在顾客的盈利性,有助于实现自身的目标,巩固其战略地位并提高盈利水平,助力短期和长期的成功。

顾客盈利性分析报告是看顾客的内部状况,追踪顾客的收入及其成本。了解、分析各类顾客的盈利性差异,寻求差异的原因,并通过以下活动来提升整体盈利能力或者有效地实现组织目标。

- 向盈利性高的顾客提供更好的服务。
- 防止高盈利顾客被竞争者掠夺走。
- 服务成本与价格相连,高成本的服务收取高价格,如果必要的话,为低成本服务的顾客提供折扣。
- 与顾客协商服务内容和范围,共同参与服务,以达到与顾客的互惠互利和双赢。
- 通过数量、价格、产品组合、订单处理、送货条件和灵活的支付、有针对性的安排和协商,将不盈利顾客转变为盈利顾客。
- 辨认、分析给竞争对手造成永久损失的顾客。

顾客盈利性分析结合顾客收入和顾客成本分析,了解顾客的盈利能力,并确定提升顾客盈利性的最佳行动方案。顾客盈利性分析包括顾客收入分析、顾客成本分析和顾客价值评价。

(1) 顾客收入分析。顾客收入分析是看顾客的贡献,追溯为顾客的价格和现金折扣,并了解与顾客收入有关的融资成本。销售给不同顾客的收入对净收益产生的影响未必都相同。由于销售条件、价格折扣、销售退回、折让及顾客未支付货款的周期不同,来自不同顾客的净利润可能也不相同。

(2) 顾客成本分析。类似于生产成本分析,在顾客的盈利性分析中,确定改变总生产成本的成本动因。为此,顾客成本分析可分为以下五种。

1) 顾客单位成本:销售给顾客每一单位产品所耗费的资源。除了生产成本,还包括不同运输条件(例如 FOB 价格)下的单位运输成本和运费、退回商品的再储存成本、销售单位产品的销售佣金等。

2) 顾客批次成本:每一批次销售所耗费的资源。例如,订单处理成本和发票开具成本。

3) 顾客维持成本:与销售数量无关的,服务于该顾客所耗费的成本。例如,销售人员访问顾客的差旅费、月报处理成本和逾期收款成本。

4) 分销渠道成本:各分销渠道中服务于顾客所耗费的成本。例如,物流中服务于主要顾客所需的本地仓库的运营成本、服务于顾客的集中分销中心的运营成本等。

5) 销售维持成本:不可追溯到单个产品、产品批次、顾客及分销渠道的服务和销售活动所耗费的资源。例如,公司总部开展销售活动的各种支出、工资与福利、营销部门管理者奖金等。

(3) 顾客价值评价。顾客盈利性分析的目的之一是为顾客价值评价提供信息。除了考虑顾客盈利性的影响因素之外,在制定每一位顾客的行动方案之前,还应该考虑其他重要的相关因素。

- 顾客增长潜力,包括顾客所处的行业、交叉销售的潜力和顾客的增长能力。
- 顾客对改变现有服务或销售条件可能的反应和对策。

- 未来销售中顾客的重要程度,例如,能带来其他额外业务的顾客。

6.5.2 转移定价

1. 转移定价的定义

转移定价是企业内业务部门交换产品/服务的价格确定方法。属于内部供应链的中间产品,也可以是最终产品的内部销售活动。

比起外部供应链的定价方式,内部转移定价着重点有所不同,但也会影响到战略,它不仅直接影响部门战略(如应该聚焦价值链的哪些部分),还关系到企业的总体战略目标,影响材料和零部件的外购决策、最终产品和中间产品的市场营销、税收筹划。而且要求生产、营销、采购和财务等各项职能的协作沟通。在定价中,各业务部门的授权大小,也反映了控制与激励的平衡。许多企业更倾向类似独立企业一样决策,保证各业务部门间的正常交易。转移价格的确定一方面是为了满足内部管理的需要,另一方面还有税收的考虑。然而,在没有可替代的外部供应商时,独立企业交易方法没有比较的标杆,推行起来可能更困难,需要更多的技巧。

2. 转移定价的应用场合

在更加倾向于纵向一体化的企业,内部单位间的产品和劳务转移会很常见。与外包战略不同,纵向一体化深入涉及供应链中一系列不同的价值创造领域。例如,如果某个同时生产测试仪器和芯片及其他元件的制造商,就常涉及转移价格的决策。直观化转移定价问题的有效途径,是在图中勾画出涉及产品和服务转移的所有单位,确定它们是外部企业还是内部单位、国外还是国内。图 6-12 所示是假定一家仪器制造商,其中某一个关键芯片既可外购,也可内部制造,芯片制造的内部单位同时对内和对外提供产品,转移价格显示于图中。

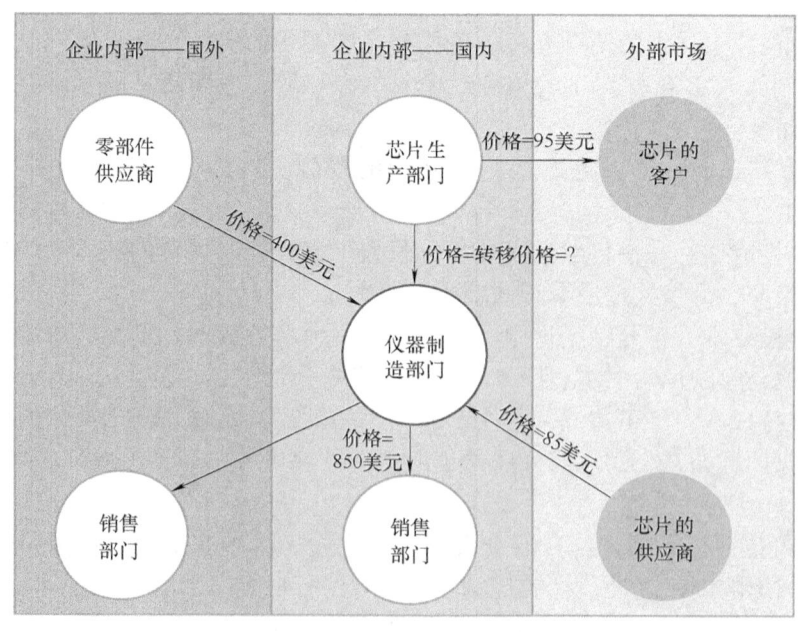

图 6-12 转移价格关系

3. 转移定价的目标

在决定内部销售产品的恰当转移价格时，开始于考虑转移定价的目标。

转移定价的目标应符合战略业务部门的目标，它应包括：①价格决策与整体目标一致；②为公平地评价所涉及部门的业绩提供基础；③激励。

为达成这些目标，确定转移价格时必须考虑企业的战略目标。例如，为减少企业整体税负，向税率较高的国家转移的产品设定较高的转移价格，使得税率较高国家购买部门的成本增加而收益降低、所得税减少，同时售出部门由于转移价格较高，利润增加，并按所在国的较低税率纳税，达到国内和国际的税收最小化。

转移定价的其他战略目标还包括发展战略伙伴关系。不压低转移定价可以促进内部部门外购零部件，从而促进建立所需要的供应商关系，这可能是因为希望进入新的国外市场，或者外部的高产品质量。相对低的转移定价则可以帮助较弱的或新的部门成长。在部门分立，或向外部投资者销售而促进某一部门的壮大等目标中，转移定价都会起到促进作用。

4. 转移定价的方法

转移定价有四种方法：协商定价法、变动成本法、完全成本法和市场价格法。四种方法各有其优点和局限性，需要对环境认真考虑，以选择合适的方法。

（1）协商定价法。协商定价法由买卖双方协商定价，必要时进行调解。当两个部门之间存在明显的矛盾时，可采用协商定价法，双方协商能够达成都满意的价格。其局限性是上级的调解会影响业务部门的自主权。

（2）变动成本法。变动成本法仅以售出部门的变动成本确定转移价格。当售出部门有剩余的生产能力，而转移定价的主要目的是满足内部需求时，可以采用这种方法，因为相对较低的转移价格促进了内部购买。然而，这种方法不适用于售出部门是利润中心或投资中心的情况，因为它会对售出部门的利润带来不利影响。

（3）完全成本法。这种方法中转移价格的确定来自该产品的变动成本加分配的固定成本。其优点是合理并容易理解，信息可以从会计记录中获取。这种方法的主要缺陷是如果固定成本不合理，可能导致不恰当的决策。为此作业成本法可以是完全成本法的改进版。

（4）市场价格法。市场价格法按市场上产品的现行销售价来确定转移价格。优点主要是客观并最大限度地满足了从税收和管理视角考虑的独立性要求。缺点主要是如果产品没有对应的市场价格，特别是对中间产品而言，无从参照。

现实中，还可采用两种或更多种定价方法。例如，当两个部门之间矛盾激烈时，购买方的转入价格采用标准完全成本法，而销售方采用市场价格法，以调和矛盾。

表 6-16 列示了四种转移定价方法的优点和局限性。

表 6-16　四种转移定价方法的优点和局限性

方法	优点	局限性
协商定价法	当存在矛盾时，是最有效的方法	需要协商和调解规则程序，可能降低自主权 潜在的税收问题，可能被认为与税法要求不一致
变动成本法	促进购买者内部购买	对作为利润中心或投资中心的销售者不公平

(续)

方法	优点	局限性
完全成本法	直观和容易理解 容易实施 比变动成本法更符合税法要求	决策时固定成本是无关成本，在决定自制还是外购时不应考虑 应该采用标准成本而不是实际成本（避免卖方将低效率成本转嫁给买方）
市场价格法	有助于保护部门间的自主权 与税法要求接近 鼓励售出部门与外部供应商竞争	中间产品可能没有市场价格做参照 内部转移不应该包括市场推广销售成本、订单成本等

在考虑是否需要内部转移及转移价格如何决定时，关键因素有：①有外部供应商吗？②内部供应者的变动成本低于市场价格吗？③内部供应者的生产能力充分利用了吗？这三个因素对上述决策的影响可以用图6-13来表示。运用三问题分析法做出转移价格的正确选择。

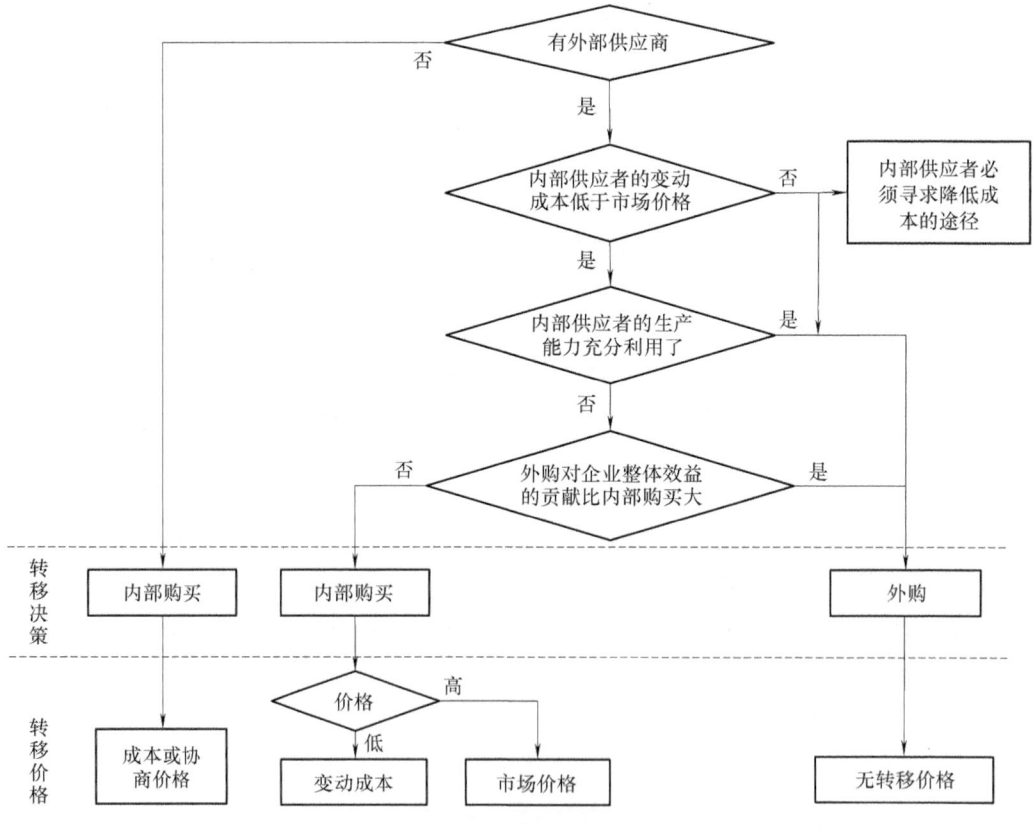

图6-13　选择正确的转移价格

三问题分析法是从高层管理者的视角，对相关业务部门自主决策的期望结果。设立一份高层管理者关于转移定价目标的清晰指南可以保护业务部门自主权。而内部部门将部门单位利益置于整体利益之上的行为会对绩效评价带来负面影响。

6.6 供应链管理的成本权衡

供应链管理不仅要考虑供应链中的物流活动特性，而且要考虑经济原则与市场法则。如将小运输批量合并成大运输批量（合并运输或拼货）的经济效果非常明显，其产生的原因是现行的运输成本-费率结构中存在规模经济的机会。管理人员可以利用合并降低成本。

供应链管理需要权衡总体效益，或对物流总成本进行分析。在供应链运作过程中，各项物流成本的变化模式常常表现出互相冲突、此消彼长的特征。解决这一冲突的办法是：平衡各项活动的成本以使整体效益达到最优。

如图 6-14 所示，在选择运输服务（航空运输、铁路运输、公路运输）的过程中，不仅要考虑运输服务的直接成本，而且要考虑由于不同运输服务对物流渠道中库存水平的影响所带来的库存总成本，综合权衡总成本，才会找到较为经济的方案。运输费率最低或速度最快的运输服务并不一定是最佳选择。因此，供应链管理的基本问题就是权衡成本冲突的问题。针对各项物流活动之间的成本冲突，必须进行平衡与协调管理。

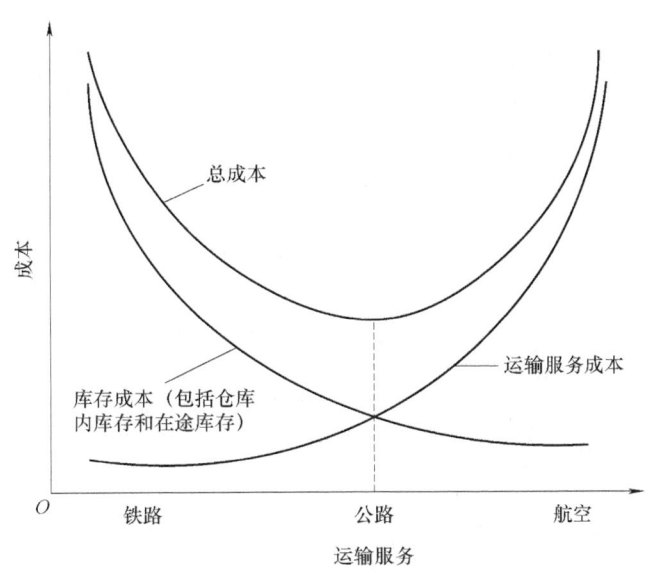

图 6-14 运输成本和库存成本之间的冲突

总成本概念不仅可运用于运输服务的选择，以下举出了一些其他例子，其中都存在成本冲突问题。

（1）确定客户服务水平时存在的问题，如图 6-15a 所示。随着客户得到更高水平的服务，由于缺货、送货慢、运输不可靠、订单履行错误造成失去客户的可能性就越小。换句话说，随着客户服务水平提高，缺货损失成本会下降。与缺货损失成本相对应的是维持服务水平的成本。客户服务的改善往往意味着运输成本、订单处理成本和库存成本高的代价。

不是所有产品都要求同样的客户服务水平。这是供应链规划的一条基本原则。一般的企业都要配送多种产品,面对各种产品应该有不同的客户服务要求、不同的产品特征和不同的销售水平,也就意味着企业要在同一产品系列内采用多种差异化配送战略。管理者可以利用这一原则,对产品进行分组、分类,例如按销量分为高、中、低三组,并分别确定不同的客户服务水平。当然,在特殊情况下,例如应急供货,有时须启用备用配送系统,并使用更快捷的运输方式。

(2)确定供应链系统内仓库的数量时需要考虑多种基本经济因素,如图6-15b所示。如果存储点进货大批量,顾客小批量购买,从存储点向外运出的运费就高于运进的内向运输费率,这样,运输成本会随存储点的增加而减少。但是,随着存储点数量的增加,整个系统的库存水平上升,库存成本会上升。此外,客户服务水平也受该决策的影响。此时,该问题就变成在库存—运输的综合成本与客户服务水平带来的收益之间寻求平衡的问题。

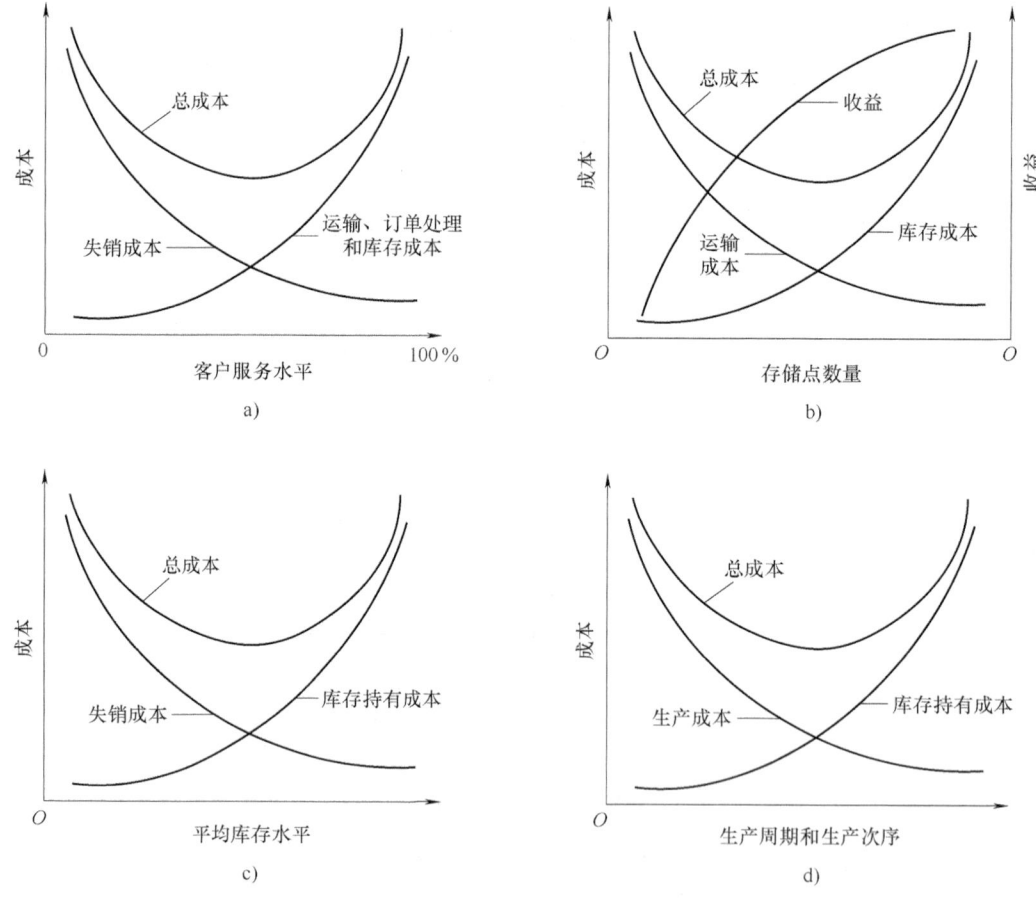

图6-15 供应链系统运作中的物流总成本观点
a)确定客户服务水平 b)确定供应链系统内仓库的数量
c)确定安全库存水平 d)生产多个产品时,确定产品的生产次序

当然,是否增加存储点也要考虑所采用的配送渠道,要区分那些经存储点运送的产品和从工厂、供货商或其他供货源直接运到客户手中的产品。对于那些由仓库供货的产品,还应按所在存储点产品的周转率进行分组,即周转速度快的产品应放在位于物流渠道最前沿的基

层仓库中。周转速度中等的产品应存放在数量较少的地区性仓库中。周转速度慢的产品则放在工厂等中心存储点。这样，每个存储点存储不同组合的产品。

（3）确定安全库存水平的问题，如图 6-15c 所示。因为安全库存提高了平均库存水平，并通过客户对物品的可获得率来影响客户服务水平，这样，失去销售的成本（失销成本，即缺货损失成本）就会下降。平均库存水平的提高会使库存持有成本上涨，而运输成本不受影响。我们要在这些相互冲突的成本之间寻求平衡。

（4）生产多个产品情况下确定产品的生产次序问题，如图 6-15d 所示。生产成本受产品生产次序和生产运作周期的影响。随着生产次序改变，库存成本会上升，因为收到订单的时间与补货时间往往不一致，结果造成平均库存水平的提高。在生产和库存总成本的最低点可以找到最恰当的生产次序和生产运作周期。

物流总成本是供应链物流运营中的重要权衡因素。在配送渠道中，某一企业的决策会影响到其他企业的物流成本。例如，买方的库存政策不仅会影响发货人的库存成本，还会影响承运人的经营成本。这样，就有必要将系统的范围扩大到企业全局供应链范围。总成本考虑的范围、管理决策的范围都需要延伸到跨企业边界的整个供应链。

实质上，总成本的概念并没有明晰的界限。管理人员有责任判断哪些影响成本的因素是相关的，应该纳入分析之中，并由此确定总成本分析的范围。总成本概念就是平衡那些相互冲突的成本项，以及那些可能影响供应链物流决策效果的成本项。

【案例分析】

碧岭设备公司供应管理工程师左右为难

碧岭设备公司的事业部总经理于 7 月 5 日下令重新审议现有采购协议，要减少 10% 的供应商，原因在于采购成本超过了预期水平。杰夫是一名供应管理工程师，他和负责物料采购的采购员们保持联系，并与供应商直接联系。削减供应商计划对供应商而言可能是最坏的消息，但杰夫不得不这样做。

公司背景

早在两年前，碧岭设备公司就组成了新的事业部，建立了新的生产线，为建筑行业生产一种新的地面移动机器。碧岭设备公司拥有深受供应商赞誉的历史，并被视为这个行业的领导者。在最近两年时间里，杰夫主动参与了减少供应商采购成本和周期的活动。所有参与者都认为大家热情高涨。杰夫的供应商为了及时满足这些目标也投入了大量时间和费用，包括个人的时间。这种关系已经变得有些紧张但仍是工作关系。

与供应商的关系

在这个项目的启动阶段，一个非常极端的时间期限和成本目标足以使大家"发疯"。供应商在新产品原型和设计阶段的早期参与，也激励了它们在产品开发过程中的参与，使供应商同产品的未来紧密联系在一起。而供应商在物料供应和加工提前期方面被推到极限，企业的承诺力降低，信誉也时刻面临挑战。为了满足产品上市时间要求，包括供应商在内的每个人都投入了大量的时间和努力。大家商讨了采购协议，现在生产所需零部件都能按时收到，能够满足市场需要。

问题

对生产的推动迫使企业要接受许多零部件的早期设计,而这些制约了额外的成本削减。按照惯例,80%的成本削减都发生在设计阶段。为了满足生产计划的要求,在早期的设计配置中开发了系列工具。因为产品设计完成以后,成本信息已经比较完整,那么计划的总成本将会超过目标水平的20%。当物料清单(BOM)的成本在目标水平之上继续上升时,大家认识到这并非因程序上的或财务计算上的错误所致,而是代表着真实的成本。总经理认识到这种成本上涨的状况超出了可接受的范围,并会影响市场价格以及整个产品系列的成功。到这个时候碧岭设备公司已经在工厂和试生产的计划中投入了 2000 万~3000 万美元。这时是该采取一些大动作了。

道德问题

7月5日碧岭设备公司向几家供应商发了信,信中表达了歉意并表示需要在 30 天之内降低 10%的价格。供应商如果不顺从重新商谈以前的协议,就会面临整个系列产品的供应商地位可能被取消的威胁。杰夫相信他的举动将会冒犯原有的相互信任的供应商关系,但他如何将这一信息带给供应商呢?

除了价格让步的要求还有其他一些条件,杰夫成功地在 30 天之内同五家核心供应商中的四家谈妥了协议,这占到他所负责的物料采购成本的 80%。其他供应商中的 20%也都在 30 天之内接受了要求。当然每一家都不怎么舒服,因为这样将供应商关系从基于成本考虑的方法简单地变成了降价要求。

再降价要求

在最守信用的核心供应商勉强同意降低价格后不久,总经理在采购团队的一次战略会议上宣布:"因为一些供应商已经同意了 10%的降价,我们现在将要求价格在原有基础上再降低 5%。"这暗示供应商仍有可降的空间,而且不排除后续还有新的降价要求。事实上,最早同意降价的供应商受到了处罚。

现在杰夫面临道德的困境,一方面从对总经理负责的角度必须这么做,另一方面还要小心地维护与供应商的关系。

【讨论题】

(1) 试对总经理为了实现成本目标所采取举措做出正面或负面的评价。

(2) 如果你处在杰夫的境况,你会如何处理与供应商的关系?

习 题

1. 是盈是亏,成本如何算?

一家企业向一家供应商同时采购两种产品。第一种 T 型电路板已有了若干年的工业标准,这种电路板的市场竞争性强并且价格波动大,按过去的经验,波动水平在上下 10%左右。供应商也承诺在 10%的价格浮动范围以内保障供应。过去的单价是 180 元,今年的预计采购量是 65000 个。第二种 P 型电路板,技术新,价格也低一些,但供应平稳,过去的单价是 355 元,今年的预计采购量是 40000 个。多年来价格一直是协商谈判,经过供应商管理部门的努力,这家供应商接受采用成本分解再加利润的定价方法。

供应商目前的成本系统给出了 T 型板和 P 型板数据如表 6-17 所示。

表 6-17 直接费用

种类	T 型板	P 型板
直接材料（元）	80	140
直接人工（h）	1.5	4
机器时间（h）	0.5	1.5

变动工厂间接成本以直接人工小时为基础进行分配。今年，变动工厂间接成本预算是 7512000 元，管理费用预算是 1120000 元，直接人工小时估计为 280000。机器时间和直接人工的小时费用率分别为 10 元和 14 元。材料持有费按照直接材料成本的 10% 分配，该材料持有费没有包括在变动性工厂间接成本中。今年直接材料支出总额预算为 1060000 元。

按照作业分析收集了 10 种作业的数据（见表 6-18）及单位产品的作业量（见表 6-19）。

表 6-18 与间接成本相关的一段时间的作业数据统计

间接成本预算		成本动因	成本动因实际作业
材料相关间接成本			
采购（元）	400000	零部件数量（个）	4000000
生产计划（元）	220000	电路板数量（个）	110000
包装和装运（元）	440000	电路板数量（个）	110000
	1060000		
变动间接成本			
机器调整（元）	446000	调整数量（个）	278750
有害废品处理（元）	48000	废品数/kg	16000
质量控制（元）	560000	检验数量（个）	160000
通用物料（元）	66000	电路板数量（个）	110000
	1120000		
制造间接费用			
机器压片（元）	1200000	零部件数量（个）	3000000
手工压片（元）	4000000	零部件数量（个）	1000000
焊接（元）	132000	电路板数量（个）	110000
	5332000		

表 6-19 单位产品的作业量

单位产品需求	T 型板	P 型板
零部件（min）	25	55
机器压片（min）	24	35
手工压片（min）	1	20
机器调整（min）	2	3
有害废品（kg）	0.02	0.35
检验（min）	1	2

供应商内部对这两个产品的钟爱程度也不一样,销售经理更喜欢推广和宣传 T 型板,因为价格高,而生产经理则更愿意优先安排 P 型板,因为产量大。采购在遇到不同的人对不同的产品热情还不一样。不过摸清了原因,对症下药的方法还是有的。

拿到这些数据,准备与供应商协商今年价格。

(1) 按照成本分解的方法,这两种电路板产品的成本分别是多少?

(2) 在新的定价方法下,对供应商生产和销售两位经理的影响会改变吗?

2. 产品 A、B 的生产线成本数据如表 6-20 所示。

表 6-20 两种产品的生产线成本数据

种类	产品 A	产品 B
产品产量(个)	1200	500
换模次数(次)	4	2
每次换模成本(元)	1000	800
每个产品的材料成本(元)	2	4

根据上面提供的信息,每一个产品 A 的附加成本是多少(用传统会计计算法)?每一个产品 B 的附加成本是多少(用基于活动的会计计算法)?

3. 举例说明产品生命周期成本是如何分解的。

4. 质量成本分为哪几类?如何理解质量成本?

5. 顾客盈利性分析的作用是什么?

第 7 章 管理供应链物流

【本章要点】

1. 物流及其发展、物流价值体现、物流分类；
2. 企业物流、物流活动；
3. 逆向物流：产品召回、退货处理、以旧换新；
4. 第三方物流：概念、范围、运作流程；
5. 区域物流与城市物流；
6. 电子商务物流及跨境电商物流。

7.1 物流及其发展

7.1.1 物流的定义

商品的生产地与消费地的不同，必然需要商品流通。物流促进了商品流通，并且给人们生活带来了很大的方便，例如，农产品在收获的季节可以存储起来供以后使用，或者运输到其他不生产这种产品的地方。在古代，商品的流通在小范围内，而在现代，物流的飞速发展使得商品流通进入全球化时代，国际贸易额逐年增长。现代物流为跨国企业在全球化范围内充分利用各地资源优势，部署制造工厂、销售网络等提供了机会。物流恰恰是物品从供应地流向需求地的桥梁，物流是国际贸易、国内贸易所必需的。可见，物流产业是由于分工的不断深入以及物流社会化、专业化发展而逐渐形成的一种复合型服务产业。物流是供应链的一部分，是最重要的部分。供应链可以说是现代物流发展的最高形态。

物流是指物品从供应者向需求者的物理移动，它由一系列创造时间价值和空间价值的经济活动组成，包括运输、保管、配送、包装、装卸、流通加工及处理等活动。物流概念最早起源于军事领域，当时称为后勤保障，它是军事科学的一个分支，包括供应前方作战人员所需的军用物资（军械、粮草、被服等，中国古代称为辎重）以及装备的采办、维护和运输。物流军官负责为部队安营扎寨、安排住宿和管理补给仓库。在第二次世界大战中的战争物资供应方面，将战时物资的生产、采购、运输、配给等后勤活动作为一个整体进行统一布置，以求战略物资补给的费用低、速度快、保障好。这就是美军所倡导的后勤学（Logistics）。

如今，物流这一术语已经为广大普通民众所认可。远洋或内陆运输公司、仓储公司、配送公司等常常将自己称为物流公司,并强调它们的服务对各类企业成功的重要性。例如,电商"双11"销售的成功被认为是物流系统的成功。消费者对网上购物的不满意也往往会指责物流配送的不及时。那么,如何定义物流呢?

中国国家标准 GB/T 18354—2021《物流术语》将物流定义为:物流是指根据实际需要,将运输、储存、装卸、搬运、包装、流通加工、配送信息处理等基本功能实施有机结合,使物品从供应地向接收地进行实体流动的过程。

美国防务文件对军事物流(又称为后勤)的解释是:物流是对运输和后勤保障资源的计划与执行的科学,包括军用装备物资调度的设计与开发,军用装备的采办、储存、运输、维修,人员和装备器材储运中心的建设、维修等。

美国物流管理协会(Council of Logistics Management,CLM)对物流的定义是:物流是供应链过程的一部分,是以满足客户需求为目的,以高效和经济的手段来组织产品、服务以及相关信息从供应地到消费地的流动和存储的计划、执行和控制的过程。

兰利(Langley,C.J,2009)将物流定义为:预测顾客需求,获取必要的资本、物资、人员、技术和信息,优化产品生产网络及服务网络,并利用这一网络及时满足顾客需求的过程。

美国物流学会(Institute of Logistics)最初给出的物流定义中,引入了人的因素,以及"供应链"这个术语,使物流概念可以包括企业管理的所有方面:物流是与时间相关的资源及其定位,与整个供应链战略管理一致。供应链是满足顾客需要的一系列事件,包括采购、制造、配送、废物处理及其相关的运输、存储和信息技术等。物流与商品、人员、生产能力、信息等密切相关,物流要求它们做到合适的地点、合适的时间、合适的数量、合适的质量和合适的价格。

7.1.2 物流的价值体现

所谓"价值",不仅仅指金钱的价值,尽管对多数购买者来说,金钱价值是购买的关键;但"价值"也意味着感知收益。感知收益包括:与产品相关有形的收益和与服务相关的无形的收益。

顾客价值可以定义为

$$顾客价值 = \frac{感知收益}{总体拥有成本}$$

感知收益会因人而异。总体拥有成本反映了与产品所有权相关的所有成本,不仅仅指产品的价格,库存持有成本、订货成本、运营及维护成本及其他交易成本都应包括在内。

企业通过提高顾客的感知收益水平或者降低顾客的总体拥有成本,来为他们创造价值。

顾客要求产品有更高的附加值,以及更低的成本。当然,在现实中仅仅追求低成本竞争是不够的。仅仅在产品价格上竞争,只能让顾客觉得这种产品是一种商品。一个公司只会降价,那么它在其他方面如何与竞争对手竞争呢?尽管价格是重要的,但是关注价格的目的应该是出于提高顾客价值的感知,只有这样,顾客才乐意为这个产品支付一个更高的价格,产品不仅仅是一个产品。

对企业而言,物流管理是一个寻求优化组织内部物料流动和供应及其面向消费者的业务的集成过程。它本质上是计划过程和基于信息的活动。物流管理能对顾客价值公式中的分子和分母都产生影响，所以物流管理为提高顾客价值提供了有效的方法。

生产通过生产过程将一些资源转化成了顾客需要的产品。生产通过提供形式效用来满足顾客需求，依靠生产过程来增加产品的价值。

有些物流活动也能提供形式效用。例如，在配送中心所进行的分装、简单的装配等，它改变了产品的装运规格和包装，进而提供了产品的另外一种形式。航空公司的配餐中心将大量的面包、水果等拆开，并分装形成面向消费者的快餐盒，这就增加了产品的形式效用。

多数物流活动都会产生空间效用、时间效用和数量效用，进而满足了顾客需求。这正是物流的价值体现。

（1）空间效用。物流通过将产品从生产地移动到需求地而提供空间效用。物流跨越了地理区域，在顾客需要的地方出现了，从而增加了产品的经济价值。物流主要是通过运输活动产生空间效用。当然，空间效用也会导致产品的市场区域扩大，使企业面临的市场竞争加剧，进而导致产品降价。但顾客满意度会提升，因为顾客面临的选择多了。

（2）时间效用。物流主要通过适当的仓储，使产品在顾客需要的时候出现，这就产生了时间效用。运输通过迅速将某种产品运往需求地也会产生时间效用。在今天这个基于时间竞争的时代，顾客需要产品在恰当的时间点到达，时间效用变得更加重要。

（3）数量效用。当今企业面临的竞争环境不仅要求产品能够及时地送达正确的目的地，而且要求按照正确的数量送达。因此，时间和空间的效用要结合数量效用。将正确数量的产品送达要求的地点就产生了数量效用。物流通过预测、调度和库存控制来创造数量效用，例如，在准时化生产企业中，准确的供货数量尤为重要，需要的供货不多也不少，多了势必要存起来，需要额外的存储空间，增加成本；少了就不够用，生产势必要停下来。再例如，早餐每人要吃一个煎鸡蛋、一碗面条，而冰箱里只剩一个鸡蛋，也没有面条了，妈妈做了一个煎鸡蛋，给谁吃呢？无论给谁吃，肯定有人要挨饿了。物流没有跟上，没有计划好，即使明天再买一箱子鸡蛋，也不能解决今早的问题。如果提前购买了很多鸡蛋，就需要冰箱工作了，即增加库存持有成本。物流必须在正确的时间、按照正确的数量将产品传递到正确的地点，从而增加产品的效用和价值。

7.1.3 物流管理的发展

物流是在供应链运作中，以满足顾客需求为目的，对货物、服务和相关信息在产地和消费地之间实现高效率和低成本的正向和反向的流动和储存所进行的计划、执行和控制的过程。对于传统制造企业来说，不管是制造的上游还是下游，物流似乎是无足轻重的辅助活动，但今天，物流这一基本的活动对于满足顾客需求的重要性在增加。网上销售和电子商务的迅猛发展，更是显现出物流对于顾客满意度的重要作用，有效的物流对电子商务的发展起到了关键的推动作用。对于供应链来说，离开物流，"链"就会被分割、分离，因而，不是要区分供应链与物流，而是要将两者结合起来，物流是供应链管理中不可或缺的。供应链物流管理已经成为发挥企业竞争优势和支持企业持续运营的重要抓手。

1. 军事后勤

随着第二次世界大战的爆发，美国军事后勤活动为物流一体化提供了经验，推动了战后对物流活动的研究以及实业界对物流的重视。1946 年，美国正式成立了全美交通与物流协会（American Society of Traffic and Logistics），这是美国第一个关于运输和物流业的社会团体组织。

2. 工厂物流

进入 20 世纪 50 年代后，企业开始重视工厂范围内物流过程中的信息传递，对传统的物料管理进行变革，对厂内的物流进行统一的规划，以寻求物流合理化的途径。欧美制造工厂多是从上到下的纵向一体化模式，制造工厂设立加工车间，生产需要的物料由工厂设立的仓库提供；产品顾客需求多是要求月内供货，信息交换通过邮件；产品跟踪采用贴标签的方式；信息处理的软硬件平台是纸带穿孔式的计算机及相应的软件，这一时期的储存与运输分离，各自独立经营。

随着市场营销观念的形成，企业意识到顾客满意的重要性，顾客服务成为企业经营管理的核心要素。越来越多的企业认识到物流在顾客服务中的重要作用。1963 年，美国物流管理协会（National Council of Physical Distribution，1985 年更名为 Council of Logistics Management）成立，促进了对物流过程的研究和理解，及物流管理理论的发展，促进了物流界与其他组织的联系与合作。物流总成本分析概念开始形成。

这个阶段工厂物流管理的重点放在库存管理上，作为平衡有限的生产能力和适应用户需求变化的缓冲手段，它通过各种协调手段，寻求把产品迅速、可靠地送到用户手中所需要的费用与生产、库存管理费用之间的平衡点，从而确定最佳的仓储能力及库存水平。因此其主要的工作任务是管理库存和运输。

3. 流通物流

1956 年，日本开始从美国引入物流概念，将物流称为"物的流通"。1964 年通商产业省为了降低产业的总体成本，推动削减除生产、流通费用之外的第三种成本，即搬运、保管、包装等物流的成本。日本还把"物的流通"视为一种包括运输、配送、装卸、仓储、包装、流通加工和信息传递等多种活动的综合行为。这一时期是日本经济高速增长期之一，商品流通量大大增加。随着生产技术向机械化、自动化发展以及销售体制的不断扩充，物流已成为企业发展的制约因素，日本政府因而加强了物流基础设施建设。如 1953—1958 年交通运输投资占公共投资总额的 19.2%，1959—1963 年交通运输投资已占公共投资总额的 29.5%，从基础设施上为物流发展打下了良好的基础。日本政府在全国范围内开展高速道路网、港口设施、流通聚集地的建设，各厂商也高度重视物流，并积极投资物流体系的建设，构筑与大规模现代生产、销售相适应的物流设施，采用叉车等机械化装卸设备和采用自动化仓库，灵活运用托盘和集装箱，实现货物单元成组装卸。同时建立物流中心，推行物流联网系统，开发车辆调度、配车系统等物流软件。1970 年，日本同时成立了两个最大的物流学术团体：日本物流管理协会和日本流通协会。

20 世纪 80 年代，日本物流企业发展迅速，较大的物流公司都在全国各地设有自己的分支机构，面向全国乃至国外开展物流业务，如通运公司、两派公司、大和运输等，形成了多渠道、多层次、多形式、工商齐办的现代化物流系统网络。

同期，美国政府对航空、铁路、公路及远洋运输的法规进行了修订，鼓励市场竞争，在市场准入、运价、运输路线等方面给运输企业更大的自主权，大大促进了运输业的发展，使流通物流达到了前所未有的水平。

7.1.4 物流的分类

1. 重要分支物流

进入 21 世纪，物流作为供应链管理的有机部分，至少产生了以下四个主要分支物流。

（1）企业物流。企业物流是指为满足顾客需求，在供应链上，对产品/服务及相关信息从生产地到消费地的输送和仓储等进行计划、实施和控制，以达到高效、低成本目标的过程。

（2）军事物流。军事物流是指为确保迅速、可靠、有效地保障军事力量的作战效能，对人员、物资及装备保障进行整体的设计、统一的调度与部署的过程。

（3）应急物流。应急物流是指为突然发生的事件及事后的有效救援及恢复，组织、调度和配置所需要的资源（如组织、设备和人员等）网络的过程。

（4）服务物流。服务物流是指服务业运行中的保障或维护过程，对服务企业的设施资产和备件、材料等物资进行采购、调度和管理。

这四个分支都需要有预测、调度、运输和仓储等功能，但是其主要目的略有不同。这四个分支都可以视为供应链中的上游或下游组织，与其他组织紧密合作，共同为整个供应链的成功和长期发展做出贡献。

2. 物流系统范围分类

物流系统范围可以进行如下分类。

（1）按照物流活动空间的范围，可分为：区域物流、国内物流、全球物流。

（2）按照物流系统服务的范围，可分为：社会化物流、行业物流（农产品物流、林业物流、服装物流、药品物流、电子高科技物流等）、企业物流。

（3）按照物流主体的类型，可分为：自营物流、委外物流（第三方物流）、第四方物流。

还有些特殊物品的物流，如危险品物流、低温物流（冷链物流、鲜活物流）。在台湾，低温物流又可分为冷气物流、冷藏物流、冷冻物流。

物流系统范围分类如表 7-1 所示。

表 7-1 物流系统范围分类

分类标准	分类名称	特点与活动内容
物流活动空间的范围	区域物流	在地区内及地区之间所产生的物流活动
	国内物流	在一个国家范围内产生的物流活动
	全球物流	国与国之间因进出口贸易、交流等需要而产生的物流活动
物流系统服务的范围	社会化物流	某区域全社会物流活动的总称
	行业物流	某产品行业部门或特定物品类的物流活动
	企业物流	企业运营，生产产品或提供服务所形成的物流活动

7.2 企业物流

7.2.1 企业物流的概念

一般来说，在一个企业的范围内，由于生产经营活动的需要而发生的物流称为企业物流。国家标准 GB/T 18354—2021《物流术语》将企业物流定义为：生产和流通企业围绕其经营活动所发生的物流活动。实际上，企业物流是以企业为研究对象，向顾客提供产品或服务所需要的物流活动的总称，涵盖企业的原料供应、生产物流、销售物流、逆向物流。

企业物流必须通过管理层、控制层和作业层三个层次的协调配合，才能有效实现其总体功能。

（1）管理层。管理层的主要任务是对整个物流系统进行统一的规划、实施和控制。其主要工作内容包括物流系统的战略规划、物流系统的总体控制和绩效评价，这些工作应坚持的最基本原则就是要有利于反馈机制和激励机制的形成。

（2）控制层。控制层的主要任务是控制物料流动的过程。其主要工作内容包括订货处理与顾客服务、库存计划与控制、生产计划与控制、用料管理和采购等。

（3）作业层。作业层的主要任务是实现物料的时间效用和空间效用。其主要工作内容包括发货与进货运输、厂内的装卸搬运、包装、保管和流通加工等。

企业运营活动的系统机制是"投入—转换—产出"（即企业运营的 SIPOC 模型）。而物流活动是伴随企业的"投入—转换—产出"而发生的，相对于投入的是企业外供应或入厂物流；相对于转换的是企业内生产过程物流；相对于产出的是销售物流（分销物流）或出厂物流；相对于废旧物回收的是回收物流；相对于废弃物处理的是废弃物流。退货、缺陷物品的修复或再制造、回收物流与废弃物流与进厂物流、出厂物流的方向相反，因此也统一称为逆向物流。

7.2.2 企业物流的分类

按照物流的环节与属性，企业物流可分为入厂物流、出厂物流、生产物流、逆向物流。如表 7-2 所示。

表 7-2 企业物流分类

分类标准	分类名称	特点与活动内容
物流的环节与属性	入厂物流	在采购过程中所发生的物流活动，如运输、仓储管理、库存控制等。采购与供应管理直接影响企业生产成本
	出厂物流	生产企业、流通企业销售产品时，在供方和需方之间的物品流动与储存，如库存管理、配送、包装、装卸、搬运等
	生产物流	在企业内部的生产过程中原材料、在制品、半成品、产成品等的内部物料管理活动，如取送、物料控制、传输、分拣、包装等
	逆向物流	多种原因导致的不合格物品和报废物品的返修、退货、回收，以及周转使用的包装容器从需方返回到供方的逆向物流活动

(续)

分类标准	分类名称	特点与活动内容
物流主体的类型	自营物流	物流作业与管理由企业本身承担的物流活动
	委外物流（第三方物流）	由产品供方和需方以外的第三方物流企业提供专业化物流服务的业务模式
	第四方物流	它是供应链物流服务中的综合服务供应集成商，提供组织物流服务所需设施、信息装备、资金、技术，以及物流方案等

在企业物流的几个部分中，生产物流是核心。它和生产同步进行，是企业自身所能控制的、合理化的条件最为成熟的一种物流形式。入厂物流和出厂物流可以看作生产过程的上游和下游，它们受企业外部环境的影响较大。例如，公共基础设施水平、市场竞争状况、有关政策法规等都会直接影响到这些物流活动的绩效。

在纵横交错的社会物流网络中，企业物流是其中的子系统。企业物流通过生产物流来完成产品的转换过程，通过供应物流和销售物流来实现与社会物流的连接。如果供应物流和销售物流不畅通，企业生产就肯定会受到影响。因此，企业物流的效率受到社会物流的制约和影响。

7.2.3 物流活动

美国物流管理协会认为一个典型的物流系统的主要管理活动包括：客户服务、需求预测、实物分拨系统、库存控制、物料搬运、订单处理、零配件和服务支持、工厂和仓库选择（即物流网络设计）、选址分析、采购与供应管理、包装、逆向物流（退货及废弃物处理）、交通与运输管理、仓储管理。

当然，构成企业物流管理的活动因企业而不同，它取决于企业类型及特点、组织结构、管理层对物流范围的不同理解等。可以在图7-1所示的供应链中找出企业物流的重要活动。有些活动是关键性物流活动，有些是支持性物流活动，每一种活动都涉及一些决策问题。

图7-1列出了很多物流活动，但并不意味着企业的物流部门负责所有这些活动。与这些活动相关的决策的制定必须运用供应链物流管理的系统观点，这对供应链物流管理非常关键。

下面对主要的物流活动做简单的介绍。

1. 客户服务

客户服务有两个对物流很重要的维度：一是客户接触及客户沟通，这往往是获得客户订单的关键；二是客户服务质量，这对留住客户，扩大市场占有份额至关重要。

从获得订单的角度看，物流关注的是为了满足客户的订单需求而在适当的地点持有一定的库存。同时，物流还关注订单履行的承诺，如接收订单时向客户做出的交货期承诺，兑现这些承诺需要加强库存控制、制造、仓储、运输活动的协同。

客户服务质量可以从产品可得性、交货可靠性、订单履行速度和交货及时性等得到体现。库存、运输、仓储决策与客户服务质量相关联。物流在确保消费者在正确的时间和正确的地点得到正确的产品方面发挥了非常重要的作用，而这些都是客户服务质量的重要维度。

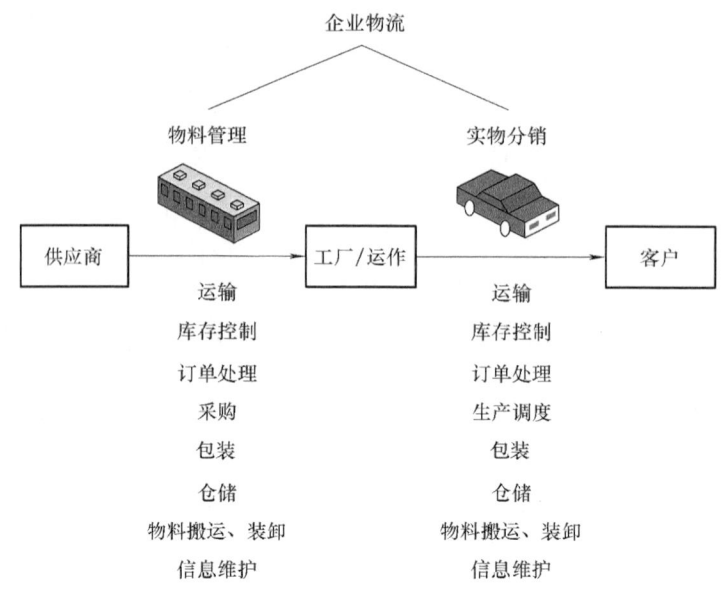

图 7-1　企业物流中的物流活动

2. 运输

运输是物流系统非常重要的组成部分,而且通常是最大的物流成本因素。物流中一个主要的焦点问题是商品的流动,或者是使商品流动的网络。这个网络包含了为企业提供物流服务的货物运输代理机构。物流管理人员负责选择物流运输服务商的方式,或者发展自营运输业务,或者选择第三方物流企业。

3. 库存控制

仓库及运输途中都存在库存。库存控制需要确定一定的库存水平,保证不会导致缺货。例如,在配送中心履行客户订单时,现有的库存量就会降低。当现有库存量到达再订货点时,就要将补货订单通过人工或电子方式发给供货仓库或供货工厂,以确保达到顾客可接受的服务水平。库存控制还要保证库存数量的准确性,确保仓库中的物资库存数量与信息系统中的一致。往往通过库存盘点来控制库存数量的准确性。库存准确性对确保及时履行客户订单是重要的。

4. 订单处理

订单处理包括与完成客户订单有关的活动。订单处理需要确保在交货期内履行订单。较短的交货期可能要求较快的运输方式,较快的运输方式意味着较高的成本。企业需要在订单处理中采用互联网及信息技术,有效减少订单处理时间。

5. 采购

采购是物流的重要活动。运输成本与企业所要采购物资的地理位置直接相关。经济订货数量与运输成本和存货成本相关。例如,从中国为一家美国的制造厂购买零部件需要几个星期的提前期,这会对制造厂最低库存预警线的设置有直接影响。使用快速运输方式可减少提前期,降低库存持有成本,但会增加运输成本。所以,采购决策需要考虑物流总成本。

6. 包装

包装提供产品的安全性、运输性和可存储性，并通过添加标签确保把正确的产品从生产制造商送到用户手中。产品的本质决定了防止产品损坏所需的防护类型和程度。运输、装卸以及长度和存储类型方面的考虑，决定了存储和包装材料的选择。产品包装的需求来自产品特点和在一定环境下的使用需要。总体性能要求是确保产品在装卸、运输和存储中的保护和保存。

工业包装可以在产品运输和储存的时候对产品起到保护作用，包括厚纸板、包裹、捆绑、袋子等。企业所选择的运输方式影响包装要求。例如，为防止可能的破损，铁路或水路运输通常需要规定包装要求。因此，运输方案的变化也会相应地影响包装成本。

包装要注重可重复使用的包装材料，应把环境污染预防措施融入包装标准和规范。包装材料的设计和选择应考虑通用性、再利用性、生物降解性（当它满足物流需求）、回收利用和保存。为了确保货物在运输中抵制恶劣环境的影响，会设计缓冲包装系统，总体思想是评估配送方法存在的危险和级别，这些危险可能包括诸如意外下降、车辆振动、冲击、极端温度、湿度及存储和压缩载荷等。

7. 仓储

运输成本与仓库数量有直接关系。例如，如果企业选用较慢的运输方式，就不得不保持较高的库存水平，这就需要保留足够的仓储空间，建设或租用仓库。当然，企业也可以考虑使用较快的运输方式（如空运）来减少仓库数目及其储存空间。仓库数量、仓库选址和仓库规模等决策问题与此有关。运输决策会影响仓储决策，所以权衡各种方案对整个物流系统的最优化是非常必要的。

8. 物料搬运、装卸

物料搬运也是生产企业运营中非常重要的物流活动。物料搬运决策对仓库设计和运营是重要的，物流管理人员关注商品进入仓库的运动、商品在仓库的放置，以及商品从储存区到包装区及准备运出仓库的运动。物料搬运通常使用短距离移动的机械设备，这种设备包括输送机、堆高机、高架起重机和自动存取系统（Automated Storage and Retrieval Systems，ASRS）。物料搬运系统的设计必须保证所使用的各种设备能够相互匹配。

装卸是在有限的距离内将产品从一处移动到另一处。装卸一般局限于一个区域，例如，仓库之间和存储区域内的移动，包括从存储区到运输之间的移动；两个工作车间的移动，包括装配期间的移动；使用期间的移动。物料装卸是移动、存储、控制和保护物料，贯穿了生产、配送、消费和废弃的过程。物料装卸行业需要一定的设备和服务来实现物料装卸系统。物料装卸系统的范围从简单的托盘货架、货架项目到复杂的传送带和自动存储与检索系统（Automatic Storage and Retrieval System，AS/RS）。物料装卸也可以用自动引导车来进行分拣和挑选。

9. 选址

物流的另外一个重要活动是工厂和仓库的选址。位置的变化可能改变工厂与市场之间或供应地与工厂之间的时间和地点关系。这种变化将影响运输费用、客户服务质量、库存水平等。

10. 其他活动

例如，零配件和服务支持、退货处理、废弃物处理等都广泛存在于生产耐用消费品和工业品的企业物流活动中。运输和仓储决策直接影响这些活动。产品维护、售前、售后服务都需要一定的物流服务支持。绿色、可持续发展理念要求企业重视逆向物流的发展，即要将使用过的、损坏的、废弃的产品返回给供应商进行循环利用或处理。

物流管理活动应重点关注包装、装卸、存储和运输（Packaging, Handling, Storage and Trasportation, PHS&T）。将资源、流程、程序、设计、注意事项和方法进行整合以确保所有系统、设备和产品被适当的包装、装卸、存储和运输，其中包括环境因素、设备短期、长期的存储和运输。一些产品需要特殊的环境控制，用各种运输方式（公路运输、铁路运输、空运和海运）通过防震容器运输到修理和存储设施内。PHS&T 关注的是包装、装卸、存储和运输的独特需求。环境对这些活动施加的要求和限制可能严重影响系统的可用性、可靠性和生命周期成本。必须注意确保 PHS&T 的目标应用于整个系统。

7.3 逆向物流

逆向物流主要是指从客户手中回收损坏、过时或者用过的产品或者包装开始，直到最终处理环节的过程，对产品的循环使用有着重要的影响作用，有利于保护环境，其主要目的是获取废旧产品或者缺陷产品的剩余价值，对废弃物进行正确的处理。

7.3.1 管理闭环供应链

闭环供应链（Closed Loop Supply Chains，CLSC）是指企业从采购到最终销售的完整供应链循环，包括产品回收与生命周期支持的逆向物流。它的目的是对物料的流动进行封闭处理，减少污染排放和剩余废物，同时以较低的成本为顾客提供服务。

1. 闭环供应链的特点

（1）目标函数更加复杂。除了考虑成本和服务外，还要考虑环境因素，使目标函数更加复杂。

（2）系统更加复杂。封闭的系统中增加了逆向的废旧产品流，而且与正向的商品流相互作用，在商品的供应或废旧产品的收集方面，其数量、质量、时间等具有不确定性。

（3）推/拉特性。废旧产品的供应和需求之间经常不匹配。"生产"也就是旧产品的供应，与"需求"即生产商对废旧产品的需求不协调。

（4）"供应商"多"客户"少。逆向供应链的"原材料"是使用过的废旧产品，与正向供应链不同的是，虽然有很多的"原材料"来源，而且废旧产品是以很小的成本或几乎没有成本进入逆向供应链，但由于废旧产品只有很低的价值，使得对此业务有兴趣的企业客户很少。

（5）未开发的市场机会。环保的要求是创造新市场的基础，甚至会导致现有生产过程中副产品市场的重组，在这种重组中，原先的废料可能变成有用的产品。

2. 闭环供应链的设计原则

闭环供应链的设计原则应考虑以下几点。

（1）标准约束。选择符合可持续性发展标准的供应商需要增加额外的选择标准，如必须为供应商解决两难的悖论：生产可重复使用的零配件的供应商可能因此失去大部分业务。

这种损失应该得到补偿，可以将维修等业务外包给原始制造商。一方面，原始制造商具有专业的业务知识和设备，可以提供较好的服务；另一方面，供应商可以通过模块化设计以便于产品回收。

（2）成本及影响。首先，开发设计出的可回收产品，应该具有下列特点：经久耐用、可重复使用、使用后可无害化回收、在废弃处置时对环境友好；其次，产品功能应具有可扩展性，这样在使用时能提高生态效益和可再用性；最后，设计产品应遵循模块化、标准化原则，这样可以使维修更加容易，部件和物料可重复使用（甚至可以跨供应链使用）。

（3）管理方法。ISO 14000、生命周期评估方法、环境会计方法等可以帮助企业识别需要改进的地方。举例来说，使用较少的能源不但对环境有好处，而且由于减少成本对公司也有利，同时又避免了潜在的环境法律责任。善于利用这些管理方法是企业可持续发展的重要前提，为了取代不可再生资源和具有污染的技术，企业应尽量使用太阳能、风能、水能和地热能等，以便减少能源消耗。

（4）建立新市场。环保要求会引发建立某些特定物料的新市场，也可能引发生产过程中现有物料流程的重组。借助于新技术，以前作为废物处理的物料会变成有用的副产品。处置设施应尽可能地接近终端消费者，这样可以便捷地运送来自消费者的废旧产品，此外，企业应尽可能提供废弃物处理服务。

（5）不确定因素。在回收的产品中，只有部分是有价值的，但正确预测哪些部分有价值比较困难，因此用来区分回流产品中有用部分和无用部分的分类/测试工作需要分散进行。由于逆向渠道固有的推/拉特性，即使在完美信息状态下，在回收产品的供给和需求之间也存在着不匹配问题和回收渠道的选择问题。从事物料和能源经营的企业应该进行一定的准备，使自己能对管理和流程中的变化做出快速反应。不断变化的产品和服务也在不断推动设计的变化，为了达到生态最优化，必须多研究一些备用的设计方案。

（6）匹配。有些研究者对成本和服务驱动式的网络设计进行了案例研究，他们得出的结论是：与传统的正向物流相比，闭环供应链有一些明显不同的特点，尤其在流程方面。产品回收网络的典型特点是：它包括专门从事收集与运输的汇聚部分，将可再用产品配送到市场的发散部分，以及回收处理各个环节有关的中间部分。他们对物料回收、再制造、可再用部件、可再用包装、保修和商业回收等的网络进行了区分，这些网络类型在网络的拓扑结构、参与者的角色、参与者之间的合作等方面不同。

（7）提高设计。关于环境驱动式网络设计，有研究者从闭环供应链的角度分析了电池回收问题，讨论了许多网络设计方法，发现环境因素影响着网络的拓扑结构、参与者的角色、参与者之间的合作。有文章认为产品如何设计是一个关键因素，决策时要考虑模块化、物料类型、供应商的参与程度、可拆解性、生命周期、所用设备的类型、产品中模块/部件的标准化程度，影响决策的参数包括污染的产生、能源的使用、残余废弃物、生命周期成本、生产技术、辅助材料、副产品、可回收性、产品复杂性、产品功能等。

（8）数量和比例。过去有文献从经济和生态标准介绍了优化冰箱供应链的模型。此模型使用了不同的参数类型，如集中式运营、分布式运营、不同的产品设计方法、回收的可行性、回收数量、将要出台的法律等。该文献的结论是：除了高效的物流管理和优化的产品设计外，系统的优化程度依赖于回收数量和回收比例。

3. 闭环供应链的应用领域

（1）法律法规强制要求企业回收处理废弃产品的行业。

（2）企业能够从闭环供应链管理中直接获取经济效益的产品。

（3）通过接收顾客退换货和渠道退换货来提高顾客服务水平和增强竞争能力的行业。

4. 错误观念

传统的观念认为遵循可持续发展方针要付出很高的成本，目前还过于理想化，因此建立闭环供应链的公司还很少，即使建立了也是迫于法律的压力。有人认为"目前逆向物流的发展状况类似于10~20年前的正向物流"。许多公司常犯的错误有以下三类。

（1）忽视生命周期法。废旧产品回收中的许多麻烦是由糟糕的产品设计引起的。设计逆向链时应遵循与正向链和谐共处的原则，有时需要对正向链的部分环节进行重新设计，已有的供应链对逆向供应链的设计具有强烈的影响。对服务进行延伸并提高服务水平可以提高生态效益和产品的可重用性，这一点在使用阶段尤其突出。模块化和标准化设计可以使产品易于修理及重用，甚至可以跨供应链重用。可选择恰当的供应商并让他们参与到产品设计和部件修理活动中。

（2）仅优化预算外的成本。在逆向链中，除了预算外成本，还必须包括折旧成本等。在以前的物流文献中，提前期对成本和服务水平的重要性已进行了大量的研究，然而，在逆向物流中的研究还不多。

（3）将可持续性排除在优化方法外。产品必须经久耐用、可重复使用、回收时无公害、废弃处理时对环境友好。将整个系统中的能源使用作为一个优化标准非常重要，对环境来说，使用的能源越少越好，而且降低公司的成本并避免潜在的环境法律责任，这也是业务能保持可持续发展的前提条件。为了替代或减少不可重用的技术和引起污染的技术，使用太阳能、风能、水能和地热能等清洁能源非常重要。

5. 闭环供应链与传统供应链的区别

闭环供应链与传统的供应链显著不同，尤其在可持续发展方面，因此需要对传统的设计原则进行扩展，传统的设计原则中有适用于闭环供应链的地方，需要扩展的是必须考虑减少废气排放和废物生成。需要用到诸如生命周期评估法（Life Cycle Assessment）、生命周期成本法（Life Cycle Costing）等先进工具，因此供应链中的参与者和消费者都需要抱有全新的态度来认真对待。

闭环供应链所面向的系统无论从其深度还是广度都大大超越了传统供应链，它不是简单的"正向+逆向"，涉及从战略层到运作层的一系列变化，其复杂程度和难度都远超过正向供应链。闭环供应链管理的目的是为了实现"经济与环境"的综合效益。

7.3.2 产品召回

1. 产品召回的定义

产品召回是指生产商将已经送到批发商、零售商或最终用户手上的产品收回。产品召回的典型原因是所售出的产品被发现存在缺陷。产品召回制度是针对厂家原因造成的批量性问题而出现的处理办法。其中，对于质量缺陷的认定和厂家责任的认定是最关键的核心。

在发达国家，产品召回方式有两种：一种是"自愿认证，强制召回"；另一种是"强制认证,自愿召回"。目前,中国还没有全面实行产品强制召回制度。

2. 产品召回的由来

召回制度是针对已经流入市场的缺陷产品而建立的。所谓缺陷产品,是指因产品设计上的失误或生产线某环节上出现的错误而产生的,大批量的,危及消费者人身、财产安全或危害环境的产品。

由于缺陷产品往往具有批量性的特点,因此,当这些产品投放到市场后,如不加以干预,其潜在的危害是巨大的,有可能对消费者的生命、财产安全或环境造成损害。《中华人民共和国产品质量法》第四十六条规定:本法所称缺陷,是指产品存在危及人身、他人财产安全的不合理的危险;产品有保障人体健康和人身、财产安全的国家标准、行业标准的,是指不符合该标准。

3. 评估不合格产品

(1)不合格产品的定义。不合格产品是指不符合某种类型的检查、验证或测试活动的产品。如果没有建立检查标准,验证过程或测试活动,根据定义,就不存在不合格产品。对产品的要求通常在生产开始之前就要很好地被定义。设计、规格和客户的要求决定了要检查、验证和测试的参数。

(2)用定义识别不合格物料。应为进料确定检验协议。通常,这些是基于供应商资格认证过程的结果,以及供应商的绩效记录而设计的一种审核。检查频率和样本量可根据需要进行更改,以提高置信区间来反映供应商绩效。进料审核的范围应与所提供材料的关键性、可能的故障机制以及这些故障模式的严重等级直接相关。

4. 不合格产品的处理

物料审查委员会应由质量和工程的参与者组成。既然已经识别出不合格的材料,并且所有受影响的生产都已进行,下一步就是确定如何处理它。

物料审查委员会的职责是确定不合格材料的处置方式。

(1)按原样使用(设计变更或一次性使用)。

(2)重新分类以供替代使用。

(3)修复(再次设计变更或一次性变更)。

(4)返工。

(5)拒绝或报废。

产品召回的好处有以下几点。

(1)保护消费者的人身财产安全,促进消费。

(2)促进企业的发展。

(3)保障产品召回制度的贯彻实施。

(4)维护消费者的经济利益。

5. 召回管理的四个方面

(1)预防管理。

1)建立召回管理机构,明确各部门的职责。要进行召回管理,企业必须成立召回委员会(或召回管理小组),全面负责召回的全过程。

2)加强安全管理。安全管理和质量管理相互联系,又有所区别。安全管理并非制定更高的质量标准,而是采取一切措施预见和减少新产品在设计、制造和分销过程中,潜在地造成产品缺陷的危害风险。

3）发展和保持与消费者、中间商等有效的沟通渠道。企业需要与最终消费者、中间商、维修站和客户服务部门建立和保持有效的沟通渠道。一方面，能够在需要时及时地与他们取得联系；另一方面，可以通过沟通获得产品使用、产品维修、产品退回、消费者意见等方面的信息。

4）建立产品与顾客数据库。有效的产品数据库能够进行产品批量跟踪，这样就可以通过产品型号、生产批次、系列号和生产日期等及时确定哪些产品应该召回，这些产品是否已经销售出去；良好的客户数据库，使企业能快速地找到缺陷产品的当前使用者。

（2）决策管理。企业获得产品缺陷的信息渠道主要有：企业的质量管理记录、消费者投诉、媒体报道、政府管理部门的公告、维修站的维修记录等。当企业认为可能存在产品缺陷时，就必须对是否召回进行决策。评估产品缺陷的危害风险是召回决策中的关键，这是决定召回的速度和召回方式的依据。

（3）实施管理。

1）召回预算。企业必须对召回事件产生的各项费用进行预算，这些费用分为直接费用和间接费用两部分。

2）告知召回情况。进行召回的企业需要将召回的相关事宜告知批发商、零售商、服务中心和消费者。应该告知的情况包括：采取的召回程序、怎样辨识缺陷产品、缺陷的性质、危害的严重程度、缺陷产品的数量、缺陷产品的使用者与企业的联系方式、召回的时间地点等。告知的方式除包括在政府管理部门规定的报刊、网站上公布召回公告外，还可采用电子邮件等方式。

3）收回缺陷产品。企业收回缺陷产品时，处于不同环节的产品收回难度是不同的。

4）确保及时维修或替换。进行召回的企业应建立明确的召回产品修理或更换程序。

（4）评价管理。

1）挽回企业的声誉。为挽回声誉，企业应进行的工作有：分析产生缺陷的原因，并采取措施以保证不再因同样的缺陷导致新的召回；为新产品配以新的序列号、产品型号、风格包装和颜色，以防止需召回产品、已维修产品和已达到安全标准的新产品之间产生混淆；增加广告的投放量，告诉消费者产品缺陷已经得到纠正。

2）评价召回效果。产品召回的效果可以通过召回完成率和客户满意度来衡量。

7.3.3 退货处理

逆向物流发生在供应链向上游的流动，退货是其中一个非常重要的内容。因为网上购物、直接到店和直接到户的出货量的增长，分销中的退货率呈现增加趋势。还有，利用廉价的和未经测试的供应商也造成相对较高数量的产品的退回或企业的召回。退货以及召回会产生额外的运输、装卸、维修、翻新、重新包装、转售、处置和销售损失，这无疑增加了企业的成本。更重要的，如果不能及时、妥善处理退货，或尽快召回，就会对客户服务、公司信誉和赢利能力产生较大的负面影响。"你已经令顾客失望一次，现在你必须尽快解决问题，挽回声誉。"

处置退货要考虑的问题很多，例如，信息系统是否可以处理退货并监视整个逆向过程，逆向物流过程中的工人是否经过培训，没有退货包装的产品如何识别，是否需要借助检验和测试工具，如何将损坏的退货产品与正常销售库存分开。

退货成本远高于正向物流的成本，处理步骤也远多于正向物流。尽管如此，企业也要做好逆向物流系统，因为逆向物流系统的完备性直接影响整个供应链的效益及顾客满意度，并且也会影响未来销售量的提升，直接影响企业竞争力。一个便利、快速的退货过程有利于吸引顾客，因为它可以降低顾客购买产品的风险，这是一个好的营销手段。退货往往意味着产品的缺陷，这类缺陷信息的及时返回可以供设计人员研究分析原因使用，由此成为改进产品质量，减少产品未来缺陷的新起点。当然，退回产品可以通过维修、坏件更换、翻新等方式创造价值。

处理退货中存在的主要问题如下。

（1）商品无缺陷退货率上升。对于最终客户来讲，无缺陷退货能够确保他们将不满意的商品及时退回，消除后顾之忧，使购买风险最小化。同时，由此引发的商家除了销售额增长外，还有大量的退货及其所产生的成本。因此，实施"七天无理由退货"既有利也有弊，怎样既获得客户的信任又降低退货率，成了许多商家的难题。

（2）商家单独处理每一件退货，浪费人力物力。整个处理退货的流程，周期较长，极易引起客户不满意，而商家也需处理额外的业务，并且通常要承担一定的亏损。许多客户也因退货流程过于烦琐而放弃退货，转而选择给予商家中差评，这对商家的信誉会产生非常不利的影响。

1. 退货问题的解决对策

（1）通过信息化水平的提高，加强逆向物流的力度。一方面，在逆向物流中，多利用先进的技术手段，例如 RFID、EDI、卫星定位系统等，对退货商品进行有效的编码管理，建立基本商品资料，实现退货的信息共享；另一方面，充分了解客户的退货原因，建立逆向物流的配送、跟踪系统，利用系统优势，判断出被退商品的损害度，若无质量问题就进行下次销售，若产品彻底损坏就集中退回进行二次生产。

（2）建立专业化退货逆向物流公司。目前为止，我国并没有一个正式的逆向物流处理公司，很多网络退货都是由第三方物流公司代为处理的，这样就会造成退货周期的延长，处理效率自然而然就会下降，所以建设一个专业化的逆向物流公司是很有必要的，通过借助第三方物流公司来减轻零售商的退货压力。

（3）从事前、事中、事后多方位进行控制，尽量减少退货。

1）在正向物流方面，商家对各物流企业应进行专业、效率等方面的比较，并结合自身的特点和需求，与第三方物流企业建立合作关系。

2）商家可提供在线咨询回复，配备多个售前售后客户服务部门，及时为客户答疑解惑，减少客户的等待时间，同时为客户提供有关产品信息和物流咨询。

3）对在线图片应进一步精心制作，并附有详细的文字介绍，减小图片与实物的差异，让客户从不同侧面详细了解商品。

4）商家可尝试建立客户"粉丝群"，为客户提供沟通、发表意见的平台，便于收集反馈信息并改进服务。

2. 退货物流流程

退货管理应该考虑战略和运营两个层面：战略部分主要是为在企业内部与供应链上的关键成员中实施该流程确定一个基本的操作构架；运营部分则是对战略层面上制定出流程的具

体实现。

另外，可以运用流程图描绘退货物流战略子流程和运营子流程的构成及顺序。退货物流的实施是伴随着各种类型的退货活动发生的，而由于各种类型的退货活动操作规程不同，导致其退货流程也有所不同，但整体上看，退货物流的整体情况大致相同。

7.3.4 以旧换新

1. 以旧换新的定义

以旧换新，是指消费者在购买新商品时，如果能把同类旧商品交给商店，就能折扣一定的价款，旧商品起着折价券的作用；如果消费者不能提交旧商品，新商品就只能以原价售出。

对于使用以旧换新促销的厂家或商家来说，回收来的旧商品通常没有多大经济价值。以旧换新的目的，主要是消除旧商品形成的销售障碍，以防消费者因为舍不得丢弃尚可使用的旧商品，而不买新商品。

2. 以旧换新的主要类型

（1）消费者购买新商品时，只能用同一品牌或同一厂家生产的旧商品折价。这种做法主要是为了回馈和稳住老顾客，并吸引新顾客。

（2）消费者购买新商品时，可以用任何一种品牌的同类旧商品进行折价。近年来，一些大中城市的房地产商甚至推出住房的以旧换新促销活动，消费者在买新商品房时，原有旧住房可以折抵一部分价款。任何品牌的同类旧商品均可折价换新商品的做法目前最为普遍的，它能吸引所有拥有旧商品的顾客购买新商品，促销效果最好。

（3）消费者购买新商品时，只能用竞争品牌的旧商品折价或兑换新商品。

（4）消费者在一定的时间内，可以用任何品牌的同类旧商品折价购买新商品。一旦超过了这一时间的界限，就只能用同一品牌的旧商品折价来购买新商品。这种做法能刺激广大消费者在这一时间内尽快购买，同时又在一定程度上优惠了老顾客。

3. 以旧换新的优势与劣势

以旧换新具有如下的优势。

（1）它能消除新商品销售的障碍，免得消费者因为舍不得丢弃尚可使用的旧商品而不买新商品。

（2）加强了老客户的产品黏性。

（3）以旧换新实质上是变相降价，但能避免直接降价带来的种种副作用。

（4）对"经济"和"低碳"实现双赢。

以旧换新具有如下的劣势。

（1）促销成本较高。以旧换新中回收旧商品，多数没有什么经济价值或价值很低，远远赶不上折扣的那部分价款。另外，回收、堆放、运输、处理旧商品还要付出费用；对以旧换新活动进行广告宣传也要付出费用，种种费用加在一起，促销成本较高。

（2）促销范围比较狭窄。以旧换新主要适用于促销高、中档耐用消费品。对于价格低、使用期短的日常消费品，消费者会对旧商品一丢了之，没有兴趣参加以旧换新。以旧换新也不适宜促销生产资料商品，因此促销商品的范围比较狭窄。

（3）实际操作中不少商家不愿配合厂家开展以旧换新促销活动。因为这种促销活动操作起来较麻烦，回收来的旧商品比较脏，商场又难以找到堆放的位置，很多商家不愿经手这种业务。

7.4 第三方物流

7.4.1 第三方物流的兴起与概念

现代第三方物流的发展起源于 20 世纪 80 年代的物流外包。在美国，简单地把仓储、运输、配送等同于"物流"的观念早已过时，人们的思考角度转变为以供应链管理视角为企业带来附加经济价值来权衡物流绩效。美国的第三方物流水平在世界处于领先地位，第三方物流企业发展速度与规模逐年攀升，有调查发现，美国《财富》500 强的制造企业有一半以上已经连续五年使用第三方物流。客户要求不断提高和市场竞争环境日益激烈的双重压力，促使第三方物流企业不断提高物流运作水平，在信息技术方面加大投资，构造可追溯的实时物流跟踪系统。在供应链的各个节点与商业合作对象共享网络物流信息，实现物品的实施跟踪、处理，降低了之前用电话或电子邮件传递信息带来的信息反馈延迟问题，提高了信息传递的速度和质量，以及客户服务的及时性、准确度和透视性。

在欧洲的物流服务市场上，欧洲的第三方物流企业根据客户不同的需求，提供相应的物流服务，基本可以分为四大类：①服务范围覆盖广的大型物流企业。如 UPS 环球物流。他们大多为大型制造企业、大型零售企业提供服务，在业内处于领先地位。②从事传统物流的企业。这些企业有自己的资产，可提供货运、仓储、报关、包装等服务。但其技术不高，受到资源的限制，发展前景不大。③新兴的第三方物流企业。如欧罗凯集团，是德国汉堡港主要的集装箱经营者，运营点遍布法国、意大利、葡萄牙、奥地利多地，通过其业务与站点的优势，成立了免费分销的物流配送公司（为从亚洲进口大宗货物的商贸公司提供物流加速服务，增加物流周转速度，被加速运输的货物用于紧急订货的订单）。④大型国有机构加入的第三方物流。如国家铁路公司和港务局。比较成功的是德国邮政，其斥资收购其他公司以扩充自身的物流能力，使其成为欧洲最大的物流供应商。

我国第三方物流的概念起始于 20 世纪 90 年代。近几年来，随着市场经济体制的发展和物流外包需求的增长，我国的第三方物流企业有了一定程度的发展，但是总体上讲，我国的物流企业所能提供的服务主要集中于运输、仓储方面，功能还不够完善和全面，大部分物流公司规模较小，物流设施设备落后，机械化程度不高，影响了运输工具的装载率，物流信息技术水平较低，在增值服务方面处于较为落后的阶段，未形成较为全面且成熟的模式，这些方面都已经成为制约我国第三方物流企业市场竞争力的障碍。

我国第三方物流的发展需要信息技术、供应链和物流一体化服务，中小型物流企业可通过兼并与整合发挥运营优势做大做强，政府和行业协会需要推动行业发展，不断完善外部发展环境。企业需要依托国家对物流产业的扶植，进一步壮大发展规模，根据不同服务对象的需求，不断丰富和完善物流服务的内容，建设有特色的、有竞争力的、差异化的服务。

在物流组织中，物流服务可以由制造企业自营、外包和外购服务等。物流外包是指制造企业将以前由内部自营的物流服务以合同的方式委托给外部物流服务提供商，即第三方物流企业（Third Party Logistics，3PL）。而与外包所不同的是，外购是制造企业从外部获取所需服务的行为，该活动并不限于是否属于企业内部所有，而是在外包基础上的进一步扩展，是一种战略上的决策，制造企业所需的物流服务也可以向第三方物流企业购买。物流外包本质上仍然是一种购买行为。物流服务的外购或外包不仅是为了降低制造企业的成本，更重要的是从提升制造企业核心能力等长期战略考虑，如制造企业价值链分析、标杆分析以及供应商分析等。制造企业在内部资源有限的前提下，在保留自身的核心优势的同时，可将物流活动有选择地转交给其他拥有专业化资源的企业来执行。

7.4.2 物流外包的范围

有大量不同的运作和服务可以被外包，包括内部和外部的流程。事实上，分销和物流中几乎每个不同的功能都可以外包。最终的外包决策，包括了将整个运作系统外包，还是仅保留那些被视为公司核心业务的非物流功能，例如零售公司的零售店。如果将物流外包视为一个连续的服务，外包的范围自然从完全内部化的物流到完全外部化的物流，如图 7-2 所示。

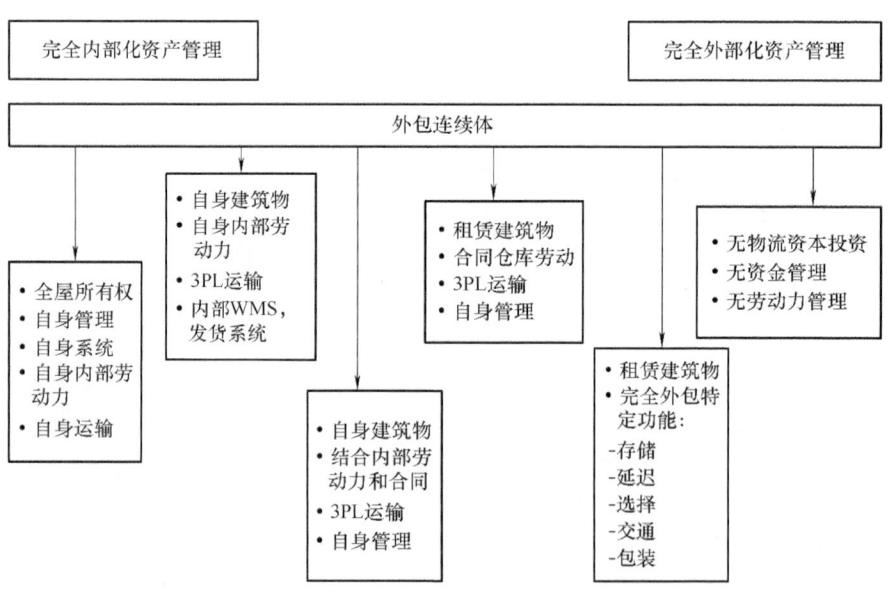

图 7-2　物流外包的连续体

从这个连续体图中可以看出，在整个外包实体物流运作的范围中存在许多可供选择的机会。较为普遍的渠道就是外包派送的运输运作，但是可以在企业内部保留仓库和仓储运作。在这些多种组合中的任意一个选项都可能适合某个特定的企业。

这个连续体的两端分别是：①完全内部化的资产管理，表示一个企业将整个物流运作保留在自身内部并且不做任何的外包活动；②完全外部化的资产管理，表示企业将整个实体物流运作外包给第三方物流，但是重要的是它仍承担服务提供方的行为责任。

所以，外包连续体的方案可以帮助企业确定外包的主要优势，使合作合同清晰明了，使责任边界改变清晰明了，定义合同中的期望收益等。

7.4.3 物流服务运作流程

第三方物流企业可以通过物流企业间的合作、战略联盟等手段来获取相关资源，实现物流服务的规模化运作。物流企业引入全球电子信息系统，有关物流活动的信息实现完全共享、实时交互，保证物流服务供应链信息的可视化。

3PL 的物流服务运作的一般流程如图 7-3 所示。在物流服务过程中，引入互联网和在线分析技术能够更好地实现物流服务的协调，有效集成物流服务、物流过程和物流信息系统，如图 7-4 所示。

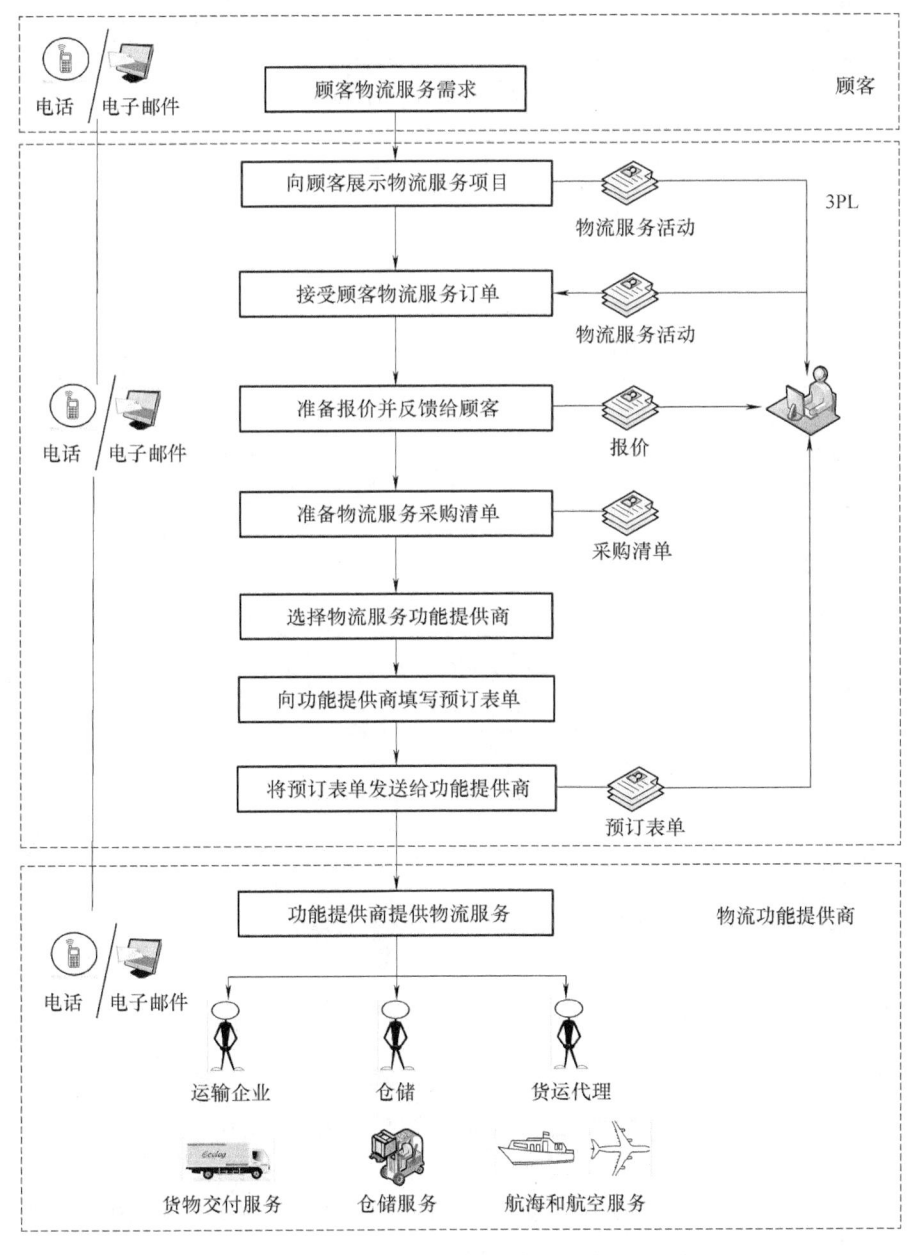

图 7-3　3PL 物流服务运作的一般流程

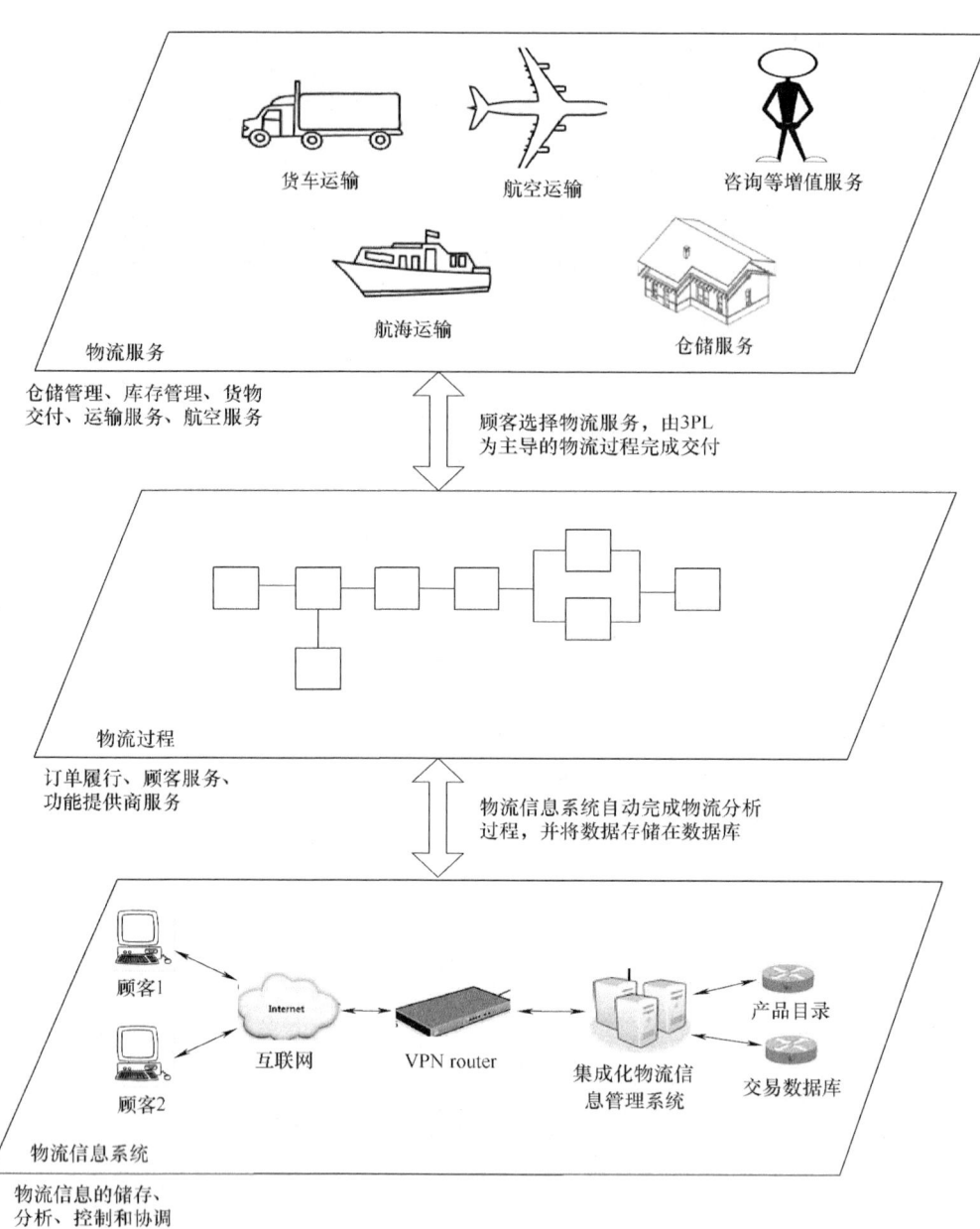

图 7-4　3PL 集成化物流信息管理系统

7.4.4　第三方企业提供运作

第三方物流企业可以提供许多不同的运作或活动。运输和仓库是 3PL 提供的最主要活动，如配送中心运营，但是逆向物流、越库、领先型物流提供商（LLP）/第四方物流（4PL）服务和服务型物流也可以向外委托。特别注意，一些企业可能在一些特定的运作方式上很专业，而其他一些企业可以提供多种可行方案。这些企业所提供的基本运作方式在风格和程度上都不同。

做出物流外包的决策,需要考虑很多因素。决定物流外包之后,还需要决定与哪种类型的物流企业签订合同,如选择第三方物流提供商还是第四方物流提供商?

第四方物流是一个集成商,把本企业和其他企业所有的资源、能力、技术集成起来,以设计、建立和运行一系列综合性物流供应方案。第四方物流并非是资产拥有型公司,它具有复杂的信息系统,具有能够代表企业管理所有物流运作的决策者,而且能够给客户提供成本有效的物流体系。第四方物流有能力选择最佳的第三方物流商。

7.5 区域物流与城市物流

区域一般是指某个行政区域或两个以上行政区域的联合体。区域物流是区域之间及区域内部的物的流动,是在一定的区域地理环境中,以大中型城市为中心,以区域经济发展规模和范围为基础,区域内外物资从供应地到接受地的实体流动。我国的行政区域划分为省、市、县、乡等。从这个意义上讲,区域物流包括省域物流、城市物流、县区物流、农村物流等。

区域物流活动凭借区域内的物流基础设施条件,将多种运输方式及物流节点有机衔接,并通过物流业务活动的有机集成来提高本区域物流系统的水平和效率。扩大物流活动的规模和范围,辐射其他区域,促进区域经济协调发展,提高区域经济运行质量,增强区域综合经济实力。

从现实来看,区域物流联合体主要包括两大类:第一类是一国之内的区域联合体;第二类是跨越国境的区域联合体。第一类联合体的例子有我国传统的东北、华北、华东、华南、西北、西南等六大联合体,以及近些年出现的新区域联合体(如京津冀、珠江三角洲、长江流域、长江三角洲、环渤海经济圈、大西北经济区等)。与此相对应地产生了东北物流、华北物流、长三角物流、珠三角物流、大西北物流、西南物流等。第二类联合体的例子有北美自由贸易区、东北亚经济圈、欧盟联合体等,其特点有:一是联合体的成员是多国的;二是联合体的成员只是某个国家的部分行政区域。例如,东北亚经济圈的主要成员有中国的天津、大连、青岛、烟台,日本的福冈、北九州、下关,韩国的釜山、仁川、蔚山。由于这种跨国区域联合体的存在,也就自然产生了跨国性区域物流(如东北亚物流)。当然,这种跨国区域物流具有双重属性,即可以划归为区域物流,也可以划归为国际物流。

7.5.1 区域物流特点及分类

1. 区域物流的特点

(1) 主体多元化。由于区域物流中的"区域"首先是一个地理区域,在这个地理区域内,往往存在着数量庞大的微观物流组织,这些微观物流组织是各种物流经营的主体,组织间存在着竞争与协作关系,从而形成复杂的物流市场竞争结构。同时,区域物流的行政管理主体也是多元的,区域物流行政管理主体之间也存在着竞争与协作关系。

(2) 区域边界的多变性。随着经济资源、产业结构、物流技术、信息技术等的变化,区域物流中的"区域"成员及区域边界也会发生相应的变化,导致区域的经济规模与结构发生相应的变化,从而导致该区域的物流规模与结构发生变化。当区域经济衰退时,该区域的物流规模及其辐射范围就会缩小,甚至被整合到其他区域(如一些资源枯竭的城市)。上述物流环境的变化,将改变原有区域的成员构成或者导致新成员的加入或者原有成员的退出,从而导致区域边界的扩大、重组、缩小甚至消亡。这就是说,区域物流的区域边界是经常变化的,而且缺乏稳定性。

(3) 组织和管理的难度大、成本高。由于区域内存在数量庞大的物流经营主体,又存在多个物流行政管理主体,因此,要组织和管理好区域物流,难度很大,成本很高。这要求区域物流的组织与管理者探讨科学的管理体制与管理方法,不仅要有效率观念,而且要有效益观念。特别是对于包含多个行政区域的区域物流的组织和管理者,在组织或加盟区域物流之前,应充分考虑区域物流的组织与协调成本及其分担形式,不能盲目增加区域物流的加盟成员或扩大区域边界。

2. 区域物流的分类

(1) 跨国区域物流。跨国区域物流是指跨越国境的区域物流。它是区域物流中层次最高、规模最大、范围最广、管理难度最大的区域物流。因为跨国区域物流的组织和管理涉及许多难题(如区域成员的国际贸易政策、经济体制、生活习惯、文化传统、商品的腹地延伸、物流设施的共享、物流设备与工具的通用性、物流信息标准化等),同时跨国区域物流的经营主体和管理主体更加复杂。因此,要组织好跨国区域物流,必须建立一个全新的跨国区域物流管理体制,协调各种关系,才能发挥跨国区域物流在促进跨国区域经济发展中的作用。

跨国区域物流是经济全球化的重要体现,也是世界物流发展的必然趋势。随着世界各国贸易与投资壁垒的逐步降低甚至消亡,不同国家的不同地区,特别是地理上相邻或经济上有较大互补与互利关系的地区,将越来越倾向于构筑一个超越国家界限的经济区域,即在经济全球化的背景下,经济生活中的国家概念将日益淡薄,世界经济将由以国家为单位的经济逐步转化为以跨国区域为单位的经济。作为经济活动中的物流,也必将由国家物流时代,逐步进入跨国区域物流时代。

中国提出的"一带一路"倡议,即共建"丝绸之路经济带"和"21世纪海上丝绸之路",获得了"一带一路"沿线国家的广泛共鸣,中国与沿线国家正努力在政策、设施、贸易、资金等各方面寻求合作,实现互联互通,直接推动跨国区域物流的发展。

(2) 大区物流。大区物流是指一国之内的若干行政区所组成的区域联合体物流(如"珠三角物流""长三角物流""东北物流""华北物流"等)。大区物流包含的区域边界较大,区域成员较多,往往包含若干省区。大区物流之所以能够形成,是因为大区内的区域成员在产业结构、地理位置、产业分工、物流资源等方面具有明显的互补关系。因此,通过组织大区物流,加强大区成员之间的物流协作,可以获得更大的绩效,也可以增强大区的经济竞争优势。但大区物流的组织有相当的难度,要协调好各种关系。

(3) 省域物流。省域物流是指一个省内的物流。省域物流的组织和管理相对比较容易,即使省域内存在若干层次的区域物流,但由于在行政上隶属于一个省,因此协调比较容易。

(4) 城市物流。城市物流追求的目标不仅包括经济效益,也包括社会效益等多种效益,需要考虑在城市整体利益的基础上,全面优化城市物流系统。城市物流是以城市为主体的,围绕城市物流服务需求所发生的物品在城市内部及周边的实体流动,是服务于城市经济发展的一种中观物流。既能够满足城市内部的物流活动,同时也满足城市与外界联系过程中产生的物流活动,是城市内部、城市与城市、城市与区域乃至与其他国家和地区进行经济交流活动的桥梁。城市是区域物流的中心。

（5）农村物流。农村物流是指以乡镇和村为活动基地的物流。农村物流与农村的产业结构有直接关系。随着新型城镇化建设，农村物流的主体、客体、网点及组织与管理，与城市物流有许多不同之处，需要与城市物流连接，是一个值得研究的物流领域。

7.5.2 城市物流

城市物流是通过考虑城市货物流通对社会、环境、经济、金融和能源的影响使城市物流活动达到整体最优的过程。日本学者谷口荣一将城市物流定义为："城市物流是在市场经济框架内，综合考虑交通环境、交通阻塞、能源浪费等因素，对城市内企业的物流和运输活动进行整体优化的过程。"王之泰教授 1995 年在《现代物流学》中提到："城市物流要研究城市生产和生活所需物资，如何流入以及如何以更有效的形式供应给每个工厂、每个机关、每个学校和每个家庭，城市巨大的耗费所形成的废物又是如何进行物流组织的。"

简单地说，城市物流就是物品在城市的实体流动。具体地说，城市物流主要包括三个方面：城市内物品的实体流动、城市外货物的集散、城市废弃物的回收处理。城市内物品的实体流动主要是城市配送，包括：城市居民日常生活用品的配送，以及部分生产资料的配送，特别是及时化配送；城市外货物的集散，主要是中转大进大出城市的物资，包括支柱产业所需原材料、商品的流入和流出；城市废弃物的回收处理，主要是生活废弃物的回收处理。

城市物流是以城市为依托的物流，是在一定城市规划的约束下，为实现城市商品流通最优化，以及城市运营、管理等的物流活动体系，它具有一般意义上的物流属性，而且城市物流多了个边界，需要在物流涉及的诸多要素上"叠加"地域的限制和城市的属性。现代城市物流更是将物流的内涵进一步拓展，以高科技为支撑，以信息技术为手段，全面涵盖了产品生产前直至销售及售后服务等领域。城市物流的特点归纳起来有以下几点。

（1）城市物流属于中观物流。城市物流介于宏观物流和微观物流之间，可以看作众多企业的微观物流向城市之间的宏观物流的一种过渡，它与企业内部微观物流有着密切的联系。一方面，城市中大多数企业都拥有大量的物流设施，这些也是城市物流基础设施的一部分；另一方面，由于城市物流与企业的微观物流客观上存在着集散关系，输入城市的宏观物流通过城市物流分散为成千上万的微观物流，而企业输入的微观物流也必须通过城市物流才能汇集成输出城市的宏观物流。

（2）城市物流涉及面广、流量大、流向多变。从静态来看，城市物流有城市发展规划中的内容，如物流设施及项目，包括公路、桥梁、车站、码头、机场、物流基地和仓库的布局安排；从动态来看，城市物流的内容包括两大方面：①本城市的企事业单位和广大居民，表现为实体物资（包括生产、生活资料，废弃物等）的集散和短距离位移。②由外城市产生的宏观物流，表现为这一城市外其他城市之间或地区之间货物移动时经过该城市的物流活动，通过本城市进行接续和延伸。对于交通枢纽地城市来说，这方面的物流流量往往十分巨大。

（3）城市物流节点多、分布广。城市物流除了物流园区、物流中心、货物规模运输站点外，还有物流企业的配送中心、储运中心，每个货运场站、各类市场、商业网点、快递投递点、机关、学校甚至广大家庭都形成了物流的结点。最终用户所形成的末端结点在城市内分布数量多，分布范围广。

物流园区、物流中心和配送中心是三种不同规模层次的物流节点。主要区别体现在以下方面：①从规模来看，物流园区是巨型物流设施，其规模最大，物流中心次之，配送中心最小；②从流通货物来看，物流园区的综合性较强，专业性较弱；③从节点功能来看，物流园区的功能最全面，综合性最强，存储能力大，调节功能强；④从经营主体来看，物流园区不一定是物流经营和管理的实体，而是多个物流经营公司（或组织）在空间上实现集中的场所，而物流中心、配送中心则由物流经营和管理的实体来组织运作。

（4）城市物流是以城市道路系统为基础的短途运输。城市物流除为城市工业企业输送生产资料以及产成品外，它的首要任务是为城市居民生活服务，充分体现了小批量、多品种、高频率、近距离和门到门的服务特性。与普通的物流相比，城市物流受到城市本身地理区域的限制，这种特点决定了城市物流的开展在很大限度上是以城市道路系统为基础的短途运输。

（5）城市物流采用集装运送。城市物流配送为小批量、频繁运送，将增加运输成本，为了降低运输成本，城市物流要求集装运送。城市内的不同行业、供应链的不同环节、不同的销售渠道，应进行统一调度、运输、信息处理、组织和管理，以实现城市物流整体最优，这是现代物流的基本要求。

（6）城市物流以配送为主要运作方式。由于城市范围一般处于汽车运输的经济里程，城市配送可直接将物资送达最终用户，所以，城市配送往往和商品经营相结合。由于运输距离短、反映能力强等特点，从事多品种、小批量、多批次、多用户的配送服务优势明显，这使得城市配送成为城市物流的主要运输方式。

（7）城市物流应为城市经济可持续发展服务。交通阻塞，环境污染和能源浪费是城市经济可持续发展的潜在威胁，而城市物流通过合理的规划和组织，避免重复、倒流、迂回、单程运输和空驶，提高车辆的利用率，减少汽车在城市里的运行时间和数量，既可以实现城市商品流通的通畅，又可以减少环境污染和能源浪费。在现代物流的发展过程中，随着城市交通状况的恶化、生态环境的破坏，物流活动和城市发展的协调日益受到社会的关注，城市物流成为现代物流发展的重要领域。在经济全球化、市场国际化和区域经济一体化的背景下，城市物流通过网络系统化、实现网络资源的最优配置和网络要素的最佳组合，进一步完善城市现代化功能，促进经济社会的协调发展。

在城市物流建设过程中，综合促进城市经济可持续发展，离不开物流园建设的不断完善。

合理规划、建设物流园，既要考虑到物流园作为社会公共基础设施的属性，又要充分发挥市场经济运作的优势，在政策扶植方面制定相应的政策和法规。城市物流园对本区域要与企业的供应物流、销售物流相连；对外区域要考虑主干运输通路、与区域物流及国际物流的协调，国际物流要求在国际贸易中提升物流能力来适应不同法规、法律、传统、文化和应对不同客户群体的不同需求。城市物流园的建设由政府规划、出让低价土地或由政府减税，物流园区组织投资，物流企业按专业化共同使用，并加快交通设施的配套发展，注重规模经济效应，考虑到覆盖和人口，避免规模非经济拐点的出现，防止规模过大，效率反而下降，有效利用城市土地。

7.6 电子商务物流及跨境电商物流

随着互联网在全世界的飞速发展,电子商务发展迅猛,不论是 B2B、B2C 还是 C2C,最终都会涉及商品的实体交易,而这必须靠物流来完成,电子商务物流量迅速膨胀,已经广泛地引起了世界各国政府的重视和支持,吸引了企业界和消费者的目光。同时物流的电子化、信息化都得到相应的发展,电子商务物流概念也由此而生。

电子商务作为数字化生存方式,代表未来的贸易方式、消费方式和服务方式。因此要求整体生态环境要完善,要求打破原有物流行业的传统格局,建设和发展以商品代理和配送为主要特征,物流、商流、信息流有机结合的社会化物流配送中心,建立电子商务物流体系,使各种流畅通无阻,才是最佳的电子商务境界。

电子商务物流实际上就是在电子商务环境下的现代物流。具体来说,是指基于电子化、网络化的信息流、商流、资金流下的物资或服务的配送活动,包括虚拟商品(或服务)的网络传送(如软件下载、优惠服务卡等)和实体商品的配送。它包括一系列机械化、自动化工具的应用,准确、及时的物流信息对物流过程进行监控,使得电子商务中物流的速度加快、准确率提高,从而有效减少库存,缩短生产周期,最终达到使物流的流动速度加快,尽量与电子商务中的其他"三流"相匹配的目的。物流需求源自电子商务,物流服务由供货方提供;并实现供应/运输交易的最优化供应链管理,需要物流的协同规划、预测和供应。需求信息直接从顾客消费点获取,用互联网技术来完成物流全过程的协调,在货物交付链上实现优化组合,采用数字编码分类技术通过移动互联网进行信息交换,实现产品全过程跟踪。可见,电子商务物流采取了集采购、运输、仓储、分拣、包装、配送、代理与销售等环节为一体的组织方式,应用了现代高科技的计算机技术和信息通信技术,通过运输合理化、仓储自动化、包装标准化、装卸机械化、加工配送一体化、信息管理网络化等,实现了物流运作及服务的快捷、准确与可靠。电子商务物流将成为世界经济发展的又一助推器。

电子商务物流通过互联网运行,物流公司能够被更大范围内的货主客户主动找到,能够在全国乃至世界范围内拓展业务;贸易公司和工厂能够更加快捷地找到性价比最适合的物流公司;网上物流致力把世界范围内最大数量的有物流需求的货主企业和提供物流服务的物流公司都吸引到一起,提供中立、诚信、自由的网上物流交易市场,帮助物流供需双方高效达成交易。

电子商务物流有着不同于一般物流的明显特殊性,除了具备基本的服务功能外,还要提供增值服务,它还要求有高效的组织结构及严格的物流成本控制能力。

7.6.1 电子商务物流的特点

随着技术更新和理论研究的日新月异,电子商务物流管理正发挥着巨大的作用,使现代物流具有一些新的特点,本质上在于市场交易环境的信息化、网络化、自动化和智能化,并且电子商务物流需要直接与电子商务业务对接。

(1)信息化。物流信息化是电子商务的必然要求。具体信息化表现为物流信息处理的电子化和计算机化、物流信息传递的标准化和实时化、物流信息存储的数字化等。因此,电子订货系统、电子数据交换、物联网、配送需求计划、线路安排计划以及企业资源计划等技术成为电子商务物流系统的显著标志。没有物流的信息化，任何提高物流系统运作效率的技术设备都不可能应用于物流领域。电子商务物流将会彻底改变世界物流的面貌。

（2）网络化。电子商务物流网络化是指根据物流网络的发展需要，应用网络技术建立信息网络，并利用电子网络技术进行物流信息交换。例如，物流配送中心向供应商提出订单的这个过程，就可以使用计算机通信方式，借助网上的电子订货系统和电子数据交换技术来自动实现，物流配送中心通过计算机网络收集客户订货信息的过程也可以自动完成。

（3）自动化。电子商务物流自动化主要是指物流运输、仓储、装卸搬运、包装、分拣等作业过程中的设备和实施自动化。例如，条码、无线射频自动识别系统、自动分拣系统、自动存取系统在仓储管理中的使用。

（4）智能化。电子商务物流的最高层次应用表现为智能化。物流作业过程中大量的运筹与决策，如库存水平的确定、运输路线的选择、自动导向车的运行轨迹和作业控制、自动分拣机的运行、物流配送中心经营管理的决策支持问题，都需要借助大量的知识才能解决。在电子商务物流的发展进程中，物流智能化是不可回避的技术难题。为了提高物流现代化的水平，智能化已经成为电子商务物流发展的必然趋势。

7.6.2 跨境电商物流方式

现在跨境电商外贸卖家（出口商）越来越多，接到订单时，首先要考虑的是通过什么方式把货发到国外去。一般来讲，小卖家们可以通过电商平台发货，也可以选择国际包裹等渠道。大卖家或者独立平台的卖家，就需要优化总体物流成本，还需要考虑客户体验，需要整合物流资源并探索新的物流方式。

1. 跨境电商国际物流的主要方式

（1）邮政包裹。邮政网络基本覆盖全球，比其他任何物流渠道都要广。这主要得益于万国邮政联盟和卡哈拉邮政组织（Kahala Post Group，KPG）。万国邮政联盟是联合国下设的一个关于国际邮政事务的专门机构，通过一些公约法规来改善国际邮政业务，发展邮政方面的国际合作。万国邮政联盟由于会员众多，而且会员国之间的邮政系统发展很不平衡，因此很难促成会员国之间的深度邮政合作。于是在2002年，邮政系统相对发达的6个国家和地区（中国、美国、日本、澳大利亚、韩国以及中国香港）的邮政部门在美国召开了邮政CEO峰会，并成立了卡哈拉邮政组织，后来西班牙和英国也加入了该组织。卡哈拉邮政组织要求所有成员的投递时限要达到98%的质量标准。如果货物没能在指定日期投递给收件人，那么负责投递的运营商要按货物价格的100%赔付客户。这些严格的要求促使成员之间深化合作，努力提升服务水平。例如，从中国发往美国的邮政包裹，一般15天以内可以到达。据不完全统计，中国出口跨境电商70%的包裹都是通过邮政系统投递，其中中国邮政占据50%左右。当前，跨境电商的主流品类还是以3C数码、配件和服装为代表的小、轻、便宜的产品，这些产品通过邮政包裹配送，物流成本较低。

（2）国际快递。四大商业快递巨头，即DHL、TNT、FedEx和UPS。这些国际快递商通过自建的全球网络，利用强大的信息系统和遍布世界各地的本地化服务，为网购中国产品的海外用户带来极好的物流体验。例如通过UPS寄送到美国的包裹，最快可在48小时内到达。然而，优质的服务伴随着昂贵的价格。一般中国商户只有在客户时效性要求很强的情况下，才使用国际商业快递来派送商品。不过，跨境电商目前存在的产品风险和知识产权问题，也会导致国际快递不敢过于投入这一市场。因为一旦出现问题，将会影响到它们在目标国的口碑。

（3）国内快递。国内快递主要指 EMS、顺丰和"四通一达"。在跨境物流方面，"四通一达"中申通、圆通布局较早，但也是近期才发力拓展，例如，美国申通 2014 年 3 月才上线，圆通也是 2014 年 4 月才与 CJ 大韩通运展开合作，而中通、汇通、韵达则是刚刚开始启动跨境物流业务。顺丰的国际化业务则要成熟些，目前已经开通到美国、澳大利亚、韩国、日本、新加坡、马来西亚、泰国、越南等国家的快递服务，发往亚洲国家的快件一般 2~3 天可以送达。在国内快递中，EMS 的国际化业务是最完善的。依托邮政渠道，EMS 可以直达全球 60 多个国家，费用相对四大快递巨头要低，中国境内的出关能力很强，到达亚洲国家仅需 2~3 天，到欧美国家则要 5~7 天。

（4）专线物流。跨境专线物流一般是通过航空包舱方式运输到国外，再通过合作公司进行目的国的派送。专线物流的优势在于其能够集中大批量到某一特定国家或地区的货物，通过规模效应降低成本。因此，其价格一般比商业快递低。在时效上，专线物流稍慢于商业快递，但比邮政包裹快很多。

（5）海外仓。海外仓服务指为卖家在销售目的地进行货物仓储、分拣、包装和派送的一站式控制与管理服务。确切来说，海外仓应该包括头程运输、仓储管理和本地配送三个部分。

1）头程运输。中国商家通过海运、空运、陆运或者联运将商品运送至海外仓库。

2）仓储管理。中国商家通过物流信息系统，远程操作海外仓储货物，实时管理库存。

3）本地配送。海外仓储中心根据订单信息，通过当地邮政或快递将商品配送给客户。

当前，跨境电商的品类正在升级，以家居产品为代表的大货、重货越来越多地通过电商销往海外。而这类产品难以通过空运的方式配送，而采用传统海运方式进行配送，周期又过长，所以海外仓是最好的选择。2014 年，北美、欧洲等跨境电商成熟市场的海外仓数量增多，采用海外仓方式发货的卖家数量也稳步提升。

以上五种方式基本涵盖了当前跨境电商的做法。对于跨境电商卖家来说，首先，应该根据所售产品的特点（尺寸、安全性、通关便利性等）来选择合适的物流，例如大件产品（例如家具）就不适合走邮政包裹渠道，而更适合海外仓储；其次，在淡旺季要灵活使用不同物流方式，例如，在淡季时使用中邮小包降低物流成本，在旺季或者大型促销活动时期采用香港邮政或者新加坡邮政甚至比利时邮政来保证时效；最后，售前要明确向买家列明不同物流方式的特点，为买家提供多样化的物流选择，让买家根据实际需求来选择物流方式。

外贸综合服务企业具有从事跨境电子商务的天然优势，因为他们具有进出口业务的通关、物流、仓储、融资等全方位服务能力。完全可以利用自有能力或与境外企业合作建立全球物流供应链和境外物流服务体系。

我国正大力推动中国（杭州）跨境电子商务综合试验区和海峡两岸电子商务经济合作实验区建设，建设跨境电子商务开放平台。这为广大中小型制造和商贸流通企业提供了开拓国际市场的机会。

2. 跨境电商物流需要考虑的因素

跨境电子商务物流的发展比国内电子商务更加复杂，需要考虑的因素更多。主要因素有以下几个方面。

（1）国家和地区间电子商务合作。我国正加强与"一带一路"沿线国家和地区的电子商务合作，提升合作水平，共同打造若干畅通安全高效的电子商务大通道。并通过多双边对话，与各经济体建立互利共赢的合作机制，及时化解跨境电子商务进出口引发的贸易摩擦和纠纷。

（2）跨境外汇支付结算。目前，我国正鼓励境内银行、支付机构依法合规开展跨境电子支付业务，满足境内外企业及个人跨境电子支付的需要，并推动跨境电子商务活动中使用人民币计价结算。支持境内银行卡清算机构拓展境外业务。同时，加强对电子商务大额在线交易的监测，防范金融风险。加强跨境支付国内与国际监管合作，推动建立合作监管机制和信息共享机制。

（3）通关问题及海关监管。我国政府正在完善跨境电子商务进出境货物、物品管理模式，优化跨境电子商务海关进出口通关作业流程。研究跨境电子商务出口商品简化归类的可行性，完善跨境电子商务统计制度。

（4）检验检疫。我国对跨境电子商务进出口商品实施集中申报、集中查验、集中放行等便利措施。加强跨境电子商务质量安全监管，对跨境电子商务经营主体及商品实施备案管理制度，突出经营企业质量安全主体责任，开展商品质量安全风险监管。进境商品应当符合进入国法律法规和标准要求，不能违反生物安全和其他相关规定。

（5）进出口税收。我国有跨境电子商务零售出口货物增值税、消费税退税或免税政策。我国财政部连同海关总署、税务总局正在制定跨境电子商务零售进口税收政策。

（6）进出口企业与境外企业的合作。跨境电子商务企业需要与境外企业加强合作，如出口企业可通过海外仓储、体验店和配送网店等模式，融入境外零售体系，实现跨境物流的集约化本地配送。

【案例分析】

一站式电商化采购

随着消费端获客成本的不断上涨，消费端的电子商务业务出现增速放缓的现象，面向消费端的物流服务也开始面临发展的瓶颈。而在面向企业的服务中，出现了一些乐观的变化。自2019年以来，国内互联网巨头BATJ（百度、阿里巴巴、腾讯、京东）纷纷调整组织架构，其变化的共同点是完成了面向企业端的组织架构调整与升级，为产业互联网浪潮的到来做准备。面向企业的服务将是BATJ未来的发力重点，而物流服务领域位列其中，阿里巴巴、京东自不必多说，而百度、腾讯也投资了物流相关企业，由此可见一斑。

与此同时，随着产业互联网时代的到来，我们正从人人相联逐渐向物物相联迈进，物流服务行业也正在被互联网化，原本分离的线下资源被逐渐转移到线上，降低了原来的距离障碍与信息不对称，提升了用户体验。在这物流互联网化的过程中，物流服务采购会向电商化、一站式的方向发展吗？

一、物流服务的企业电商化采购趋势日益突显

近年来，国家政策文件纷纷鼓励公共资源采购向电商化转型，"电子化采购""电商化

采购"的专题会议也如雨后春笋。紧接着，京东、苏宁、阿里巴巴等电商巨头也纷纷推出自己的企业购平台，抢食企业级市场。赛迪研究院发布《中国企业电商化采购发展报告（2018）》，据不完全统计，2018年我国企业电商化采购市场规模约为3600亿元，同比增速高达80%，远远高于传统B2B交易20%左右的增长率。预计企业电商化采购交易规模还将进一步扩大，到"十三五"末期有望超过万亿元。数据显示，企业电商化采购可以帮助企业降低15%~20%的综合采购成本，提高60%以上的采购业务效率。因此，在各行各业均在寻求降本增效的今天，企业电商化采购得到了越来越多企业的关注与应用。

目前，企业电商化采购正朝着"由标准化采购向非标物资采购扩展"和"由以商品为主向企业服务扩展"这两个主要方向发展。而物流服务是一项以非标准化为主的企业服务，正在逐渐被企业电商化采购这个发展趋势所覆盖。因此我们可以看到，交通物流行业是近年来信息化水平提升较快、电商化采购推行力度较大的行业领域。数据显示，在企业通用型产品和服务采购中，交通物流行业2018年企业电商化采购交易额增长了208%。近些年来，出现了货车帮、运满满、运去哪、水陆联运等众多物流服务电商交易平台。

二、物流服务的一站式采购将受青睐

齐心集团由传统办公文具用品提供商逐步转型为"产品+科技+服务"的企业服务一站式平台；四维图新推出包含"数据+可视化+分析研判"在内的一站式位置大数据服务平台；新大陆依托POS机打造以"SAAS服务+金融"为核心的一站式商户服务平台；小米科技通过"芯片+平台+应用"的生态能力打造了一站式交付服务平台……这些无不说明了一站式采购渐渐得到企业的青睐。

种类众多、采购分散、价格不透明、管理成本较高，对于货主企业来说一直是采购与管理难题。在经济下行压力仍较为明显的今天，企业对物流服务的效率与成本提出了更多、更高的要求。当企业需要的物流服务多样化时，一站式物流采购平台就会显现出其效率优势。因此，会有越来越多的货主企业希望能有一家有丰富服务项、有优势价格、有全方位服务内容的物流资源平台，提供解决方案、运输资源、仓储资源、供应链金融、物流设施设备、物流软件系统等在内的多品类资源，帮助他们实现便捷、安全、透明、性价比高的一站式采购与管理。

市场上有"运链"平台，从海运集装箱扩展到空运、铁路、散货、拖车，致力于成为一个全方位的国际物流平台；有"一站商城"，从干线运输线路切入，并计划向仓储管理、铁水运输、解决方案、供应链金融等领域延伸，打造一站式供应链采购与服务商城。

三、一站式电商化采购具有三点积极意义

（1）便利。电商化有利于突破时间与空间上的原有限制，方便货主企业跨地域全天候地开展物流服务的采购工作；一站式则将众多不同供应商集中展示，方便货主企业在短时间内寻找到更多的供应源并进行比较。

（2）透明。一站式电商化要求物流供应商按一定的格式上传、展示其基础信息、服务内容、价格等信息，货主企业也能看到其他企业的评价，信息透明度有较大的提升；同时便于与货主企业内部采购系统或流程打通，需求传导快且准，可以减少供需错配的情况。

（3）经济。电商化采购可以帮助货主企业减少差旅、交通、沟通等显性及隐性成本，一站式采购方便货主企业进行多源比价，并从众多物流供应商中挑选出成本更低的供应源。

鉴于此，我们认为物流服务采购领域也将出现一批一站式采购电商平台，货主企业可以轻松地在这类线上平台上完成寻源比价、采购结算、运作管理、评价反馈等物流供应链服务的采购与管理工作，满足其电商化采购、一站式采购的需求，满足其降本增效的诉求。

（本案例源自亿欧网，2019-01-11）

【讨论题】

（1）对一站式采购的需求会给物流服务带来哪些机会？

（2）你是否赞同本文观点？通过实地调研做出核实。

习　　题

1. 什么叫物流？物流的价值体现在哪里？
2. 简述物流管理的发展阶段。
3. 物流管理活动有哪些？
4. 你如何理解服务物流？
5. 什么叫应急物流？
6. 说明3PL与4PL的差异。
7. 如何选择第三方物流提供商？
8. 解释PHS&T。
9. 逆向物流包括哪些方面？
10. 全球供应链物流是如何兴起的？
11. 什么叫城市物流？城市物流与城市可持续发展有何关系？
12. 什么叫企业物流？并从价值链的视角予以解释。
13. 解释电子商务物流。试调研电子商务物流的发展现状。
14. 跨境电商物流有哪些方式？
15. 跨境电商物流对全球供应链有哪些推动作用？

第 8 章
管理供应链库存与仓储

【本章要点】

1. 供应链库存管理：概念、困境、管理思想、JIT 和 JIT-Ⅱ；
2. 库存补货策略：连续监控、定期检查、生产线超市拉动系统、联合库存管理与循环取货、物流园配送模式；
3. 供应链库存的集中与分散；
4. 仓储及其功能；
5. 仓储管理决策基本原则与仓储战略；
6. 仓储空间布置设计与选址；
7. 越库作业的定义、类型、优势与实施条件。

8.1 供应链库存管理

8.1.1 库存的基本概念

库存是组织为预备将来使用或销售而持有的任何资源。这些资源可以是在运营中使用的实物产品，包括原材料、零部件、组件、供应品、工具、设备或者维护修理的物品。

供应链运营系统包含多个转换过程，库存就是在一个输入、输出、转化系统中逐渐累积起来的物料资源的存储。物料资源是原材料、在制品与成品等的统称。库存是运营过程中的缓冲节点，通过一定的流程、活动将这些缓冲的存储点连接起来。库存是因存储点的需求和供应在时间或速度上存在差异而出现的，可以用罐里的水做比喻，罐里水的高度代表库存，流进罐的水的速度代表供应速度，流出罐的水的速度代表需求速度，那么供应速度大于需求速度时库存水平就会增加，供应速度小于需求速度时库存水平就会减少，供应速度与需求速度相同时库存水平保持不变。供应链中所有运营系统都有库存，只不过在类型、存储方式、重要程度及价值方面存在差异。

1. 库存的分类

（1）按物质形态分类，可分为原材料库存、在制品库存、维护/维修/作业用品库存、包装物和低值易耗品库存、产成品库存。

- 原材料库存是指企业制造产品所需要的原材料的库存。
- 在制品库存是指经过生产加工过程，但尚未全部完工的中间品或在制品的库存。
- 维护/维修/作业用品库存是指用于维护和维修设备而储存的配件、零件、材料等。

- 包装物和低值易耗品库存是指企业为了包装产品而储存的各种包装物的库存，和由于价值低、易损耗等原因而不能作为固定资产的各种劳动资料的库存。
- 产成品库存是指已经制造完成并等待装运，可以对外销售的成品库存。

(2) 按库存用途分类，可分为周转库存、安全库存和季节性库存。
- 周转库存是指用于满足在供应链两次送货之间所发生的需求的平均库存量。周转库存量是大批量物料的生产、运输或采购的结果。企业大批量生产或采购，是为了发挥规模经济优势。供应链管理者需要在库存成本和订货成本之间进行权衡。
- 安全库存是指为了应对顾客的实际订单量超过预测需求量情况时而持有的额外库存，这是为了应对需求不确定性而持有的。如果需求平稳，那么只需要周转库存就够了。如果安全库存过高，有可能面临产品卖不出去导致库存积压或者降价处理；如果安全库存过低，有可能会出现缺货，进而失去销售机会。因此，管理者需要在库存积压所带来的库存成本和库存不足所造成的缺货成本之间进行权衡。
- 季节性库存是指用来应对需求可预料的季节性波动的库存。企业采用季节性库存，在需求较低的销售淡季积累库存，为需求很高的销售旺季做储备，因为届时企业的生产能力可能无法满足全部的需求，可以充分利用生产能力。

(3) 按需求可控性分类，可分为独立需求物品库存和依赖需求物品库存。
- 独立需求物品库存是指企业对某种物品的需求与其他种类的库存无关，表现出对这种库存需求的独立性。
- 依赖需求物品库存是指与产品的需求有依赖关系的物品的库存，如半成品、零部件、原材料都属于依赖需求物品。

(4) 按需求重复性分类，可分为单周期库存和多周期库存。
- 单周期库存是指应对发生在比较短的一段时期内或者存储期不能太长的产品需求而设立的库存，存货过期会做残值处理，需要做出的决策是期初需要订购多少产品最合适。实践中，新鲜食品的制作，鲜货农产品/海产品的采购，体育盛会的纪念运动衫等属于这类问题，显然，运筹学中的报童问题属于此类。
- 多周期库存是指在应对足够长的时间里的重复的、连续的产品需求而设立的库存，库存需要不断地进行多周期补充。

2. 库存的作用

尽管库存的增加意味着库存成本的上升、流动资金的占用，但是库存在供应链运营管理中发挥着重要的作用。做好库存管理，可以为组织带来成本、速度、响应性等方面的竞争优势。

(1) 维持运营的独立性。原材料库存使制造商对供应商的依赖性降低，在制品库存使制造过程的各个阶段相对具有一定的独立性，使生产设备间的干扰降到最低，成品库存可使经销商有现货可发。

(2) 应对产品需求高峰的出现，做到库里有货心里放心。在库存系统中，存在供应、需求和提前期三个方面的不确定性，维持安全库存可以应对市场波动。例如，维持原材料的安全库存，可以确保在原材料交货延迟时，也能保障生产所需原材料的供应；维持在制品的安全库存是为了防备设备故障出现时仍能维持总体生产过程的运行；维持成品的安全库存，可提高顾客服务水平，保证顾客能够及时获得产品。另外，为了应对计划中的促销活动、减少设备检修及假期的影响，可以增加一定的预期库存。

（3）保持一定的零部件、组件库存，可以保持生产计划的柔性，灵活适应生产计划的变化。

（4）产品需要转运，必然伴随着库存的发生。转运库存是由那些正在从一个地点运往另一个地点的物料所组成的。转运库存也称为渠道库存，因为它处于分销渠道之中，也叫作在途库存，因为它也是在运输途中的。

（5）增大采购批量，增加了库存，增加了库存成本，但会降低运输成本和采购成本。增大生产批量，在制品库存增加，使生产具有规模经济性，可以有效地降低生产成本。采购几个周期生产所需的数量，而形成的库存称为周期库存，因为批量采购是在周期基础上进行的，可以供应两期或三期的用量。

3. 安全库存

安全库存是指为了满足超出预期的顾客需求而持有的库存，用于应对市场波动，应对需求的不确定性的。如果实际需求超过了预测需求，没有设立安全库存则会出现产品短缺，就会导致延迟交货，增加额外成本，甚至失去销售机会，造成顾客流失，损失更大。如果设置了过高的安全库存，尽管提高了产品的可获得性，但是库存持有成本也会随之增加。所以供应链管理者在管理库存时，应做好策略准备，并在提高产品可获得性与维持较低安全库存水平方面做好权衡。

还以商店的牛仔裤为例，某型号牛仔裤每天的平均需求为 100 条，商店经理每次以 1000 条批量订货，假设订货提前期（发出订单到收到货物的时间）为 3 天。如果需求平稳，那么商店经理可以在库存剩余 300 件的时候发出订单。但是，如果需求是波动的且存在预测误差，那么这 3 天的实际需求可能超过或低于所预测的 300 件，如果实际需求超过 300 件，那么将出现缺货，造成缺货损失。因此商店经理可能会在库存为 400 件的时候发出订单，多出 100 件来应对需求的波动。那么这 100 件就是安全库存。此时，平均库存就是平均周转库存和安全库存之和。

对于库存管理来说，确定安全库存时要考虑以下几个问题。

（1）如何确定适当的安全库存？

（2）要达到既定的产品可获得率，需要多少安全库存？

（3）如何做才能在提高产品可获得性的同时维持较低的安全库存水平？

安全库存合理水平的确定由两个因素决定。

（1）需求的不确定性。

（2）期望的产品可获得率。

4. 库存管理的成本

库存管理是重要的运营管理职能之一，在供应链管理与企业资源计划中占有重要的地位。库存需要占用大量的资金，影响产品向顾客的交付，对运营、营销和财务职能等有很大的影响。供应链管理中，库存管理需要对产品、生产产品所需的原材料、零部件和组件、供应品和工具、替换零件以及满足顾客需求所必需的其他资产的存储进行有效的管理，需要与物料资源的采购、分销活动进行统一的计划、协调和控制。过高的库存水平将产生过高的库存持有成本，降低库存周转率；较低的库存水平则会影响顾客服务水平。所以管理者特别需要在库存水平与顾客服务水平之间进行权衡。

库存管理需要考虑的成本类型有四种。

（1）库存持有成本。库存持有成本是指维持物料存储相关的活动的总成本，包括空间、设备、人力等存储成本、流动资金成本、与库存有关的税金与保险费、过期成本等。通常以占产品成本的百分比来表示。

（2）订货成本。订货成本与订货次数有关，包括采购订单的打印、发出、运输费用、接收成本等。同生产准备成本一样，属于启动成本，是与下达订单相关的活动的成本，而与货物数量无关。启动成本有时非常大，这样大批量生产或大批量订货就能带来明显的经济效益。

（3）缺货成本。缺货成本反映了因缺货所造成的经济后果。一方面，暂时缺货，造成延期交付，订单延迟可能会产生较高的额外费用，顾客等待，会对公司的未来业务产生机会损失，应记入缺货成本；另一方面，因为缺货，而竞争对手有货，就会失去顾客，产生销售损失。

（4）采购成本。采购成本是购买商品的花费，用单位货物的价格乘以购买货物的数量得到。当订购提供数量折扣时，采购成本是一项重要因素。

供应链管理中，库存系统的日常运行非常复杂，库存管理需要确定恰当的订货策略，并对订货数量与时间做出决策。

1）数量决策。确定订货批量。
2）时间决策。确定订货时间。
3）控制决策与信息管理。如何设计库存控制系统，并做好信息管理工作，是库存管理需要考虑的。

多数库存管理是针对每一种产品的库存进行控制。在对每一种产品进行精确控制的基础上，可以实现对所有产品库存总量的精确控制。另外也可以管理一类产品而不是单独一种产品，这是高层管理者常用的方法。尽管日常库存运作需要对每一种产品进行控制，但制定库存战略计划或进行仓库设施投资时，则需将产品汇总为几个大类，进行类别分析。

8.1.2 供应链库存管理的困境

库存的重要性不言而喻，在一个组织内部，无论管理层，还是财务、生产、销售、计划，都死死地盯着库存水平：管理层关注库存对组织整体绩效的影响；财务看重库存周转率，及库存水平对盈利的影响；而生产担心库存短缺会使得生产停线；销售说：我在前方打仗，浴血奋战，攻克了山头，拿下了订单，可却被告知仓库里没货；计划则抱怨，仓库里有什么，积压什么，可却要什么没什么。

可以看出企业对于库存的态度是非常矛盾的，管理好库存也是一个大难题，在大多数企业中无法确定一个库存管理的核心负责人：库存只负责实物；采购按需求购买；计划部门的计划来自于销售；销售只能听客户的；最关注库存的是财务，但不掌握物流，不知道具体用什么、用多少、什么时候用？

客户什么时候要，要多少？都还在讨论，特别是当前我国大小企业都盛行招标，没有准备如何去招标？但准备了没有中标，准备的东西都变成多余的库存，不同客户都喜欢个性化需求，这给库存又增添了更大的压力。

库存水平的理念就是一个矛盾体，库存是生产的缓冲器。正是因为有了足够的库存，才可以使生产平稳；只有保有足够的库存才能满足客户的需求，提高客户服务水平，即订单完成率。缺货造成的损失包括失去客户，丢掉市场，内部还包括生产停产待料造成的损失，甚至有些生产线，例如化工、冶炼等连续流程化生产工艺是绝对不容许断料的。然而，库存的危害也是不可忽视的，包括：资金占用（还要加上机会成本），库存的存放成本（包括库房和设备），库存产品的操作管理成本（例如，生鲜需要冷冻，烟草需要保湿），呆死料的风险，损耗、过期、被偷盗的风险，安全风险（许多工厂仓库失火、爆炸，例如天津港的巨大爆炸案）等。这使得企业对库存爱不得恨不得。不同时期，不同部门对库存的态度截然不同，爱恨分明。两种观念的左右摇摆也使得企业的库存政策忽左忽右：财务指标不好看时压低库存水平，市场竞争激烈时又大力积累库存。库存影响到企业整体的业绩，但许多企业没有将库存上升到战略的高度进行管理，企业中还常常缺乏一个总体的库存负责人。

李宁、安踏等著名运动品牌都深陷库存之苦，例如，李宁 2011 年的存货达 11.33 亿元，存货天数高达 62 天，2014 年，存货 12.89 亿元，存货天数高达 92 天。2015 年前三季度，美邦服饰的存货较上年年初增长 27.64% 达 18.33 亿元，森马服饰的存货较上年年初增长 98.9% 达 20.57 亿元，七匹狼的存货规模同比增长 10.59% 达 9.15 亿元，九牧王的存货规模为 6 亿元。而整个服装行业 2015 年存货估计在 185.6 亿元左右。服装品牌搜于特 2018 年全年净利润同比下降 45%，主要原因是库存积压。库存是许多行业利润的绊脚石。

库存延伸到供应链上，问题不但没有解决，反而倒愈演愈烈，"牛鞭效应"造成信息不断被放大，库存也随之向供应链上游不断累积。上面提到的终端厂家高居不下的库存，在供应链上游情况更加糟糕。企业为了解决所面临的库存问题，除了传统的做好预测、安排合理安全库存、利用系统（如 ERP 等）方法外，从结构性、战略性上提出并实践许多手段，例如在前面介绍的 CPFR（协同、计划、预测与补货）。

一个多级供应链有多个环节，每个环节上有多个参与者。看这个供应链：有一个供应商为一个零售商供货，零售商再销售给最终消费者。零售商需要了解需求的不确定性以确定安全库存。供给不确定性受供应商持有库存的影响。如果来自零售商的采购订单在供应商有足够库存时到达，供货提前期就很短；如果订单到达时供应商正好缺货，零售商的补货提前期就会拉长；如果供应商提高安全库存，那么零售商就可以减少其持有库存。这说明多级供应链所有环节的库存是相互关联的。

供应链中的某一环节至最终顾客之间的所有库存称为层级库存（Echelon Inventory）。零售商的层级库存即零售商持有或零售商供应渠道中的库存，而分销商的层级库存则包括分销商自己持有的库存，及其所服务的全部零售商的库存。在多层级的情况下，供应链任何一环节的再订购点、周期服务水平及其订货策略的确定都应基于层级库存而非本地的库存。

如果供应链的所有环节都试图管理它们的层级库存，那么明确分配各个环节的库存就非常重要了。在供应链上游持有库存能获得库存集中管理策略带来的优势，减少供应链上的库存。然而，在上游设置库存会延长最终顾客的等待时间，因为产品没有安排在距离顾客最近的环节进行储存。因此，多级供应链中的库存决策必须考虑不同环节的库存水平，库存决策在集中还是分散之间平衡，如果持有库存的成本很高，而且顾客可以容忍较长的供货期，那么最好在供应链上游设置更多的库存。如果持有库存成本很低，而且顾客很看重交货期限，那么最好在接近顾客的下游端点设置存货。当然，这与及时送达的平价物流配送有很大关系。快速的第三方物流服务对供应链层级库存配置决策影响很大。

对于供应链及其层级库存配置，可以采取多种管理策略，不同的策略会带来不同的影响。供应链层级的库存配置主要包括以下四个方面。

（1）产品的层级库存的配置。成品库存为什么可以集中管理？地区分销中心是否可以持有库存，如何确定这一库存水平？

（2）原材料库存配置。为什么有些原材料可以有库存，而有些原材料可以实施零库存呢？

（3）供应商处库存配置。有些原材料的库存管理权转移给供应商如何？

（4）在制品库存配置。包括半成品、原材料的相关需求物料的库存水平如何配置？

似乎不同的企业、不同的产品有不同的答案，即使同一行业内不同企业也有不同的层级库存配置管理策略。哪些是最好的，最有效的呢？这取决于企业的供应链战略，以及与供应链战略匹配的库存配置策略是否恰当。库存管理策略必须警惕供应链系统中的"牛鞭效应"现象，减少不必要的库存；整合供应链流程，优化供应链整体运作绩效；强调层级各方同时参与，共同制定库存计划，避免各自为政的独立运作；在供应链共同愿景下确定层级库存的协调方案，加强渠道合作；加强供应链层级参与者（包括第三方物流服务商）的信息系统集成，大数据交换共享，实现供应链上信息的有效流通与信息共享。

包括半成品、原材料的相关需求物料的库存配置应充分利用制造资源计划，通过企业资源计划（ERP）的MRPⅡ模块进行配置，并以此拉动原材料的采购。不管是面向库存生产的企业还是面向订单生产的企业，对成品库的库存集中化管理，都会拉动生产计划。

8.1.3 供应链库存管理思想

供应链库存管理思想有两种：拉动式与推动式。下面以图8-1予以说明。

拉动式库存管理是指供应链中的需求方存储点（或仓库）独立于渠道中其他用户企业的仓库，根据本地情况自行预测需求，确定补货策略。并不直接考虑不同用户企业仓库的不同的补货量和补货时间对供应方库存管理的影响，该方法可以实现存储点库存的精确控制。这一拉动式库存管理思想在供应渠道的企业采购环节相当普遍。用户企业可以借助于拉动式库存管理实现准时化生产，达到零库存要求，要求供应方在需要的时间，按指定的批量交付生产车间存储点。

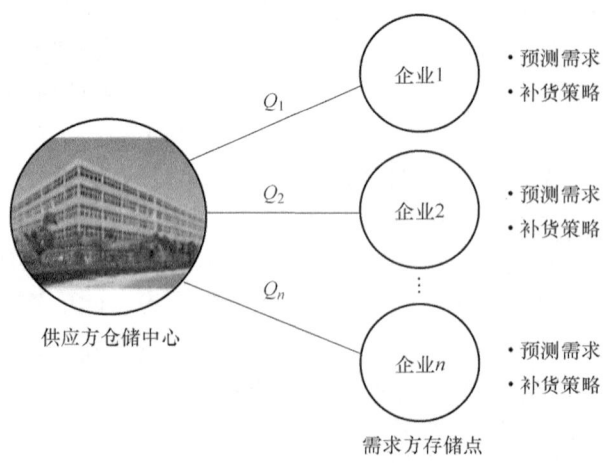

图8-1 供应链库存管理思想

如果分布在各地的用户企业库存决策单独进行，那么补货批量和补货时间可能都不会相同，供应方可能随时会收到来自各个用户企业的不同批量的订单。有读者可能说，那不很好嘛，供应方忙起来了。对于供应方而言，有那么多的用户固然不错，但是发货、供货成了问题，需要严密的计划，并且确保需求方不缺货似乎有些难度，供应方的库存管理与补货也成了问题，因为用户企业的需求是随机的。有时用户企业也会出现多余的库存。如果各个用户企业再考虑当地的需求波动加大安全库存量，订货量会增加更多。这就是拉动式库存管理带来的弊端，供应链"牛鞭效应"会出现。

因此，如果供应方综合考虑每个用户企业的需求、可用存储空间或其他一些标准来分配补货数量，就可以避免供应链"牛鞭效应"的出现。这就是推动式库存管理的思想，库存水平的设定需要根据整个仓库系统情况统一进行。一般地，当需求方采购数量超过一定规模，且需求时间具有连续性时，可以考虑采用推动式库存管理。推动式库存管理需要供需双方共同协作，协商确定相关问题，例如，在每一个存储点需要保持多少库存？库存成本由谁承担？每次采购的送货如何以最低成本送达各个存储点？超过用户企业需求的供给量如何送达需要的存储点？通过合作实现推动式库存管理，既满足用户企业的要求，又降低供方物流成本。

推动式库存管理也可以实现用户企业的零库存，库存集中在供应方的仓库，这一集中库存管理模式需要借助"牛奶式"配送及库存信息系统。

在推动式库存管理中，分配到各个用户的库存为该用户所用，但是随着"供应链可视化管理"的应用及库存信息系统的发展改变了这种情况。供应方企业能够监控物流网络中各个库存点的产品库存水平，从而可以生成各种产品的虚拟库存量（即该产品在整个网络上各个存储点的库存之和）。这样，缺货产品可以由其他存储点的库存来进行交叉补货。交叉执行订单成为满足用户企业需求的一种备选方式。虚拟库存将实物存储的物流和信息流分开，实现了库存的动态管理，这种供应链上的库存协调可以使整体库存水平下降，供应链整体成本降低，同时产品订单的履约率也提高了。

供应链管理鼓励对多个供应层级的库存水平进行统一计划，这样比单独计划带来的总体库存量要低很多，对降低总成本有利。当然，多层级库存计划是一个极难解决的问题，但管理者们为了共同利益已经开始了在某些方法上的改善。下面就对实践中的库存管理方法做一些介绍。

8.1.4 JIT 和 JIT-II

准时制 JIT（Just in Time）是精益生产的主要工具，其实质是在生产中保持物流和信息流的同步，达到在恰当的时候，以恰当数量的物料，提供到恰当的地方，生产出恰当质量的产品。JIT 追求减少库存，缩短工时，降低成本，提升生产效率。跳出企业围墙外，将供应商也拉入精益的体系，成为准时制采购（JIT-II），"组织中的所有活动只有当需要进行的时候才接受服务"。采购方不需要设库存，供应商将货送到生产线工位旁，直接上线，库存完全为零，既做到了很好地满足企业对原材料的需求，又实现了零库存。JIT-II 的原理如下。

- 客户需要什么就送什么。品种规格符合客户需要。
- 客户在什么地点需要就送到什么地点。无须再次搬运。
- 客户需要多少就送多少。不多送，也不少送。
- 客户什么时候需要就什么时候送货。不晚送，也不早送，非常准时。

● 客户需要什么质量就送什么质量，产品质量符合客户需要，拒绝次品和废品。

JIT-Ⅱ作为一种采购手段，不仅可以有效克服传统采购的缺陷和不必要的库存，提高物资采购的效率和质量，还可以有效提升组织的管理水平，带来巨大的经济效益。JIT-Ⅱ是一种先进的管理理念和经营模式，主要优点如下。

（1）主动暴露生产过程隐藏的问题。过高的库存不仅增加了库存的成本，还可以将许多生产上及管理上的矛盾掩盖起来，形容为"一白遮百丑"，严重地影响企业的生产效率，如图 8-2 所示。JIT-Ⅱ设置了一种极限目标，一个最高标准，即原材料零库存，质量零缺陷。其不断改进的有效途径是降低原材料库存—暴露问题—解决措施—实现零库存—提高生产效率。

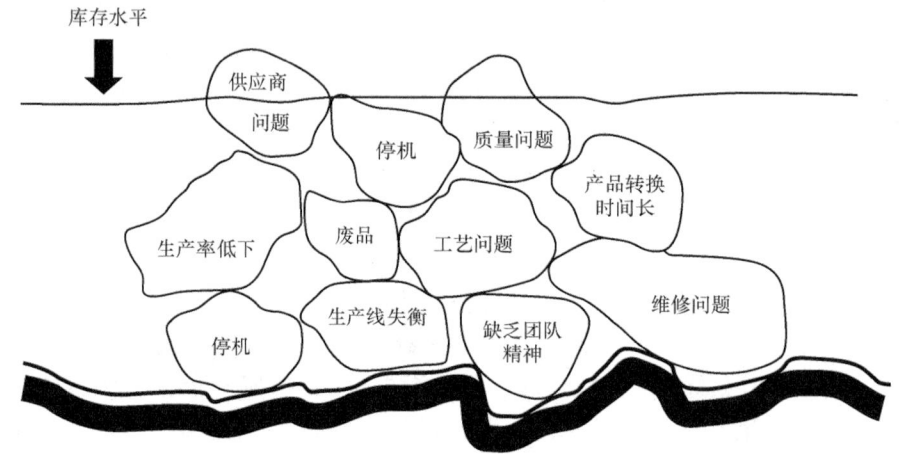

图 8-2　高库存掩盖管理问题

（2）消除不增值。纵观供应链中存在大量的不增加产品价值的活动，如出库、入库、运转、订货、修改订货、收货、装卸、开票、质量检验、点数等，大量人力、时间、精力、资金花在这些活动上是一种浪费。JIT-Ⅱ精简了采购作业流程，特别是消除仓库作业，消除了浪费，提高了效率。

（3）降低原材料库存。JIT-Ⅱ对供应商的管理水平提出了更高、更严格的要求。使用准时化采购模式，与供应商一起来打造一种新的科学管理模式，互通信息，降低供应链上的总库存水平，加速流动资金的周转，有利于整个供应链减少流动资金的占用。

（4）实现柔性生产。JIT 和 JIT-Ⅱ追求需要什么物资，就供给什么物资，需要多少就能供给多少，什么时间需要就能什么时间供应。这一要求顺应了最终客户和市场需求变化，使得供应链真正具备了柔性的能力。

（5）提高质量。JIT-Ⅱ不接受不合格品，逼迫供应商不断提升质量。反之，原材料质量的提高，又降低了质量成本，尤其是检验成本和损失成本。

（6）降低原材料采购成本。JIT-Ⅱ促进了采购方和供应商的密切合作，另外规模效应、长期订货、简化采购过程、缩短交付周期等措施，不仅降低了采购的整体总成本，也降低了原材料价格，有着显著的经济效益。

但在实践中，JIT 并非像描述的那么完美，实施失败的案例比成功的案例还要多。首先，是交付的风险不能被忽视。所有供应商中任何一家、任何一款原材料一旦出现问题无法供货，下游生产线立刻停产待料。为防止这一风险，许多供应链在实施 JIT 时为保证客户不断料，在客户附近设仓库建库存，再按照客户的要求和节拍 JIT 送货，从供应链的意义上，库存并没有消失。其次，遥远距离之外的供应商，由于超长路途运输的不确定性，交付周期无法准确达到 JIT 的要求，对此 JIT 无能为力。大多数情况下，JIT 更适用于供应商分布于客户周围不远之处。

8.2 库存补货策略

8.2.1 连续监控库存

在连续监控库存并补货的策略下，会不间断地检查库存，当库存水平降低到再订货点时，请求订货。这里的再订货点（Reorder Point，ROP）也是一个预警的库存水平，即当库存水平降到了再订货点库存水平 s 时就发出订货请求，每次的订货批量 Q 是固定的，使用经济订货批量（Economic Order Quantity，EOQ）。安全库存的设立可以保证应对订货期间可能出现的潜在短缺。实际中可使用以下两种策略连续监控库存系统。

（1）(s, Q) 补货策略。当实际库存达到再订货点库存水平 s 时，启动补货订单，订货批量为 Q。Q 可以通过经济订货批量模型来决定，如图 8-3 所示。

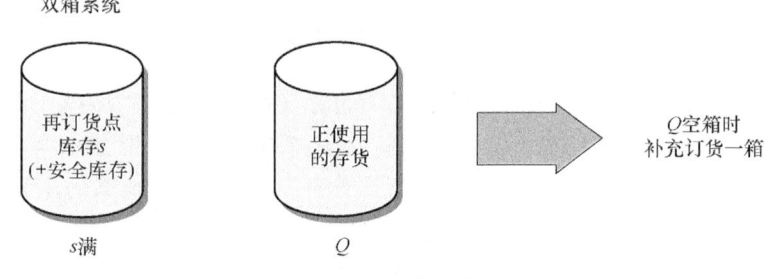

图 8-3 (s, Q) 补货策略

（2）(s, S) 补货策略。当库存量达到或者低于再订货点 s 时，需要订购足量的产品使库存量达到预定的目标补货库存水平，$M = S$（最大库存量）。如果需求量是一次一个单位时，这个系统就近似于 (s, Q) 策略。但是，如果需求量大于一个单位，且实际库存低于再订货点时，订货量将大于 Q。例如，假设 $s = 11$，$S = 120$，现有库存是 11 个单位，如果下一批需求量是 3 个单位，现有库存将被减少至 8 个单位。因此，订购的批量应该是 112 个单位，如图 8-4 所示。

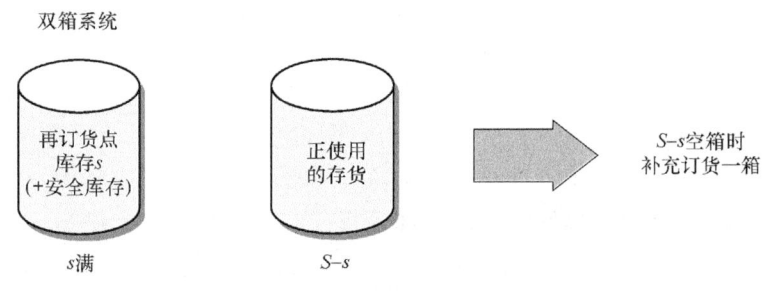

图 8-4 (s, S) 补货策略

8.2.2 定期检查库存

在定期检查库存并补货的策略下,每隔一段固定的间隔期 T 就补货一次,首先检查现有库存量,然后请求补货,以达到预先设定的目标补货库存水平,$M=S$,因此,订货批量等于目标补货库存水平与当前库存水平之差。

间隔期越长,就需要越高的安全库存,以对需求不确定性进行缓冲。实际中常使用以下两种策略定期核查库存系统。

(1)(S, T) 补货策略。在每次核查库存之后,即订购足够多的货物将库存水平提升至目标补货库存水平 S。在这一策略主导下,只要实际库存比最大库存水平 S 低,就应该订购货物,且每次的订单规模都是变化的。如果订货成本较高,则这一策略明显不是一个好的选择。不过,如果企业需要从同一供应商处购买品种繁多的产品,那这个策略就可以考虑。如图 8-5 所示。

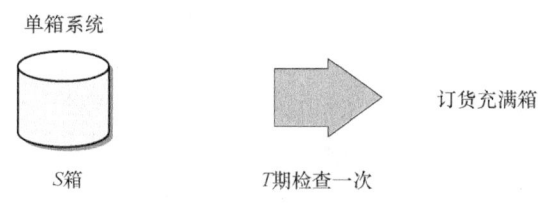

图 8-5 (S, T) 补货策略

(2)(s, S, T) 补货策略。如果在清点库存时,实际库存等于或者小于再订货点 s,则立即订购足够多的货物来将库存水平提升至目标补货库存水平 S。但如果实际库存大于再订货点 s,则不订购货物,如图 8-6 所示。这一策略弥补了 (S, T) 策略的主要不足。

在以上补货策略中,有时需要考虑订货批量是否在供方供货所接受的最小批量范围内,也要考虑是否在运输批量所要求的范围内。实际中,联合补货是常见的。配送中心向各个连锁销售点的"送牛奶式"补货方式中,销售点的订货批量很少受限制,因为顺路送,所以几乎是"大小订单通吃"。

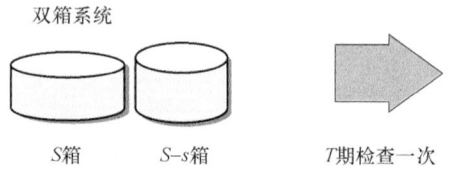

图 8-6 (s, S, T) 补货策略

8.2.3 生产线超市拉动系统

超市拉动系统来自超市货物模式的启发:超市货架上每种物品的数量都有限定;超市对买走的物品进行定时补充;供应商根据物品消耗情况补货;不为多余的物品设置储存空间;一些物品容易过期变质。这些超市的原则应用到生产线,形成了拉动式生产方式。

1. 拉动式生产的目标

拉动式生产的目标有:提供管理与平衡物流的方法,目视化管理一切资源,缩短从投产到产品交付的整个制造周期,降低制造成本和管理成本,减少仓储、搬运、返工、修理、设备、设施、过时产品、多余存货(包括正在加工的产品及成品)等各项浪费。

拉动式生产系统基本有三种类型:超市拉动系统、顺序拉动系统和混合拉动系统。

2. 超市拉动系统

每一生产工序都建立超市库存来存放其生产所需的各种原材料。生产线上不断补充各自负责的所减少的部分。超市拉动系统常常与看板结合使用。当自己工位的产品被下游工序或外部客户取走后,向上游供应工序发出看板信号,通知需要取走的相应数量的产品,及向库存发出补充所需原材料的看板信息。图 8-7 是超市拉动系统示意。每个生产工序都自己负责发出补货信息以确保其下游工序或客户需要的规定产品数量,所以现场的日常管理相对简单,没有多余的物料和在制品,沟通线路短,而且改善机会也更容易观察到。这种能够即时运送和提供所需产品的能力是实现敏捷供应链的主要手段。而 AGV 在仓库和生产线之间及生产线各工位之间的货物搬运变得极其方便和可控。其缺点是生产线旁需要设立很大的存储空间,生产线上每种零件也都要备有一定数量的库存。在所需要零件的种类很多的情况下,这个系统会变得很庞大。

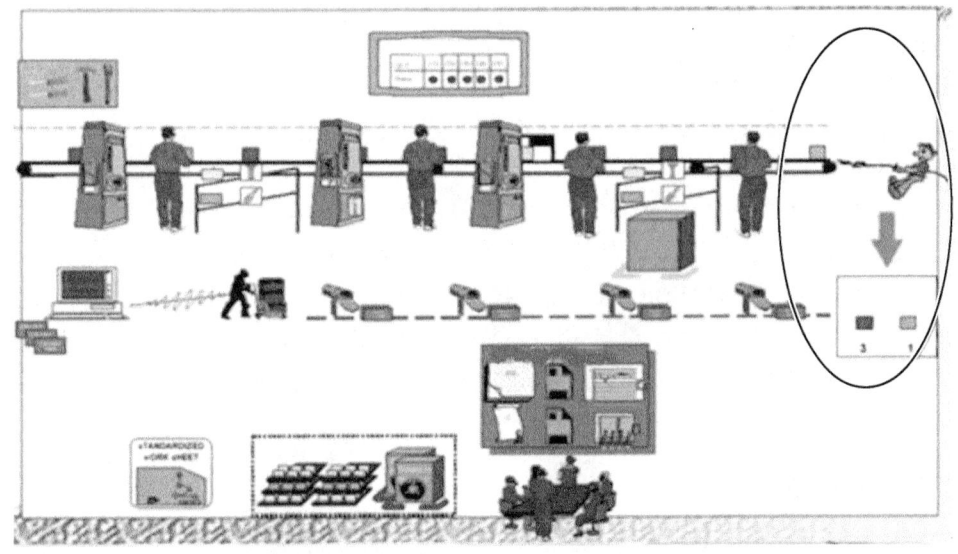

图 8-7 超市拉动系统示意

3. 顺序拉动系统

顺序拉动系统更适合按订单制造的产品线,或应用于当零部件类型过多,生产线旁的库存超市无法容纳各种不同零件的库存的情况下。其目标同样是将系统的库存减少到最小。在一个顺序拉动系统中,生产计划部门必须详细地规划所要生产的产品数量或者不同产品的混合生产方式,其中的生产均衡方法可以参考生产运作管理的具体介绍,例如约翰逊规则、关键工作法、Palmer、Gupta、CDS、NEH 和杰克逊算法等。最优化后的排产生产指令被送到价值流最上游的工序。按照顺序表的方式生产。后道顺序加工制造前一个工序送来的半成品。再向下道输出……直至完成最终产品。一般要求在整个生产过程中,必须保持产品的先进先出(FIFO)原则,方便产品的可追溯。

4. 混合拉动系统

在一个企业内,上述两个系统可以同时并存、混合使用。根据帕累托法则,将产品依照每天总产量的占比高低排序,订单分为四种类型:高、中、低和不经常型,或用 A、B、C、

D 表示。最少的 D 只是维修用零件或者特殊订单。根据每一类型设计不同的拉动模式，而对于不经常型低产量的产品的生产，看板数量要根据订单量重新分配、安排，计划调度部门以顺序拉动系统来下达 D 型产品的生产顺序指令。

两种混合系统共同运转，可以灵活应对需求复杂多变的环境，但同时也使得平衡生产任务和异常情况变得困难，对管理和改善活动的技能水平要求也相应提升了。为保证混合系统有效的运转，需要有力的管理来支撑。

5. 拉动式生产的信息传递系统

（1）看板拉动系统。看板拉动系统是使用卡片来传递供货信息的物料拉动系统。其特点是：防止"过量生产"和"过量运输"；配置专人定期扫描、收集看板；运作成本比较低。看板有如下功能。

- 小范围调节生产量。
- 工序间的信息交流。
- 运输与生产指示。
- 目视化控制生产过程。
- 指示在什么时候运送多少数量的什么零件到什么地点。
- 避免过度生产。
- 识别出需要改善的问题。

（2）安灯拉动系统。安灯拉动系统使用电子信号对物料进行补充。安灯（Andon）为日语中"灯笼"的意思，这里指生产现场采用灯光和声音收集、报告和传递各种信息。其特点是：防止"过量生产"和"过量运输"；信息传递准确、迅速；配送工的劳动强度较低；较重、较大的零件或配料盘、拖车或铲车运送更加有效；不适合需要控制的物料种类较多的场合。

8.2.4 联合库存管理

联合库存管理（Jointly Managed Inventory，JMI）强调供应链中各个环节同时参与，协同制订库存计划，统一调度、统一管理、统一进行库存控制。JMI 的要点在于上、下游企业权利责任平衡和风险共担。通过各方合作，确定库存水平和销售策略。

JMI 打破了各自为政的库存管理模式，使供应链过程中的每个库存管理者都从相互之间的协调性考虑，保持供应链各个节点之间的库存管理者对需求的预期保持一致，从而消除了需求变异放大的现象。库存管理不再是各自为政的独立运作过程，而是供需连接的纽带和协调中心。

1. 实施 JMI 需要关注以下几点

（1）建立有效而清晰的责任与风险分摊机制，明确供应链上下游各个环节的库存责任，需要落实到形成具体的责任和风险分担条款。

（2）建立供应链各个环节上的有效、明确的沟通渠道和机制。

（3）建立跨企业的 JMI 管理团队，指定库存管理负责人及负责企业，常常由供应链上的核心企业担任，明确各个环节企业的目标和责任。

（4）建立准确、完整的库存数据收集系统，由此随时调节供应链各个节点的库存水平，并据此调整生产与配送计划。

(5) 供应链各个环节根据供应链最终客户的销售预测，严格执行 JIT 生产，防止多余库存产生，不生产任何一点多余的库存。

(6) 充分利用 ERP 和 DRP 系统，协调供应链各个环节的资源。

(7) 建立快速响应（Quick Response，QR）系统，提升订单处理和库存运转速度。

(8) 如果可能和必要，引入第三方物流中心，充分发挥第三方物流的协调作用。

为了发挥 JMI 的作用，供应链各方应从合作的精神出发，建立供需协调管理的机制，没有一个有效的协调管理机制，JMI 无法真正运行。

2．JMI 的协调管理机制

(1) 供应链各环节企业须本着互惠互利的原则，理解市场目标中的共同之处和冲突点，建立共同的合作目标，如风险的减少、客户满意度的提升和利润的共同增长等。

(2) 确定库存优化的方法。包括库存如何在各个节点之间分配与调节，需求的预测，最大最小库存水平及安全库存水平的确定等。

(3) 建立信息的沟通渠道和共享系统。保证需求信息在供应链中的畅通、准确、及时和透明。现代技术的应用是必不可少的。

(4) 建立公平的利益分配和激励机制，增加协作性和协调性，防止机会主义和短期行为。

3．JMI 的优点

(1) 将传统的多级别、多点库存模式转化成对整个供应链库存的优化管理。

(2) 简化了供应链库存层次，优化了运输路线，减少了物流环节，简化了供应链库存管理运作程序，提高了供应链的整体工作效率，降低了成本。

(3) 通过共享需求信息，减少了由于供应链环节之间的不确定性和需求信息的扭曲现象导致的库存波动，提高了供应链的稳定性。

(4) 为准时供货、快速响应、连续补充货物等创造了条件。

4．JMI 的缺点

(1) 建立和协调的成本较高。

(2) 供应链环节企业须充分信任，合作难度大。

(3) 跨企业的协调中心运作困难。

(4) 确保数据的及时性和准确性是前提。

(5) 监督难度大。

但这些困难都与供应链整体合作机制和紧密程度相关，JMI 的实现前提是供应链整合。

VMI 在前面章节做了介绍，JMI 与 VMI 的区别在于：VMI 将库存所有权和控制权交给供应商管理，客户提供生产计划及需求信息；JMI 强调双方同时参与，要求从供应链整体的协调性考虑，共同制订库存计划。

8.2.5 循环取货

准时制配送的要求是"要多少送多少，什么时候要什么时候送"，这就要考虑是否能整车运输，以及空车往返问题，压低物流成本是一个难解决的障碍。燃料在运输成本的占比高达 30%~50%。这无疑推高了准时制配送的成本。准时制配送模式是客户坐等供应商送货上门，每家供应商可能采用不同的运输方式，未知风险高，不可控环节多。针对上述问题，发展出了循环取货方式。

循环取货又称牛奶取货（Milk Run），像送牛奶工只把当天客户所需的牛奶送到家，类似的，企业每天（或定时）派提货卡车按照既定的路线和时间依次到各个供应商处提取仅够满足当前需求的货物。最终将所有货物送到客户仓库或生产线（见图8-8和图8-9）。一般情况下循环取货为公路运输方式。通过线路优化，装载优化和每个节点参数（重量/体积、时间段、送货频率等）的规划，循环取货不仅能获得非常高的装载量，增加单车运量，提高安全系数，还能达到节油的目的。

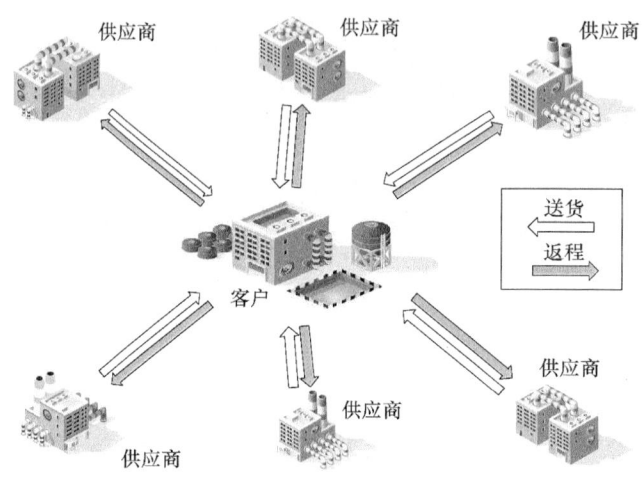

图8-8　准时制配送模式

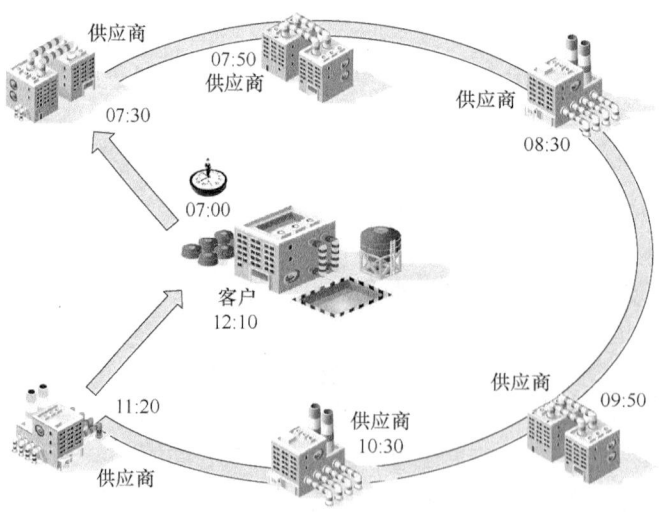

图8-9　循环取货方式

循环取货还可以承担逆向物流的功能，例如在收取供应商货物的同时卸下上一次收走货物的空容器等。在遇到紧急订单或插单的情况，由于高密度的取货频次，循环取货可以不用再增加额外的运输力量。

循环取货更适用于整合小批量多频次的中短距离运输要求，不仅降低了客户的原材料库存及缺货甚至停线的风险，减少了供应商的物流风险，还降低了整体供应链的综合物流成本。当然对于交货量非常大的供应商，直送客户更为有效。

1. 循环取货的运输模型

循环取货运输网络设计应根据供应商和产品特征的不同，设计不同的运输方式和运输网络，以减少运输成本和库存成本。循环取货有三种模式。

（1）直接运输。这种模式将供应商直接作为运输节点。适合供应商数量较多，供货频次高，距离比较近的情况，有利于形成规模效应。

（2）中间仓库。这种模式增加了中间仓库作为缓冲、集中的节点。当供应商数量较少，供货频率低，距离比较远时，直接运输就显得成本过高了。尤其是从海外进口物料，更适合放在物流中心。

（3）定常线路循环运输。这种模式类似于班车中心站，线路、时间统一规划，供应商做好计划搭上班车。这种方式更适合多家客户、多个供应链集成、合并共用同一条运输路线的情况。

在实际应用中制定、选择运输整体方案时，往往是针对不同的供应商采取不同的运输模式，多种模式的结合应用。

为了获取循环取货的更大效益，客户可以规划运输网络，要求供应商在给定的网络节点上建厂，也就是工厂选址为物流服务的典型案例。

2. 循环取货的物流运作选择

第三方物流高效的仓储、运输、配送、装卸等专业化服务更适用于循环取货的模式，能更大限度地降低成本。第三方物流外包，或与之建立专业化物流公司更为普遍，如果自有设施齐全且管理水平高，利用自有的资源进行物流运作也是一种选项。

3. 循环取货可达成的目标

无论采用哪种循环取货模式，在这种情况下，都应将其作为一个项目来运作，以增强成功的机会。按照项目管理模式建立供应链跨企业的团队，保障资源的投入，设立实施目标。循环取货可达成的目标有：降低采购、物流、库存成本；减少资金占用；降低风险；提高物流质量。

4. 循环取货的信息系统

循环取货的构建离不开信息技术的应用，需要包括客户需求处理、订单处理、库存水平监控、生产进程控制，以及运输车辆及物料的定位跟踪等系统的支持。在供应链上的信息交换有两种方式：一种是如果现有供应链企业间有完善的信息系统，可以在这个基础上扩充、补足功能；另一种是借助第三方信息平台。进行信息交换系统的建立是循环取货成功实施的关键因素之一。

5. 循环取货的资源配置

循环取货离不开物流基础设施设备，例如车辆、运输场站、仓储和搬运设施设备，以及物流中心相关的综合性设施。要围绕着项目进行设施、设备及人员的配备，使车辆运转、货物装卸效率得到保证。

员工也是项目成功的最关键因素，员工的技术能力、协调沟通、领导力在团队中都不可或缺，要培养人才，加强技能的储备，不断为战略性变革的实施输送有效的人才。

6. 循环取货给供应链带来的益处

循环取货给供应链带来的益处包括：减少仓库面积，降低库存；提高装载率；减少料架料箱周转用量；均分时间窗，合理使用资源；简化管理层次，提高效率；有利于可周转料箱的管理；能增强物流设备、流程、信息的标准化；推动精益生产；规范各环节的运作。对客户来说，可以整合供应链物流信息数据、提高响应度、提高外部物流系统灵活性、为供应商考评提供依据。对供应商来说，可增强收货的规范性、减轻供应商的运输压力，使其专注生产，加速供应商问题的解决。

8.2.6　物流园配送模式

成本是永恒的主题，供应链也不例外，如何降低成本，最下下策也是常采用的方法，就是买最便宜的东西，质量大师戴明对这种方式进行了深刻的批评。那么有效的方法是什么呢？是降低浪费，提升效率，往往它们又是结合在一起使用的。

在城市，土地是最稀缺的资源。土地资源这样稀缺，而土地使用中的浪费却没有引起许多人的注意，常常能在工厂看到半个厂房都开辟出来放物资。不很好利用厂房的结果是运输、搬运、人员走动的耗费都会增加，不仅增加无谓的消耗，生产周期也拉长了。厂房的结构往往比仓库造价要高，将厂房用作仓库本身就是资源的浪费。但仓库不放厂房放哪里呢？解决方案之一是将仓库与厂房分离，将厂房紧凑起来，整体的物流搬迁到物流园进行。

1. 物流园的定义

物流园（Logistics Park）是将不同类型的物流企业及多种物流方式、物流设施在空间上集中布局、集中物流作业、形成一定规模和多种服务功能集结的特定园区，物流园区往往是多种运输方式衔接汇合地。如果物流园依托经济开发区、高新技术园区等制造产业园区规划，则实现了物流与生产的衔接功能。

现代的物流园有以下几种形式：货运服务型、生产服务型、商贸服务型、综合服务型，这几种形式都可以提供供应链的物流服务。物流园区提供商品的集散、运输、配送、仓储、信息处理、流通加工等物流服务，为制造型企业提供一体化物流服务，为商贸流通型企业提供商品集散服务；为生产制造型企业提供物料供应与产品销售服务。

2. 物流园的特点

物流园一般占地规模较大，投资量巨大，多以仓储、运输、加工（工业加工和流通加工）等用地为主，同时还包括与之配套的信息、咨询、维修及综合服务等设施用地。物流园作为物流体系的基础设施，是一项社会属性较强的公共设施，是有效综合物流资源、实行物流现代化作业、减少重复运输和实现设施共享的关键。

物流园的特点如下。

（1）多种运输手段集合。例如，海铁、公铁、海公等多式联运，公路、内河、海运及航运业形成一体化，提高整个运输系统的运作效率。

（2）多种作业方式的集约。物流园包括市场信息、产品配送、现代仓储配套、多式联运、货物集散、集拼箱、包装、分拣、加工、商品交易、结算功能、需求预测、检验和报关、代理征税理赔、货物运输紧急救援、货物跟踪等功能，还体现在技术、设备、规模、管理等方面。

（3）多个运行系统的协调。物流园集中了指挥、管理和信息中心，对线路和进出量进行调节。

（4）多种客户需求的选择。物流园满足各种需求，适应各种供应链。小到菜篮子工程、连锁店，大到城市/地区配送、还附有缓解交通压力、理顺城市的功能。

3. 供应链的物流园模式

（1）生产现场完全没有仓储功能，供应商，无论大小远近，都将货物运送到物流中心。

（2）物流中心设置于生产现场附近，并保障线路畅通。货物经过分拣，根据生产节奏、按照生产指令配送到生产线的工位上。

（3）生产完成的成品再运回物流园，发往客户。

物流园模式需要决定多长时间间隔送一次，每次送多少，线路如何设计等，在做规划时，还要考虑多种约束条件，例如：工位可供放置区域的大小、被送物品的价值、体积、重量，车辆大小、载重量等，线性规划可能给出一些参考解。更复杂地，有些企业将配送时间间隔压缩到20min，还对配送车辆进行改造，加挂拖斗车，每次运送的物品、线路都不一致……这个问题结构异常复杂，有兴趣的，或遇到实际案例时，可以尝试做出数学规划并求出最优解。图8-10是物流园模式的示意图，实际情况比这复杂许多。

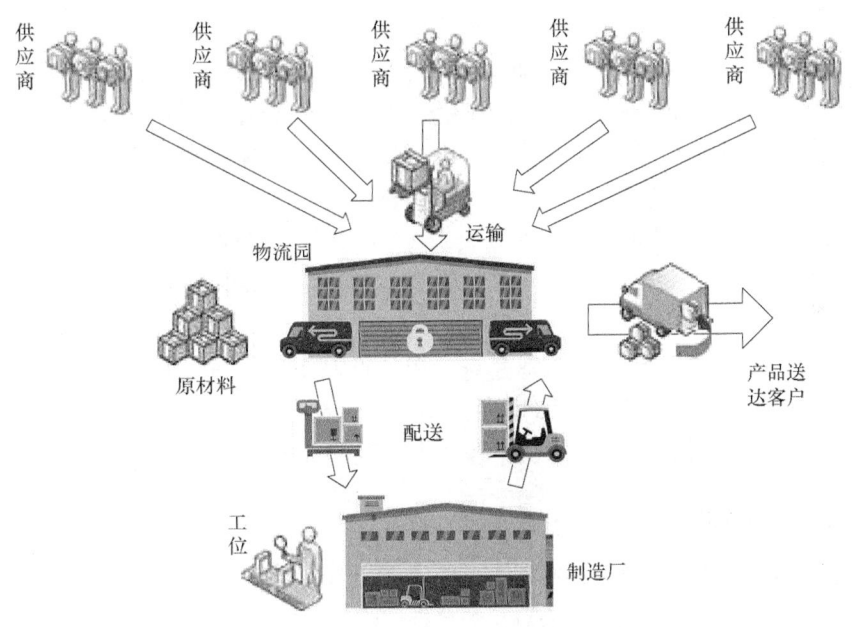

图8-10 物流园模式示意图

8.3 供应链库存的集中与分散

8.3.1 管理策略

多级库存管理与控制的核心是集中还是分散的问题。分散库存管理策略是各个库存点独立地采取各自的库存策略，这种策略在管理上简单易行，但不要忘记"牛鞭效应"就是这么产生的。这不能保证整体供应链的整合与优化，如果信息共享度低，多数情况得到的是局部优化的结果，因此，分散库存管理策略特别要注意供应链信息的共享。有些企业集团设置多成本中心，如制造成本中心、分销成本中心、地区成本中心等，发挥各个部门机构的积极性，实施分散库存管理，但应避免局部优化，注意发挥信息共享与企业整体计划的控制作用。

分散库存管理策略中订货策略的确定，可根据企业竞争战略及供应链战略，参照重复或单次订货策略进行，这样能使企业及部门根据各自的实际情况对市场变化快速反应，有利于发挥独立自主性和灵活机动性。

集中库存管理策略中，相关仓库的库存控制参数是共同决定的，考虑了各仓库的关联，利用总体协调方式取得库存配置的优化。这样能够对整个供应链系统的运行有一个较为全面的掌握，能够协调各个节点的库存。当然，当供应链层级比较多，管理规则多元化时，协调难度会很大。集中库存管理策略往往将控制中心放在核心企业，由核心企业对整个供应链的库存进行控制，协调上下游的库存配置。

在供应链多层级库存控制中，应注意以下几个关键问题。

（1）关注产品价值、体积、可替代性及风险特征。

（2）库存配置优化目标。库存配置优化的目标一般有两个：一是在精益供应链中强调的效率及成本；二是在敏捷供应链中强调的准时、可信及速度。

（3）明确库存配置优化的边界，即层级的范围。是全局的供应链，还是局部的供应链？是企业上游的供应链，还是企业下游的需求链、服务链？企业上游的供应链需要考虑供应商选择及关系问题，企业下游的需求链需要考虑分销渠道、直销问题、客户服务及关系、物流配送方式等。

（4）多层级库存配置结构问题。在实际运营中，多层级库存配置优化的效率往往是系统性的，由网络的结构模式所决定。因此，供应链管理者不能陷入战术陷阱，而忽略战略及结构模式的调整。

（5）库存控制策略的确定。在单库存点、单一产品采用的周期性检查或连续性检查策略仍然适用于多层级库存控制。在多层级库存控制中，应充分考虑组合产品的库存控制策略，考虑物流能力，特别是车辆运输组合，考虑整个供应链物流网络的能力配置与资源部署。

8.3.2 库存水平的变化

假设某商品在 k 个地区销售，每个地区的需求都服从正态分布，已知变量如下：

d_i：地区 i 每期的平均需求量，$i=1, 2, \cdots, k$；

σ_i：地区 i 每期需求的标准差，$i=1, 2, \cdots, k$；

ρ_{ij}：地区 i 和地区 j 之间需求的相关系数，$1 \leq i \neq j \leq k$。

现在有两种方案来满足 k 个地区的需求：一种是在每个地区设置仓库；另一种是将所有库存都存放在一个仓库，设置一个集中仓库。分别计算两种方案下的平均库存，就会看到著名的平方根法则的特殊情形。

分散库存情况下系统平均库存是集中库存情况下平均库存的 $\sqrt{k}$ 倍，周转库存是 $\sqrt{k}$ 倍，安全库存也是 $\sqrt{k}$ 倍。可见分散库存情况下大大增加了系统的库存水平。

集中库存策略减少了存储点数量，可以有效降低系统总的库存水平，但是风险也会聚集，这就是常说的风险聚集（Risk Pooling）。集中库存本身就有风险，当面对突发灾害、突发事故等小概率事件时,集中库存往往会承担巨大的风险。特别地,对于风险特征高的高危化学品运用集中库存策略时风险又会急剧增加,因为产品本身易燃、易爆、有毒性,当发生小失误时,可能会给社会与环境造成不可挽回的损失。

实行库存集中管理策略,库存水平降低了,风险却加大了,因而在实际中运营管理者需要平衡仓库数量、库存水平以及客户服务间的关系。

假设原有系统的总库存为 s_1,仓库数目为 N_1,缩减仓库数量后的新系统总库存为 s_2,新系统的仓库数目为 N_2。假设各地需求相同,不难得到

$$s_1 = \frac{\sqrt{N_1}}{\sqrt{N_2}} s_2$$

库存集中管理策略使平均库存降低,从而降低了库存持有成本,加快了资金周转。但是管理者应注意,运用库存集中管理策略时,不要使顾客响应度降低,也不要增加额外的运输成本。对于高价值物品、需求变异系数(Coefficient of Variation,CV)大的商品,都可以从库存集中管理策略中受益。当然,在成本降低及风险聚集的平衡中,很多企业还关注不同商品在各地区的不同的需求特性。

8.4 仓储及其功能

8.4.1 仓储的概念

仓储是指为满足市场和顾客的需要以及生产的需要,对产品进行短期或长期储存,以协调供求活动,确保社会生产、生活的连续性,设立临时或永久性设施用来储存存货或转运。仓储管理是为了充分利用仓储资源,提供高效的仓储服务所进行的计划、组合、控制和协调的过程,对物资进行储存、保管、搬运、加工等一系列作业活动,保持物资完好,防止物资损耗、变质和丢失。仓储基础设施指的是物理性质的物体,即建筑物、货架、信息技术硬件、土地等。

仓储设施的作用通常由以下类别的服务来体现。

(1) 货物的临时保管和保护,等待重新发货,二次装运指示,或发货到客户。

(2) 材料处理,包括货物的组装、合并到指定终端,整车和零担货物混合成定制的货物,再分配到一个或多个目的地。

(3) 储存和材料处理作用的组合。

(4) 专用存储,如冷藏或冷冻储存,密封存储(如敏感物品和医药用品),以及独特的散装储存设备(如油箱油品)。

8.4.2 仓储的功能

仓储系统的主要功能是储存、并装(拼装)、分装(拆装)、混装、搬运(包括装货与卸货、入库与出库、按订单拣货并包装)。

储存就是要有序地储藏货物并保护好。货物往往对存储时间、存储条件有要求,存储设施及其结构、布局需要达到所需的存储条件。

对于供应来源较多的货物，设立货运站点或仓库设施，将零散的货物集中成较大的批量，实现并装（拼装）。与并装相反的是分装（拆装），以低费率大批量运输的货物进入仓库后，根据顾客需要换装成小批量的顾客订单包装。混装既有并，又有分。

有些情况下，卸货—搬运至库位、搬运至运输工具—装货可看作一次性作业，但有些情况下，它们属于不同的工序，分别需要不同的装卸设备与工具。搬运活动利用多种搬运设备来完成，如手推车、托盘、叉车及自动化的堆垛、分拣系统。

仓储系统的储存支持了企业生产制造，支持了企业营销活动，满足了顾客需求。可以说，规划、设立仓储设施及其软硬件系统，对于满足企业需求，平衡服务质量与运营成本具有重要意义。

仓储环节的信息收集与反馈不仅有利于企业管理决策，而且有利于供应链系统范围的管理决策。政府机构的仓库监管也需要实时的仓储信息，例如保税仓库的监管、危险品仓库的监管。

仓储是物流增值服务功能的重要实现环节。例如，流通加工可以提高产品质量、配置产品功能，实现产品差别化；通过仓储的时间控制可以实现物流管理的时间效用价值；通过仓储产品整合，可以满足顾客多样化需求等。

仓储不仅可以实现保值、增值，而且还能够实现过季消费、防范突发事件、物品短缺时增大供货或物品富余时存储，利用供求关系调控物价，稳定经济社会。

8.4.3 仓储的类别

可以按照仓储对象的不同、经营主体的不同、仓储功能的不同来进行分类。

1. 按照仓储对象的不同分类

按照仓储对象不同，仓储可分为以下两种。

（1）普通物品仓储。普通物品仓储是指不需要特殊保管条件的物品仓储。一般的生产物资、生活用品、普通工具等杂货类物品，不需要针对货物设置特殊的保管条件，采取无特殊装备的通用仓库或货场存放货物。

（2）特殊物品仓储。特殊物品仓储是指在保管中有特殊要求和需要满足特殊条件的物品的仓储，如危险物品仓储、冷库仓储、恒温仓储等。特殊物品仓储一般为专用仓库，按照物品的物理、化学、生物特性以及法规规定进行仓库建设和管理。有害物质的使用者、包装工、检查员等应遵循最高级别的安全规则。

制造工厂的存储仓库可分为原料仓库、半成品仓库、成品仓库及物品仓库四类。

（1）原料仓库。原料仓库储存从外部购买的、直接用于产品生产使用的各种原材料、零配件等物料，如纸箱、塑胶袋等。

（2）半成品仓库。半成品仓库储存内部作业过程中的各类半成品、零散组件等物料，同时也储存委外加工的半成品、零散组件等物料，如塑胶制品、电镀品、涂装品等。

（3）成品仓库。成品仓库储存已经全部加工完成、正等待出货的成品。

（4）物品仓库。物品仓库储存各种非直接用于产品生产使用的辅助物品，如工具、劳保用品、办公用品、擦拭剂等。

企业仓库分类不仅要考虑产品形态，还要考虑产品储存特性，如某企业设有常用物料仓（包括上述前三类）、毒品仓、易燃易爆品仓、工具仓、办公用品仓等。该企业的原材料仓又可分成电子元器件仓、五金仓、塑胶原料仓、塑胶仓、包装材料仓等。

2. 按照经营主体的不同分类

按照仓储经营主体的不同，仓储可分为以下四种。

（1）企业自用仓储。企业自用仓储包括生产企业自用仓储和流通企业自用仓储。生产企业自用仓储是指生产企业使用自有的仓库设施对生产使用的原材料、生产的中间产品、最终产品实施储存保管，其储存的对象较为单一，以满足生产为原则。流通企业自用仓储则是指流通企业以其拥有的仓储设施对其经营的商品进行仓储保管，仓储对象种类较多，其目的为支持销售。企业自用仓储仅仅是为企业的产品生产或商品经营活动服务，相对来说规模小，数量众多，专用性强，而仓储专业化程度低，设施较为简单。

（2）商业营业仓储。商业营业仓储是指仓储经营人以其拥有的仓储设施，向社会提供商业性仓储服务。仓储经营人与存货人通过订立仓储合同的方式建立仓储关系，并且依据合同约定提供服务和收取仓储费。商业营业仓储的目的是为了在仓储活动中获得经济回报，实现经营利润最大化，包括采取提供货物仓储服务和提供仓储场地服务两种。

（3）公用仓储或公共仓储。公用仓储或公共仓储是公用事业的配套服务设施，为车站、码头提供仓储配套服务。其运作的主要目的是保证车站、码头的货物作业，具有内部服务的性质，处于从属地位。但对于存货人而言，公共仓储也适用营业仓储的关系，只是不独立订立仓储合同，而是将仓储关系列在作业合同之中。

（4）战略储备仓储。战略储备仓储是指国家根据国防安全、社会稳定的需要，对战略物资实行储备而产生的仓储。战略储备由国家进行控制，通过立法、行政命令的方式进行。战略储备特别重视储备品的安全性，且储备时间较长。战略储备物资主要有粮食、油料、能源、有色金属、淡水等。

3. 按照仓储功能的不同分类

按仓储功能的不同，仓储可分为以下四种。

（1）储存仓储。储存仓储为物资较长时期存放的仓储。由于物资存放时间长，存储费用低廉，储存仓储一般在较为偏远的地区进行。储存仓储的物资较为单一，品种少，但存量较大。由于物资存期长，储存仓储特别注重对物资的质量保管。

（2）物流中心仓储。物流中心仓储是以物流管理为目的的仓储活动，是为了实现有效的物流管理，对物流的过程、数量、方向进行控制的环节，为实现物流时间价值的环节。一般在城市或经济地区的中心、交通较为便利、储存成本较低处进行。物流中心仓储批量较大进库，一定批量分批出库，整体上吞吐能力强。

（3）配送中心仓储。配送中心仓储是商品在配送交付消费者之前所进行的短期仓储，是商品在销售或者供生产使用前的最后储存，并在该环节进行销售或使用的前期处理。配送中心仓储一般在商品的消费经济区间内进行，能迅速地送达消费和销售。配送中心仓储物品品种繁多，批量少，需要一定量进库、分批少量出库操作，往往需要进行拆包、分拣、组配等作业，主要目的是支持销售，注重对物品存量的控制。

（4）运输中转仓储。运输中转仓储是指衔接不同运输方式的转换的仓储，在不同运输方式的连接处进行，如港口、车站进行的仓储，是为了保证不同运输方式的高效衔接，减少运输工具的装卸和停留时间。运输中转仓储货物存期短，注重货物的周转作业效率和周转率。

物流中心与配送中心在后面介绍分销网络时，会给出具体的定义。

8.5 仓储管理决策

8.5.1 仓储管理决策的基本原则

仓储管理涉及许多重要决策，包括选址、空间布局、数量、规模、仓库地址、类型、仓库设置数量、仓库内部规模、仓库储存规划等都要确定。这些基本的仓储决策是在成本、服务效益与安全性的均衡框架内做出的。例如，前面提及的拥有大量仓库会因为仓库距离顾客近而使顾客服务水平提升，但是同时设施成本以及库存成本就比较高。因此，物流系统中设立仓库，进行仓储管理的各项决策，均应符合经济性、服务效益与安全性并重的基本原则。

（1）经济性。仓储成本是物流成本的重要组成部分，因而仓储效率影响到整个物流系统的效率和成本。所以在仓储过程中要充分发挥设施设备的作用，提高设施设备的利用率；缩短物资在库时间，提高库存周转率；充分调动员工的积极性，提高劳动生产率。

（2）服务效益。仓储活动本身就是提供服务的，仓储的定位、操作、货物控制都围绕着服务效益进行，围绕着提供服务、改善服务、提高服务质量的原则进行。

（3）安全性。仓储活动中的不安全因素很多。有的部分是产品特性决定的，例如有的物资具有腐蚀性、毒性、辐射性、易燃性、易爆性等；有的部分来自仓储管理过程中的操作不当。因此在仓储管理活动中要绝对保证人员、产品和设施的安全性。

8.5.2 仓储战略

仓储战略应该聚焦于提升供应链的竞争优势。时间是有效仓储最重要的因素，仓储战略规划应考虑缩短交货周期、缩短供应链物流每一环节的时间，做好顾客服务；要提高服务质量；增强快速响应能力；要降低物流总成本；要发展绿色低碳物流；要提高资产利用率。

做好供应链仓储战略，应充分考虑多种因素。
（1）对供应链未来业务增长或下降的预测。
（2）对需要进出仓库的商品数量增长或下降的预测。
（3）仓库存货的增加或减少趋势。
（4）仓储商品类别的改变、商品特征。
（5）房地产市场趋势、仓库租赁价格。
（6）互联网信息技术的影响。
（7）仓储空间、人力及设备系统的获取。
（8）仓储设备及信息系统的保养与更新。

供应链在不同阶段、不同时期要进行仓储系统方案的调整，以满足不同时期供应链成员企业所预期的仓储需求。

仓库选址、数量及规模的决策可以连同整个物流网络一起来进行优化，会在网络优化模型中做进一步介绍。

1. 自用仓库还是公用仓库

在仓储空间获取时，企业有两种基本方案：建设自用仓库或租用公用仓库。两者之间的选择会影响企业的资产负债表和损益表。很多公司将公用仓库和自用仓库结合起来使用，这是因为各地区的市场情况不同，另外还有一些其他的原因，例如供给或需求的季节性的变动等。

如果企业使用公用仓库，就具有存储柔性，因为可以租用公用仓库在不同时间段的空间。对于使用自用仓库的企业来说，规模决策就显得很重要，因为仓储设备的存储规模一旦设计好就相对固定。企业使用自用仓库还需要解决仓库内部如何布局的问题。企业做决策时必须考虑到存储的产品特性、通道空间、货架、物料处理设备以及仓库内部空间等。存储产品的特性、类型和数量对于仓库类型的决策尤为重要，企业需要决定拥有的仓库是否都要保管所有的产品，或者每一类仓库只存储特定类型的产品，即如何将仓库的专业化和通用性结合起来。

使用自用仓库还是公用仓库，这两种方式各有利弊。

（1）自用仓库。多数企业都拥有自己的仓库。从劳保用品仓库到生产用原材料库，形式多种多样。自用仓库需要企业自己来投资建设，具有很多好处。

1）控制权。企业对自用仓库各项作业有绝对的控制权，利于与其他内部流程的整合。
2）灵活性。企业可灵活调整各项作业与流程，以满足顾客个性化需要。
3）成本。当仓库物品数量达到一定规模时，自用仓库的成本有时可能会更低。
4）能更好地利用人力资源。
5）无形效益。自用仓库能增强客户的信任感，产生营销优势。

（2）公用仓库。没有大规模的存货或者存货需求季节性非常强的企业，不能持续有效地使用好自用仓库。远距离、小批量送货的企业也会发现，使用公用仓库更为经济。对于那些销售水平和稳定性都不确定的新企业来说更是如此。公用仓库有下列好处。

1）专业的仓储管理与显著的规模经济性。
2）企业无须支付仓库的投资，从而会提高企业的投资回报率。
3）能满足需求高峰期对仓库空间需求的增加。
4）减少风险，避免由于兴建自用仓库而导致的资产投资和财务风险。
5）灵活性。可根据客户需求、市场变化、服务质量，自行选择、改变仓库的地点/数目等，做出快速反应。
6）专业的仓储、包装、配送、流通加工、信息传输服务。
7）可详细了解存储成本和搬运成本。

下面比较一下公用仓库和自用仓库的总成本。

公用仓库全是变动成本，当企业不存储时成本为零，当企业的仓储量增加时，企业要租用更多的仓储空间，那么成本也随之上升。企业在公用仓库使用的空间多，成本就会按比例增加，从这个角度看，成本是线性变化的，随存储量的变化而变化。但实际情况中，公用仓库对大量的空间租用费用会有一定的折扣优惠，这样就使成本曲线不是完全呈线性变化的。

自用仓库除了有仓储过程中的作业成本、行政费用等，还包括建设仓库的投资成本，这部分成本是固定成本。由于公用仓库包含利润和营销成本，所以通常自用仓库运营变动成本的变化率要比公用仓库的小。这样在某一点上，这两种成本曲线会有一个交叉点，这个点对应的是吞吐量。因此当企业吞吐量小于这一点时，租用仓库是比较好的选择；随着吞吐量的增加，自建自用仓库是比较好的决策。

这种分析方法相对于企业实际可能过于简单，尤其是对大型的具有复杂产品线的企业。

但是这种分析思路是可以实现的。首先，企业可能会不时地增加一个仓库，而且由于市场和成本状况的差异，每当要增加仓储空间时，需要在自用和公用两者之间进行选择；其次，即使企业有时需要增加多个仓库，但是由于地区环境差异，企业需要对每一个仓库逐一进行分析。

由于自用仓库存在固定成本，因此自用仓库需要相对较高的吞吐量来实现仓库的经济性。自用仓库只要建造了，不管是否使用，都会产生固定成本，那么企业就必须有足够的仓储量来分摊固定成本，使自用仓库的平均成本低于公用仓库的成本。这种分析包含两个假设：一个假设是自用仓库的单位变动成本低于公用仓库，否则自用仓库的总成本就永远不会比公用仓库的总成本低；另一个假设是仓库的使用率或吞吐量在一年的大部分时间是稳定的，否则企业就会在规模决策上遇到麻烦，从而不可能有效地利用仓储空间。

仓库需求的稳定性需要通过多条产品线来实现。很多大型企业和一些小型企业拥有多个产品线，这样有助于仓库吞吐量的稳定，由此来达到经济型自用仓库所需要的仓储量。自用仓库可以设立在市场需求密集区，这样既有利于提高服务水平又可以降低运费。建立自用仓库另一个有利的因素是可以获得更多的控制权，这样可以使企业实现对客户和工厂的安全、冷藏及服务的控制。此外选择自用仓库可以将仓库的使用和企业其他地区的需求结合起来。

就某一区域的仓储战略而言，最具成本效益的做法，应是将正常的仓储需求以自用仓库应付，而将非正常（尖峰期的多余）的需求利用公用仓库解决。

2. 契约仓库

公用仓库的发展趋势是开始使用契约仓库或者第三方仓库。契约仓库是以顾客为导向的公用仓库或商业营业仓储，由外部企业或机构提供物流服务。契约仓库以提供高效、经济和准确的配送服务而见长。

物流业主必须将契约仓库和一般的公用仓储区分开来。一方面，期望高服务质量的企业应该使用契约仓库。这些仓库是为了满足高标准和专业处理要求而设计的；另一方面，需要一般产品处理服务的企业则应该选择一般的公用仓库。从根本上讲，契约仓库是制造商和仓储公司之间的一种合作关系。因为这种合作关系，契约仓库服务的客户比传统的一般公用仓库要少。为满足客户特殊的要求，契约仓库会提供定制化的存储空间、劳力和设备。

契约仓库为有限的仓库使用者实现了定制化的物流服务，这些服务包括储存、拆包、组合、订单履行、在途混装、库存控制、运输安排、物流信息系统和其他一些附加的物流服务。契约仓库不仅提供储存服务，为了支持客户企业的物流渠道，它还会提供物流服务包。

契约仓库具有比自用仓库和传统的公用仓库更大的战略、财务和经营优势，其主要优势在于降低了物流总成本，并将精力集中于连接生产制造和营销流程方面。

8.6 仓储空间布置设计与选址

8.6.1 空间布置设计

1. 储存规划

为了理解仓库的布局和设计，需要了解一些典型仓库所必需的基本空间。这个仓库空间的讨论与仓库的运营密切相关。

决定仓库必需空间的第一步是做好储存规划，考虑产品特性，对存储物品按类别进行存储数量预测。最高存量、最低存量都会影响到仓位的大小。仓位大小若取决于最低存量，则显然仓位太小，会经常出现为腾出仓位而辗转搬运或无仓位的现象。仓位大小若取决于最高存量，常会造成仓位过大的现象。通常以正常周转存量来决定仓储空间。

下一步是将物品数量换算成需要的存储空间，这需要把托盘也包括在内，而且通常包含在相应区间内的 10%~15% 的增长许可度。另外必须加上过道占用的空间和其他设施操作时所需要的空间。仓库一般将 1/3 用于非存储功能。

仓库需要为物流系统中的运输部分提供一个附加空间，即接收进货和出货区。尽管这可以是一个区域，但是为了有效运作，通常需要两个区域。考虑这种空间需求时，需要选择是利用仓库外的装卸平台，还是将货物直接卸下来运进仓库。需要留有一个转车场，用于储存一些设备和托盘。发货前的备货空间和进行货物组装的空间也有必要。另外还必须有核对、计量和检验的空间。吞吐量的大小和频率是决定所需收发货区域大小的关键因素。

实物配送仓库另外一个必需的空间是订单拣货区。这些功能所需空间的大小取决于订单的数量和产品的属性，以及搬运物料的设备。这个区域的布局对有效运营和顾客服务存在至关重要的影响。

第三类空间是实际的存储空间。需要有效地使用仓库里的全部存储空间。注意区分保管型货物与通过型货物，通过型货物只是对货物进行分拣、包装、流通加工，并不进入存储区。

最后，仓库区域还需要考虑另外三类空间：①许多实物配送仓库有补救空间。这是为了挽救损坏的货箱中没有被损坏的产品而设立的空间。②行政人员和职员的办公室。③满足休息、员工用餐、便利设施和储物柜等需要的混合区。

如图 8-11 是某仓库的平面布置示意图。

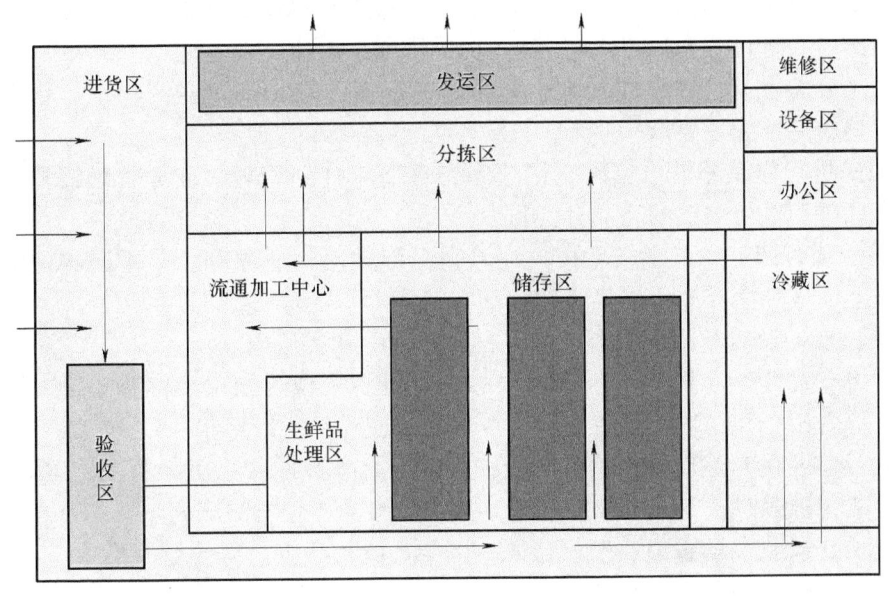

图 8-11 某仓库的平面布置示意图

2. 布置原则

仓库的平面布置应注意以下三个原则。

（1）作业流程合理。仓储空间要与储存物品的数量和保管要求相适应，要保证库内物料流动方向合理、运输距离最短、作业环节经济、仓库利用率高，并能做到运输通畅、方便保管。

（2）提高仓库经济性与效率。平面布置要因地制宜，使之既能满足物料运输和存放的要求，又能避免无谓的大面积浪费，应合理地利用库内设备，发挥设备效能，合理利用空间。

（3）符合安全、卫生要求。库内各区域间、各类仓库间应该留有一定的防火间距，同时要设有各种防火、防盗、防水等安全保护设施。此外，库内布置要符合卫生要求，综合考虑通风、照明、绿化等情况。

仓库空间布置中需要考虑仓库中的仓储设备与工具、辅助设施等在地面标高线上的相对位置，充分利用仓库高度。堆垛高度、货架高度、架上平台和空中悬挂等都应考虑。

仓库区位规划应满足以下要求。

（1）区位标识清楚，做好现场可视化，通道顺畅。

（2）进仓门和出仓门明确，有标牌。

（3）测定存储定额，并有明确的标牌。

（4）明确规定消防器材放置的位置、消防通道和消防门的设置方式和救生措施等。

（5）区位内货位布置应明显，可用漆画线固定，堆放物品时以漆线为界。

（6）进仓门处，须张贴货仓平面图，图中标明该仓所在的地理位置、周边环境、仓区仓位、仓门各类通道、门、窗、电梯等内容。

规划了仓库区位，还要规划货位。

货位，即货物储存的位置。货位规划需要将库内物品进行合理分类、编号（库房号、货架号、层次号和货位号），使库内物品的货位排列系统化、规范化。

考虑物品分类目录、物品周转率、物品储备定额以及物品本身的物理、化学等自然属性，货位规划应满足如下要求。

（1）明确标识物品分类与编码。使仓库管理适应计划管理、业务管理需要，与供应管理相衔接，如采用供应渠道的物品分类目录。

（2）在货位排列上，考虑产品相关性原则与周转率对应原则。对不同类的物品在货架和层次安排上，应独立存放，但要节省存储空间。

（3）货位变动及时登录，以避免呆料、废料弃置在货位内。

（4）物品储备定额。要按储备定额中的规定规划货位。如果无储备定额，可根据常备物品目录进行安排，并在货架上留有适当空位，这应与补货策略相一致。

（5）物品本身的自然属性。物品本身的物理、化学性质相抵触，温度、湿度要求不同，以及灭火方法相抵触时，不能存放在一起。做到危险品、化学品隔离。

（6）充分考虑物品的重量、形状特征，以与货位相对应。

8.6.2 仓库选址

如何做到既有策略，又经济有效地进行仓库选址？这是任何制造业或服务业，特别是物流公司的重要决策问题之一。当然，在内部建立仓库还是外包的决定属于另外的决策。

仓库选址运用多个标准来进行评价，可以使用定性或定量的数据。有时要考虑客户的位置和规模，但不如零售店选址那么重要。运输距离与成本通常也是仓库选址要考虑的，环境因素也是重要的考虑，如土地租金和利息的成本、交通网络的便利性、训练有素的员工、员工上班的交通便利性、现有的建筑设施、公共设施及其成本、通信成本、财务和资源状况、靠近港口或机场、靠近多条公路的交会处、供货商的位置和生产地点、与谁为邻等。图8-12表示了仓库选址的一些标准。仓库选址可以借助计算机软件来进行。

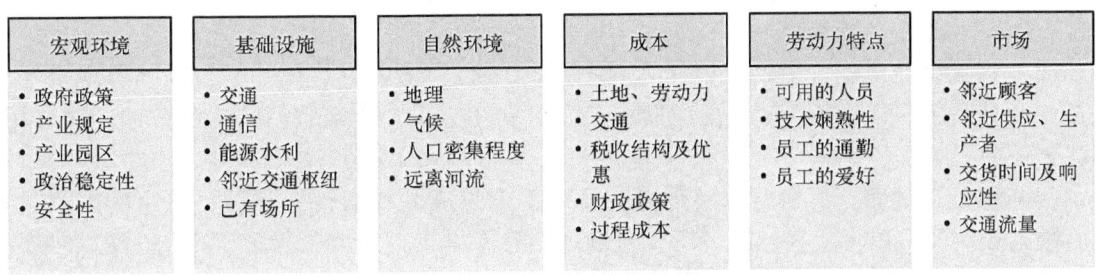

图 8-12　仓库选址的标准

一般地，运营系统的选址规划按如下步骤进行：①确定选址的总体目标、决策标准与运营系统的要求，明确提供什么产品/服务，流程如何；②做好选址的资料收集与数据准备工作；③根据运营系统特征，识别选址的重要因素，确定获得运营系统优势的关键因素；④考虑运营环境要求，确定目标地区；⑤根据目标地区相关资料确定可选方案，即候选地点；⑥对备选方案进行定量的评价，通过方案的经济性、社会性、环境性等论证、比较与分析，确定最终方案，即具体地点。

8.7　越库作业

越库作业中货物是流经仓库或配送中心而不是储存起来。这一新的策略方式越来越受到重视，因而专门做一介绍。越库策略可大幅降低库存水平，降低库存成本，降低仓库搬运成本，减少货物损失率、丢失率，以及加快资金周转等。采用越库作业后，仓库成为一个编组场所，而非一个保管场所。货物到达仓库后经过简短的交叉分装后，省去了仓储等其他内部操作，而直接将货物发送至供应链下一节点。我国国家标准对越库作业的定义是：产品在物流环节中，不经过中间仓库或站点，直接从一个运输工具换载到另一个运输工具的物流衔接方式。

越库作业所以盛行的主要原因有以下四点。

（1）对较大、较稳定的需求，零售商运用越库方式来减少其中间渠道的库存。

（2）对稳定而小批量的需求，采用越库技术来取代原来的零担运输，从而大幅度降低运输成本。

（3）避免昂贵的库存费用。

（4）商品本身对时间的要求，例如快递、保鲜食品等。

8.7.1 越库作业的类型

按照不同的企业类型可以将越库作业分为以下四种类型。

（1）制造型越库。在制造型越库中，接收及整合入货供应是为实现准时制造。例如，制造商可能会将仓库建立在工厂附近，作为准备零件或整合配套元件的集中地。由于采购计划订单可以直接来自 MRP 系统，零件到达仓库后，按照要求进行简单处理后直接运到车间，无须存储。

（2）销售型越库。销售型越库是指整合不同供货商送往同一客户的货物，进行分拣、打包后直接运至各零售商处。

（3）运输型越库。许多物流公司为将不同客户的货物集中装在一起，以获得规模经济效益，会对到达仓库的各类零担运输货物进行拼装，拼成一个集装箱装运以节约运输费用，这就是运输型越库。

（4）零售型越库。零售型越库是指企业从多个供应商处获得商品后，在仓库按照各零售店预先送到的订单将货物分拣装车，直接运至各零售店。货物在配送车辆上的摆放顺序和方法会对配送服务的质量、作业效率产生影响。

上述四种越库作业类型的共同特点是货物整合及短暂的交接时间，越库作业需要周密的时间、地点的安排。还可依据信息将越库作业分为前配送越库与后配送越库两种类型。

（1）前配送越库。前配送越库是指供应商为分销商的越库作业准备直接配送的产品，并按照不同目的地将货物进行分类。并对货物进行标记或贴条形码或无线射频标签等操作。由于对入货的托盘进行标记，越库区的操作工人可以直接将货物装入出货车辆，而不需要临时堆码。同时由于不需要接触货物，可以降低操作成本。前配送类型有利于分销商，但较难妥善安排，因为分销商的上级供应商们必须知道每种货物需要多少及送到哪个客户手中，以便贴上相应的标签。因此，前配送类型要求在各环节中有完善的信息共享。

（2）后配送越库。后配送越库是指分销商从所有供应商处订购货物，运至越库中心后再进行分拣整合，在接收货物时贴上标签。但这种模式会为分销商增加成本。

这两种方式的区别主要在于承担货物分拣的主体不同，前者主体是供货商，后者主体是分销商配送中心。

越库中心采用何种类型的越库作业模式要依据整体供应链的实际情况而定。

8.7.2 越库作业的优势

越库作业与传统的仓库相比，具有如下优势。

（1）越库作业能减少不必要的仓储，节省库存空间，降低了库存成本和人力成本。因为在越库作业物流系统中，配送中心不存储货物，只是一个中转站，将接收到的货物按照需求进行分拣装配，直接配送到各个销售门店，减少了货物的仓储和库存，节约了成本。

（2）越库作业减少了配送中心的上架存储等物流活动，加快了货物的转运效率，能够实现对客户的快速响应，能够获得更高的客户满意度。

（3）越库作业采用统一配送并对货物进行配载运输，能够整合车辆运输，提高车辆装载率从而降低运输成本，节约运力资源。

(4) 越库作业物流运作能够整合供应链上的资源，实现供应链上节点企业的信息共享，降低整个供应链的运作效率。

8.7.3 越库作业的实施条件

1. 市场需求的平稳及需求量规模

需求预测稳定，市场波动不大，通常一种产品如果符合下述两个标准就可以选择实施越库作业：较低的变异及较高的市场容量。越库作业与准时化生产很相似，有学者认为，越库作业是准时制在分销领域的应用。只有当货物的需求确定并且仓库能够安排随时到达的订单，越库作业实施才有保证。如果需求量太低，则频繁运送小批量货物会增加运输费用，这时选择仓库存储作业也许更具有经济效益。

2. 供应链协调能力

从管理角度来看，越库作业是一个复杂的运作过程，需要分销商、供应商及客户之间广泛的协调与合作。在实施越库作业的最初阶段是最艰难的时期，供应链各成员都会经历设备投入、设施完善等带来的成本增加。另外，哪一方负责订单商品标记，哪一方负责信息管理系统软件的提供等，也需要供应链各成员进行充分的协调与合作。

3. 供应链信息流通

越库作业最大的优势是减少了产品流通时间，降低了库存。为达到这样的目标，就要求在供应链各成员间必须建立强大的信息共享系统，来实现整个供应链的资源共享，以达到订单的事先分配和物流的及时连接。另外，还要求整个供应链使用通用条形码或无线射频标签和标准化的包装，以此简化产品流动过程中的处理程序，减少劳动力成本。

4. 强大的第三方物流

越库作业对运输环节有相当高的要求，如物联网设备、自动化分拣与信息化管理。第三方物流公司往往具有专业化的设施、设备与工具，还具有先进的管理技术和充足的运输设备，可以实现物流系统的越库运作。

除此之外，越库作业对产品的质量也有较高的要求。在越库作业中，产品到达仓库后，只进行简单的分装与组配，不可能对产品的质量进行仔细检查，这就要求供应商一定要严把质量关，确保产品的顺利流通。

【案例分析】

汽车售后的循环补货

通用汽车公司（GM）在巴西拥有472个经销商，9个授权的汽车修理厂，10个零部件配送企业，491个销售服务网点。在巴西服务环节的雇员总共有650人，在东南部的圣保罗有两个零部件配送中心。当时，GM总共有75000个零部件，频繁使用的有700个，为20个生产平台提供支持。

通用汽车巴西公司和它在巴西的经销商是独立运作的。和许多供给网络一样，GM在巴西的网络节点也是单独管理的，这样就形成了零和博弈的结果，即在许多情况下，一方所得来自另一方所失。这就导致了不太协调的关系和分散管理所带来的不良后果。

牛鞭效应

一个不良的后果就是，下游需求很小的变化就会导致上游订货量很大的变化。GM 配送中心的需求来自库存管理系统的计算并受到经销商库存战略的影响。针对每个部件，如果有再订货要求，经销商会通过 EOQ 系统采购最经济的订货批量。这就意味着它们会等到某个部件的需求达到再订货点库存水平的时候再通过 EOQ 系统进行补货。这样，最终消费者的需求只有汇聚成批量需求后才会传递到配送中心。因为经销商是从终端客户那里接连不断地接到零散的订单，而经销商只有等到累积一定的数量后才会向配送中心订货。

具有库存管理系统的销售点有 483 家，它们会在不同时刻发出补货订单，这些订单的数量也是没有约定的。这样一个体系就会导致传递到配送中心的需求数量与时间的随机性很大，产生很强的"牛鞭效应"。假设 10 家配送中心都有自己的库存管理系统和独立定义的库存方法和参数，那么"牛鞭效应"会得到增强并传递到它们的供应商，以及供应商的供应商。这些影响是随机的，企业应对的方法只能是增加安全库存。

对于上游的制造企业来说，极度不确定的生产安排会导致供应链效率的下降。当"牛鞭效应"带来的需求增加时，工厂不得不加班加点地工作，而当需求减少时，工厂也会无事可做。这就给所有供应链成员都增加了成本，而这些成本最终会传递给最终消费者。这就能够解释为什么客户从 GM 的经销商处购买的部件数量会比它们从灰色市场（直接从生产厂家出厂、而非 GM 标签的部件）中购买的相同部件数量高出 50%~100%。这从一个侧面说明了 GM 零部件的市场占有率低（据 GM 估计大概占 30%）的一个原因。

GM 的解决方案——AutoGiro

面对上述问题，GM 决定在巴西全国范围内调整供应网络的管理方式，这个项目名为 AutoGiro。

这个项目实施的思路很简单，可以用下面的几个原则来说明。

（1）运用 VMI 系统。GM 对经销商部件的库存管理负有责任。VMI 系统之所以有效是因为 GM 作为销售网络的主导者，它可以看到所有 472 个经销商汇总之后的需求。GM 还可以在全国范围内找到满足需求的合作伙伴，并与合作伙伴一起对经销商的需求进行预测，因为需求预测是管理库存的重要内容。VMI 系统存在的另一个意义在于它可以处理 GM 向一组经销商运送上千种不同的部件（平均每个经销商经常用到的部件是 6000 个，大约每个月要购买 2500 个）。这就意味着如果安排好合理的配送路线，几家邻近的经销商可以统一进行配送安排，以分担送货成本。这种统一的安排可以由 GM 签约的物流服务商 Emery 来完成。

由 GM 对经销商在何时、买多少、买什么部件提出建议。以前 GM 为了最大化地销售部件而向供应链下游极力推销，现在经销商之所以坚持要求由 GM 来管理库存就是要改变这种局面。

（2）GM 承诺对部件缺货和积压采取对策。经销商担心 GM 会为了更多地实现部件的销售而将它们不需要的部件推销过来。为打消经销商的疑虑，AutoGiro 保证，凡接受 VMI 计划的经销商，如果有超过 9 个月还没售出的部件，GM 就会以现在或购买时较高的那个价格进行回收。这意味着 GM 愿意为不准确的预测承担费用。另外，如果客户的某种部件缺货，GM 负责安排紧急运输并不收额外费用。在实施 AutoGiro 之前，经销商要自行消化缺货所带来的损失，而且预订加急货物需要支付很高的加急费用。

（3）GM 提供一个基于互联网的"部件定位系统"。GM 为了能够管理经销商的库存并提供自动补货，需要经销商在第一时间更新每种部件的最新库存数据。GM 要让所有的经销商都知道这些数据。在某个经销商缺货并需要给客户紧急服务的时候，可以搜索 GM 的外部网络，找到最近的有这个配件的经销商，在最短的时间内找到这个部件。

（4）给经销商的补货频率取决于经销商的需求数量。经销商目前所使用的再订货系统是自己处理所有的部件，降低物流成本的一个基本思路就是提高采购部件的批量，但这样会提高库存水平（补货频率越低平均库存越高）。一般的系统将补货的次数限制在每月最多三次。这就意味着，对于使用程度最高的部件，每次订货的数量不能高于月使用量的 1/3。在 AutoGiro 系统中，在几乎每天都可以实现运输的情况下，每次补货的数量大约是月使用量的 1/20。AutoGiro 系统认为降低运输成本不见得非要每个部件订购大批数量，还可以使每种部件的数量不多但订购的品种很多的方法。系统可以实现不同的部件在同一批进行补货。每个地区的经销商可按牛奶配送巡回路线方法分别在周一、周三和周五收到补货，这种合并装载也可以降低成本。

（5）使用库存定期检验系统。为了实现规模经济的运输，有必要在固定的周期进行补货。在 VMI 中，配件库存需要进行周期性检查（AutoGiro 系统每天检查）。根据检查时某个部件的库存状态，会自动产生订货数量。这个数量是根据原先确定的最大订货水平和实际库存的差额计算出来的。补货订单随后发出，在一段运输时间之后，补货就运到目的地了。在这个系统中，检查是按规定"时间间隔"进行，但每次补货的数量是不定的。

AutoGiro 的信息流

以下六个流程可以说明日常自动补货的执行情况。

流程 1：销售点在每天下午 6 点到晚上 10 点通过电子商务系统向 GM 发送电子数据，包括当天销售的部件和库存情况。GM 根据提供的数据，就这个销售点的部件做出短期需求预测。在汇总了所有销售点的数据以后，GM 就每个部件在每个销售点的库存存储单元（SKU）做出准确预测，确定该地区的补货模式。

流程 2：每个周一的早晨，AutoGiro 会重新进行需求预测，算出本周每个 SKU 的最大库存水平。更新后的每个销售点的部件最大库存量可以在互联网上查到。

流程 3：周一早晨各销售点的部件管理经理要对这些数据进行分析，进行确认或提出不同意见。引起需求变化的一个主要因素是促销，促销活动带来的销售增长不会从 AutoGiro 上体现出来，需要部件经理对最大库存量进行修改，部件经理确认后的数据作为自动补货的依据。

流程 4：各销售点最后确认的数据以及实际拥有的库存数据发回 GM 配送中心。

流程 5：GM 配送中心给每个销售点发出通知，告诉它们补货已经在路上以及这批货物的品种和数量。

流程 6：运送的部件经过筛选归类（根据路线的合理安排和装运的需要）后装上运输车辆，然后在沿途分配给各销售点。这里还要考虑到各销售点要货的频率（每周两次、三次还是天天送）。

【讨论题】

（1）GM 期望降低在销售点和其他网络节点上的安全库存水平的同时，各销售点的销售绩效有所提升。应用 AutoGiro 管理模式的特点，解释 GM 这一做法的基本原理。

（2）解释为什么 GM 的 AutoGiro 系统会减轻它在巴西供应链环节中的"牛鞭效应"。

（3）在应用 AutoGiro 之前，GM 经销商部件管理经理有 80% 的时间是用来管理库存和安排补货的。应用 AutoGiro 以后，你认为部件经理的职责是什么？

习　题

1. 如何理解周转库存与安全库存？说明库存的作用。
2. 库存补货策略有哪些？它们分别适应哪些情况？有何优缺点？
3. 怎样理解 JMI 与 VMI 的区别。
4. 比较循环取货与物流园配送模式。
5. 如何理解供应链中的多层级库存管理？
6. 什么叫风险聚集？
7. 库存集中与分散各有哪些优势？如何平衡库存集中与分散？结合实例加以说明。
8. 仓储有哪些主要功能？在我国有哪些类别的仓储中心？
9. 仓储管理决策的基本原则是什么？
10. 描述几种不同类型的仓库，说明它们的优势。
11. 如何制定公司的仓储战略？
12. 仓储中心的内部布局如何设计？考虑哪些因素？
13. 什么叫作越库作业？有哪些类型？
14. 配送中心与仓库有何区别？
15. 越库作业的实施条件有哪些？你认为越库作业最大的优点是什么？

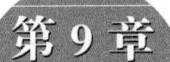

第 9 章 管理供应链运输及配送

【本章要点】

1. 运输与运输方式；
2. 运输决策：运输方式选择、运输路线选择、行车路线和时刻表；
3. 分销及其网络；
4. 配送计划；
5. 物流标准化与信息化。

9.1 运输与运输方式

9.1.1 运输的含义

运输是指人或物借助运力在空间上产生的位置移动。所谓运力，是由运输设施、路线、设备、工具和人力组成的，具有从事运输活动能力的系统。我国国家标准 GB/T 18354—2021《物流术语》将运输定义为：运输是指利用载运工具、设施设备及人力等运力资源，使货物在较大空间上产生位置移动的活动。运输的主要功能是实现物品远距离的位置移动，创造物品的"空间效用"。

运输系统是物流系统中最重要的组成部分之一。运输通过运输工具和方法使货物在生产地与消费地之间或者是物流据点之间流动。运输解决了物资生产与消费在地域上不同步的矛盾，具有扩大市场、扩大流通范围、稳定价格、促进社会生产分工等经济功能；对拉动现代生产与消费、发展经济、提高国民生活水平起到了积极的作用。

路权（航权）、运输工具以及运输组织机构共同构成了运输系统的基础结构。

跨国公司需要具有全球能力的世界级联合运输体系，要做到响应迅速、高效，且具有敏捷性、可持续性。

9.1.2 运输与配送的关系

运输与配送同属于物流系统中的线路活动，运输以远距离、大批量货物的位置转移为主，配送则主要从事近距离、小批量货物高频率的位置转移，二者相辅相成，互为补充，共同创造物品的空间效用。我们可以从以下几方面来认识运输和配送的关系。

1. 运输和配送都是线路活动

物流活动根据物品是否产生位置移动可分为两大类，即线路活动和节点活动。产生位置移动的物流活动称为线路活动,否则为节点活动。节点活动是在一个组织内部的场所中进行,不以创造空间效用为目的的活动,如在工厂、仓库、物流中心或配送中心内进行的装卸、搬运、包装、存储、流通加工等。

运输是一种线路活动,它必须通过运输工具在运输线路上移动才能实现物品的位置转移。配送以送为主,属于运输范畴,也是线路活动。

2. 运输和配送的差别

运输和配送虽然都是线路活动,但是也有区别,主要表现在以下几个方面。

(1) 活动范围不同。运输是在大范围内进行的,如国家之间、地区之间、城市之间等;配送一般仅局限在一个地区或一个城市范围之内。

(2) 存在功能差异。运输以实现大批量、远距离的物品位置转移为主,运输途中还承担一定的存储功能;配送以实现小批量、多品种物品的近距离位置转移为主,同时还满足用户的多种要求,如多个到货点、小分量包装、直接到生产线、包装物回收等,有时还需增加加工、分割、包装、存储等功能。不难看出,配送具有多功能性。

(3) 运输方式和运输工具不同。运输可采用各种运输工具,只需根据货物特点、时间要求、到货地点以及经济合理性进行选择即可;配送则由于运输批量小、频率高、功能多样化的特点,多采用装载量不大的短途运输工具。

3. 运输和配送的互补关系

由于运输和配送功能上的差异,它们并不能互相代替,而是形成了相互依存、互为补充的关系。物流系统创造物品空间效用的功能是要使生产企业制造出来的产品最终到达消费者手中,否则生产者的目的就无法达成。从运输和配送的概念以及它们的区别可以看出,仅有运输或仅有配送是不可能达到上述要求的。大批量、远距离的运输是合理的,但它不能满足分散消费者的要求;配送虽具有小批量、多批次的特点,但不适合远距离输送。因此只有两者互相配合,取长补短,才能达到理想的目标。一般来说,在运输和配送同时存在的物流系统中,运输处在配送的前面,先通过运输实现物品长距离的位置转移,然后交由配送来完成短距离的输送。

9.1.3 运输方式

铁路、公路、水路、航空和管道五种交通运输方式,各具运营特性和优势,在一定的地理环境和经济条件下有其各自的合理使用范围。每一种方式都可直接向用户提供服务,也可联合提供服务。

1. 铁路运输

铁路是我国国民经济的大动脉,铁路运输是我国货物运输的主要方式之一。同时,铁路运输与水路干线运输、各种短途运输衔接,就可以形成以铁路运输为主要方式的运输网络。

铁路运输的最大特点是适合长距离的大宗货物的集中运输,并且以集中整列为最佳,整车运输次之。铁路运输与其他各种现代化运输方式相比较,具有运输能力大,能够负担大量客货运输的特点。速度快是铁路运输的另一特点,常规铁路的列车运行速度一般为80km/h左右,而高速铁路列车时速目前可达300km/h。铁路货运速度虽比客运慢些,但是每昼夜的平均货物送达速度也比水路运输快。此外,铁路运输成本也比公路运输、航空运输低,运距越长,运量越大,单位成本就越低。铁路运输一般可全天候运营,受气候条件限制较小,还有安全可靠、环境污染小和单位能源消耗较少等优点。由于铁路运输具有上述的技术经济特点，因此铁路运输适合国土幅员辽阔的大陆国家，适合运送经常的、稳定的大宗货物和中长距离的货物。铁路运输的主要缺点是灵活性差，只能在固定线路上实现运输，需要与其他运输手段配合和衔接。

铁路货物运输，按照货物的数量、性质、形状、运输条件可区分为整列运输、整车运输、集装箱运输、混装运输（零担货物运输）和行李货物运输等。按铁路的属性，还可分为中央铁路运输和地方铁路运输。另外还有营业性线路运输和专用线路运输等。

2. 公路运输

公路运输主要是指使用汽车或其他车辆（如人、畜力车）在公路上进行货物运输的一种方式。公路运输主要承担近距离、小批量的货运和水运、铁路运输难以到达地区的长途、大批量货运及铁路、水运优势难以发挥的运输。由于公路运输有很强的灵活性，近年来在有铁路、水运的地区，较长途的大批量运输也开始使用公路运输。

公路运输是现代运输的主要方式之一，它的主要优点是机动、灵活性强，而且对货运量大小具有很强的适应性。由于汽车运输灵活方便，可实现门到门的直达运输，不需要中途倒装，既加速了中短途运输的送达速度，又加速了货物资金周转，有利于保持货物的质量和提高货物的时间价值。公路运输还可负担铁路、水路运输达不到的区域内的运输，它是其他运输方式的补充和衔接。在短距离运输时，汽车速度明显高于铁路，但在长途运输业务方面，有着难以弥补的缺陷：①耗用燃料多，造成途中费用过高；②机器磨损大，因此折旧费和维修费用高；③公路运输所耗用的人力多，如一列火车车组人员只需几个人，若运送同样重量的货物，公路则需配备几百名司机。因此汽车运费率高于铁路和水路。此外，公路运输对环境污染较大。总之，公路运输（高速公路除外）与其他运输方式相比，投资少、资金周转快、投资回收期短，对收到站设施要求不高，且技术改造较容易。汽车运输的出现时间不过百年左右，但在载货吨位、品种、技术性能、专用车种类等方面都有了很大的改进与提高，能较好地满足社会经济发展对运输的需要。

3. 水路运输

水路运输是使用船舶运送货物的一种运输方式。水运主要承担大批量、长距离的运输，是在干线运输中起主力作用的运输形式。在内河及沿海，水运也常担任补充及衔接大批量干线运输的任务。

水路运输中，除运河以外，内河航道均是利用天然江河加以整治，修建必要的导航设备和港口码头等就可通航；海运航道一般不需要人工整治，且海运航线往往可以取两港口间的最短距离。因此，一般说来，河运的平均运输成本比铁路略低，而海运成本则远低于铁路，这是水路运输的一个突出优点。

水路运输的输送能力相当大。海上运输在条件允许的情况下，可改造为最有利的航线。由于水路运输具有占地少、运量大、投资省、运输成本低等特点，在运输长、大、重件货物时，与铁路、公路相比，具有更突出的优点。对过重、过长的大件货物，铁路、公路无法承运，而水上运输都可以完成。对大宗货物的长距离运输，水路运输则是一种最为经济的运输方式。但水路运输速度通常比铁路运输等运输方式慢，而且受自然条件的限制较大，冬季河道或港口冰冻时就须停航，海上风暴也会影响正常航行。

水路运输有以下四种形式。

（1）沿海运输。沿海运输是使用船舶通过大陆附近沿海航道运送货物的一种方式，一般使用中、小型船舶。

（2）近海运输。近海运输是使用船舶通过大陆邻近国家海上航道运送货物的一种运输形式，视航程可使用中型船舶，也可使用小型船舶。

（3）远洋运输。远洋运输是使用船舶跨大洋的长途运输形式，主要依靠运量大的大型船舶。

（4）内河运输。内河运输是使用船舶在陆地内的江、河、湖、川等水道进行运输的一种方式，主要使用中、小型船舶。

4. 航空运输

航空运输是使用飞机进行运输的一种形式。航空运输的单位成本很高，因此主要适合运载的货物有两类：一类是价值高、运费承担能力很强的货物，如贵重设备的零部件、高档产品等；另一类是紧急需要的物资，如救灾抢险物资等。

航空运输在 20 世纪迅速崛起，是运输行业中发展最快的行业。与其他运输方式相比，航空运输最大的特点是速度快，并且具有一定的机动性。在当今时代，高速性具有无可比拟的特殊价值。航空运输不受地形地貌、山川河流的阻碍，只要有机场并有航路设施保证，即可开辟航线，如果用直升机运输，则机动性更大。其缺点是载运能力小、重量受限制，能源消耗大、费用高，运输成本高。

5. 管道运输

管道运输是使用管道输送流体货物的一种运输方式。它随着石油工业发展而兴起并随着石油、天然气等流体燃料需求的增加而发展，逐渐形成沟通石油、天然气资源与石油加工场地及消费者之间的输送工具。管道不仅修建在一国之内，还连接国与国之间，甚至达到洲与洲之间，成为国际能源调剂的大动脉。

管道运输在最近几十年得到了迅速的发展。主要以石油、天然气、成品油为输送对象，之后发展到输送煤和矿石等固体物质，将其制成浆体，通过管道输往目的地，再经脱水处理转入使用。管道运输具有输送能力大（管径为 1200mm 的原油管道年输送量可达 1 亿 t）、效率高、成本低及能耗小等优点。由于管道埋于地下，除泵站、首末站占用一些土地外，管道运输占用土地少，且不受地形与坡度的限制，易取捷径，可缩短运输里程，而且基本不受气候影响，可以长期稳定运行。管道输送流体能源，主要依靠每隔一段距离设置的增压站提供压力能，因此设备运行比较简单，易于实现自动化和进行集中控制。由于管道运输节能和高度自动化，用人力较少，运输费用较低，是一种很有发展前景的现代化运输方式。当然，管道运输也存在一些缺点，它适合长期定向、定点、定品种输送，合理运输量范围较窄。若运输量变化幅度过大，则管道的优越性就难以发挥，更不能输送不同品种的货物。

9.1.4　多式联运

多式联运是指使用多种运输工具，利用各种运输方式各自的内在经济性，在最低的成本条件下提供综合性的服务。近年来，越来越多的运输使用两种以上的运输方式。除了显著的经济效益以外，国际航运的发展是其主要动力。多式联运的主要特点是在不同的运输方式间自由变化运输工具。例如，将拖车上的集装箱装上飞机，或铁路车厢被拖上船等。这种转换运载工具的服务是使用单一运输方式做不到的。

多式联运服务的组合方法可以有十几种,主要包括:铁路运输和公路运输、铁路运输和水路运输、铁路运输和航空运输、铁路运输和管道运输、公路运输和航空运输、公路运输和水路运输、公路运输和管道运输、水路运输和管道运输、水路运输和航空运输、航空运输和管道运输。这些组合并不都十分实用,而其中可行的有些组合也未被客户采用过。只有铁路运输和公路运输的组合以及公路运输与水路运输的组合得到了广泛使用。在较小的范围内,公路运输和航空运输以及铁路运输和水路运输的组合也是可行的,但是使用很有限。下面对我国目前采用比较多的几种多式联运进行简单介绍。

(1) 公铁联运。公铁联运是使用最广泛的多式联运系统,是将货车拖车装在铁路平板车上的运输方式,它又被称为平板车载运拖车(Trailer on Flatcar)或驮背运输。它综合了货车运输的方便、灵活与铁路长距离的特点,运输经济。运费通常比单纯的货车运输低,因此,货车运输公司可以延伸其服务范围。同样,铁路部门也能分享到某些一般只有货车公司单独运输的业务。这种运输方式非常适合城市间物品的配送,对于配送中心或供应商在另一个城市的情况非常适合。

(2) 陆海联运。陆海联运是指由陆路(铁路、公路)联运与海上运输一起组成的一种新的联合运输方式。这也是中国近年来采用的运输新方式。先由内地起运地把货物用火车或汽车装运至海港,然后由海港代理机构联系第二程的船舶,将货物转运到外国的目的地。发运后内地有关公司可凭借联运单据就地办理结汇。

(3) 陆空联运。陆空联运是一种陆路与航空两种运输方式相结合的联合运输方式。通常的做法是先由内地的起运地把货物用汽车装运至空港,然后由空港运至国外中转地,再装汽车陆运至目的地。采用陆空联运的方法具有手续简便、速度快、费用少、收汇迅速等优点。

9.2 运输决策

从事运输管理与营运,进行运输决策时有两项基本的原则。

(1) 规模经济性指当货件量增加到一定程度时,单位重量的运输成本会降低的一种特性。

(2) 距离经济性指单位距离运输成本会随距离增加而减少的一种特性。

影响运输成本的最直接因素是载重和距离,另外与产品相关的因素,如产品密度、装填性、搬运难易程度、产品责任大小;与市场相关的因素,如竞争程度、地理位置、政府运输管制、货运市场的不对称性、季节性、国内运输与国际运输等对运输成本也有影响。

在运输管理中主要有以下决策问题。

(1) 运输方式/运输承运人的选择。运用什么组合的运输方式,选择哪些运输承运人或第三方物流服务提供商是运输管理的首要决策问题。

(2) 运输路线选择。这是承运人需要做出的决策。运输路线的选择影响到运输设备和人员的利用,正确地确定运输路线可以降低运输成本。

(3) 行车路线和时刻表的制定。行车路线和时刻表的制定问题是运输路径问题的扩展形式。当然,这也是承运人在运输或配送时需要做出的决策。

成本问题对于运输决策无疑是重要的,但也要考虑服务,这是关系到顾客、竞争的关键问题，运输决策往往需要在成本与服务之间权衡。

9.2.1 运输方式选择

在达到服务要求的前提下，可以以成本最低作为目标。不过此时的成本不仅仅是运输成本，而是物流总成本。运输服务的一些指标，如运输速度、到货可信度等对库存成本可能会有影响，即选择运输速度快、可信度高的运输服务，虽然运输成本会高，但物流渠道中的库存会低，库存持有成本会降低，这就可能会抵消运输成本高的情况。下面通过一个例子来说明。

【例 9-1】假设某公司欲将产品从工厂运往另一地区的公司自有仓库，年运量 D 为 1200000 单位，单位产品出厂价格 C 为 25 元，每年的库存持有成本 I 为产品价格的 30%，三种不同运输方式的运费率、运达时间及运输批量如表 9-1 所示。该公司应该选择哪一种运输方式？

表 9-1 不同运输方式的运费率、运达时间及运输批量

运输方式	运费率 R（元/单位）	运达时间 T（天）	运输批量 Q（单位）
铁路	0.11	25	100000
公路	0.20	13	40000
航空	0.88	1	16000

如果选择铁路运输，运输成本肯定最低，但运输批量大，仓库库存成本及工厂库存成本都会增加，在途天数达 25 天，在途库存成本也会增加。

如果选择航空运输，运输成本肯定最高，但运输批量小，仓库库存成本及工厂库存成本都会降低，在途天数仅 1 天，在途库存成本也会降低很多。

如果选择公路运输，运输成本比铁路稍高，但运输批量小，仓库库存成本及工厂库存成本都会降低，在途天数少，在途库存成本也会降低。

注意到这种产品单位库存成本过高，达到产品价格的 30%。估计选择公路运输是比较适合的。通过总成本的计算，公路运输的总成本也是最低的，因此，应选择公路运输方式。

【例 9-2】某制造商分别从两个供应商购买了共 3000 个配件，每个配件单价 100 元。目前这 3000 个配件是由两个供应商共同提供的，各占 50%。如果供应商缩短运达时间，则可以多得到供应配额，每缩短一天，可从总交易量中多得 5% 的配额，即 150 个配件。供应商可从每个配件销售额中获得 20% 的利润。

该供应商考虑，是否要将运输方式从铁路运输转向公路运输或航空运输。各种运输方式的运费率和运达时间如表 9-2 所示。

表 9-2 不同运输方式下的运费率和运达时间

运输方式	运费率 R（元/个）	运达时间 T（天）
铁路	2.5	7
公路	6	4
航空	11.35	2

在三种情况下分别进行分析，得到该供应商使用不同的运输方式可能获得的预期利润，如表9-3所示。这里没有考虑库存成本。转向公路运输的利润已经高于铁路了，加上供应商库存成本的节省，更坚定了对公路运输的选择。

因此，如果制造商对能提供更快运输服务的供应商给予更多供应配额的承诺，那么该供应商应当选择公路运输。当然，该供应商也要密切注意另一供应商可能做出的竞争反应。

当制造企业有若干个供应商时，供应商所提供的物流服务和价格就会影响到制造商对供应商的选择。当然，供应商也可以选择合乎要求的物流服务提供商。

表 9-3 某供应商采用不同运输方式的利润比较

运输方式	配件销售量（个）S	毛利（元）（$S\times 20$）	运输成本（元）（$S\times R$）	净利润（元）（毛利-成本）
铁路	1500	30000	3750	26250
公路	1950	39000	11700	27300
航空	2250	45000	25537.5	19462.5

从这个案例可以看出，制造商需要快速的运输服务（较短的运达时间），因为这意味着较低的存货水平和较少的不确定性。制造商希望给予运输服务优异的供应商更多的采购订单，以此来降低自己的成本。相应地，供应商由此带来业务的扩大也将为自己带来更多的利润。

运输服务方式的选择成为供应商和制造商共同的决策问题。供应商在做决策时，在考虑运输服务的直接成本的同时，还要考虑运输方式对库存成本的影响，更要考虑运输绩效对制造商选择供方的影响，直接关系到供应商的合作关系的持续性。

因此，看似是一个简单的运输方式决策问题，决策者应综合考虑，尽量把握住关键因素，尽管其中有些因素是决策者不能控制的。决策者应该懂得以下几点。

（1）合作的影响。如果供应商和制造商对彼此的成本有一定了解，将会促进双方的有效合作。但如果供应商和制造商之间没有某种形式的信息交流与合作，双方就很难获得完全的成本信息。在任何情况下，合作应更加关注对方对运输服务选择的反应及对方购买量的变化。

（2）竞争的影响。供应渠道竞争激烈，供应商应在保持自身竞争力的同时，与制造商一起采取合理的行动来平衡运输成本和运输服务，以使双方获得最佳收益。

（3）价格的影响。假如供应商提供的运输服务优于竞争对手，可能会提高产品价格。因此，制造商在决定是否购买时应同时考虑产品价格和运输成本。

（4）运输费率、产品种类、库存成本的变化以及竞争对手可能采取的对策都增加了运输方式选择的不确定性与复杂性。

（5）运输服务的选择对供应商库存的影响。供应商也会和制造商一样，由于运输方式变化改变运输批量，进而导致库存水平的变化。同时，供应商调整价格又会影响运输服务的选择。

9.2.2 运输路线选择

据统计，运输成本占整个物流成本中1/3～2/3，因而最大化地利用运输设备和人员、提高运作效率，是物流管理者关注的首要问题。

运输路线的选择影响到运输设备和人员的利用，正确地确定运输路线可以降低运输成本，因此，运输路线的选择，在运输决策中是一个重要领域。

将运输路线决策分为单一不同起讫点问题决策、起讫点重合（巡回）问题决策、多起讫点问题决策三个类型。

1. 单一不同起讫点问题决策

对分离的、单个起点和终点的网络运输路线选择问题，最简单和直观的方法是最短路线法。单起讫点的网络由节点和线组成，点与点之间由线连接，线代表点与点之间运行的成本（距离、时间或时间和距离加权的组合）。起点作为已解的点，计算从原点开始，利用最短路线法求解，确定最佳运输路线的节点。

2. 起讫点重合（巡回）问题（流动推销员问题）决策

物流管理人员经常遇到的一个路线选择问题是起点就是终点的路线选择，即起点和终点重合。在企业自己拥有运输工具时，该问题是相当普遍的。例如，配送车辆从仓库送货至周边各个零售点，然后返回仓库；当地的配送车辆从零售店送货至周边多个顾客，再返回；还有接送孩子上学的校车的运行路线；垃圾收集车辆的运行路线等。

这类问题求解的目标是寻求访问各点的最佳次序，以求运行时间或距离最小化。起点和终点相重合的路线选择问题在运筹学中通常被称为"流动推销员"问题，对这类问题应用经验试探法比较有效。

确定方案时，运行路线尽量不要交叉，尽量形成泪珠形多边形。当然，也要考虑到路障、单行道路、交通拥挤等实际情况。

3. 多起讫点问题决策

有多个货源地服务于多个目的地的问题就是典型的多起讫点问题，例如，多个供应商服务于多个仓库，或者多个仓库服务于多个零售点的问题。解决这类问题要预先确定各目的地的供货地，然后找到供货地与目的地之间的最佳路径，确定最佳运量。解决这类问题常常可以运用特定的线性规划算法，称为线性规划运输方法。这在运筹学与运营管理课程中都有详细求解，这里不做介绍。

9.2.3 行车路线和时刻表

行车路线和时刻表的制定问题是运输路线问题的扩展形式。其中车辆运行路线选择问题，受到以下条件的约束：①每个站点规定的提货数量和送货数量；②所使用的各种类型的车辆的载重量和载货容积；③驾驶员在路线上允许的最大行驶时间（休息前）；④站点规定的每天可提货时间；⑤可能只允许送货后再提货的时间；⑥驾驶员在一天的特定时间进行的短时间休息或进餐。

上述约束条件使问题的决策复杂化，甚至难以寻求最优化的解决方案。实际中，这些约束条件常常发生。例如，站点的工作时间约束；不同载重量和容积的多种类型车辆；一条路线上允许的最大运行时间；不同区段的车速限制；运行途中的障碍物；甚至道路上的车辆堵塞等。为此，需要确定一些原则帮助我们确定较满意的方案。

1. 八项原则

可以运用以下八项基本原则制定出合理的行车路线和时刻表。

（1）仓库最远站点群优先的原则。从离仓库最远的站点处开始设计运输路线，分派车辆的负载须与站点群总货量相匹配。先确定最远的站点群,运行路线从离仓库最远的站点开始,将该集聚区的站点串起来,送货车辆应满载相邻站点的货物,然后返回仓库。再选择另一个最远的站点,确定站点群,用另一辆运货车装载站点群的货物。按此程序进行下去,直至所有站点都分配。

(2) 大载重量车辆优先的原则。最理想的情况是使用一辆载重量大到能将路线上所有站点的货物都装载的送货车,这样可将服务区站点的总运行距离或总运行时间最小化。因此,在多种规格车型的车队中,应优先使用载重量最大的送货车。

(3) 靠近的相邻站点的集聚原则。站点集聚的货物最好能凑整车,将相邻站点的货物装在一辆车上,车辆的运行路线应将各站点串起来,使站点之间的运行距离最小化,确保整体路线上的运行时间最小化。

车辆送货路线图如图9-1所示,其中图9-1a的车辆路线不符合集聚原则,要尽量避免,图9-1b是合理的路线图。

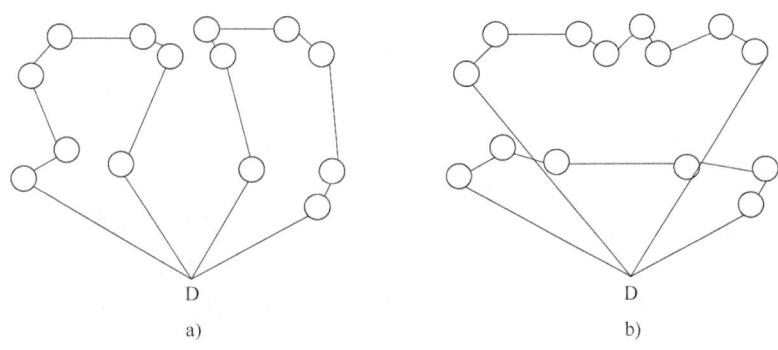

图9-1 车辆送货路线示意图
a) 不合理路线 b) 较合理的路线

(4) 车辆运行时间和距离最小化原则。隔日运送的站点应避免地域重叠。将同一站点群安排在同一天送货。避免不是同一天送货的站点在运行路线上出现重叠现象。要使车辆数目最小化,要使一轮送货周期内车辆运行时间和运行距离最小化。

(5) "不交叉线路"优先于送货时间段要求的原则。同一站点群的派货顺序安排采用不交叉的泪珠形多边形路线,各站点的"时间窗口"设置应考虑车辆路线安排。避免站点工作时间约束造成的路线交叉,避免某些站点在送货后再提出取货要求而导致路线交叉。

(6) 送货时顺便取回退货的原则。退货应提前告知,以便送货车辆做好准备,避免取货对车辆后续送货产生影响。尽可能在送货过程中安排取货,以减少线路交叉。

(7) 对于孤立于站点群的站点单独对待原则。对偏离运行路线的单独站点或一些应急例外的送货要求可选用其他运输方式,如更经济的微型车或运用公共运输服务,或租用其他物流公司的车辆为这些站点送货。

(8) 站点的时间窗口限制应宽松的原则。加强站点间的协调,应避免站点的"时间窗口"限制过紧,影响预定的运输路线安排。如果站点的工作时间安排确实影响到合理的送货路线,那么应通过协商途径调整其工作时间或放宽工作时间约束。

物流人员很容易理解并掌握上述原则,从而制定出满意的(不一定是最优的)、可行的合理路线和时间安排。当然上述的原则也仅仅是合理路线设计的一般规则,管理人员面对的车辆运作的复杂情况并不是上述原则所能全部包容的。

2. 全扫描法

随着限制条件的增加，寻找最优行车路线和时刻表的工作变得越来越困难。时间窗口、载重量和容积各不相同的车辆、驾驶员途中总驾驶时间的上限要求、不同地区不同路段对速度的不同要求、途中的障碍（修路施工、交通事故、限行等）等都是实际路线设计中需要考虑的因素。有许多方法可以处理这类复杂的问题，这里主要介绍简单实用的全扫描法。

（1）全扫描法简述。用全扫描法确定车辆行车路径十分简单，可以用手工计算。一般来说，所得方案的误差率在10%左右，这样水平的误差率通常是可以接受的，因为运输调度员往往在接到最后一份订单后一小时内就要制定出车辆运行路线。

全扫描法由两个阶段组成：第一个阶段是将站点的货运量分配给送货车；第二个阶段是安排各站点的顺序。由于全扫描法是分阶段操作的，因此有些时间方面的问题，如行程总时间和站点工作时间约束等难以妥善处理。

（2）全扫描法求解步骤。

1）将仓库和所有站点位置标注在地图上或坐标图上。

2）通过仓库位置放置一直尺，直尺指向任何方向均可，然后顺时针或逆时针方向转动直尺，直到直尺碰到一个站点。检查此时累积的装货量是否超过送货车的载重量或载货容积（首先要使用最大的送货车辆）。如果是，将最后的站点排除后，可将当前车辆的路线确定下来。再从这个被排除的站点开始，继续扫描，从而开始一条新的车辆行驶路线。这样扫描下去直至全部的站点都被分配到路线上，所有站点被全扫描、全覆盖。

3）对每辆车安排经过送货站点的行车路线，得到站点顺序。可用前面阐述过的起讫点重合问题的决策方法。

如果每个站点的货量很小，只占送货车辆额定负荷的很小比重，送货车辆运力相同，路上行驶没有时间限制，那么全扫描法得到的方案应该是令人满意的。如果这些条件不能很好地满足，也可以利用全扫描法得到多个方案，再从这多个方案中选择一个总成本较低的方案。至少，全扫描法是帮助车辆调度员快速获得初始方案的有效方法。

（3）全扫描法举例。

【例9-3】某公司从其所属的仓库用送货车辆到各客户点提货，然后将客户的货物运回仓库，拼车后以更大的批量进行长途运输，全天的提货量见图9-2a，提货量以件为单位。送货车每次可运载1万件。完成一次运行路线一般需要一天时间。该公司要求确定需要多少辆送货车，每辆车应该经过哪些站点和经停的顺序。

首先，用全扫描法获得车辆安排方案。

如图9-2b所示，通过仓库放置一直尺，直尺指北向，然后逆时针方向转动直尺进行扫描，在直尺碰到的站点提货，直到装满送货车辆的载重量1万件（不能超载），一旦站点被分配给某辆送货车后，即被覆盖。接着进入到下一辆车，覆盖完成这辆车的载重。直到所有站点被覆盖。

然后，确定每一辆车辆所覆盖站点的行车路线，形成不交叉的泪珠形多边形。每辆车的路线将各站点串起来，确定了站点的服务顺序，如图9-2b所示。

这是唯一的方案吗？是最好的方案吗？

通过仓库放置一直尺，直尺指北向，然后顺时针方向转动直尺进行扫描，运用全扫描法，会得到什么方案？你会发现会得到另外一个方案，与前面得到的方案进行比较，哪个方案会更好呢？无疑，我们需要更多的数据才能够判断。

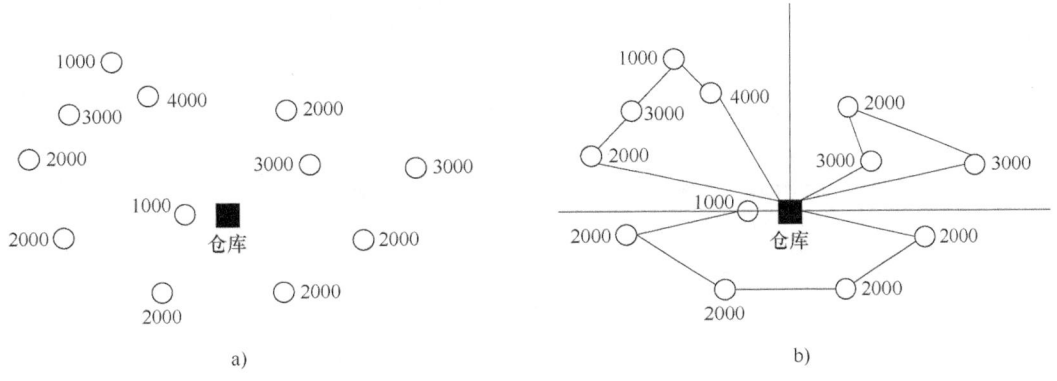

图 9-2　全扫描法确定派车方案
a）各站点分布及提货量　b）全扫描法解决方案

解决方案的目标应该是投入使用的车辆数目最少，而且所有车辆行驶里程最短。所以在使用全扫描法确定方案时应适当考虑"八项原则"，考虑实际情况的复杂性，考虑是否可能将邻近站点合并到同一辆车，以便缩短路程、节省车辆。

3. 车辆时刻表

车辆行驶路线的设计是假定一辆送货车服务一条路线，如果路线短，送货车辆就会很快返回。这些车辆在剩余的时间里还可以进入其他路线的安排，才能得到充分的利用。如果第二条路线能在第一条路线任务完成后开始，则完成第一条路线的送货车辆可用于第二条路线的送货。因此，送货车辆的需求量取决于送货路线之间的衔接，车辆调度要使车辆的空闲时间最小。

以下是某送货公司的一个送货路线时刻表，公司的货车都是相同规格的。各条路线的出发时间和返达时间如表 9-4 所示。

表 9-4　某公司送货路线的时刻表

路线号	出发时间	返达时间	路线号	出发时间	返达时间
1	8：00	10：30	6	15：00	17：10
2	9：30	11：45	7	12：20	14：20
3	14：00	17：00	8	13：30	16：45
4	11：30	15：20	9	8：00	10：30
5	8：10	10：00	10	11：00	14：30

图 9-3 表示了某日车辆的送货时刻表，将车辆的行驶时间合理地安排在各条线路上，可以用最少的车辆完成规定的任务。图 9-3 中使用了 5 辆货车，如果调整一下各路线的时刻表，就可以减少车辆的投入。

9.2.4　国际货运互联互通

国际贸易、全球物流的发展需要国际货运业务，国际货运主要是集装箱运输、空运、铁路运输。国际货运中介机构主要有国际货运代理、报关行、进出口贸易公司、承运人、无船承运人、全球物流服务提供商等。

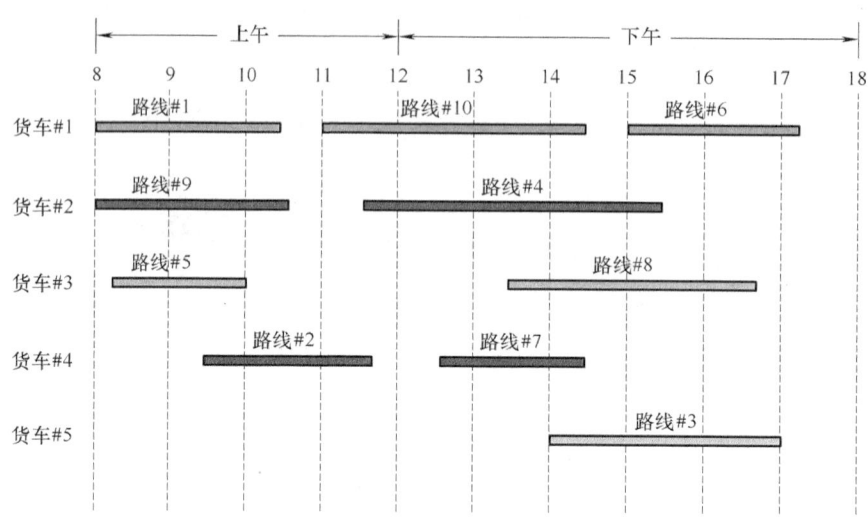

图 9-3 某日车辆送货时刻表

（1）国际货运代理，是指接受货主的委托，将货物从工厂运往国外目的地，代表货主办理有关货物报关、交接、仓储、检验、包装、转运、订舱等业务的代理机构，包括订舱揽货代理、货物装卸代理、货物报关代理、转运代理、理货代理、储存代理、集装箱代理等。

（2）报关行，是指经海关准予注册登记，接受进出口货物收发货人的委托，向海关办理运输货物代理报关业务及处理相关文件。

（3）进出口贸易公司，连接买家和卖家，代理处理所有的进出口业务。

（4）承运人，是指专门经营水路、海路、铁路、公路、航空等客货运输业务的轮船公司、铁路/公路运输公司、航空公司等，它们向社会提供运输服务。

（5）无船承运人（Non-Vessel-Operating Common Carriers，NVOCC）像货运代理那样运作，但是它们使用预定的远洋班轮。

（6）全球物流服务提供商，如 DHL 及 UPS 这样提供全球物流解决方案的公司。

9.3 分销及其网络

分销是指在供应链中将产品从制造商环节交付给最终消费者所采取的运输及储存过程的一系列活动。分销网络就是产品从生产环节到消费环节，从制造商到最终消费者的整个过程，其所涉及的组织和设施节点及其链接的集合。这些组织和设施通过有效的分工和协作，形成物流网络，使产品和服务能够有效、迅速地移送到消费者手中。不难看出，分销网络由制造商、分销商、仓储或配送中心、顾客需求点或提货点和分销通道组成。不同层次的网络节点承担不同的任务，网络节点的连接形成不同的物流网络结构。有些节点需要更加靠近交通运输枢纽，有些需要靠近城市社区，不同类型的节点通常需要不同类型的运输模式，在整个分销网络中发挥着不同的缓冲作用。

分销网络的设计直接影响整个企业的盈利能力。分销网络的设计意味着对分销网络的配置及分销网络基础设施的合理决策。网络设计涉及的问题与制造商、仓储或配送中心、顾客需求点，即零售店、提货点等的地理位置分布、数量、规模等都有关系，也与产品供货与配送等密切相关。

分销网络作为供应链的一个重要部分，无疑会直接影响供应链运营的总体成本。通过分销网络将产品交付最终顾客，分销网络会直接影响顾客满意度和顾客价值。任何成功的企业都需要认真设计企业的分销网络。企业的分销网络可以有多种模式及策略选择。不同分销模式下会有不同的响应时间，响应时间的缩短，往往意味着分销成本的增加，应该根据客户的需求来选择不同的分销策略。

例如，制造商可以采用工厂集中存货方式，直接送货给最终顾客，这种集中库存方式降低了库存持有成本。但是由于和最终顾客的平均距离增加，运输成本就比较高，交货期比较长。

制造商也可以采用各地区分销商存货方式，由分销商直接发货，这种分散的库存方式增加了总体库存量，从而增加了库存成本，但是运输的平均距离缩短，所以运输成本低，交货期缩短。

还可以考虑其他具体情况。如考虑产品装配、客户定制等，按顾客订单装配能够降低产品库存成本，保持适度的部件库存；客户定制降低了产品及部件的库存成本，响应时间肯定要长。

9.3.1 分销策略模式

有下面几种典型的分销策略模式，它们直接影响着分销网络结构。

（1）直送型。直送型可直接从工厂或仓储中心直接送至目的地。直送型的特点如下。

1）从供货处直接运达需求地。

2）每一次配送的运输路线都是确定的，管理者只需要决定每次配送的数量和要选择的运输方式。

3）管理者需要在运输成本和库存成本之间进行权衡。

直送型的主要优势有以下三点。

1）不需要中转仓库。

2）货运决策完全本地化，而且针对某一批次货运的决策不会影响其他批次的货运。

3）顾客可快速获得产品，易退货，质量问题易追溯，因为没有中间环节。

这种方式的局限性也很明显，需要考虑需求的批量大小，考虑运输成本。如果小批量配送导致成本高，就要注意了。

（2）并货型。并货型是指将小批量运输合并成大批量、拼货或合并运输，实现配送的规模经济性。例如，可将运送给某一需求地的订单合并，等到满车时再发送。实践中，并货型配送可以是供货商用一辆卡车给多个需求地送货，把多个需求地的订单合并；或者一辆卡车从多个供货商处取货，然后送至同一个需求地；或者在合并仓储中心送往同一目的地的订单。前两种情况下，管理者每次都要确定并货配送路线。

并货型的优势是无须中间仓库，可以将多个地方的货物聚集到一辆卡车上，降低了运输成本。当要运往每一个目的地的货物量很少，不足以装满一辆卡车，且多个目的地距离较近时，可以将货物合在一起，提高车辆的装载率。如果需要定期进行小批量频繁送货，且若干供货商或零售商在地理位置上非常接近,那么并货配送可以极大地降低运输成本。

(3) 集中型。在这种方式下,供货商将产品运送到中央配送中心进行存储,等需求地需要时,再通过配送中心并货运送到各个需求地。这是一种集中存储方式,中央配送中心相当于货物集散场所。集中型的特点如下。

1) 产品以大批量运送到配送中心作为库存,在需要时可以以较小的补货量运送到需求地,也可以并货运送给各个需求地。

2) 配送中心的作用是让供应链可以在靠近需求地的一个点实现运输的规模经济性。供货商向配送中心送货可以获得规模经济性,配送中心负责本地区范围送货,配送成本不会太高。

集中型的主要优势有以下三点。

1) 库存集中有利于降低库存水平。

2) 进场干线运输可以获得规模经济性。

3) 地区配送可以实现并货,从而在支线及最后一公里配送上降低运输成本。

集中型需要建设地区配送中心及其相关设施,必然会增加设施成本。

(4) 中转型。在这种方式下,供货商将产品运送到一个中转站(也可以是配送中心),在那进行越库交叉转运(不进入存储区域),然后直接运送到需求地。此时的产品流与集中型分销相似,只不过中转中心没有存货,货到达后,接着就装到另外的车上发运了。

中转型的主要特点是依靠中间设施进行中转,而不是存储;进场运输和出场运输都可以实现规模效应。

这一方式的主要优势是降低库存水平,加快供应链中产品的流动速度,相比集中型分销减少了库存、节省了装卸搬运成本。

(5) 混合型。上述单一的分销策略虽然对某些产品、某些订单获得规模经济性有益,但是实践中往往要根据企业的具体情况,考虑产品特性、需求特点、订单批量、销售规模、顾客服务水平的要求等采用混合型分销策略。混合型分销策略可使企业根据具体情况分别确立具体的差异化分销策略,这样往往会获得全局物流总成本的降低。

9.3.2 分销策略选择

不同的分销网络有不同的特点。企业选择分销策略时应该根据企业特点、产品属性,在库存、运输成本及交货期等多种因素之间进行权衡。企业完全可以利用适合自身的分销方式来实现低成本或快速响应能力的目标,从而产生成本或时间方面的竞争优势。如图9-4所示,不同分销策略下会有不同的响应时间,响应时间越快,分销成本往往会越高。

如今,互联网电子商务蓬勃发展,网络分销成为企业重要的策略,企业通过自有网站或电商平台向更多用户传递产品和服务。网络零售的快速发展,线上线下全渠道零售出现,都极大地改变了传统的分销渠道和分销模式。

借助互联网,企业可以搭建在线销售渠道,实现分销商(经销商/代理商)与下级零售商,或生产厂家与下级分销商之间实时高效的订货、收货、发货管理,实现渠道实体及数据的实时监控,建立强有力的电子分销系统,有效集成与优化供应链体系,实现高效的跨区域运输、多渠道协同分销,从而极大地降低分销成本,提高周转效率,确保企业盈利能力。

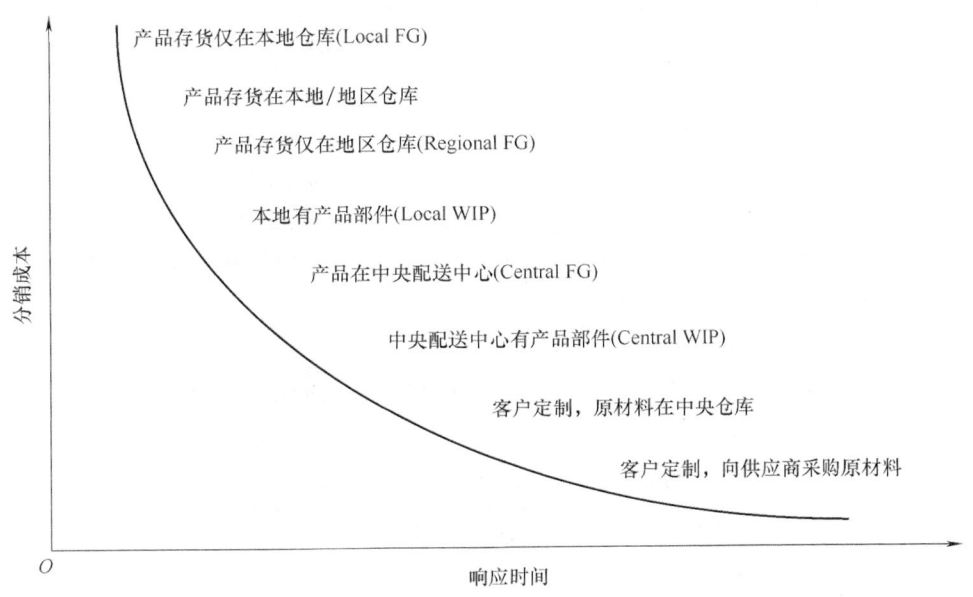

图 9-4　不同分销策略下的响应时间与分销成本

当然，影响分销网络的因素不仅是互联网，而是从外部到内部、全方位的。

9.4　配送计划

9.4.1　配送

一般而言，配送是指根据客户的要求，在物流场站内进行分拣、配货等工作，并将配好的货物及时交给收货人的过程。我国 2021 年颁布的 GB/T 18354—2021《物流术语》中，对配送的定义是：配送是指根据客户要求对物品进行分类、拣选、集货、包装、组配等作业，并按时送达指定地点的物流活动。

配送是从发送、送货等业务活动中发展而来的。原始的送货是作为一种促销手段而出现的。随着商品经济的发展和客户多品种小批量需求的变化，原来那种有什么送什么和生产什么送什么的发送业务已不能满足市场的要求，从而出现了"配送"这种发送方式。配送的产生和发展既是社会化分工进一步细化的结果，也是社会化大生产发展的要求。配送最接近顾客，是连接物流系统和消费者的纽带和桥梁，配送功能完成的质量及其达到的服务水平反映了物流系统对需求的满足程度。配送是"配"和"送"的有机结合。配送与一般送货的重要区别在于，配送利用有效的分拣、配货等工作，使送货达到一定的规模，以便利用规模优势取得较低的送货成本。

9.4.2　配送需求计划

配送需求计划（Distribution Requirements Planning，DRP）是一种既保证有效地满足市场需要，又使得分销物流资源配置费用最低的计划方法。这一计划需要确定是否需要为分支仓库补货，确定补货策略、补货时间与补货数量。在多级分销网络中更为复杂，它要考虑多个配送层次及其特点。从库存管理角度来考虑，制造和装配完成之前的库存管理靠物料需求计划（MRP）、主生产计划（MPS），而一旦制成品到了仓库，由成品库通过分销渠道到顾客手中就由 DRP 来制订计划了。DRP 在逻辑上与 MPS 相似，只不过 MPS 安排的是生产计划，而 DRP 则是补货及送货计划。

DRP 最基本的工具就是一个类似 MPS 的明细表，它用于协调整个计划期内的需求。涉及每一个库存存储单元 SKU 和每一个配送设施。同一个 SKU 的明细表被汇总后，就可用于确定仓库的需求。DRP 明细表的信息不断更新，并在中央仓库和地区仓库之间实现周期性传递或即时传递。

1. 配送需求计划的逻辑方法

下面举例说明两个地区仓库与其中央仓库配送需求计划的制订过程。

表 9-5 是某地区仓库 1 的 DRP 明细表。

表 9-5　某地区仓库 1 的 DRP 明细表

期初库存 45 个	安全库存 20 个		订货批量 60 个		订货提前期 2 天		
周期	1	2	3	4	5	6	7
预测需求（个）	20	20	20	10	30	30	20
预期库存（个）	25	65	45	35	65	35	75
计划到货（个）		60			60		60
计划订货（个）			60		60		

从表 9-5 中可以看出 DRP 明细表的一般结构。

"计划到货量"栏目是否填数，取决于"预计期初库存—需求"是否大于安全库存。如果"是"，则期初库存（即上期期末库存）不仅满足本期需求，而且满足安全库存的设置要求，因而此时无须收到货。如果"否"，则需要此时到货，才能满足要求。计划到货要考虑订货批量要求。

预期库存（本期期末库存）按照下面公式得到。

$$预期库存(本期期末库存)=期初库货+本期到货-本期需求$$

计划订货数量由计划到货量，考虑提前期前置得到。提前期是发出订单到收到货之间所需的时间。

以仓库 1 的明细表为例。期初库存为 45，周期 1 的预测需求为 20，那么周期 1 的预期库存为 25，大于安全库存 20 的要求，所以不需要补货。周期 2 的预测需求为 20，而周期 2 的期初库存 25 减去周期 2 的预测需求 20，得到周期 2 的预期库存仅剩 5，低于安全库存 20，所以周期 2 需要收到货，考虑到订货批量要求，到货 60 可以满足要求。本期到货 60，加上期初库存 25，减去预测需求 20，得到本期期末库存 65。同样方法，可以得到周期 3 无须到货。因为扣除需求量的本期期末库存 45 就达到了安全库存的要求。同理，可得到周期 4、5、6、7 的预期库存与计划到货。

因为订货提前期为 2 周，订货订单下达到货物收到的时间需要 2 周，所以计划订货需要达到计划到货数量要求，时间上还要提前 2 周。在表 9-5 中，周期 2 的计划到货肯定已经在周期 1 下达了，所以表中没有出现。周期 5、周期 7 的计划到货分别需要周期 3、周期 5 的计划订货订单来保证。

那么，现在尝试独立完成如表 9-6 所示的仓库 2 的 DRP 表格。

表 9-6　某地区仓库 2 的 DRP 明细表（空）

期初库存 32 个	安全库存 10 个		订货批量 40 个		订货提前期 1 天		
周期	1	2	3	4	5	6	7
预测需求（个）	15	15	15	20	15	15	15
预期库存（个）							
计划到货（个）							
计划订货（个）							

完成后可以与表 9-7 比较一下是否相同。

表 9-7　某地区仓库 2 的 DRP 明细表

期初库存 32 个	安全库存 10 个		订货批量 40 个		订货提前期 1 天		
周期	1	2	3	4	5	6	7
预测需求（个）	15	15	15	20	15	15	15
预期库存（个）	17	42	27	47	32	17	42
计划到货（个）		40		40			40
计划订货（个）	40		40		40		

所有地区仓库的 DRP 明细表出来之后，就可以将其中的计划订货数传送到中央仓库，得到中央仓库的 DRP 明细表（空），中央仓库的库存及订货要求已经列在了表 9-8 的第一行。现在中央仓库如何安排向其上游供货商订货呢？尝试独立完成如表 9-8 所示的中央仓库的 DRP 表格。

表 9-8　中央仓库的 DRP 明细表（空）

期初库存 100 个	安全库存 50 个		订货批量 150 个		订货提前期 1 天		
周期	1	2	3	4	5	6	7
地区仓库 1 计划订货（个）			60		60		
地区仓库 2 计划订货（个）	40		40		40		
总需求（个）	40	0	100	0	60	40	0
预期库存（个）							
计划到货（个）							
计划订货（个）							

完成后，可以与表 9-9 比较一下，检验自己是否掌握了这个方法。

由中央仓库的 DRP 明细表可以得到中央仓库的计划订货数量。如果中央仓库是向工厂订货，那么，所有中央仓库的计划订货数据就可作为工厂制订主生产计划的依据，也就是说，主生产计划必须保证所有中央仓库的订货要求得到及时满足。

表 9-9 中央仓库的 DRP 明细表

期初库存 100 个	安全库存 50 个		订货批量 150 个		订货提前期 1 天		
周期	1	2	3	4	5	6	7
地区仓库 1 计划订货（个）			60		60		
地区仓库 2 计划订货（个）	40		40			40	
总需求（个）	40	0	100	0	60	40	0
预期库存（个）	60	60	110	110	50	160	160
计划到货（个）			150			150	
计划订货（个）		150			150		

2. DRP 明细表的调整

在以上 DRP 明细表中，每期的需求量是根据历史数据通过预测方法得到的。每期的实际需求量与预测量可能存在差异，实际需求量往往也在变化中（新的订单要不要接受，接受了能不能完成，计划中采用了需求时界与计划时界的做法来解决这一问题，这里不做讨论，有兴趣的读者可参考作者所编的《企业资源计划——ERP 原理应用与案例》一书），所以，以上 DRP 明细表中需要在预测需求行后加一行"确认的配送量"。

当实际需求与预测需求有差异时，对 DRP 明细表的调整如表 9-10 所示。调整后表格的填写与上述方法相同，不过需求量应该采用 Max {"预测需求量"，"确认的配送量"}，这是因为原有预测量已经证明是小了，需求量就要采用确认的配送量，否则无法满足已经确认的顾客订单。预测量比确认的配送量大应该在情理之中，因为顾客订单在增加之中，越往后增加得越多。

表 9-10 调整后的某地区仓库 2 的 DRP 明细表

期初库存 32 个	安全库存 10 个		订货批量 40 个		订货提前期 1 天		
周期	1	2	3	4	5	6	7
预测需求（个）	15	15	15	20	15	15	15
确认的配送量（个）	16	15	15	16	12	13	12
预期库存（个）	16	41	26	46	31	16	41
计划到货（个）		40		40			40
计划订货（个）	40		40		40		

DRP 对存货的有效管理降低了存货水平。对订单执行情况能进行有效的跟踪；协调了产品物流环节，降低了物流成本，降低了配送过程的运输费用，提高了预算能力；同时也改善了服务水平，保证顾客的需求得到满足，还提高了对市场不确定性的灵活响应能力。

当然，DRP 对订货周期的确定性有很大的依赖，而订货周期受到很多不确定因素的影响，这在实际中需要做出调整。

9.4.3 配送资源计划

当配送系统有多个运行单位（如多个仓库）时，需要从系统整体的角度，对现有的各配送资源进行有效的整合，确定运行单位的经营方向和经营内容。配送资源计划

(Distribution Resource Planning，DRP Ⅱ）就是为了提高配送环节的物流能力，达到系统优化运行的目的，而对配送需求计划的内容进行扩展，考虑全部配送资源而设立的计划。

DRP Ⅱ能有效解决以下问题。

（1）当配送系统设立多个仓库/储运中心/转运站时，设置多少仓储据点是合理的。

（2）仓库位置的选择和配送区域的确定，以满足配送系统的需求。

（3）仓库存放的商品种类、数量，以供应该区域的商品需求，仓库空间的规划。

（4）仓库据点的设施资源和人力资源的确定。

9.5 物流标准化与信息化

9.5.1 物流标准化的内容

物流标准化是指围绕运输、装卸搬运、仓储、流通加工、信息处理等物流活动，制定、颁布、实施有关工作和技术标准，并以标准的要求，统一整个物流系统运作的过程。

物流标准化要求统一化、系列化、组合化、简单化、通用化。物流设施标准包括：①物流设施设备的基础标准。②物流设施、设备标准。③集装化设备标准。④物流信息标准。物流信息标准包括物流信息的基础标准以及管理、应用、服务和安全标准等。

物流标准化是物流服务产品的质量保证，有助于提高物流效益，降低物流成本；物流标准化是实现现代物流管理的必要条件；物流标准化是消除贸易壁垒、促进国际贸易的重要保障。

物流标准化与整合的标准化所包含的内容基本一致，标准化包括计量标准化、信息标准化、流程标准化、使用标准产品、制定与采纳产品和技术标准。类似地，物流标准化可以分为以下几种。

1. 计量标准化

计量单位要遵守国家及国际标准，并做好计量器具的使用、传递、标定、管理工作。计量是核算的基础。最简单的，供应商的3000t钢材，在配送中心分拣，分别送到各个客户端，都要经过多次计量，但最终这些数据要符合合同规定的误差范围，否则会发生不必要的纠纷。费率的基础是计量，每公里的重量单位或体积单位，交付和付款都依赖其准确性。有趣的是一般费率在按重量和体积计费时，是按照价高的为标准。

2. 信息标准化

（1）语言、语法标准。不同的地区有不同的语言，相互之间交流需要转换，语言、语法标准就是信息标准化的基础。企业内部流通的物料应该做到编码标准化，虽然有一些编码规则的国家标准，但不可能覆盖所有产品，许多企业还是制定了自己的编码规则，由于企业合并，不同编码也在混合使用，有些企业还采用流水式编码（来一个新物料，赋予一个编号），使得编码管理更加困难。编码管理的要求是做到一物一码，一码一物。企业之间的编码不同会给物流信息化造成巨大的障碍。

（2）专业名词标准。专业名词的标准化使得同一物体、动作有相同的名词和相同的意义，以免产生歧义，有利于有效配合和统一。例如，元宵在北京是指有馅的糯米圆子，而有些地区则称为汤圆，而元宵是实心的，如酒酿元宵。特别是情报信息网络系统建立之后，要求准确传递信息,更加要求专用语言及所代表的含义实现标准化。如果同一个指令在不同环节上理解不同,不仅会使工作混乱,还可能引发事故造成损失。同样,物流专业名词标准特指物流用语的统一化、定义解释的统一化,以及专业名词的统一编码等。例如,GB/T 18354—2021《物流术语》确定了物流活动中的物流基础术语、物流作业服务术语、物流技术与设施设备术语、物流信息术语、物流管理术语、国际物流术语及其定义;ISO 780:2015《包装、货物搬运的图形标志》还用图形统一定义了标识。

美国统一代码委员会于1973年建立GS1(Globe Standard 1),该系统拥有全球跨行业的产品、运输单元、资产、位置和服务的标识及信息交换标准体系,使产品在全世界都能够被扫描、识读和追溯。GSI以电子产品代码(EPC)、无线射频识别(RFID)技术标准和全球数据同步网络(GD-SN)为基础。内容包含:一个全球标准及标准化组织,一个全球系统,一种全球解决方案,在全球开放标准/系统下的统一商务行为。

国际商会制定了在全球范围内被普遍接受的合同标准《国际贸易术语解释通则》,例如,EXW(工厂交货……指定地点)、FCA(货交承运人……指定地点)、CIP(运费、保险费付至……指定目的地)、CPT(运费付至……指定目的港)、DAT(终点站交货……指定目的港或目的地)、FOB(船上交货……指定装运港)、CFR(成本加运费付至……指定目的港)、CIF(成本、保险加运费付至……指定目的港)等。这一标准使得全球贸易行为更便捷,消除了因销售合同起草不恰当引致误解与高代价争端的可能性。自1936年建立以来,该标准经常更新以紧跟国际贸易的发展。

(3)标识代码标准。包括物流单元标识代码、物流节点标识代码、应用标识代码、贸易单元标识代码等。例如,如图9-5所示的系列货运包装箱代码(SSCC)是用于表示物流单元的基本信息的标识代码。SSCC对每一个特定的物流单元都是唯一的。

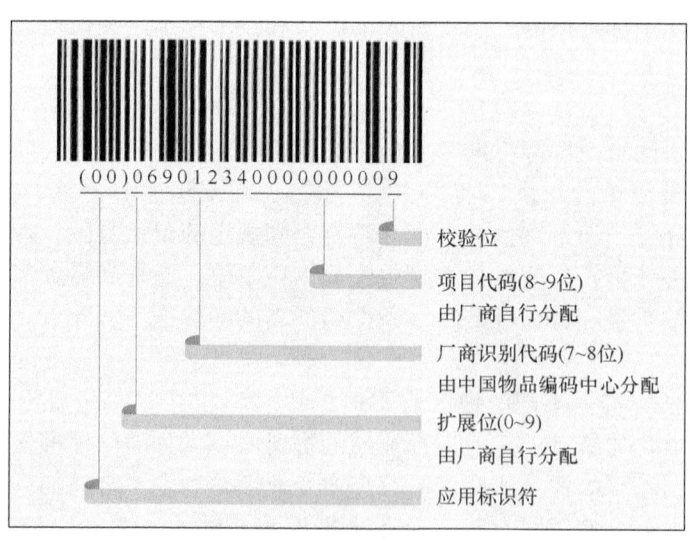

图9-5 SSCC-18的代码结构

图9-6是一个包含供应商和承运商区段的物流标签,用于表示物流单元有关信息的条码符号标签。

(4)数据库结构标准。例如,贸易单元数据库、物流单元数据库和物流节点数据库,以及 EDI 标准、GPS 标准等。

3. 流程及管理标准化

（1）作业规范及工作标准。作业规范及工作标准是对各项工作制定的统一要求及标准化规定，典型的是标准作业指导书（SOP）。例如，职责范围、操作流程、工作方法、权利与义务、检查监督方法、奖罚方法等的流程规定，SOP 能统一操作方式，提高工作效率，防止出现作业差错、遗漏，保障安全生产，有利于监督考核。

（2）物流统计、核算标准。物流统计、核算标准是对系统进行微观监测与宏观控制的必备前提，有助于建立系统情报网，统一管理。内容包含：统计、核算统计计量单位，具体方法，管理、发布及储存规范等；以确定反映系统及各环节状况的最少的共同核算项目。

图 9-6 包含供应商和承运商区段的物流标签

4. 物流系统基础模数标准化

（1）物流基础模数尺寸标准。该标准制定了物流系统各标准尺寸的最小公约尺寸，所有设备实施的具体的尺寸标准，都要以此为依据，只能取尺寸标准的整数倍。

（2）物流建筑基础模数尺寸。该标准以物流基础模数尺寸标准为依据而制定，是设计建筑物长、宽、高，支柱间距，跨度及进深，门窗等尺寸的依据。

（3）集装模数尺寸标准。该标准以物流基础模数尺寸标准为依据而制定，是各种集装设备、工具的基础尺寸。集装是起贯穿、联通作用的，集装尺寸与各环节物流设施、设备、机具必须相互配合，设计整个物流系统时往往以集装尺寸为核心，在满足其他要求前提下制定其设计尺寸，集装模数尺寸标准决定或影响着与之有关的各环节的标准化。

5. 物流系统产品和技术标准化

（1）储罐、货架标准。例如，货架净空间、载重能力、储罐容积尺寸标准等。

（2）托盘、集装箱、包装标准。例如，托盘、集装箱、包装系列尺寸、重量等标准，包装物强度标准，各种集装材质、包装材料标准等。

（3）仓库技术标准。例如，仓库各种尺寸、建筑面积、通道比例、有效面积、总吞吐能力、单位储存能力、温湿度等技术标准。

（4）站台技术标准。例如，站台高度、作业能力等技术标准。

（5）传输机具标准。例如，水平、垂直输送的各种机械式、气动式传送机、起重机、提升机的尺寸，传输能力等技术标准。

（6）作业车辆标准。例如，物流设施内部使用的各种作业车辆，如台车、叉车、手车等运行方式、作业范围、速度、重量、尺寸等方面的技术标准。

（7）运输车船标准。例如，货船、火车、卡车、拖挂车、配送车等，包括车厢、船舱尺寸标准、载重能力标准、运输环境条件标准等，以保障各种设备有效衔接、货物和集装的固定与装运设施的衔接等要求，还有运输车船的道路安全、噪声等级标准、废气排放标准等。

6. 物流服务标准化

物流服务标准化是包括物流服务内容、服务质量、服务营销、服务的安全性等在内的一整套物流服务标准体系。

例如，为提高物流运作效率和质量，提升客户服务水平，联合利华在合肥物流中心推动标准化、托盘化，包括以下内容。

- 产品载具的标准化。
- TiHi 堆码方式的标准化（Hi＝每托盘箱数；Ti＝每层纸箱数）。
- 产品入库、上架、拣选、集载、园区车辆调度、发货的标准化。
- 工厂接下线短驳运输车辆的标准化。
- 在标准化托盘的基础上搭建标准化系统流程。

为了推进物流标准化，联合利华中国（合肥）物流中心着力投入于仓库设施、规划、运作流程、系统以及园区管理。如在合肥物流中心投入标准托盘，提高了托盘化运输比例，推动园区内外、企业内外循环共用标准托盘。仓库设施方面，基于托盘建立货架布局和仓库叉车、运输车辆配置。联合利华开发了无线射频扫码系统和智能仓库管理系统及车辆智能管理系统，按产品类别优化运作流程和仓库存储空间，实现整板入库、带板拣货、带板运输。通过运输管理系统优化运输资源和寻求共同配送的机会，降低空驶率，提高车辆利用率。应用卫星导航定位实时订单流程管理跟踪，实现全程信息化流程管理。开展标准化项目以来，带板运输比例已经超过 60%，加快了装卸货速度、车辆周转及收货速度，减少了占用作业道口时间，降低了货损率和卸货成本，有效降低了物流成本，明显提高了作业效率，显著减少了碳排放及能源消耗，实现了可持续发展。

9.5.2 物流标准化的应用

1. 标准集装箱

集装箱的标准化是物流领域的一次革命，实现了门对门的运输、包装不返回的重复使用，车船无缝对接，如图 9-7 所示。国际标准化组织及我国国家标准定义：集装箱（Container）是一种运输设备，应满足下列要求。

- 具有足够的强度和刚度，可长期反复使用。
- 适用于一种或多种运输方式运送，途中转运时，箱内货物不需换装。
- 具有快速装卸和搬运的装置，特别便于从一种运输方式转移到另一种运输方式。
- 便于货物装满和卸空。
- 具有 $1m^3$ 及以上的容积。

集装箱这一术语不包括车辆和一般包装。

集装箱标准化的历程并不平坦，至今为止，还共存着国际标准、国家标准、地区标准和公司标准四种。

（1）国际标准。ISO 制定的国际标准，也进行过多次增减、补充和修改。例如，1A 型 40ft（12192mm），1B 型 30ft（9125mm），1C 型 20ft（6058mm），1D 型 10ft（2991mm），间距 i 为 3in（76mm）。

（2）国家标准。各国政府参照国际标准并考虑本国的具体情况，而制定的本国集装箱标准。GB/T 1413—2008《集装箱分类、尺寸和额定质量》定义了我国各种型号集装箱的外

图 9-7 集装箱

部尺寸、极限偏差及额定质量。

（3）地区标准。例如，欧洲国际铁路联盟（VIC）制定了建造和使用集装箱的标准。

（4）公司标准。例如某些大型集装箱船公司制定的集装箱标准，主要使用在自己公司范围内的运输。如美国海陆公司的 35ft 集装箱，总统轮船公司的 45ft 及 48ft 集装箱。世界各地还有不少非标准集装箱。

国际标准化组织对集装箱的标记也制定了标准，以便于文件编制、业务管理和信息传输。规定中有必备标记和自选标记两类。每一类标记中又分为识别标记和作业标记。必备识别标记有箱主代号、顺序号和核对号。必备作业标记包括：额定及自重、空陆水联运集装箱、登箱顶触电警告标记。

2. 托盘

托盘被视为物流产业 20 世纪两大关键性创新之一。GB/T 18354—2021《物流术语》定义的托盘（Pallet）是：在运输、搬运和存储过程中，将物品规整为货物单元时，作为承载面并包括承载面上辅助结构件的装置。托盘的效益在于：保护物品，方便物流和商流，实现物品包装的自动化、规范化、标准化和单元化，提高作业效率、降低生产成本、安全稳定。作为装卸、储存和运输设备，托盘贯穿于物流系统各个环节的连接点。托盘与叉车配套使用发挥着巨大的作用。

托盘的推行还改变了仓库建筑的形式、船舶的构造、铁路和其他运输方式的装卸设施，甚至组织管理及装卸以外的生产活动方式。

直达托盘作业是指在始发地货物装上托盘之后一直到终点，途中任何的复杂储运作业，都不改变整个托盘及其上的货物原状，使得搬运次数尽可能减少。

托盘共享系统（Pallet Exchange System）是如同集装箱的运作模式，将托盘租赁、维护、回收和更新社会化、企业化、服务化、网络化。托盘共享有利于改善物流服务质量，降低全社会物流成本，节约社会经济资源，保护生态环境。实际情况是绝大多数企业都把托盘作为内部的周转工具，很少离开企业，或者一次性使用，或者空盘回送，使用效果低下，浪费严重，也不环保。

（1）托盘的标准化。由于托盘应用的连带性和广泛性，所以，虽然托盘只是一个小小的器具，但其规格尺寸，却是包装尺寸、车厢尺寸和集装单元尺寸的核心。以托盘尺寸为标准，往下涉及集装单元尺寸、单元货物尺寸，往上决定包装、集装箱箱体、卡车车厢、火车车厢等配套规格尺寸和系列化规格标准，火车站、港口、码头等货物装卸搬运场所的物流的基础设施构造结构、装卸搬运机具的标准尺寸。

托盘的标准化，不单单是循环使用、托盘租赁和流通的前提，也是实现包装、装卸搬运、运输和保管作业自动化、机械化的决定因素。托盘规格尺寸的不统一，无法实现以托盘为基础的相关设备、设施、工具、装置等的系列化标准。托盘标准化是最为基础的物流标准，直接决定了物流标准化的进程和物流产业的运作效率和成本。

（2）托盘的标准尺寸。世界各国的托盘规格的标准众多，如图9-8所示，通常去往美国的货物要选择48in×40in的托盘，去往欧洲选用1200mm×1000mm或1200mm×800mm，去往日本、韩国选用1100mm×1100mm，去往大洋洲选用1140mm×1140mm或1067mm×1067mm。

图9-8 托盘

我国也有许多托盘规格，常用是1000mm×1200mm和1100mm×1100mm，还存在1200mm×800mm、1140mm×1140mm、42in×42in、48in×40in等。统一全球托盘的规格存在很大的困难，ISO 6780：2003《联运通用平托盘主要尺寸及公差》中最终将这6种托盘的规格兼容并包。

3. 周转箱

周转箱（Container）的定义为：用于存放物品，可重复、周转使用的器具。

标准周转箱广泛用于机械、电子、家电、汽车、轻工等行业的物流中的配送、储存、运输、流通加工等环节，还可与多种物流容器和工位器具配合，用于各类仓库、生产现场等。标准周转箱堆放整齐，周转便捷，便于管理。

（1）周转箱的形式。物流周转箱按形式可分为可堆式周转箱、可插式周转箱、折叠式周转箱、标准周转箱；按用途可分为饮料、水果、蔬菜、农药、导电、防静电、阻燃、零部件、仪器周转箱，药品、邮政包装箱，精密仪器的内包装，电子元器件包装的垫板、隔板等。如图9-9所示。

（2）周转箱的尺寸。周转箱是以托盘为基础设定的，各国周转箱的尺寸也有差异，例如，欧洲标准周转箱的尺寸是600mm×400mm，也有1200mm×800mm，日本标准周转箱尺寸是1100mm×1100mm（称为T11）。国内周转箱常用的尺寸为1200mm×1000mm，称为1210。

在周转箱尺寸选择中，要考虑所应用的项目、用途等。例如，货物的包装规格及在周转箱上的摆放方式；周转箱装载工具的实际情况（如集装箱、货车等）；在仓库或生产线货架上使用，要考虑货架的宽度及进深的尺寸，每层每个货位通常摆放两个周转箱，并留出一定的存取活动空间（200mm左右）。

图9-9　周转箱

4. 运输车辆

运输车辆发展迅速，标准化的内容非常多，复杂程度可以想象，所以标准化程度还比较低。特别当前我国货运车型过于庞杂，各企业单独研发和生产，无论在整体外观还是局部设计上都缺乏协调。我国的货运车型高达2万多种，而欧美国家货运车型只有30余种。车型标准化已成为影响传统货运转型升级的重要因素。

例如，牵引车与挂车的连接和匹配缺乏标准规范，影响跨企业、跨行业间的甩挂运输。国内货运车型标准与欧洲、中亚等地区标准存在明显差异，国外邻居普遍使用的双挂汽车列车在我国被禁止上路运行，造成国外货运车辆进不来，我国货运车辆出不去的尴尬局面。标准还涉及超载超限的控制等。例如GB/T 1589—2016《汽车挂车及汽车列车外廓尺寸、轴荷及质量限值》规定了道路车辆外廓尺寸、轴荷及质量限值。

9.5.3 物流信息化

1. 物流信息化的内容

物流信息化是指运用现代信息技术对物流过程中产生的信息进行采集、传递、分类、汇总、识别、查询、跟踪等一系列处理活动，以控制货物流动过程。物流信息化通过促进信息技术、网络技术等在物流领域的应用，向供应链上下游企业、消费者提供各种物流服务，并降低物流交易成本，提高物流效率和水平。在我国的物流中长期国家规划中，信息化和标准化被列为物流科技的两大关键性技术。

物流信息化包括两大重点内容：基础信息的采集，信息的共享和交换。

物流信息化建设需要从以下两方面着手。

（1）基础环境建设。包括通信、网络等基础设施建设，以及物流信息化规划和相应的法律、法规、制度、标准、规范的制定。

（2）物流信息平台建设。建设提供物流信息、设备、技术等资源的信息服务共享平台。为客户提供信息服务、交易服务、技术服务和管理服务。

物流信息化主要包括以下方面。

（1）订单处理。客户订单主要是指为了指示内部或外部物流服务者从事支持某种客户业务所进行的物流活动而发布的指令，包括采购运输指令、出库指令、分销指令、流通加工指令、生产线配送指令等多种类型。信息化手段的应用可大大提升订单的接收、处理的准确性、及时性，提高工作效率并节约信息交换成本。

（2）库存管理。无论是内部仓库还是物流企业为客户提供的仓储服务，实时反映货物库存状态都是必须提供的重要信息服务项目之一，物流管理信息系统的正确应用可以规范仓库管理流程，使信息的实时准确反馈能力得以迅速提高。先进的信息技术可广泛地应用于批号管理、库位管理、货架管理、先进先出管理、换货退货管理和呆死料管理等，重点在于加强货物进出库信息的实时采集和处理。过去常用条形码技术，现在逐渐发展到射频识别，及AI技术等，都为货物进出库信息采集不断提供更先进的方案。

（3）仓库管理系统（WMS）。仓库管理系统涵盖了从收货到发货的库存规划和移动（如接收、摆货、分拣、暂存和装运）的管理软件。WMS常用的功能主要包括：库存管理、存储位置管理、质量控制接口、订单分拣、自动化库存补货、接收和装运，以及操作员的生产效率和报告生成。数据可以手动输入，或者通过更优化的射频电子设备（或更先进的射频识别设备）输入WMS。可以由系统以最优方式，在普遍业务规则或客户的特定业务规则基础上进行指导，有助于提高精确度、工作效率和库存的准确性，包括准确的接收、装运，以及货物在分销中心的位置信息。

（4）运输管理系统（TMS）。运输管理系统是管理企业运输业务的系统软件，可以帮助企业选择最具成本效益的方式和路线，以匹配库存和交付目标。TMS一般具有如下功能。

- 规划和优化运输路线。
- 选择运输方式和载体。
- 管理运输公司。
- 实时跟踪车辆。

- 管控服务质量。
- 优化车辆负载和配送路线。
- 管理运输成本（包括评价、事前和事后审查）。
- 订单的分批装运。
- 控制一般成本和性能。

运输管理系统与精益生产协同，可以减少运输成本、库存量和存储成本，同时提升资产利用率、供应商订单满意率和客户服务水平。

（5）车辆资源管理。多数企业自己的运输资源有限，即使许多大型物流公司也常常不可避免地要进行车辆资源的外协。这时，物流系统对资源的控制能力将影响实际的物流运作质量，从而影响对客户的服务承诺。对内部和外协车辆资源信息进行有效管理同样是物流信息化的领域之一。物流信息系统必须能有效地管理和维护车辆资源的信息，犹如客户关系管理系统和供应商关系管理系统，信息的管理要详细到每辆车的车型、车号、车况、运营记录、费率、驾驶员情况、熟悉的线路、合作情况以及其他相关的细节信息。

（6）货物跟踪。供应链的一项重要指标是客户服务水平，包括按照规定的时间、在规定的地点、送达正确数量的合格产品。除了生产周期以外，运输、搬运占用了产品交付过程的不少时间。大多数产品的准时到达率要求都非常高，尤其是消费品生产和批发企业对于其自身的客户服务水平都有较高的要求，制造业对于库存的要求也非常苛刻，例如零库存、JIT等，不希望库存过高，又不能缺货。在这种情况下，即时库存补充变得非常必要，如很多卖场、超市规定了严格的补货时间，如果供应商没有在规定的时间内将货物补充到仓库或货架，则会拒收货物，制造厂也要求供应商在规定的时间内将货物送到指定工位上。主动式预警管理，如运单潜在迟到的警示等使运输执行的管理更高效、灵活，也能更有效约束承运商。货物的在途跟踪信息与收货人分享、交接的及时准确，直接影响到客户计划安排及对物流的信心，就连消费者也会在下单后关心自己所购物品的行踪。物流信息系统一直注重货物跟踪及客户接口的信息建设。

（7）数据统计汇总。物流信息系统除了提供常规的物流业务操作信息，还必须在规定的时间周期性地向客户提供各种数据和报表。在企业物流信息系统的实施过程中，应该以客户订单为主线收集所有的相关原始数据，在系统中随时更新物品流动状况及变化、库存水平变化、车辆调配情况、人员使用情况、成本费用支出情况等信息，这其中的关键是数据的真实性，只有所有的物流活动，特别物品的进出，都能被系统所捕捉，物流信息系统才能保持完整的业务数据。有些企业往往没有将物流活动及时更新到信息系统，例如，出入库不登记，或不及时录入，货架与实物不符等，最终造成信息系统不能准确反映实际情况，给客户带来不便甚至损失。通过编制特定的程序，可以从不同的数据源中获取所需要的数据，然后按照客户的需求自动汇总计算，并按照预先定义的格式生成有针对性的报表。

信息化使得操作更加透明。客户企业可以清晰地看到全链条中是谁提供了什么服务、做了什么操作、谁上传的信息，还可延伸到上一级的分包方。这些数据也方便了后期对账和支付。客户和服务商都可以通过订单类型、时间窗口等灵活的筛选条件，一键在线生成账单并发送给对方。基于电子合同自动匹配订单数据和真实执行情况而生成账单数据，任何异常费用、特殊费用、费用调整、罚款扣除都会被记录并提醒，真正做到所付即所得、所付即所约定，保证了更完全的透明和合规性。

2. 供应链物流信息化的技术支持

（1）云服务。随着基于云计算技术软件的普及，物流终端用户企业从传统私有部署方案转向云平台和云服务方案，云端化部署已成为运输管理系统方案的主要机制。

传统的 WMS/TMS 聚焦于企业的内部解决方案，以提高企业内部效率为主。云计算在企业应用中的普及，使得物流信息化的边界被大大延伸，从一个个企业的孤岛连接成为一个链条或多个链条，企业的运输本来就是一个网络中的不同企业之间的互联互通、协同合作，云计算技术的信息化实现了各个节点之间的联系，还将仓库和货物也转化成为这个链条当中的可控、可视、可跟踪元素。

（2）互联互通。供应链的意义之一就是信息互通。上下游各个节点上的合作伙伴的互联互通，包括计划、订单、预测等数据的传递，更重要的实物数据的信息交换，涉及大量不同企业之间的运输和库存信息协同合作，不同企业以低成本、灵活的方式相互连接，形成信息的闭环流转，形成准确、完整的数据。联通的意义还在于不同系统、不同设备之间的互联互通，企业的业务流转和数据来源是多样的，有 ERP、WMS、POS、GPS 等，技术的改进和客户的要求使得他们相互打通，以消除数据孤岛。日本物流电子信息交换标准（JTRN）促进了物流企业间及物流企业与货主之间的电子数据交换，对促进物流企业的高效率运作有着十分重要的意义。欧洲推进物流标准化建设也采取了多项措施，例如，针对物流基础设施、基础装备制定基础性和通用性标准，如统一托盘标准、车辆承载标准、物品条形码标准等；针对安全和环境制定的强制性标准，如清洁空气法、综合环境责任法等；支持行业协会对各种物流作业和服务制定物流用语标准，如欧洲物流协会制定的物流术语标准、物流从业人员资格标准等。

（3）智能化。智能交通系统（ITS）通过先进的信息技术，确保道路交通的安全性、舒适性以及运输的高效性。企业的物流作业中仓储自动化、包装标准化、装卸机械化、加工配送一体化、信息管理网络化等发展趋势明显。铲车、叉车、货物升降机和传送带等机械的应用程度较高；配送中心的分拣设施先进，有的使用数码分拣系统。智能化的调度、分单、路径优化，及具体到对物品的识别、跟踪，再有机器人、自动引导车的使用，智能化需求和应用场已经越来越旺盛。尤其是当上游数据变得准确、完整之后，智能优化的结果也有了更实际的落地性，移动互联网的应用、大数据的进一步深化、更先进的算法及劳动力成本的提升更催化了智能化的普及。

【案例分析】

与麦当劳共生共长的冷链物流

与夏晖集团（HAVI Group）仅一墙之隔的麦当劳面包供应商——北京伊斯宝特公司，将新鲜出炉的面包准时地搬上货架，通过一条密封的通道，直接进入下游库房，通过与冷藏平台对接的冷藏车，运到麦当劳的各个门店。每周的运货数量和次数，都经过精心的计算，除非出现紧急情况，才会临时补货。在库房里，只能看到两辆与冷藏平台紧密对接的公司运输车辆，全部是封闭的自动化装卸作业。运输系统按照工作人员输入的门店位置、时间等数据，计算最佳路线，而且工作人员会随时通过监控设备了解运输车辆的温度设置是否达到规定的要求，一旦出现温度不准确，麦当劳会拒绝收货。近万平方米的仓库被分割为冷冻、冷藏、干货等不同的子库，一排排的货柜，几乎接触到了屋顶。每个区域内，都有四个专业测温仪，放置在不同的地方，随时监测室内的温度。与国内一些物流公司的仓库相比，这个库房里可以见到的人员很少，只有几台带显示终端的分拣车在游走。根据麦当劳的采购清单，所有的储藏运输等工作，必须在规定时间内全部完成。

夏晖集团几乎是麦当劳"御用的3PL"冷链物流公司，与麦当劳的合作超过30年。1981年麦当劳在香港开第一家店，进入中国，1990年进入深圳，到2004年，麦当劳物流已经形成了全国网络，夏晖已成功地向国内的580家麦当劳餐厅，和香港的215家麦当劳餐厅提供供应。

夏晖集团拥有世界领先的多温度食品分发物流中心，配备专业的三温度（冷冻、冷藏、常温）运输车辆。中心内各个库区都有极其严格的温度、湿度的要求，从而保证产品的品质。夏晖集团主要为麦当劳提供一站式综合冷链物流服务，包括运输、仓储、信息处理、存货控制、产品质量安全控制等，并且根据麦当劳的店面网络建立了分拨中心和配送中心。为冷链物流需求方提供高效完善的冷链方案，全程监控冷链物流，整合冷链产品供应链。麦当劳利用夏晖集团设立的物流中心，为其各个餐厅完成订货、储存、运输及分拨等一系列工作。并通过它的协调与连接，使每一个供应商与每一家餐厅达到畅通与和谐，为麦当劳餐厅的食品供应提供最佳的保证。夏晖集团冷链物流运营流程如图9-10所示。

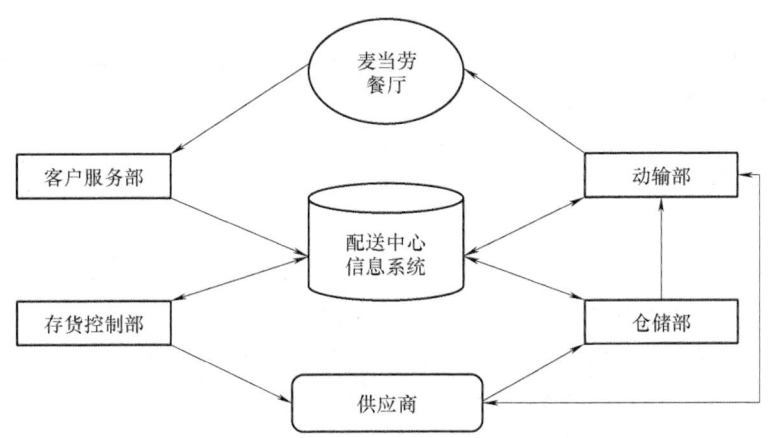

图9-10 夏晖集团冷链物流运营流程

麦当劳餐厅的经理需要预先估计安全库存，一旦库存量低于安全库存，便进入订货程序。麦当劳在网上下订单，将订单发往配销中心。夏晖集团在接到订单之后，便能够在最短的时间内完成装货，在优化完行驶的路线后，冷藏车就会按照事先制定好的路线和要求将货物送到指定的餐厅。每天，餐厅经理都要把订货量与进货周期进行对照，一旦发现问题，立刻进入紧急订货程序。虽然紧急订货不被鼓励，但一经确认，2小时后货品就会被送到餐厅门口。麦当劳通过对其订单的有效管理，实现了仓库储备的货物数量总能保证在安全库存之上，保证随时能够满足消费者对食品的任何要求。

麦当劳对夏晖集团的库存与配送提出了更高的要求。

（1）保证准时送达率。夏晖集团的配送车队在每天晚上11点到凌晨1点之间必须完成送货，准点率在98%以上才算符合服务质量要求。

（2）保证餐厅不断货。麦当劳在全国各地有上百家连锁店，尽管通过POS机能够实时知道每一种商品的销售情况，但是如何运输、怎样在区域范围内建立物流中心，如何协调社会性物流资源都是重要问题。

（3）保持每一件货物的质量处在最佳状态。在接到订单后，夏晖集团就开始准备装车的工作。在装货的过程中，印有夏晖集团标志的冷藏冷冻运输车辆整齐地停靠在装货的车道内，使得冷藏冷冻运输车辆与夏晖集团的冷库实现完全的密封性对接。两个公司为了保证营业期间食品的新鲜，冷藏库坚持"先进、先出"的进出货方式。物品入库、装货时间有标准化的规定，例如一台8t标准冷冻车，装车和卸车的时间被严格限制在5分钟之内，根据货品的需要，还会使用一些专用的搬运器械，以避免在装卸过程中出现意外的损失。在冷冻冷藏车内，能按照货物所需要的温度实现货物的分区存储。

当食品到达麦当劳餐厅时，餐厅经理首先会提前检查冷藏和冷冻库温是否正常，记录接货的时间和地点，检查单据是否齐全，抽查产品的接货温度，检验产品有效期，检查包装是否有破损和污染等情况，最后才是核对送货数量，签字接收，如果任何一个环节不符合要求，货品要退回夏晖集团。在卸货的过程中，最先卸下来的是像牛肉饼、鸡翅这样的冷冻食品，然后是大包大包的薯条，最后是面包坯这样的常温食品。在整个的卸货过程中，最关键的一点是快，像苹果派这样的食品，对温度的变化是十分敏感的。卸下来的货物如果是需要冷冻、冷藏的食品，就直接放进位于餐厅内的冷库中，使冷链的最后一个环节依然是有保证的。

（4）保持世界前沿的食品安全管理。对于夏晖集团来说，在不折不扣地执行麦当劳标准的同时，自己也在积极地研究冷链配送的管理，并将危害分析和关键控制点（HACCP）管理体系应用于冷链物流。HACCP是目前全世界范围内应用最广泛的用于解决食品安全问题的管理体系，其在冷链物流中的应用实施能有效地使冷链物流在食品安全方面有一个大的提升。

（5）保持良好行业操作规范。一台8t标准冷冻车的冷机价值48万元，使用经过500小时之后就必须进行一次大修，货车从配送中心出发到指定的店铺过程中，全程温度跟踪和货物跟踪。夏晖集团运用一种类似于民航飞机上黑匣子的技术，不仅可以记录车的位置，也可记录车的状态。只要在事后打开记录，有关车的发停时刻、温度变化等数据就会尽收眼底。

（案例根据万联网博瑞汇驿供应链改编，2014-08）

【讨论题】
（1）麦当劳的安全库存应如何确定？
（2）试着画出夏晖集团冷链的产品流与信息流图。

习　题

1. 分销网络有哪些方案？分别采用了哪些分销策略模式？
2. 说明配送需求计划的原理。
3. 我国货运常采用哪些运输方式？运输费率大概是多少？

4. 在我国哪种货运运输方式增长最快?
5. 你见过哪些多式联运?
6. 运输管理有哪些决策问题?这也是第三方物流服务商的决策问题吗?
7. 国际货运中介机构有哪些?它们是第三方物流服务商吗?
8. 对物流标准化有何要求?
9. 物流系统产品和技术标准涵盖哪些方面?
10. 什么是物流信息化?
11. 托盘标准化有何意义?

第 10 章 管控供应链风险

【本章要点】
1. 供应链风险管理：供应链风险识别、评估、应对、监控与分析；
2. 供应链危机管理：供应链危机管理的含义及特性、分类和危机应对措施；
3. 供应链安全管理：理念、信息安全、设施安全、合规性、欺诈、措施；
4. 供应链应急计划、持续保障计划与灾难恢复计划。

10.1 供应链风险管理

供应链管理对传统企业内部业务部门以及企业之间的职能和策略在供应链上进行跨越职能和跨越企业边界的系统性、战略性的协调，其目的在于提高供应链以及每个企业的可持续运营能力。20 世纪 90 年代，供应链管理逐渐成为企业"抱团取暖"共同获取竞争优势及增强竞争力的重要手段。

然而，随着供应和需求不确定性的增加、运作与市场的全球化、产品和技术生命周期的缩短，企业供应链运作的内外部环境正在发生着快速变革，从产品结构、生产过程、管理方式到组织结构准则都在经历着日新月异的变化。这既会给企业的供应链带来更高的效率与响应能力，但也使得供应链面临的风险加大。除了外部环境的影响，企业实际运作过程中存在大量诸如需求不确定、信息不对称、供应不稳定、竞争环境及其干扰等随机因素，这些因素也会导致供应链管理的巨大风险性，特别是一些重大事件，如公共卫生突发事件、重大疫情、金融危机、安全生产事故、自然灾害、恐怖袭击等，给企业和社会造成了巨大影响。

鉴于供应链风险和全球不确定性因素对企业经营产生越来越大的影响，近年来供应链企业管理者的态度已经有了很大的转变，他们已不仅仅关注企业利润的最大化，而且更注重企业获得预期利润的可能性以及面临的各种风险给企业带来的后果，不仅仅关注本企业的风险，更关注企业的"前后左右"及其所在供应链的上下游所面临的风险。对供应链风险管理的关注，正是在这种现实要求下产生的。

供应链的风险不是一个孤立的事件，从纵向看是供应链上每个环节企业风险的综合，从横向看是企业内部风险管理的一部分。应当从整体的角度，用系统的思维将供应链风险管理纳入风险管理框架中，才能更好地适应变化，管理日益动荡、复杂和不确定的供应链，同时要将风险与战略制定有机结合，从而不至于在当今不可预知的世界挣扎求存，犯下高昂的，甚至是致命的错误。

10.1.1 企业风险管理概述

风险管理是一门新兴的管理学科，最早起源于第一次世界大战后的德国。在 19 世纪 30

年代，由于受到 1929~1933 年的世界性经济危机的影响，美国约有 40%左右的银行和企业破产，经济倒退了约 20 年。1931 年美国管理协会（American Managernant Association，AMA）首先倡导风险管理理念，并在以后的若干年里，以研究班和学术会议等多种形式集中探讨和研究企业风险管理问题。风险管理问题逐步得到了理论探讨和一些大企业的初步实践，但直到 50 年代，风险管理问题才真正在美国工商企业中引起重视并得到推广。有学者将风险管理的发展历程分为三个阶段：传统风险管理阶段、现代风险管理阶段和全面风险管理阶段。

（1）传统风险管理阶段。在这个阶段，风险管理内容主要针对信用风险和财务风险。如 1952 年哈里·马克维茨（Harry M. Markowitz）的"组合理论"，1965 年威廉·夏普（William Sharp）在马克维茨"组合理论"的基础上提出的资本资产定价模型，斯蒂芬·罗斯（Stephen Ross）提出的套利套价理论，1973 年，费舍尔·布莱克和迈伦·斯科尔思提出的期权定价公式。在传统风险管理阶段，风险管理是事后的管理，缺乏系统性和全局性。

（2）现代风险管理阶段。20 世纪 80 年代末、90 年代初，随着国际金融和工商业的不断发展，迅速发展的新经济使企业面对的社会大环境发生了很大的变化。企业面临的风险更加多样化和复杂化，从墨西哥金融危机、亚洲金融危机、拉美部分国家出现的金融动荡等系统性事件，到巴林银行、爱尔兰联合银行、长期资本基金倒闭等个体事件，都昭示着损失不再是由单一风险造成的，而是由信用风险、市场风险和操作风险等多种风险因素交织作用而成的。人们意识到以零散的方式管理公司所面对的各类风险已经不能满足需要，于是全面风险管理的思想得以发展。其标志事件有：

1）1993 年，首席风险总监（Chief Risk Officer，CRO）的头衔第一次被使用。CRO 的诞生，是风险管理由传统风险管理向现代风险管理过渡的转折点，标志着现代风险管理阶段的开始。

2）1995 年，由澳大利亚标准委员会和新西兰标准委员会成立的联合技术委员会经过广泛的信息搜集、整理和讨论，并多次修改，制定和出版了全球第一个企业风险管理标准——澳大利亚/新西兰风险管理标准（AS/NZS 4360，简称澳洲风险标准）。

3）1996 年全球风险管理协会（Global Association of Risk Professionals，GARP）成立。

4）整体风险管理（Total Risk Management，TRM）的思想形成及成熟。

（3）全面风险管理阶段。1999 年，《巴塞尔新资本协议》形成了全面风险管理发展的一个推动力，《巴塞尔新资本协议》将市场风险和操作风险纳入资本约束的范围，提出了资本充足率、监管部门监督检查和市场纪律三大监管支柱，蕴含了全面风险管理的理念。进入 21 世纪，尤其以 2001 年美国遭受"9·11"恐怖主义袭击、2002 年安然公司倒闭等重大事件为标志，众多企业意识到风险是多元的、复杂的，必须采用综合的管理手段。全面风险管理的概念获得广泛认同。2004 年，反虚假财务报告委员会下属的发起人委员会（The Committee of Sponsoring Organizations of the Treadway Commission，COSO）在《内部控制整体框架》的基础上，结合《萨班斯-奥克斯法案》（Sarbanes-Oxley Act）在报告方面的要求，同时吸收各方面风险管理研究成果，颁布了《企业风险管理框架》（Enterprise Risk Management Framework，ERM）。COSO 的风险管理框架中的风险管理概念、内容、框架构成了现代全面风险管理理论的核心。ERM 的框架定义了全面风险管理，阐述了原则、模式和标准，为企业和其他类型组织评价和加强全面风险管理提供了基础，并引入了风险偏好、风险容忍度等概念和风险评估方法，为企业有效实施风险管理提供了指导。

《企业风险管理框架》旨在为各国的企业风险管理提供一个统一术语与概念体系的全面的应用指南。COSO 认为，风险是事项发生并影响战略和商业目标实现的可能性。其中风险的范畴包括了对风险的"正面"和"负面"双面影响。《企业风险管理框架》将企业风险管理定义为：组织在创造、保持和实现价值的过程中，结合战略制定和执行，赖以进行管理风险的文化、能力和实践。企业风险管理是一个过程，受企业董事会、管理层和其他员工的影响，包括内部控制及其在战略和整个公司的应用，旨在为实现经营的效率和效果、财务报告的可靠性以及法规的遵循提供合理保证。

《企业风险管理框架》是一个指导性的理论框架，为公司的董事会提供了有关企业所面临的重要风险，以及如何进行风险管理方面的重要信息。企业风险管理本身是一个由企业董事会、管理层和其他员工共同参与的，应用于企业战略制定和企业内部各个层次与部门的，用于识别可能对企业造成潜在影响的事项，并在其风险偏好范围内进行多层面、流程化的企业风险管理过程，它为企业目标实现提供合理保证。

COSO 提出了风险管理的整体框架，把风险管理分为八个方面：内部环境、目标制定、风险事项识别、风险评估、风险应对、控制活动、信息与沟通、监控，如图 10-1 所示。

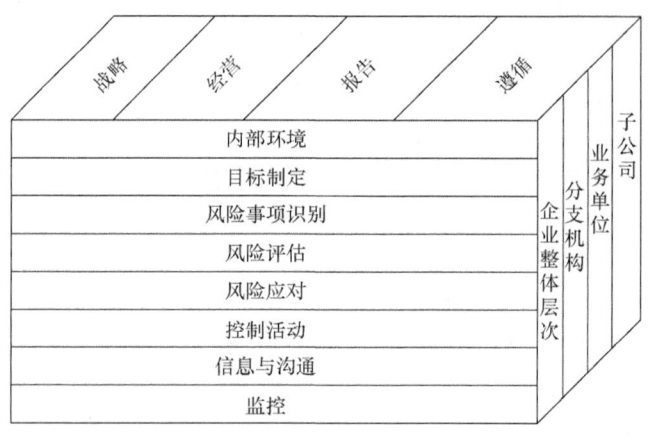

图 10-1　企业风险管理框架

（1）内部环境。企业的内部环境是其他所有风险管理要素的基础，为其他要素提供规则和结构。内部环境影响企业战略和目标的制定、业务活动的组织和风险的识别、评估和执行等，它还影响企业控制活动的设计和执行、信息与沟通系统以及监控活动。内部环境包含很多内容，包括企业员工的道德观和胜任能力、人员的培训、管理者的经营模式、分配权限和职责的方式等。董事会是内部环境的一个重要组成部分，对其他内部环境的组成内容有重要的影响。而企业的管理者也是内部环境的一部分，其职责是建立企业的风险管理理念，确定企业的风险偏好，营造企业的风险文化，并将企业的风险管理和相关的行动计划结合起来。

（2）目标制定。根据企业确定的任务或预期，管理者确定企业的战略目标，选择战略方案，确定相关的子目标并在企业内层层分解和落实，各子目标都应遵循企业的战略方案并与战略方案相联系。

（3）风险事项识别。管理者意识到了不确定性的存在，即管理者不能确切地知道某一事项是否会发生、何时发生或者如果发生其结果如何。作为事项识别的一部分，管理者应考虑会影响事项发生的各种企业内、外部的因素。外部因素包括经济、商业、自然环境、政治、社会和技术因素等，内部因素反映出管理者所做的选择，包括企业的基础设施、人员、生产过程和技术等事项。

（4）风险评估。风险评估可以使企业了解潜在事项如何影响企业目标的实现。管理者应从两个方面对风险进行评估：风险发生的可能性和影响。

（5）风险应对。管理者可以制定不同风险应对方案，并在风险容忍度和成本效益原则的前提下，考虑每个方案如何影响事项发生的可能性和事项对企业的影响，并设计和执行风险应对方案。风险管理所要做的就是考虑多种风险应对方案，并选择和执行一个方案。有效的风险管理要求管理者选择的风险应对方案可以使企业风险发生的可能性和影响都落在风险容忍度范围之内。

（6）控制活动。控制活动是帮助保证风险应对方案得到正确执行的相关政策和程序。控制活动存在于企业业务的各部分、各个层面和各个部门。控制活动是企业努力实现商业目标的过程的一部分。通常包括两个要素：确定企业管理活动决策问题的策略和影响该策略的一系列过程。

（7）信息与沟通。来自企业内部和外部的相关信息必须以一定的格式和时间间隔进行确认、捕捉和传递，以保证企业员工能够履行其职责。有效的沟通也是广义上的沟通，包括企业内自上而下、自下而上以及横向沟通。有效的沟通还包括将相关的信息与企业外部利益相关方的有效沟通和交换，如客户、供应商、政府管理机构和股东等。

（8）监控。对企业风险管理的监控是指评估风险管理要素以及一段时期内的运行质量的过程。企业可以通过两种方式对风险管理进行监控——持续监控和重点评估。持续监控和重点评估都是用来保证企业风险管理在企业内各管理层面和各部门得到持续执行。

《企业风险管理框架》从企业使命、愿景和核心价值观出发，宗旨为提升主体的价值和业绩，强调风险嵌入企业管理业务活动和核心价值链。这个框架提出了风险管理的五大要素（见图10-2）及五大要素下的20项基本原则（见图10-3），这20项基本原则也可作为风险管理的具体执行步骤。

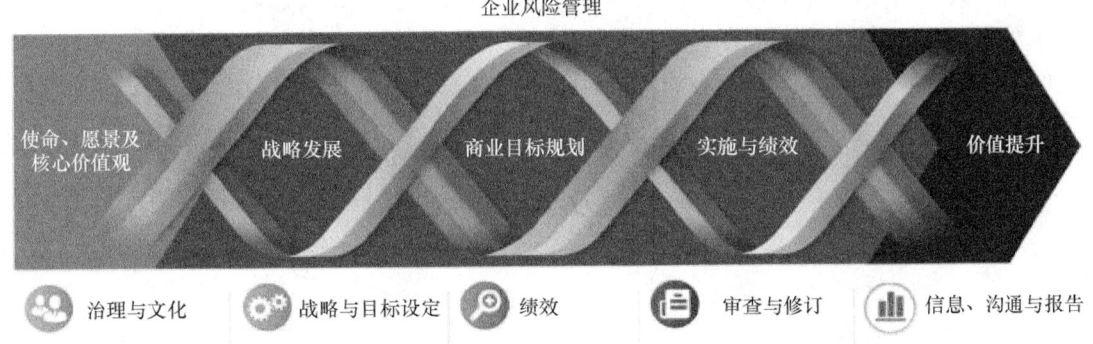

图 10-2　风险管理的五大要素

另外，美国项目管理协会在 2000 版的项目管理知识体系（Project Management Body of Knowledge，PMBOK）中将风险管理分为六个阶段：风险管理计划、风险识别、风险评估、风险量化、风险应对、风险监控。中国内部审计协会颁布的《风险管理审计准则》第六条规定，风险管理包括以下主要阶段。

（1）风险识别，即根据组织目标、战略规划等识别所面临的风险。

（2）风险评估，即对已识别的风险，评估其发生的可能性及影响程度。

（3）风险应对，即采取应对措施，将风险控制在组织可接受的范围内。

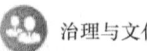 治理与文化	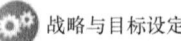 战略与目标设定	绩效	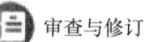 审查与修订	信息、沟通与报告
1.实现董事会对风险的监督 2.建立运作模式 3.定义期望的组织文化 4.展现对核心价值观的承诺 5.吸引、发展并留住优秀人才	6.考虑业务环境 7.定义风险偏好 8.评估可选战略 9.建立业务目标	10.识别风险 11.评估风险严重程度 12.风险的优先次序 13.执行风险响应 14.建立风险的组合观	15.评估重大变化 16.审查风险和绩效 17.改进	18.利用信息和技术 19.沟通风险信息 20.风险、文化和绩效报告

图 10-3　风险管理的 20 项基本原则

风险管理过程包括以下环环紧扣的关键活动：风险识别、风险分析、风险缓解计划、风险缓解计划实施、风险跟踪。

国务院国有资产监督管理委员会颁布的《中央企业全面风险管理指引》将风险管理基本流程分为以下五个阶段：收集风险管理初始信息、进行风险评估、制定风险管理策略、提出和实施风险管理解决方案、风险管理的监督与改进。

将供应链风险纳入整个体系下统一管理使得流程更加规范，可依赖的资源也更多，有利于风险的识别、评估、控制和应急处理。当然，前提条件是组织建立了风险管理体系。

10.1.2　供应链风险识别

项目经理应积极主动地确定和理解项目不确定性。如果没有认识到不确定性，也没有以透明的方式将其结合到评估中，那么对项目费用、进度或绩效的评估就是不可信的或不真实的。分析、理解特定项目领域的不确定性对项目绩效评估具有重要影响。

风险有以下三个组成部分。

（1）根本原因。未来的根本原因（还没有发生），如果能够消除或纠正这些原因，就会防止潜在后果的发生。

（2）概率（或可能性）。当前估计未来根本原因发生的概率。

（3）后果（或影响）。未来事件发生的后果。

问题的根源是风险出现的最基本的原因。因此，风险应该与未来的根源及其影响联系起来。

1. 风险与不确定性

英国皇家采购与供应协会（Chartered Institute of Purchasing and Supply，CIPS）将风险定义为："不希望的结果所发生的概率"。概率是某一事件或结果发生可能性的度量。《风险管理指南》(ISO 31000：2018) 简单地将风险定义为："不确定性对目标造成的影响"。影响是与预期结果的偏差，它可能是积极的、消极的或者可能两者兼有，同时将产生或伴随着机遇与威胁；目标可以有不同的方面与类别，可以在不同层面上进行应用；风险通常被描述为"风险资源""可能性事件""后续影响""可能性"。

任何在未来结果上包含不确定性要素的交易或工作都伴随着风险要素。不确定性源自其易变形与模糊性。易变性是指某一刻测量因素可能是一系列可能值中的某一个值的情形。因为某一情形可能演化或发展出许多可能的方式，所以就产生了不确定性。模糊性是指含义的不确定性，由于某一情形的信息存在多种解释方法，所以产生了不确定性。

风险管理包含有关风险本质的认识与分析、风险事件发生概率的计算（常常是计算过去类似事件发生的频率）、风险事件后果或影响的计算、抵消或降低风险的备选方案的制定等方面。

风险管理是一门应对不确定性的学科，风险管理学会将它定义为："风险管理是组织处理与其业务活动有关联的风险的过程，通过这一过程，组织处理风险可以做到有条不紊，有望实现每项业务活动及跨所有业务活动组合的持久收益的目标。"ISO 将它定义为："风险管理是协调风险管理活动，指导和控制组织的风险。"（ISO 31000：2019）

供应链风险可以定义为："由供应链内、外部环境中存在的不确定性因素所导致的造成供应链崩溃或运营障碍的可能性"。供应链风险来源于供应链不确定性，供应链不确定性的存在和传播会影响整个供应链。

表 10-1 给出了供应链不确定性的分析框架。

表 10-1 供应链不确定性分析框架

类型	表现形式	内容	原因
需求	时间、延迟	不规则的订购时间；客户要求提前或延迟取货；预测的时间错误	供应链组织成员间信息的不对称和信息传递过程中的信息扭曲（包括非主观故意与主观故意造成）
	数量、中断、库存	不规则的订购数量；预测数量错误；客户要求增减数量、产品过时报废	
	信息、预测	消费者偏好改变；市场产品组合改变；不可预测的竞争者；产品的退化率；新产品出现	
供应	时间、延迟	承诺的供货时间与实际不符	供应商的败德或机会主义行为、自身素质（能力）及自然灾害和突发公共事件（包括恐怖袭击、游行、罢工、瘟疫（如 SARS、COVID-19）等
	数量、中断	与订购量不符	
	质量	毁损率过大；原材料的质量不符合要求	
	成本、预测、汇率	原材料售价的变动、供应商的变化	
生产	时间、延迟	生产周期不稳定	机器故障；机器损坏（正常损坏/非正常损坏）；备用零件不足；信息系统出错；员工疏忽
	质量	质量不稳定	
	数量、中断	数量不稳定	
	产能	产能成本、产能柔性	
	库存	库存持有成本	
物流	时间、延迟、中断	车辆出行时间、到达时间不稳定	车辆故障；道路拥堵；驾驶员缺乏时间意识；路途颠簸导致货物破损；天气等原因导致货物损坏；配送路线变更导致成本增加
	质量	破损率不稳定	
	成本	运输线路、运输距离不确定	

2. 风险的后果

尽管风险的常用定义与"不希望的结果"相联系，但风险在引起可能损失的同时也带来了机会。消除所有的不确定性或风险的尝试可能使组织处于瘫痪的境地，组织将没有能力承担不确定的投机与投资活动来实现自己想要的结果，"风险大，收益也大"就是这个道理。创新本身就是一种风险。开发一种新的产品或进入一个新的市场，这也是一种风险。风险的结果可以是正面的，也可以是负面的。因此，合理的风险评估对于组织目标的实现是必需的，它能使企业绩效和利润率达到最大。

基特·塞德格洛夫在《商务风险管理完全指南》中指出，大量的风险事件会直接或间接地导致财务上的损失，如表 10-2 所示。这就是风险管理对于企业和供应链管理至关重要的原因。其他类型的损失包括信誉损失、环境损失和机会损失，关键损失种类如表 10-3 所示。

表 10-2 不可控风险的后果

风险类型	最初的影响	最终的影响
质量问题	产品召回，顾客流失	财务损失
环境污染	不良的公众形象，客户不满意与背叛，法律措施，罚款	财务损失
健康和安全伤害	不良的公众形象，工人赔偿诉讼，员工不满，依法处罚的罚款	对人的伤害，财务损失
火灾	对人造成伤害，生产和资产受损	对人的伤害，财务损失
计算机故障	无法接单，处理工作或发出发票，顾客流失	财务损失
市场风险	收入下降	财务损失
欺诈	金钱偷盗	财务损失
安全	金钱、资产或计划的偷盗	财务损失
国际贸易	外汇汇率损失	财务损失
政治风险	外国政府冻结资产，阻碍利润汇回本国	财务损失

表 10-3 关键损失种类

关键损失	影响	减轻措施示例
财务损失（如汇率损失、利润损失、成本增加、资产损失）	财务损失 利润率下降 生存能力下降 投资损失	保险 财务控制 财务管理 安全措施
信誉损失（如源于违法的或不道德的贸易、雇佣以及环境事件、质量或交付故障等）	吸引高素质员工和供应商能力下降 失去投资者的支持 失去商誉和影响力 商标权益贬值	积极主动的问题管理 危机管理计划 道德和质量政策以及政策监督与检查 供应商监督和管理
环境损失（如自然力量造成的供应中断、资源稀缺性恶化、资源价格攀升、"污染者支付"的罚款和环境修复成本）	声誉损失 环境恶化 "污染者支付"的罚款 环境修复成本 环保组织的抵制	环境风险及其影响的分析与监督 环境政策与控制

(续)

关键损失	影响	减轻措施示例
健康与安全损失（如医疗福利成本、生产损失、更高的保险费、诉讼、赔偿和人员流动率）	生产率下降 成本（如维修、处罚、赔偿、更高的保险费） 信誉和员工关系受损	健康与安全政策和规定 沟通、培训 风险防范 安全文化 防护设备 保险
机会损失（如风险厌恶或成本中心导致投资小和创新少）	投资回报损失 改进机会丧失 想法、供应和收入等来源减少	支持企业家精神 提高授权风险偏好 创建可接受风险的文化

3. 有效风险管理的益处

塞德格洛夫认为，为了应付外部因素，如丑闻、法律法规，公司倾向于引入风险管理。他们不太可能是由于风险管理会帮助企业产出更好的结果才引入风险管理的。

事实上，积极主动地和系统性地对供应链进行风险管理可以带来如下好处。

(1) 避免风险事件的打击和危机等因素的成本或将这些因素最小化。
(2) 避免生产流程或收入流的中断。
(3) 通过减轻供应链的脆弱性，保障供应安全。
(4) 提高企业和供应链弹性，促进业务的持续性，支持供应链的灾后恢复。
(5) 使组织吸引并挽留高素质的员工、供应商和风险伙伴。
(6) 促进组织和供应链的合作。
(7) 提高利益相关者的信心和满意度。

4. 风险识别技术

风险识别和分析流程是指对导致某一活动可能出问题的所有可能因素进行识别并且估计其发生概率的一个过程。风险识别是风险管理中努力发现潜在问题或不确定性领域的一个系统过程。

风险识别是一门不精确的学科，它依赖人们在潜在风险领域的认识和经验。最初的风险识别可能结合了下述活动。

(1) 风险顾问对结果和报告的追踪。
(2) 环境扫描与评估。
(3) 范围扫描（发现是否会带来新机会和风险）。
(4) 监测同类组织中的风险事件。
(5) 市场情报收集和管理信息系统。
(6) 关键事件调查（调查重大意外合同或项目偏差/问题的原因）。
(7) 情景分析（例如，利用计算机模型或电子表格来模拟变量变化的效果，或者措施的后果）。
(8) 过程审计（检查质量管理、环境管理、绩效管理和其他流程的效果）。
(9) 对健康和安全、质量、维护等进行定期检查和检验。

(10)研究项目计划、供应链等，发现可辨认的脆弱性。

(11)开展正式的风险评估（针对环境变化中的高价值项目或活动，以及已发现的脆弱性）。

(12)征求关键利益相关者和行业专家的意见：利用头脑风暴法、调查问卷、讨论会，以及思维图、鱼骨图（因果分析图）、决策树、供应链图析等视觉捕捉工具。

(13)聘用第三方风险审计和风险顾问。

目前，常用的风险识别技术如图10-4所示。

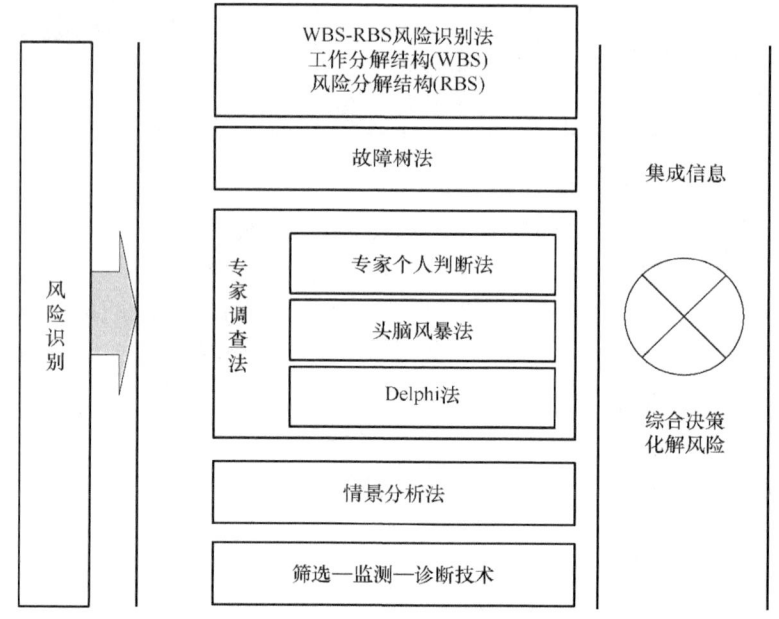

图10-4 常用的风险识别技术

5. 供应链图析技术

供应链风险识别的一个有用工具是供应链或价值流图析。来自克兰菲尔德大学的研究《建立适应性强的供应链》表明，在价值朝向客户流动中的某个点，或者该链条中的某个"节点"，有必要利用系统的方法，识别供应链内部故障引发的商业、供应和合同风险。

供应链图析（Supply Chain Mapping）是一种基于时间展示流程的技术，该流程包括物料、信息和其他增值资源沿着供应链移动的过程。该图（如网络图或流程图）显示了链条内连接点之间或移动点上所花费的时间。这可以让组织决定下列事项。

(1)供应商的交互连接"管道"。增值要素必须通过这条管道才能到达终端用户。

(2)运输路线。增值要素通过该路线从一个节点转移到链上的另外一个节点。

(3)管道中每阶段半成品或库存的储存数量。

(4)在供应链中断的情况下，从管道中的不同点补充库存所花费的时间。

图10-5是简单的供应链图析模型。通过供应链图析得到的信息可以帮助我们识别供应链的风险领域，并计划下列行动。

(1)征求供应链伙伴的意见并与其合作，控制已发现的脆弱性领域。

（2）对于易受攻击的连接点或供应商关系，加强关系保护与契约保护。

（3）对于供应链中第一级供应商对更低级别供应商的管理状况进行监督与控制，降低更低层次供应商的脆弱性。

（4）确定替代的供应源。

（5）增加安全库存。

（6）在易于中断供应的领域，为备选的运输安排制订应急计划。

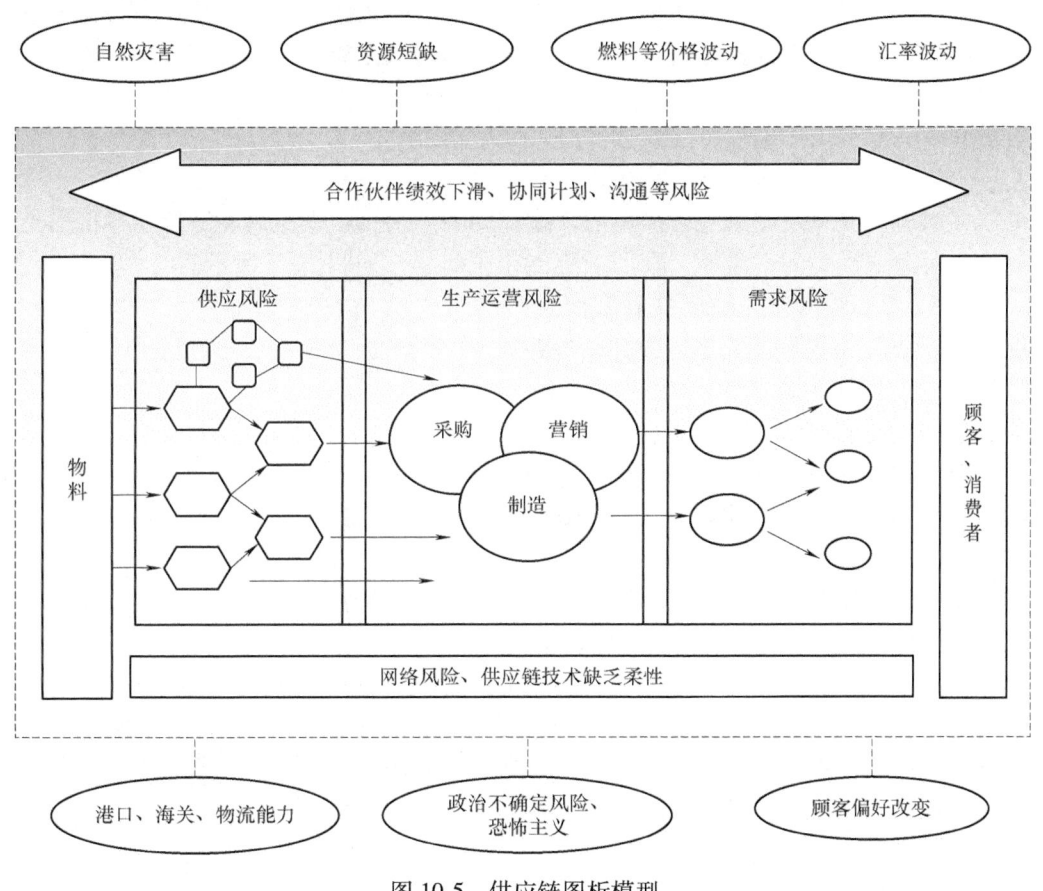

图 10-5 供应链图析模型

10.1.3 供应链风险评估

1. 风险评估

风险评估是对潜在的已识别风险事件的概率和严重程度进行评估。换句话说，就是问"它发生的可能性有多大，可能造成多坏的结果"。

对于风险，可以用基本公式进行量化，其公式为

$$风险 = 风险可能性（概率） \times 风险影响（负面的后果）$$

（1）风险可能性（Risk Likelihood）是指在假定风险性质和当前风险管理做法的情况下发生的概率。它可以用 0（没有机会）到 1（确定）之间的一个数字来表示，或者用百分比（0~100%）、分值（0~10）或等级（低、中、高）等来表示。风险事件发生的可能性越高，

风险管理的优先级就越高。

（2）风险影响（Risk Impact）是指给组织造成的可能损失或成本，或者对组织完成其目标的能力可能的影响水平。对影响的严重性可以进行量化（例如，用估算的成本或损失）、计分（1~10分）或评级（低、中、高）。

供应链风险的大小本质上取决于不确定事件发生的概率和后果的严重程度。

高概率事件不太可能找到将事件发生风险最小化的方法。相反，我们要调动资源来对它们造成的影响最小化。对于小概率事件，如果造成的影响很大，那么需要制订应急和恢复计划，这样组织就可以在事件发生时进行有效响应。那些发生概率小却会造成灾难性后果的事件，更应该引起重视。

下面介绍一些常用的定性/定量风险评估工具与技术。

2. 定性风险评估：风险概率/影响矩阵

可以利用矩阵或风险图来进行简单的风险或影响评估，根据威胁和危险发生的可能性及其一旦发生所造成影响的严重性，在图上绘出相应的点，如图10-6所示。

风险概率/影响矩阵将风险事件后果按其严重程度定性分级，将风险事件发生概率也定性分级，将二者分别作为横纵坐标制成表，交点给出加权指数，加权指数代表风险等级。注意B、C区相比而言，C更不可忽视。该方法在确定风险可能性以及后果严重程度时过于依赖分析者的经验，主观性也较大，精度不高。

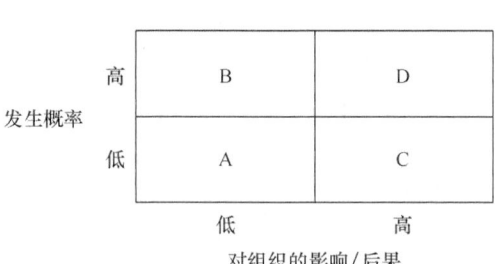

更为详细地，塞德格洛夫通过对影响的严重性（微小、较小、严重、灾难）和发生概率

图10-6 风险概率/影响矩阵

（非常不可能、不太可能、相当可能和确定/非常可能）进行了简单的、定性的分类，建立了风险图分析方法。然后，将风险绘制在一个简单的方格内，得到如图10-7所示的定性的风险矩阵。对角线代表一个分界线，即将大体尚可接受的风险分开，分为风险管理的高优先级（线上）与低优先级（线下）两类。

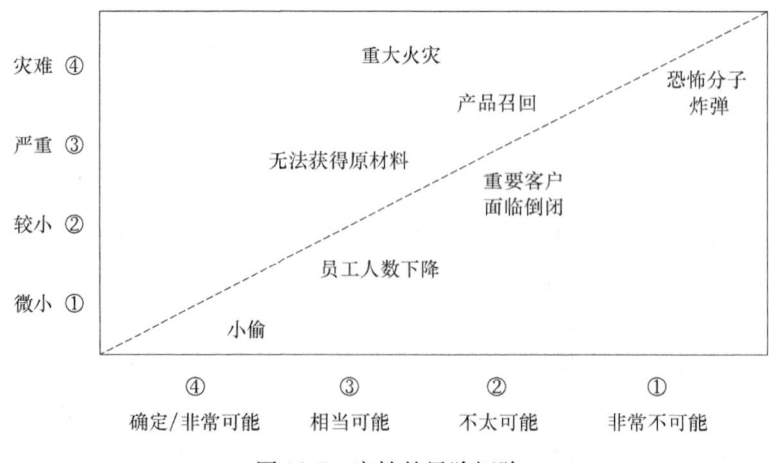

图10-7 定性的风险矩阵

3. 定性风险评估：情景分析

情景分析（Scenario Analysis）中，必须回答"如果……，会……"之类的问题，并试着对决策的行动和结果进行预测。例如，如果原材料价格翻倍，情况会怎么样？如果失去两个最大的客户，情况会怎样？如果互联网崩溃了，情况会怎样？如果希腊退出欧元区，情况会怎样？

简而言之，情景分析包括以下几个方面。

（1）利用头脑风暴或小组研讨会，以激发对供应链、行业或市场以及更广泛外部环境中问题和可能性（正面和负面）的识别。

（2）描述或计算模拟（利用电子表格或其他更为复杂的模拟软件）某情境中的关键变量。

（3）改变所选变量（根据"如果……，会……"的问题）并观察对其他变量和对总体结果的影响。

（4）创建最优的、最可能的和最坏的情形来测量影响。

有学者采用系统动力学方法对供应系统稳定性进行评估，以发现影响系统稳定性的风险因素。考虑供应策略的不同情形，将系统内部和外部各环节不确定因素纳入模型中，风险因素包括：企业环境风险、质量风险、订购风险、物流风险、需求预测风险、维修风险、信息传递风险、财务风险、人力风险等。分析各因素与供应系统运行之间的因果关系，建立系统动力学模型，设计实验并通过仿真模拟和敏感性分析方法对关键因素进行选择。根据系统动力学仿真分析结果，考虑关键风险因素，优化供应系统规避风险的策略。

4. 定量风险评估：统计学和概率论

估计事件发生概率的关键技术是从历史经验数据外推，预测未来事件发生的可能性。在风险评估的例子中，过去一个风险事件的发生是推断其未来发生可能性的很好的指导。风险评估师会利用一系列的风险数据，特别是可计量的、可统计的数据，如发生频率和成本，还包括风险事件发生所处的环境，当时采取了（或者没有采取）哪些减轻或预防措施。

例如，某公司为了将市场营销风险降至最低，他们就应该重视新产品在市场上受青睐的概率。通过在具有代表性的消费者正交样本中开展市场研究工作，公司可以预测更广泛市场可能的反应。

概率是日常生活中经常碰到的概念。人们会说今天有没有可能下雨，以及买的彩票中奖的可能性有多大。人们将概率理论用作量化工具，旨在给"非常可能"或"相当可能"等概念加上一个用数字表示的比例量度。

在风险管理中，常见的概率分布主要有三种类型，分别为二项分布、泊松分布和正态分布，如表10-4所示。

表10-4 常见概率分布

分布	要点	应用示例
二项分布	试验重复进行 n 次，试验只有两个可能的结果（各次试验结果互不影响），概率为 p 或 $q=1-p$（如成功或失败，具有或不具有某种属性，是或否，有故障或无故障）。事件发生的次数服从二项分布。$P_n(k)=C_n^k p^k q^{n-k} (k=0,1,2,\cdots,n)$	某一批次包含缺陷品或合格品的概率 客户购买或不购买某一品牌的概率 项目成功或失败的概率 准时或延迟交付的概率

(续)

分布	要点	应用示例
泊松分布	当试验的总数 n 很大（多于10），事件试验中发生的概率 p 很小（不超过0.1）时，用泊松分布代替二项分布。$P(k)=\dfrac{\lambda^k}{k!}e^{-\lambda}$，式中 $\lambda=np$	质量控制：在一定长度的电缆上或在一定期间出现的缺陷数 风险评估：在给定时间间隔发生问题的次数
正态分布	基于连续的历史数据，形成一个频率分布，用直方图来呈现。连续型随机变量 $X \sim N(\mu, \sigma^2)$。变量可能值落在某区间的概率为 $P(x_1 < X \leq x_2) = \int_{x_1}^{x_2} f(x)dx = F_s\left(\dfrac{x_2-\mu}{\sigma}\right) - F_s\left(\dfrac{x_1-\mu}{\sigma}\right)$，式中 F_s 为标准正态分布累积函数	产品在某一市场的需求量服从正态分布 测量误差一般服从正态分布

5. 定量风险评估：决策树分析

决策树分析（Decision Tree Analysis）是一个可以在不确定情况下用于评估决策方案的图形工具。每一个决策都涉及许多可能的结果。决策树以一种结构化的方式，将决策和结果的各种组合图示出来。通过估算各种可能结果的概率，并且为其分配可能的收益或损失，提高了决策相关风险的可视性，从而让管理者做出最优决策方案的选择。一般情况下，决策者会选择期望利润最高的方案，但应注意还存在许多不应忽视的非财务决策因素。

在下列情况下，决策树是很有用的。具体的供应管理问题或项目决策问题可以抽象为一套互斥的要素；每个决策都有一套可识别的方法，对每个结果都可以评估出发生的可能性（概率）和现金价值（收益）。在实际工作中，可以利用合适的计算机软件来绘制决策树。如决策时设定多种情境，确定不确定性因素，确定每一个不确定性因素的表示，服从什么分布？从现有状态开始，考虑状态的持续改变及状态转移概率，画出决策树；从决策树末端开始（T 期），确定最优决策和期望收益，返回到 $T-1$ 期，再确定最优决策和期望收益，直到返回决策树根部（0期）。

6. 相关性建模

建模是为了理解事物而对事物做出的一种抽象，是对事物的一种无歧义的书面描述。在风险管理中，风险不一定是由某个单一的故障引起的，相反，常常是由多种因素结合在一起从而产生了风险，如人、系统和环境等。因此，可以利用建模的方法来分析那些共同导致风险产生的相关变量之间的联系。

在对企业供应链风险进行建模时，可以从公司目标开始，沿着实现目标所需的所有变量组成的相互依赖的网络分析下去。模型的输出包括：组织所面临的风险的分析，这些风险可能带来的影响，在关键节点上可能的应对措施。

10.1.4　供应链风险应对

可从改变风险后果的性质、风险发生的概率或风险后果大小三个方面提出多种策略。下面介绍风险回避、风险转移、风险缓解、风险预防、风险自留和后备措施六种，每一种都有侧重点，具体采取哪一种或哪几种策略取决于供应链风险形势。

1. 风险回避

风险回避是指当项目风险潜在威胁发生的可能性太大，不利后果也很严重，又无其他策略来减轻时，主动放弃项目或改变项目目标与行动方案，从而消除风险或产生风险的条件，达到回避风险的一种策略。

在供应链风险管理的选择阶段，对于已识别的政治风险、经济风险、社会风险，通过风险澄清、获取信息、加强沟通、听取专家意见的方式进行风险评价，如果发现项目的实施将面临巨大的威胁，供应链管理者又没有其他可用的措施控制风险，甚至保险公司亦有可能认为风险太大拒绝承保，这时就应当考虑放弃执行，避免巨大的经济损失。例如当某国家政局不稳定时，放弃在该国家设立工厂。而在供应链运营阶段，通过增加项目资源或时间，采用一种熟悉的，而不是创新的方法，或避免使用一个不熟悉的开发方法，来达到风险规避的目的。

2. 风险转移

风险转移是设法将某风险的结果连同应对风险的权利和责任转移给他方。风险转移应当是正当的、合法的转移方式，而不是无限制的、无约束的，甚至带有欺诈性的风险转移。项目风险转移分为保险和非保险两类，非保险风险转移的主要途径有合同、保证。例如，针对海外供应商可制订保险计划，以应对突发商业事件给企业供货流程带来的麻烦。又如，为避免供应延误而导致的生产中断，制造商将供应委托于第三方物流服务商，实现了供应风险的转移。

3. 风险缓解

风险缓解即通过缓和或预知等手段将项目风险的发生概率或后果降低到某一可以接受的程度。相对于风险回避而言，风险缓解措施是一种积极的风险处理手段，也是应对无预警项目风险的主要措施之一，它是指设法将某一负面风险事件的发生概率或其后果降低到可以承受的限度。

风险缓解的形式多种多样，它可以是执行一种减少问题的新的行动方案。例如，增加供应链运营中的项目资源或延长进度计划。当不可能减少风险发生的概率时，可以针对那些决定风险严重性的关联环节，采取措施减少风险对项目的影响。例如，对于关键供应商或唯一供应商，如果出现问题将直接影响公司运营，此时可考虑增加备份供应商或可替代的产品，以减少质量不良所导致的影响。

4. 风险预防

风险预防是一种主动的风险管理策略，其目的在于控制风险事件的发生。供应链风险管理中通常采取缩短供应链的策略，以缩短供应链周转时间、避免"战线"过长而导致供应链中断风险，如汽车装配商的供应商大都在"汽车城"内。供应链弹性网络设计不失为一种供应链风险管理策略，采取供应链网络资源优化的方法，做好选址，设计抵抗风险的供应链网络，通过多样化来获取灵活性。

当企业面向全球市场，进行全球供应链运营时，缩短供应链策略是不切合实际的，与企业战略目标不符。此时，全球供应链网络设计就变得重要了。优化企业全球资源，平衡不同的资源获取方案所带来的不同收益和风险，设计弹性网络。

在实践中还采用一些切合实际的风险预防方法，增强组织学习能力，防止风险因素出现，从而降低风险。

（1）应用协同需求预测、VMI，与分销商、零售商建立更加紧密的合作关系，提高需求规划的准确性。合作伙伴是朋友，合作关系有助于缓冲不利时机，长期合作关系与友谊有助于企业在逆境中获得合作伙伴支持。发展合作及联盟关系可有效降低需求或供应的不确定性。

（2）提高供应链的可视化程度。从下订单到接收，都能对运输及库存进行全程监控，实现货物流的全球跟踪。企业可以根据需要适时调整运输计划。

（3）加强产品零部件的标准化，同时混合使用不同供应商的零部件能使制造商的供应链变得更加灵活。采用多采购渠道有助于避免供货风险。通过供应商绩效评价建立备选供应商方案。

（4）在供货服务协议方面适当增加柔性要求。

（5）降低产品的复杂性，不仅有助于缩短生产时间，还能提高企业对供应危机的响应速度。

（6）需要区别对待不同产品的订货策略，对它们的库存单独进行建模和优化。考虑交货延误及提前期的波动等不确定性。

（7）监控风险预警信号。通常跟踪的绩效参数包括服务水平、提前期、库存以及物流成本等。然而，要有效地管理供应链风险，这些参数是远远不够的。还需要对其他一些供应链风险指标进行跟踪，例如订单拖延时间、零部件交付可变性以及汇率变动等。它们能提供一些至关重要的警报。

使用预防策略时需要注意的是，在供应链管理部门的组织结构中加入风险预防机构，增加其责任意识。这样虽然提高了项目成本，但他们的经验和专业会帮助供应链消除风险因素。

5. 风险自留

这种手段意味着供应链团队决定以不变的计划去应对某一风险，或团队不能找到其他合适的风险应对策略。主动的风险自留是指供应链管理者在识别和衡量风险的基础上，对各种可能的风险处理方式进行比较，权衡利弊，从而决定将风险留置内部，即由供应链管理部门自己承担风险损失的全部或部分。由于在风险管理规划阶段已对一些风险有了准备，所以当风险事件发生时可以立刻执行应急计划。主动的风险自留是一种有周密计划、有充分准备的风险处理方式。

最通常的风险接受措施是为了应对已知风险，建立一项应急储备，包括一定量的时间、资金或其他资源，应急救助应由已接受的风险影响程度来决定，在某一可接受的风险基础上进行测算。

与供应商共同制订突发事件应变计划。例如，美国一家大型的汽车供应商在"9·11"事件发生后，立即启动原有的运输紧急服务关系来补充空运自欧洲的汽车零部件的不足。通过对同一时间的空运部件的风险评估，该公司能够提前进行海运的排期，保有相当的库存，从而为汽车制造商的持续运营提供了有力的保证。

6. 后备措施

有些风险要求事先制定后备措施，一旦项目实际进展情况与计划不同，就动用后备措施，主要有费用、质量和技术等后备措施。

在实践中风险处置的各种策略都是组合使用的，对于风险太大的供应链项目一开始就应该拒绝；在那些被接受的供应链项目中，回避、转移、缓解、预防、自留风险和后备措施等策略，都应随时间、环境、条件的不同，而被用于不同的组合策略中。

10.1.5 风险监控与分析

任何供应链风险都有一个发生、发展过程，必须对供应链风险管理过程实施监控，以动态掌握供应链风险及其变化情况，跟踪并控制供应链风险管理计划，同时对供应链风险进行存档与总结。供应链风险监控与分析就是为确保高效的达成供应链目标而设计的。

通过有效的风险监控，在风险事件发生时能够及时实施风险管理计划中预定的规避措施。另外，当实际情况发生变化时，要重新进行风险分析，并制定新的规避措施。

风险监控的主要工具和技术有核对表、定期评估、净值分析、风险应对计划、风险分析等。风险监控的成果表现在随机应变措施、纠正行动、变更请求、修改风险应对计划等。

风险管理应该具有行政层的优先级，应该考虑潜在的风险，并且要设计合理的响应，这样才能使损失最小。这种机制应该发展到能够快速、有序地修复，并且对公司的声誉和客户的满意度带来最小的影响。同时也需要采取有效措施来监督正在提高的风险管理能力。

公司风险管理监控信息系统应该监督风险和调整公司风险管理计划方向。这样才能保证及时制订降低风险计划，并及时修复供应链合作风险带来的破坏。例如，2005年，Tractor供应公司开发了一个灾难恢复系统，作为风险管理的一部分。一年以后，公司在得克萨斯州的威客配送中心遭到台风的破坏，设备上有厚厚的积水，物品散落在附近几英里范围内。当物流副总裁第二天回到办公室时，修复计划很快就得以制订，其他地区的设备已经在服务威客配送中心的客户了，尽管这个月是需求高峰期，但在随后的一周内，威客配送中心没有遗漏过一次交货。

10.2 供应链危机管理

在变化迅速的市场经济条件下，供应链也有脆弱的一面。供应链中潜伏着危机，如自然灾害、人为因素等方面。在这种情况下，企业要积极应对，主动采取措施，建立"生于忧患"的危机意识，发展多种供应渠道，与供应商结成战略合作伙伴关系，建立多种信息传递渠道，防范信息风险。

但现实中，供应链会遇到灾难事件或突发性障碍，供应链管理者应该怎样应对呢？面对SARS事件、伊拉克战争以及恐怖袭击，危机管理理论倍受关注。美国管理学家孔茨曾说："企业不担心正常的事件发生，最担心的是突发事件。"来自企业内外的危机或突发事件，随时可能冒出来点中企业管理的死穴，供应链也是一样。

供应链及物流都有脆弱的一面，就算物流发达国家美国也是一样，供应链管理的两位教授曾经做过调查，他们追究供应链一直处于脆弱状态的原因，是供应链物流的管理者很少制定有效的危机应变策略，所以当遇到突发性事件，他们立即束手无策。供应链管理需要危机管理。

10.2.1 含义及特性

危机是指影响到组织并使组织的利益相关者或公众受到威胁的重大事件，而危机管理则是对这种事件进行预测、预防及应对的一系列过程。危机管理起源于20世纪80年代对大规模工业和环境灾害的研究,被认为是公共关系中的最重要的一环。

危机的三要素包括:组织的共同威胁、意外因素、迅速决策。

从以往供应链危机的发生、表现与影响等方面,可以将供应链危机的主要特性总结如下。

(1) 突发性。突发性的含义包括危机何时、何地、以何种形式发生难以预测;危机起因、发展过程及趋势难以把握;危机影响难以及时评估。这就给处理供应链危机带来极大的不确定性。

(2) 扩散性。供应链作为一个因上下游协作关系而形成的网状运作组织,危机对组织内任何成员的危害,都将直接或间接扩散到其他成员及整个供应链组织。同时,供应链危机的危害不仅体现在直接的经济损失上,也会扩散到合作成员的心理层面,打击合作信心,给今后供应链协调造成困难,这种危害带来的损失可能比直接经济损失更大。

(3) 复杂性。造成危机的原因是复杂的,既有供应链外部因素,也有供应链内部因素。外部因素主要有自然灾害、政治经济事件、社会突发事件等,而内部因素主要来自供应链成员的协调失误、利益冲突以及企业自身运作中出现的问题。同样,危机发生过程和产生后果也是复杂的,这主要由危机中信息获取与沟通困难造成,使得供应链成员难以评估影响并准确及时地做出决策,极大地影响危机的应对。

(4) 持续性。一方面,危机发生虽然突然,但其过程和危害势必将持续一段时间,持续时间的长短视事件本身危害程度与应对事件的措施而定;另一方面,从以往历史来看,要完全杜绝供应链危机几乎不可能,很多不可抗拒因素成为供应链危机的直接导火索,如自然灾害、战争。因此,从历史的角度来看,自供应链这种生产组织形式产生以来供应链危机就是持续存在的。因此,通过对以上供应链危机主要特性的分析,我们可将供应链危机的一般性含义总结归纳如下:供应链危机是由供应链系统内外部突发因素引起,能迅速扩散至整个供应链系统,危害严重且发展趋势难以及时准确把握,能造成供应链系统运营障碍甚至断裂的,急需处理的非常规恶性事件。

10.2.2 分类

根据危机管理理论,首先应该分析供应链中潜伏着哪些危机。供应链的危机来自多方面,从危机来源上看,可以将其分为两大类。

(1) 自然灾害。台风、地震、洪水、雪灾、疾病等来自大自然的破坏和袭击,时刻威胁着供应链的安全。例如,飞利浦公司的大火就是因为大自然的破坏引起的,暴风雨中的雷电引起高压增高,陡然升高的电压产生电火花点燃了车间的大火。又如,台湾"9·21"地震,引起全球IT业的震动。还有肆虐全球的新冠肺炎疫情,让许多企业面临了空前的危机,航空、餐饮、旅游业等服务业更是遭受重创。人类目前普遍面临着环境恶化的问题,天灾爆发的频率也越来越高,作为一种不可抗力,它将成为供应链的致命杀手。

(2) 人为因素。主要包括:①供应链的连锁反应。完善的供应链系统固然能够节省成本,加快产品生产和发展速度,但由于供应链同时连接供应商、制造商、分销商以至客户,架构日趋复杂,每个环节都潜伏危机。其中一家公司出了问题,就可能产生连锁反应,影响到供应链上的多家公司,破坏力也因此比以往任何时候都大,特别是当供应链上有些企业是独家供应商供货时,潜在危机更大,供应链上出现独家供应商,是各种利益冲突比拼形成的结果,从爱立信案例可以看出,采取独家供应商政策存在巨大风险——一个环节出现问题,整个链条就会崩溃。②IT技术的缺陷会制约供应链作用的发挥。如网络传输速度,服务器的稳定性和运行速度,软件设计中的缺陷,还有令人防不胜防、隐伏于各个角落、虎视眈眈的病毒等。③信息传递方面的问题。当供应链规模日益扩大,结构日趋繁杂时,供应链上发生信息错误的机会也随之增多,例如,信息的输入错误,理解错误等。④企业文化方面的问题。不同的企业一般具有自己的企业文化,它表现在企业管理理念和文化制度上,也表现在员工的职业素质和敬业精神上等。不同的企业文化会导致对相同问题的不同看法,从而采取有差异的处理手法,最后输出不同的结果。如何协调供应链成员之间不同的企业文化,也是供应链上各厂家头痛的问题。⑤政治经济风波。最突出的是恐怖袭击和罢工。"9·11"事件后,美国所有机场,港口关闭数天,航班、船期全部延误,货物即刻不能进入美国。"9·11"事件后的几年时间,世界爆发了南美金融风暴、美国海运工人大罢工、伊拉克战争等多次危机。在全球化时代,美国一群海运工人罢工便造成全球供应链中断。另外,经济高速增长容易导致企业原材料供应出现短缺,影响企业的正常生产,而经济萧条,会使产品库存成本上升。

从危机对供应链的不同影响来对供应链危机分类,可分为以下三种。

(1) 造成供应失效的危机。造成供应失效的危机既包括发生在供应链上游的供应商,导致供应中断的危机,也包括发生在分销中心造成供应链零售商的供应中断的危机。

(2) 造成需求失效的危机。造成需求失效的危机主要是指由于短时间内无法满足市场需求及其变化,而造成客户信心丧失,市场份额下降,重要客户流失的一类供应链危机。

(3) 造成内部运营失效的危机。这里内部的含义是针对供应链系统而言,既包括供应链各成员内部的运营,也包括成员之间的运营。这一类危机具体体现为企业产生设备的破坏和信息系统等的失效造成的危机。

10.2.3 危机应对措施

由以上所述的有关供应链危机可以看出,有些危机是可控的,有些危机是不可控的。针对危机的不同特性可以采取不同的应对措施。

一般来说,供应链危机管理可以分为危机防范和应急管理。危机防范指的是如何预防危机的发生;而应急管理指的是在面临危机的情况下,应采取何种手段来降低或转移危机,并把危机可能造成的危害减到最小。有些危机如关键人员流失、关键技术流失、关键客户流失、产品信誉风险、契约风险可以采取危机防范手段来预防发生;而对于恐怖袭击、新冠肺炎疫情等事先无法预料的危机,只有通过应急管理来妥善化解。对于应急管理,本章10.3节将做详细的说明。

供应链危机管理可以采取的措施包括以下四点。

(1) 建立"生于忧患"的危机意识。危机意识不是泛指能够防范和应对企业危机的所有管理意识,而是特指防范与应对企业危机内涵层的思维意识。比尔·盖茨的"微软离破产永远只有18个月"与张瑞敏的"我每天的心情都是如履薄冰,如临深渊"和任正非的"华为总会有冬天,准备好棉衣,比不准备好"等优秀企业领袖的危机观点,都是各自成功企业危机意识的精髓。

（2）发展多种供应渠道，多地域的供应渠道，对供应商的情况进行跟踪评估。为确保产品供应稳定，供应链上应发展多个供应渠道，不能单单依靠某一个供应商，否则一旦该厂商出现问题，势必影响整个供应链的正常运行。同时在对某些供应材料或产品有依赖时，还要考虑地域风险。例如，战争会使某些地区原材料供应中断，如果没有其他地区的供应，势必造成危机，除建立多地域、多个供应商外，还须对每个供应商情况进行跟踪，随时了解供应商的供货情况。

（3）与供应商结成战略合作伙伴关系。在供应链中，战略伙伴关系就意味着厂商与供应商不仅仅是买家和卖家的关系，更重要的是一种伙伴甚至是朋友关系。双方在买卖之外还应有更多其他方面的往来。与供应商建立信任、合作、开放性交流的供应链长期合作关系，必须首先分析市场竞争环境，目的在于找到针对哪些产品市场开发供应链合作关系才有效，必须知道现在产品的需要是什么，产品的类型和特征是什么，以确定用户的需求，确认是否有建立供应链合作关系的必要，如果已建立供应链合作关系，对供应商的业绩、设备管理、人力资源开发、质量控制、成本控制、技术开发、用户满意度、交货协议等方面也要做充分调查，它很可能成为影响供应链安全的一个因素。一旦发现某个供应商出现问题，应及时调整供应链战略。

（4）建立多种信息传递渠道，防范信息风险。厂家、消费者、供应商在供应链中起着多种作用，他们之间的互动日益加快，关系也变得越来越复杂，因此，这就要求给予支持的网络基础设施必须确保供应链所要求的数据的完整、可靠和安全。

总之，危机管理的目的并不是去百分百地避免危机，而是去了解究竟会面临哪些危机，有哪些是可以预防的，出现危机应采取何种手段去降低或转移危机，并把危机可能造成的危害减到最小。

10.3 供应链安全管理

10.3.1 管理理念

整个供应链生态系统依赖每个环节的安全性能。供应链安全管理（Supply Chain Security Management）旨在降低可能造成供应链中断的运营风险，管控可能引发供应链危机的因素，防范各类可能给供应链带来损失的因素，包括产品和信息的盗窃、员工安全，以及任何可能对供应链框架造成破坏的因素。

供应链安全管理需要通过实施一组合适的控制措施来达到目的，包括策略、过程、规程、组织结构以及软件和硬件功能。在必要时需建立、实施、监视、评审和改进这些控制措施，以确保满足组织特定安全和业务目标。这个过程宜与其他业务管理过程联合进行。

供应链的安全性取决于供应链网络最脆弱的那个环节的安全性。因此，供应链企业不仅要做好本企业的安全管理，还要管控供应链合作伙伴的安全性。安全管理在供应链管理的各个进程中显得非常重要。例如，某化学品从工厂开始包装、装运，接着是物流公司运送到港口、港口码头装船、海运到目的地港口，由运输公司运送到配送中心，由配送中心发运到工厂。哪个环节有安全隐患，都会影响到供应链的安全性。安全管理需要供应链的合作，安全系统的合同要求，商品移动中的安全提示，搬运和储存的注意事项等安全防范意识与措施都应到位。加强各环节,特别是薄弱环节的安全程序并且整合到安全系统中,才会有整个供应链的安全。

供应链安全管理保障在制造、运输、仓储、配送、流通等过程的畅通性,使之更标准化,以降低各环节中的物流风险,协调各个环节的资金流、信息流,作为有效供应链管理的补充,是增益型的管理工具。

10.3.2 供应链信息安全

1. 背景及分类

目前我国很多供应链节点企业信息安全意识淡薄,没有意识到信息是重要资产,没有把信息安全管理工作作为日常工作的重点。供应链信息安全工作缺乏统一的依据和准则,节点企业的安全制度互相间存在内容交叉甚至矛盾,边界定义不明确,安全职责模糊不清,部门责任和岗位责任制得不到真正落实,执行监督机制薄弱。企业普遍缺乏信息安全技术与管理人才。在信息化建设中存在重硬件、轻软件和管理的现象,对信息人才的培养与引进关注不够。许多企业缺乏统一的信息安全、战略规划和防范机制,信息安全措施随意性很强,采取"贴膏药"式的安全策略,从而引起软硬件安全设备(系统)间防护功能的重叠和弱化,导致管理难度加大,重复投资现象普遍。供应链企业之间信息的共享与交流存在安全问题,供应链各节点企业在合作过程中一再强调依靠信息共享实现双赢,但又都是独立的利益个体,一旦企业之间发生利益冲突,则容易出现问题。例如,合作伙伴的逆向选择风险、供应链节点企业的败德行为。

由于供应链涉及的环节众多、地域跨度大、参与主体多样化,供应链非常容易受到各种来自内外部环境的安全威胁,如网络黑客、木马、病毒、恶意代码、物理故障、人为破坏等。供应链信息安全问题日益突出。

企业信息安全可分为物理安全、运行安全、内容安全、数据安全和管理安全五个领域。信息安全具有以下特点。

(1) 信息安全不再是某个企业的事情,而是整条供应链所有节点企业共同面临的问题,任何一家企业由于自身原因导致的信息安全事故,将可能危害整条供应链的利益。供应链信息安全保障工作远比单个企业复杂。

(2) 供应链上的企业共享的信息有较高的商业价值,有些企业为了利益将信息泄露给供应链外的企业。如何既保证节点企业间的信息共享,又防止企业泄露信息、身份欺诈等有害行为的发生是供应链信息安全需要研究的问题。

(3) 供应链上下游企业形成"委托-代理"关系,具有优势的代理方往往倾向于增加信息不对称,来获得额外的利益。

2. 安全体系框架

供应链信息安全系统中的各个安全组件或要素只有整合成为一个整体协同作用时,才能有效保证整体安全管控的目标得以实现。供应链信息安全框架旨在为供应链及其节点企业提供一个全面的、自上而下的、结合了国际国内相关安全标准的安全模型。

供应链信息安全框架如图10-8所示,由信息安全治理、信息安全管理、基础安全服务和架构、供应链信息安全技术标准体系和第三方信息安全服务与认证机构五个模块构成。

(1) 信息安全治理。信息安全治理是安全框架的核心,是安全管理的服务对象,信息安全策略制定的基础。

（2）信息安全管理。信息安全管理通过一系列措施确保基础安全服务功能的实现，最终实现安全治理。

（3）基础安全服务和架构。基础安全服务和架构是信息安全建设技术需求和功能的实现者，是信息安全建设的重要支柱。

（4）供应链信息安全技术标准体系。供应链信息安全技术标准体系为供应链和第三方信息安全服务与认证机构提供了标准保障和依据，有利于形成健康法制的第三方信息安全服务市场环境。

（5）第三方信息安全服务与认证机构。第三方信息安全服务与认证机构可弥补供应链企业信息安全技术和经验的不足。

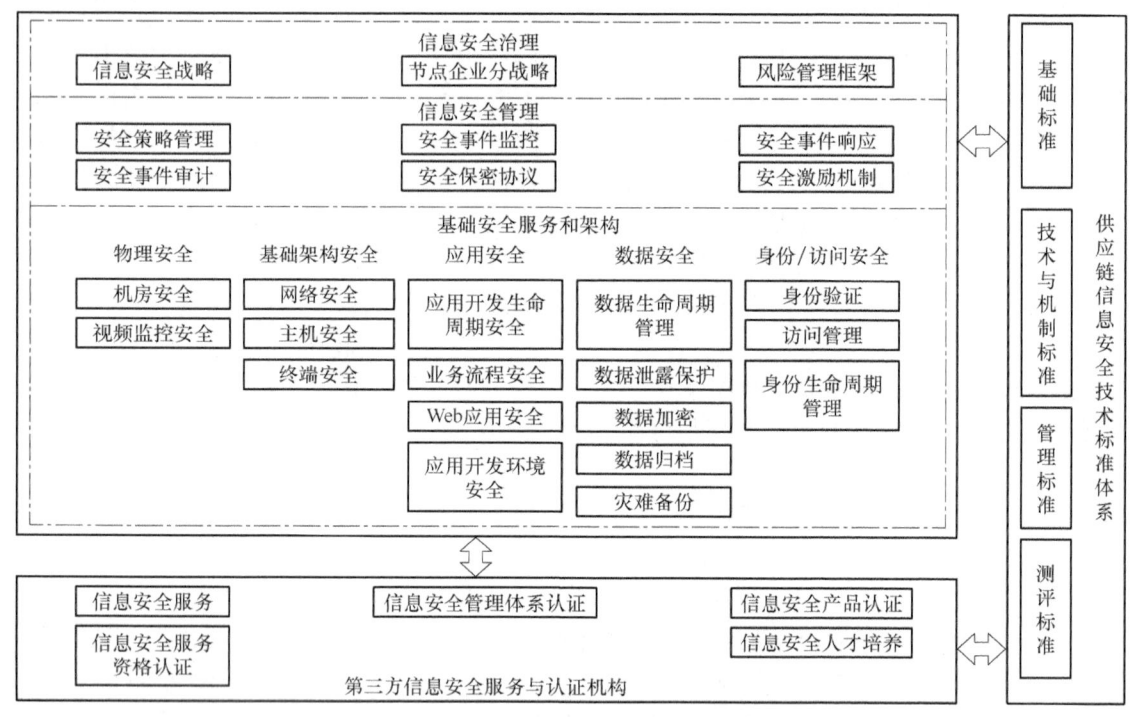

图 10-8　供应链信息安全框架

10.3.3　供应链设施安全

（1）生产设施布置。生产设施布置是指制造商的生产设施网络，网络上的每一个点分别生产不同的产品或者同一产品的不同部件。合理安排企业或者某组织内部各功能单位（生产或者服务单位）及其相关的辅助设施的相对位置与面积，以确保系统中工作流（客户或者物资）与信息流的畅通。

（2）设施布置决策支持系统。设施布置决策支持系统将生产成本、提前期、运输成本及需求预测作为输入数据，针对生产设施来分配不同的产品、部件。在工作时，这些决策支持系统常与人工智能和数学技术相结合。

（3）相关法规。与设施安全相关的法规有《机动车运行安全技术条件》《工业企业厂内运输安全规程》《特种设备安全监察条例》《电气安全管理规程》等。

10.3.4 合规性

随着组织寻求外包构建供应链以降低成本并强化核心竞争力，供应商合规性的重要性正在迅速增长，存在是否遵从法规的风险。

考察合规性时，主要解决以下几方面问题。

1. 问题的合规性

在医疗器械、制药、生物技术和食品饮料等受监管行业中，合规在评估和报告设计、开发和生产活动方面发挥着关键作用。即使在汽车、航空航天和国防等行业，合规问题也起着至关重要的作用。

当然也取决于行业，遵守欧盟《化学品注册、评估、许可和限制认证》(Registration, Eraluation, Authorization and Restriction of Chemicals, REACH)、《电气、电子设备中限制使用某些有害物质的指令》(Restriction of the Use of Certain Hazardous Substances in Electical and Electronic Equipment, RoHS) 或《废弃电气和电子设备指令》(Waste Electrical and Electronic Equipment, WEEE) 会对公司产生不同的影响，这增加了全球市场销售的复杂性。

2. 法律和法规

现在存在很多与供应商流程相关的法律法规。在当今的消费者世界中，由于产品责任诉讼以及政府和行业法规层出不穷，企业必须开发满足顾客要求并保持成本效益的质量控制体系。为此，业务经理在与潜在顾客初步接触前首先需要理解这些法律法规。

下面以食品为例进行说明。随着食品安全问题日益严重，今天的消费者越来越意识到与食品生产、加工和销售有关的多种健康危害。大多数食品企业都意识到需要为消费者提供安全卫生的食品。企业的食品采购部门是防止不安全食品进入企业设施的第一道防线。在谈判早期验证供应商是否可以提供安全的产品，可以防止不安全的产品进入企业。依靠检测人员或实验室分析来确定和拒绝不安全的产品进入，不仅是一种有风险的确保食品安全的方式，而且也是成本较高的方式。

选择食品供应商的流程可以解决食品安全问题。供应商至少应通过以下方式展示对食品安全管理的承诺。

- 了解并遵守适用的政府规定。
- 遵循良好的生产规范。
- 拥有产品识别和追溯系统。
- 制定控制和防止食品污染的流程。

如何确定供应商是否具备对基本食品安全的承诺？最初是询问，然后跟进访问，以便确认内容的一致性。

请注意，从安全的角度出发，与不遵守食品法律法规的供应商开展业务就存在风险，在可能发生法律诉讼时就会受到他们的牵连。为了防止被牵连的可能，一般要求是获得持续的食品和药品担保，担保旨在买方不对产品做任何处理时免除买方的刑事起诉责任。担保应明确规定供应商有责任确保产品符合适用法律的所有要求。

3. 贿赂和腐败

贿赂和腐败会严重影响合规。反贿赂和腐败合规计划的关键考量是通过供应链与公司建立合同关系的第三方风险。在许多公司中，供应链是独立于其他职能的职能。通常情况下，公司的最大分歧出现在业务的销售方和供应方之间。然而，这种鸿沟也与公司的合规职能和供应链有关。

即使供应链对潜在供应商进行了广泛的职责调查或其他背景调查，但它不会与公司的合规功能一起执行，甚至不会将反贿赂和腐败合规计划方法整合到其中。如果涉及反贿赂和腐败合规性分析，就会存在潜在的灾难性后果。原因在于，如果采用托管方式，可能效率低下，而且更重要的是可能没有任何效果。公司应设计反贿赂和腐败合规计划的第三方部门以适合其特定的业务。如果设计得当、认真执行并得到公平执行，公司的合规计划（无论组织规模多大或多小）通常可以使公司能够避免违规行为，检测到可能发生的事件并及时予以适当补救。

4. 评估供应商风险

供应商审计是管理供应链风险的关键工具。例如，苹果公司通过每年的《供应商责任报告》公布供应商，苹果在相关职能领域与员工、合同工和高级管理层进行面谈。苹果还对生产设施以及工厂管理的宿舍和用餐区进行现场检查，并对记录的相关政策和程序进行审查。苹果公司认为，在实际操作中，审计可能会出现合规问题，因为底层管理系统可能不够强大，无法防止违规行为。因此，苹果的审计工作包括审查管理体系，例如政策和程序、角色和责任以及培训计划，这些管理体系是其合规计划的基础。

5. 举报者和供应链

在相互关联的供应商世界中，公司必须意识到举报者这个角色。当今世界中智能手机无处不在，几乎人人会使用智能手机。图片和视频可能会导致公司声誉受损。更重要的是，这些常见的现代工具可以在全球范围内举报。

在美国，《多德-弗兰克法案》中有一些条款，可以对违反美国《反海外腐败法》等法律的公司处以高达30%的罚款。执行该法律的美国证券交易委员会宣布，尽管《多德-弗兰克法案》是美国的一项法律，但如果他们是美国以外国家的公民，它也会将奖励支付给告密者。这意味着对举报人没有地域限制，任何受《多德-弗兰克法案》约束的公司都可能需要支付从美国境外提供信息的举报人。这些举措清楚表明，供应链正在成为任何商业组织中最高风险之一。供应链安全管理将是影响企业前进的关键因素。

10.3.5 供应链欺诈

供应链欺诈是指供应链的一方为了自身企业的短期利益损害供应链的长期利益而发生的合作伙伴间的欺诈以及失信等行为。

在当今相互依存的合作环境中，机会的来源往往也是风险的来源。一方面，供应链的优势对各类企业充满着诱惑，吸引着众多企业积极加盟供应链；另一方面，生产、需求、信息等大量不确定性因素的交叉作用，扩大了供应链的风险来源和危害程度。节点企业之间的业务联系使得一些风险相互传递、放大，从而形成了合作风险。供应链合作风险就是在基于供应链理念合作的过程中，由于节点企业的个体差异和供应链总体的不确定性因素导致供应链达不到预期效果的概率与损失的综合。例如，节点企业核心技术外泄和核心能力丧失信息不对称导致的道德风险、利益分配引起的激励风险等。这些风险是由于节点企业之间的合作所引起的。相对于单个企业风险而言，供应链合作风险的表现形式更为复杂。按照风险发生时间和作用形式不同,可以将供应链合作风险划分为阶段性合作风险和全程性合作风险两大类。

10.3.6 供应链安全管理措施

1. 分类

供应链安全管理主要有四类措施:基本措施、反应措施、预防措施、先进措施。

(1) 基本措施。基本措施是供应链安全管理最基本的要求,安全系统应该包括办公室、生产工厂、仓库和其他设施的安全,此外,还应该包括个人人身安全、设备安全、计算机安全和货运安全。管理者应该考虑使用安全徽章、安排警卫、核实客户及合作者背景、运用反病毒反黑客软件、使用加密通行证、使用货物全程跟踪技术等。要运用高科技手段防止货物运输途中丢失和被盗。

(2) 反应措施。与基本措施相比,反应措施代表着对安全管理的更深刻的理解,但是对安全管理仍然缺少系统的、全面的、长期坚持的全企业计划。许多公司往往是在危机出现后,进行安全措施的补救,"吃一堑,长一智",防止类似危机的出现。这些措施有时与国家或地区的反恐活动密切相关。

美国"9·11"恐怖袭击事件后,政府各类组织都加强了安全防范措施。美国海关、国际货运安全理事会和全球性安保评估公司 Pinkerton 成立了海关商贸反恐怖联盟(Customs-Trade Partnership Against Terrorism,C-TPAT),评估供应商安全系统,制定业务持续保障发展计划,实施具体的安全训练和教育项目。达到 C-TPAT 安全标准,加入联盟,全面提升供应链安全的公司,可以获得过境处"快车道"的回报,而非联盟参与者接受集装箱安全检查的概率高。还有,所有进入美国的货船集装箱施行进口安全申报制度,所有空运到美国的货物施行检验认证程序(CCSP)。

(3) 预防措施。预防措施应该是公司系统化的正规的安全管理方法。公司安全措施包括:设立安全管理职能部门与安全管理经理,可以招聘前军队、情报机关或者法律部门有安全管理经验的人员;成立跨部门的安全管理委员会;全面评估公司的安全隐患和安全风险;强化信息安全,构建反黑客、反入侵的网络信息侦测系统与防火墙;开发综合的供应链物流合作安全计划;开发或购买安全管理软件应用系统,快速评估风险,及时发出风险预警;积极参与安全管理协会。

(4) 先进措施。有远见的领导者善于采用先进的安全管理措施。这类措施着眼于整个供应链的合作,在供应链签订合作契约时就规定供应链中断时采取的恢复方案;着眼于对已经发生安全事故的全球类似公司的反思,并将其反应措施充实到公司的安全管理系统中。安全管理的先进措施包括与关键供应商和顾客在供应链中断后的快速恢复和持续计划中的全面合作,完善公司安全系统,吸取其他公司及本公司的教训,设计更综合、有效的包括所有关键合作伙伴的全面供应链安全管理系统,开展各类安全训练活动,检验各类应急措施是否充分,建立供应链范围的紧急控制中心与大数据中心,来应对突发的供应链危机。

陶氏化学的运输安全与保安部总管亨利说,"我们把安全看作一种确保我们保持可靠的市场产品供应商的措施之一,我们从供应链整体上考虑,采取供应链安全的综合措施"。陶氏化学提高供应链可视性和安全性的计划使得公司商业运输保持 50% 的增长速度、终端存货降低 20%。随着大规模的联合运输集装箱从北美运往亚洲,陶氏化学使用 RFID 和 GPS 来进行全程追踪。陶氏化学清楚地意识到,与政府和供应链合作伙伴的合作是成功的关键,没有安全,一切无从谈起。

全面落实供应链安全管理措施,绝不能拖延。供应链安全漏洞的成本不可低估,安全漏洞带来的危机会对社会及无辜的人造成伤害,甚至会演变为公共危机。随着供应链低成本战略的扩散,越来越多的供应链企业通过寻找更廉价的供应商来降低成本,运用大型远洋巨轮运输及大容量陆上运输来降低成本,与此同时,安全风险却在迅速增加。不幸的是,只有少数公司拥有有效的供应链安全监控及防范系统。管理者和政府监控部门面临的挑战是空前的。另外,不可忽视的是贪污腐败问题。贪污是企业管理者必须开始面对的潜在问题,应防止贪污腐败对供应链各环节的安全措施的执行带来影响。

2. 风险防范措施

供应链是一个基于核心竞争力的紧密关联系统,供应链安全风险具有连锁反应特性。无论是阶段性合作风险还是全程性合作风险,一旦发生就会在供应链网链上联动和传递,将其破坏性迅速传递给供应链上的其他成员企业,并有可能引发其他新的风险。

(1) 阶段性合作风险防范措施。阶段性风险经过某一阶段后便不再发生或转化为下一阶段其他风险,因此,阶段性合作风险防范应结合合作关系的构建、运行和调整有所侧重,各个阶段强化合作基础的主要防范措施为选择合适的合作伙伴、设置退出壁垒。

1) 选择合适的合作伙伴。选择与自身优势互补、能力匹配、企业文化和发展目标一致、运作效率较高的企业作为战略合作伙伴,促使企业自身核心竞争力的形成和充分发挥,同时还可以提高整个供应链的质量。

2) 设置退出壁垒。节点企业进入供应链一般都需要一些专用性投资,如果放弃合作关系,节点企业的人力设备和商誉等资产将受到很大损失。企业可以通过与节点企业间的不可撤回性投资来锁住对方,使得供应链上的成员企业必须像关心自己的利益一样,来关心核心企业和整个供应链的兴衰成败,尽量消除企业通过欺骗而得利的可能性。

(2) 全程性合作风险防范措施。虽然全程性合作风险的本质不会发生变化,但在各阶段发生的可能性和损失后果有所不同,因此防范控制点分散在各个合作阶段。

1) 促进信息沟通。供应链必须建立通畅的联络渠道,进行有效、全程沟通。随着信息技术、网络技术的发展,构建供应链信息平台、防范信息风险显得至关重要。构建供应链信息平台的目的在于提供一个能够兼容分布异构信息系统的集成开放体系框架,通过供应链成员企业之间信息的高度共享,实现供应链全局的优化管理。

2) 培育信任基础。核心企业的生产、经营活动需要供应链企业的积极配合,与节点企业之间单纯依靠合同来规避合作风险显然不够,还要建立良好的信任关系,弥补合同在防范合作风险方面的不足。

3) 建立激励和收益共享机制。企业应当对合作伙伴进行激励,提高合作积极性,避免机会主义行为。收益共享的基本要求就是在联盟成员间进行公平的利益分配。只有实现收益共享,才可能实现供应链的风险共担。

4) 构建预警系统。为了掌握供应链运行过程中的合作状况,预防合作风险的发生,必须构建合作风险预警系统。该预警系统是对整个供应链合作风险进行监控,包括风险的识别、评估和控制三大模块。风险识别主要是对供应链合作状况进行分析,从而及时发现可能存在的风险因素;风险评估主要是对供应链合作风险的大小进行系统评估;风险控制则是根据评估结果，针对重点风险和高危风险进行一定的应急处理。

（3）实行风险共担。由于节点企业的成本投入不同，风险事件一旦发生，投入多的企业往往损失多。过度的风险集中通常会引发合作者的短期行为，为此需要平衡风险与收益分配。风险分担主要体现在合作收益调整上。可以推选某个资金实力雄厚且信用程度高的合作伙伴（一般是核心企业）或委托第三方来对合作产出进行客观评估。对未达到合同规定产出或出现欺诈行为的合作企业进行惩罚，同时对完成或超额完成规定产出的合作企业给予奖励。一方面，可以及时补偿那些虽然规范合作仍遭受损失的企业；另一方面，对那些给整个供应链带来较大贡献的合作伙伴给予奖励，达到奖励先进、鞭策落后的效果，进一步保证供应链"合作双赢"的实现和后续合作的进行。

10.4 供应链应急计划

10.4.1 应急计划

应急计划（Contingency Planning）是指通过制订第二计划、权宜之计、退却阵地或"B计划"以防止情况变糟或者最初的计划失败，从而减轻风险事件、偏差和失败所造成的影响。换句话说，应急计划就是提出这样的问题："如果出现突发事件，我们将如何根据危机程度制定相应的预案。"

在供应链应急中，直接的应急响应计划应当与更全面的计划联系起来，应发挥两个作用。

（1）保障。保障业务持续，让基本流程和服务在风险事件中能够继续进行。

（2）恢复。开始灾难恢复，即恢复风险事件开始后丢失的数据、资产、基础设施和职能。

应急计划基于如下三点认识。

（1）意外事件或突发事件引起风险。在风险管理中，由组织所能控制之外的因素引起的风险（如自然灾害、疾病暴发、恐怖主义或者第三方行动）是不可能消除的。组织如果为了消除风险，对组织的正常活动大加限制，就会造成组织功能失调，失去判断力、灵活性、创新性和机会。不能因为会有意外发生，就什么也不做，杞人忧天对企业也是灾难，这种企业注定不能生存，正确的做法是对突发意外事件有应对。

（2）小概率事件引起风险但影响大。一个风险可能发生的可能性太小，以致不值得采取持续的或代价高昂的措施来预防它的发生，但是其影响足够大，有理由做出减轻措施计划（使成本或后果最小化）以防止它真的发生，制订应急计划避免小概率事件发生后造成大的损失。

（3）积极主动的风险减轻措施比被动的措施更加有效。风险减轻要求组织进行系统的计划、资源配置和执行提前期，因为一旦发生风险事件或在事件过程中可能会出现供应短缺。应急计划是当有风险发生时有资源可调配使用。

应急计划制订的一般过程包括以下六点。

（1）识别关键风险。

（2）评估风险程度，制订应急计划方案。

(3) 明确方案中可选择的应急措施。
(4) 明确应急措施的触发条件与计划执行者。
(5) 建立和培训应急团队。
(6) 对计划的宣传,让人人在需要的时候可应对。

10.4.2 业务持续保障计划

业务持续保障计划是通过对组织关键活动执行成功因素的分析,识别潜在威胁,降低威胁的危险等级,制定应对措施,确保在风险事件中业务职能和流程的运行。它关系到组织在供应链中断期间或局势持续变化期间是否能够维持基本的可交付业务成果。

业务持续保障计划是应急计划的一个分支,它特别强调威胁运营连续性的因素,以及在面临潜在的中断事件、问题或故障时企业职能如何维持(或恢复)。如果应急计划提的问题是"如果意外事件 X 发生,B 计划是什么?"那么业务持续保障计划提出的问题就是"能够使我们业务中断的意外事件是什么?如果意外真的发生了,我们如何才能保持核心职能的运营?"

业务持续保障计划提供了一个框架,具体如下所述。
(1) 目的是确保企业的弹性和连续生存能力。
(2) 根据企业层次的风险评估,做出应对预案。
(3) 避免在对企业关键的流程或资源(包括数据和知识、系统、人才)上造成损失、损害、故障或中断,强化核心业务,确保其可交付成果的连续性。
(4) 在受到破坏影响的时候,确保给关键客户提供服务的连续性,确保现金流。

业务持续保障计划涉及有关确保核心业务职能免遭重要威胁的一系列计划的制订、测试和维护流程与程序,它包括以下四点。
(1) 管理者继任计划(确保领导和管理"人才"的连续性)。
(2) 知识管理计划(保护和保存对业务关键的知识)。
(3) 供应商过渡计划(将更换供应商引起的供应中断和资产、知识产权和/或交付情况等风险降至最低)。
(4) 技术更新或系统变革计划。

10.4.3 灾难恢复计划

灾难恢复计划是指在重大危机事件、自然或人为灾难或故障之后,特定运营、职能、场所、服务和应用的恢复计划。这也是应急计划的重要部分。尽管事前有应急预案,事后也要立即派遣危机处理小组赶到现场,根据现场实际情况,展开紧急救援行动计划以及救援后的恢复计划。

一个全面的业务持续保障恢复计划涉及以下七项内容。
(1) 人员:角色、责任、意识和教育。
(2) 计划:积极主动的过程管理。
(3) 流程:所有业务流程,包括供应和信息管理。
(4) 建筑物:大楼和设施。
(5) 供应商:供应链及外包供应商。

(6) 形象：品牌、形象和信誉。

(7) 绩效：指标、评价和审计。

联合国灾难救援项目组（Humanitarian Programme Cycle，HPC）协调、准备、管理一系列救援行动，提供人道主义援助。它由需求评估与分析、战略响应计划、资源动员、执行与监控、运营审查与评估五个元素组成。人道主义项目组的成功执行依赖于有效的应急准备、有效的协调、政府和人道主义行动者及全面的信息管理。其行动周期如图10-9所示。

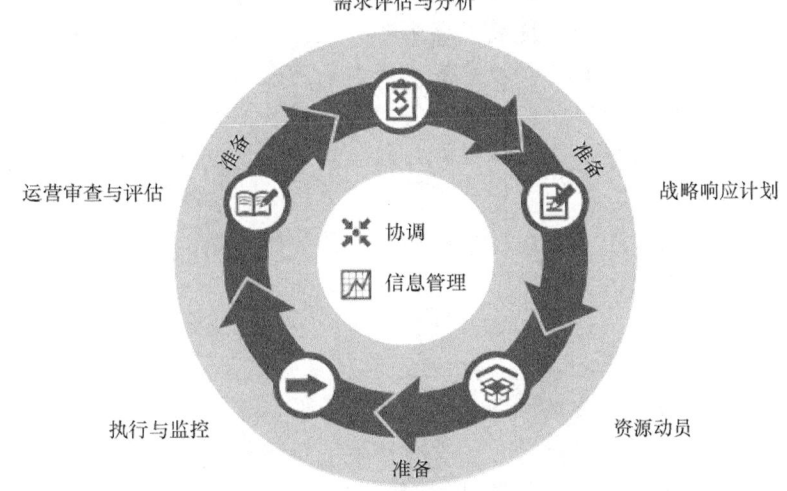

图 10-9 联合国灾难救援行动周期

联合国全球集群协调小组包括全球协调和营地管理（Camp Coordination and Camp Management，CCCM）、早期恢复、教育、应急通信、食品安全、卫生、后勤、营养、保护、儿童保护（区域的责任）、住所、全球水环境卫生和个人卫生集群等，负责组织协调行动，实现更多的战略响应，改善人道主义行动的有效性，更有效地分配资源，提高救援透明度，尽可能确保所有需求得到满足。

【案例分析】

旺奔？还是"忘本"？

旺奔制造厂是飞锦公司一手提携起来的供应商，早年旺奔制造厂是一个小作坊，只是飞锦公司的二级供应商，替飞锦公司的外协件厂加工一些金属扣等非常低端的配件，但旺奔制造厂的老板不但胸怀鸿鹄大志，脑袋瓜还异常聪明，手脚也勤快，服务意识更是无微不至，真正做到"招之即来，挥之不去"，深得飞锦公司从上到下各个部门的喜爱，不但采购员、技术员和生产工程师认为与旺奔制造厂合作简直是无缝接轨，就是飞锦公司老板也愿意和他们打交道。渐渐地，旺奔制造厂地位也得到了提升，成为一级供应商，加工的产品也越来越多。

旺奔制造厂的老板非常热情主动，常常有事没事地到公司转转，除了增进感情，更重要地是捕捉一些机会，能得到更多的订单。他是生产现场的常客，这位老板深深地知道，依赖采购员的口头承诺"如果表现好，多给些份额"是远远不够的，因为订单量不是采购决定的，而是取决于市场和客户的需求。从别的供应商嘴里挖出来，那是虎口夺食，实属不易。只有不断增加种类，才是拓展财路的主旋律。有一次，他在生产线发现工人正在做塑料管的切割，他立刻找到生产经理，表示愿意把这道加工转移到自己的车间。生产经理也乐意将这些不大增值，还没有技术含量的活交给旺奔制造厂。一来二去，旺奔制造厂所承接的活越来越宽泛。开始是一些不起眼的附件，慢慢地，做的产品也越来越多，越来越复杂，因为旺奔制造厂的服务、绩效表现都很好，技术上也愿意投入，飞锦公司也考虑到这是一家可以发展的供应商，应该作为合作伙伴对待，常常派技术人员到旺奔制造厂的现场指导工作，旺奔制造厂对到来的客人照顾得非常周到，车接车送，虚心学习。人心都是肉长的，技术人员也毫无保留地将经验传授给供应商。逐渐地，旺奔制造厂成为飞锦公司的第一大供应商，为飞锦公司生产主控设备，在订单紧张忙不过来时，还替飞锦公司装配主机，以解燃眉之急。

飞锦公司是一家跨国企业，本身也是一些通用件的提供商，主要为一些世界著名公司供货，长期以来，质量稳定，供货稳定可靠，在业界建立了比较高的声誉。虽然不是最终产品的提供商，但在市场上有一定的知名度。但近年来，市场越来越不好做，客户降价的呼声一浪高过一浪，飞锦公司怎么也扛不过，公司的利润越来越薄，客户的压力自然不能自己顶着，一定要传递给供应商，本来对供应商就有年度降价的要求，随着客户压力的不断提升，对供应商也变本加厉，不但价格苛刻，付款周期也不断延长，以缓解自己的资金短缺压力。

虽然，仍然能看到旺奔制造厂老板那热情、谦卑的笑脸，一如既往的"招之即来，挥之不去"的响应速度。但明显感到供应商心中流露出的不快。但飞锦公司的采购经理的名言是："供应商过着舒适美满的幸福生活则说明我们采购员的工作还没有做到位，价格还太高。如果你不把供应商压榨得喘不过气来，说明，他们的油水还可以再拧一拧。"这样的想法不完全是因为采购经理的无情，他也是被公司的"降本"指标所逼的。

终于有一天，年底合同结束要续签之际，旺奔制造厂的老板向飞锦公司递交辞职报告，说"过不下去了"。飞锦公司开始还以为是旺奔制造厂的老板耍手腕，要挟公司要涨价呢，采购经理说，先晾着他，看他回头还找我们不。可事实上，一个月过去了，合同也到期了，旺奔制造厂的老板还是没有露面。采购经理坚持要再忍一忍，看看到底谁先低头，可计划员叫嚷上了，要是旺奔制造厂逾期不交货，仓库里的库存坚持不了一周。采购经理胸有成竹地说："不要急，不要慌。旺奔制造厂的老板一定会来找我们的。要是我们先找他，明年的合同价格难谈啦。"

但市场上传来一条对于飞锦公司来说是噩耗般的惊人消息：旺奔制造厂开始在市场上销售他自己品牌的产品，成为飞锦公司的竞争对手，而且已经从飞锦公司手里抢走了一部分客户。市场部从客户那里得到的反馈是，原来从飞锦公司购买的产品就是出自旺奔制造厂，现在直接从供应商那里采购，价格还便宜，何乐而不为呢？还有客户在采购战略上做了一些调整，向小企业倾斜，增加小供应商的比例，以增加公司对供应商的控制力度，并降低采购成本。从旺奔制造厂内部传来的信息是，地方政府最近提升观念，执行从"中国制造"转型为"中国设计"的精神，积极为自主品牌鸣锣开道。这一举措正好与旺奔制造厂不谋而合，将旺奔制造厂从一个代工厂发展成为品牌提供商，政府在资金、政策上都给予了大力支持，旺奔制造厂也趁势飞跃而起，摆脱了飞锦公司的控制。在自己眼皮子底下成长起来，飞锦公司的采购经理感叹道,"这是'翻身农奴把歌唱呀',旺奔制造厂真不应该叫这个名字,他应该叫'忘本'制造厂,忘记了当年我们是如何手把手地教他,把他扶植起来,徒弟学了手艺,却抢夺了师傅的饭碗呀!"重要的是,来料断货成了飞锦公司要面对的事实,已经刻不容缓。

【讨论题】
(1) 在这个案例中,飞锦公司有哪些问题?
(2) 在培养供应商时,如何防范各种未知的风险?

习 题

1. 请给出风险管理的定义,说明一个风险管理的框架。
2. 列举供应链中可能存在的风险源。
3. 有效风险管理的好处有哪些?
4. 有哪些风险识别技术?
5. 如何进行风险的评估?分别解释风险可能性和风险影响的含义。
6. 举例说明风险评估方法的应用与步骤。
7. 查阅文献,说明定量评估风险的方法有哪些。你认为哪个最好?
8. 对供应链中的风险可采取哪些应对策略?
9. 说明企业供应链风险管理中风险预防的措施有哪些。
10. 供应链风险管理和供应链安全管理有什么不同。你认为哪个更重要?为什么?
11. 什么类型的供应链最可能受到风险和危机的影响?为什么?
12. 什么是危机管理?危机管理有什么特征?
13. 说明供应链安全管理的四项措施。
14. 说明供应链应急计划的重要性。
15. 如何制订供应链应急计划?
16. 什么是业务持续保障计划?说明业务持续保障计划的框架。
17. 业务持续保障计划属于应急计划吗?为什么?
18. 灾难恢复计划属于应急计划吗?为什么?

第 11 章 供应链管理的社会责任

【本章要点】

1. 可持续供应链及其管理：企业社会责任与道德准则；
2. 绿色供应链与绿色物流；
3. 低碳供应链物流：碳足迹、低碳政策、低碳物流及货运减排路径；
4. 供应链管理教育认证：APICS CSCP、APICS CPIM、APICS CLTD。

11.1 可持续供应链及其管理

11.1.1 企业社会责任与道德准则

道德和道德准则是预防欺诈和贪污的一个重要因素。商务伦理道德是道德准则在商业环境中的运用。事实上，从更广的视角来看，商务伦理道德问题可能会在不同层次影响组织。

（1）全球化及工业化对环境的影响加剧，在更宏观的层次上，有可持续发展的需要。

（2）在公司层次上，组织在制定如何与各种利益相关者打交道的战略和政策时会遇到各种道德问题。这些一般是指"企业社会责任"所覆盖的、组织为了利益相关者的利益所采用的政策，包括公司治理问题。

（3）在个人层次上，个人与组织供应链打交道时会面临道德问题。例如，个人是否要接受一些礼物或招待，这可能会影响决策的制定。

英国皇家采购与供应学会（Chartered Institute of Purchasing and Supply，CIPS）将企业社会责任定义为"一种方法，企业依靠这种方法，可以认识到企业活动对其所处的社会所产生的广泛影响，而社会发展反过来又会对企业追求商业成功的能力带来影响"。

在供应链物流管理中，企业应重点履行四个方面的社会责任。

（1）坚守商务伦理道德准则、相关法规。

1）在供应链所有层次上，贸易、环境责任和劳动标准等都应符合商务伦理道德规范。

2）坚守商务伦理道德框架和行为准则。例如，国际劳工组织、公平贸易协会、国际标准化组织关于企业社会责任的指导方针 ISO 26000：2000《社会责任》，或者有关专业团体的道德准则。

3）承诺遵守关于消费者、供应商和工人保护的所有相关法律、法规。

（2）符合商务伦理道德的供应管理。

1）在采购中促进公平、公开、透明的竞争，避免不公平的、欺骗的、操纵或胁迫的供应商管理。

2）促进供应商的多源化、多样化，利用供应商选择的政策来促进社会与经济目标的实现。例如，促进供应商的公平机会和多样化、对本地和小型供应商多多支持、对少数民族企业多支持、实现运输路程的最小化（并减少对环境的影响和碳排放）等。

3）在供应商开发与管理中注重商务伦理，例如，对供应商进行资格认证时要审核企业的社会责任政策、商务伦理道德准则、环境管理体系、逆向物流和回收能力；对商务伦理道德模范供应商，应予以奖励。

4）采购的物品应符合道德规范，例如，获得"没有在动物身上做测试"的认证，采购物品不属于稀缺资源，在安全工作条件下制造等。

5）承诺逐年提高供应商的收益，不压榨供应商，确保价格公平，尤其是在买方占据主导地位时。

6）承担对供应商的社会责任意识的教育、监督和管理，以确保供应商公平地对待员工并且遵守环境标准。

美国质量协会（American Society of Quality，ASQ）规定了组织的商业道德规范的基本原则，要求其成员和认证获得者通过以下方式遵循道德操守。

1）为公众、雇主、消费者和客户服务时保持诚实与公正。

2）努力提高从事质量职业人员的能力和威望。

3）利用他们的知识和技能增加人民的福祉。

美国质量协会要求成员和认证会员必须遵守以下原则。

1）与公众的关系方面。

第 1 条　保持公众在履行职责时的安全、健康和福利是至关重要的。

2）与雇主\消费者和客户的关系方面。

第 2 条　仅在其权限范围内提供服务。

第 3 条　在整个职业生涯中继续他们的专业发展，并为他人的职业和道德发展提供机会。

第 4 条　以专业方式与质量管理者以及每位雇主、客户打交道。

第 5 条　充当忠实的代理人或受托人，避免利益冲突。

3）与合作伙伴的关系。

第 6 条　根据服务特点建立专业声誉，不与其他人进行不公平的竞争。

第 7 条　确保他人的工作成果能惠及更多的人员，这些人员再创造更大的价值。

（3）保护自然环境。要给后代留下一个健康的、可持续的、多样化的世界，要承担起这个责任，必须明白保护环境和经济增长并不是互斥的目标。时代在变，商业环境的推动力量也在变，环境保护可以是重要的推动社会发展的动力。由于对全球资源的过度开发与消耗，生态系统逐渐变得脆弱，生物多样化和清洁健康的空气正在消失，海洋污染也正在急剧增加，环境保护成为影响人类生活质量的重要因素，同时也给企业带来了更多的市场机会。环境保护应首先集中在对各种污染的预防上，企业可以开发环保类产品、环保型包装和绿色生产工艺，自行制定环境保护规则，构建绿色、低碳供应链，满足追求环保的消费者的需求，树立良好的企业形象，形成自己独特的竞争战略。一旦绿色行动成为一个时尚的媒体话题，电视和报纸杂志就会将它推向深入，环保企业就会获得更广泛的顾客群体。

随着环境保护的立法，保护自然环境已经成为企业不可逾越的"红线"。各类环境问题的责任追究与认定更加清晰，处罚及法律惩治更加明确。

(4) 为所在地带来价值，尊重当地文化。企业应为当地社区、城市居民带来价值，遵守当地法律与习俗，为当地文化注入新能量。传播新技术，为当地带来就业，提升当地员工知识水平与能力；传播先进环保理念，促进当地环境保护；平等对待当地员工，提供安全健康的工作场所；倡导公平竞争理念，杜绝收受贿赂；为所有员工提供平等机会，杜绝性别、年龄、种族、宗教信仰等的歧视。

现在，企业不能承担社会责任已经成为一种重要的商业风险，会产生重大的潜在成本。例如，某化工企业因为超标排放，被当地政府依法关闭。企业社会责任和道德风险以及控制/减轻措施如表11-1所示。

表11-1 企业社会责任和道德风险以及控制/减轻措施

企业社会责任和道德风险	控制/减轻措施示例
对不负责任行为的财务惩罚和运营处罚（如"污染者支付"的税金、诉讼成本、清洁成本）	制定并贯彻企业社会责任目标、政策和实践准则
由于不公平、抗议、经营许可证吊销等导致的社会、政治或经济不稳定性	通过供应链中的供应商认证、合同KPI和罚金等，鼓励企业承担社会责任
资源利用的不可持续性，导致稀缺性和价格上涨	对员工和供应链进行教育、培训和发展
企业社会责任问题对信誉和品牌的影响，失去客户忠诚度、品牌权益和信誉资本	企业社会责任、道德监督与汇报（特别是在问题严重的地区）
由于公众曝光，导致销售额、利润、股东价值、信用评级等受损	分享最佳实践，向企业社会责任领先企业看齐
丧失首选雇主或交易伙伴地位，对可靠性、关系、资源造成损害	企业社会责任及道德论坛和研讨会，鼓励以企业社会责任为中心的交流

在一些地区的不道德行为在全球的另外一些地区可能是可以接受的。这意味着，对于整个世界而言，单一的道德操守方法可能并不是最有效的商业惯例，即使它更容易实施和监控。以下案例属于企业供应链管理中的商业道德灰色区域。

(1) 公众处于危险境地。公司的某一个供应商，多年来几乎没有什么麻烦，公司对供应商的成本和质量感到很满意。某员工参加过一次专业团体的会议，得知另一家公司发起的重大安全召回是由于供应商的材料缺陷，而我公司使用的是同一家供应商。宣布安全召回时，供应商身份并不公开，只公开成品制造商。那么这种情况下，该员工是否应告知管理层这些重要信息？

(2) 利益冲突与供应商关联。当我们被要求审核和评估潜在供应商，为公司新产品寻找战略合作机会，在新产品开发讨论之前发现，我五年前购买了供应商的股票，是否应该向供应商披露自己的经济利益，并回避评估呢？

(3) 潜在的利益冲突。如果你所在的企业要评估某个供应商，你的配偶正好在这家公司工作。这个供应商在质量和价格方面享有很高的声誉。你的配偶与产品交付质量或定价都没有任何关系。你是否应该披露这种潜在的利益冲突？

(4) 工作超出了自己的能力范围。你是一位非常成熟且经验丰富的供应商质量工程师，使用印刷电路板组件。公司要求你对一家供应商进行审核,这家供应商是一家生产化学用品的大型跨国合同制造商。公司希望从他们那里购买铸造金属部件的大型机械物品。由于你了解供应商质量体系,是否可以对供应商机械铸造能力进行审核,还是增加一个中小企业铸造供应商的审核团队?

11.1.2 可持续供应链

1987年4月,挪威首相布伦特夫人在题为《我们共同的未来》工作报告中第一次提出"可持续发展"的概念,指出要综合考虑人口、资源、环境和发展,强调发达国家应与发展中国家广泛合作。1992年联合国环境和发展大会(UNCED)把可持续发展作为21世纪人类的共同发展战略,并正式提出了可持续发展的概念,标志着可持续发展理论的产生,其含义表明人类社会在经济增长的同时,也要适应并满足生态环境的承载能力,促进人口、环境、生态和资源与经济的协调发展。对于商业及贸易伙伴,可持续性如今被认为是一种正确的经济发展方式,要维护人类所赖以生存的共同世界,也要维护组织的可持续性。

可持续发展考虑"三重底线"的理念,不仅考虑经济方面,而且要考虑到环境,还要考虑到社会。

(1)经济可持续性。经济可持续性是指可持续的经济绩效及其对社会的效益(如就业、货物和服务的可持续获得性、纳税和社区投资等)。

(2)环境可持续性。环境可持续性是指可持续的环境措施,即有益于环境,或者对自然环境的不良影响最小。

(3)社会可持续性。社会可持续性是指经济发展对劳动力和企业所处的社会应该是公平的和有益的,践行促进社会发展的商业实践。社会可持续性问题中包含员工安全、小时工资、工作环境、童工使用和基本人权等内容。

企业及供应链运营应当符合可持续发展的要求,这样运营才是可持续的。企业的绩效不应当仅仅用营收、利润来衡量,而应当考虑对环境的友好,将对环境的负面影响降到最低,促进员工的快乐和社会的和谐。

企业在环境方面和社会方面保持可持续性,可以从以下方面入手。

(1)确保组织获得政府部门的经营许可证。

(2)通过可持续品牌的树立,增加企业信誉,获得盈利潜力。

(3)将不道德的行为或不负责任的行为(或者有关的供应商不道德的行为或不负责任的行为)造成的信誉损失和风险降至最低。

(4)保护稀缺的、不可再生的资源。

(5)通过多种途径提高收益,降低成本,如节省资源,使资源浪费最小化;循环利用资源;减少包装和能源的使用。

(6)降低社会责任与道德风险。

11.1.3 可持续供应链管理

目前,在全球化趋势影响下的供应链竞争战略已经成为企业的新型竞争力,可持续供应链管理是企业的核心战略武器。可持续供应链管理(Sustainable Supply Chain Management,SSCM)是可持续理念在供应链管理中的体现,是"在不阻碍子孙后代应对经济、环境和社会挑战等方面能力的前提下，满足现有供应链成员的需求的能力"。考虑到客户和利益相关者的需求驱动，通过系统协调跨组织的核心业务流程，对供应链中的物流、信息流和资金流以及与供应商等企业间的合作进行管理，对组织的社会、环境和经济目标进行战略的、透明的集成和实现，实施可持续供应链管理，在组织管理活动的发展模式、文化价值观、生产方式、产品性能和技术管理等方面突出人与自然的关系，重新认识企业的社会责任，对知识和技术进行全面整合，是一种企业综合竞争力的提升和长期战略规划，对企业的可持续发展具有深远意义。

在可持续供应链环境下，可持续采购（Sustainable Sourcing）成为其中最重要的一种活动，包括绿色采购，还有注重社会责任和财务绩效方面的采购等。可持续采购被认为是一项"考虑到对人类、利润和地球造成长期影响的购买产品和服务的过程"。英国"可持续采购小组"在《未来采购》报告中，将可持续采购定义为："以对组织、社会和整个经济都有利，同时对环境损害最小的方式，满足组织对货物、服务、工程和公共事业需求的过程，获得全生命周期的价值"。

实施可持续采购战略的企业通常采取以下活动。

（1）推出可持续的环境友好型新产品/服务来增加收入。

（2）节省资源，提高能源效率，选择可持续的供应商，优化分销网络来降低成本。

（3）重视品牌管理，视信誉为生命，发展具有社会与环境意识的顾客群体来控制风险。

（4）打造企业社会责任和环境责任的品牌，提升这方面的信誉价值，构建企业无形资产。

（5）发展企业与关键供应商和顾客间密切的合作关系。

绿色采购（Green Purchasing）理念来自环境保护意识，指为确保所购买的物料满足组织环境保护目标的活动，如减少浪费、消除风险、资源循环利用等都属于组织的环境保护目标。根据全球供应管理协会的规定，绿色采购是指在采购过程中所做出的决策始终考虑到对环境的影响，始于产品与流程设计并贯穿整个产品加工，直至产品生命周期结束。

全球领先的供应链管理的领跑者，近年来都带头实施可持续运营。如某企业降低5%的包装费，而且还减少了运输和燃料成本。该企业希望使用可再生能源，销售有利于资源和环境可持续性的产品，决心做环境、经济上都具有可持续性的公司。

11.1.4 可持续能力

可持续能力在运作管理领域的研究自20世纪90年代以来日益受到关注。可持续能力又被称为可持续发展或可持续发展能力。可持续能力的概念与人使用资源的活动密切相关，包括自然、人力和财务资源，意味着无限进行这些活动的长期持续性和能力。绿色供应链的可持续发展是指为谋求永续发展，绿色供应链上的各节点企业既要以客户需求为中心，又要谋求物质和能量的循环利用，达到经济效益、环境效益和社会效益的统一，整个供应链是节点企业共生共存的"生态链"。循环经济模式下的绿色供应链的可持续发展能力既包括经济的可持续增长能力，也包括经济、社会与环境的协调发展能力。

影响供应链可持续发展能力的因素主要有以下六个。

（1）供应链的功能。供应链的功能表现为对利益相关者需求的实现。供应链上的利益相关者可以分为经济意义上的利益相关者、环境意义上的利益相关者和社会意义上的利益相关者。其中经济意义上的主要利益相关者包括所有者、员工和工会组织、供应商和客户；环境意义上的主要利益相关者包括环保主义者及相关组织、受供应链运营活动影响的邻居和社区；社会意义上的主要利益相关者包括社区、政府、非政府组织与积极行动主义者、社团组织。他们对供应链的经济效益、环境保护和社会责任提出了相应的目标。

(2) 供应链的结构。供应链上的企业彼此交互，形成了特定的结构。库珀等（1997）从供应链和业务流程的角度，总结了以往学者所提及的一些管理组成成分，包括计划与控制结构、工作结构、组织结构、生产流程结构、信息流程结构、产品结构、管理方法、权力和领导结构、风险和奖赏结构、文化和态度。前六个结构更具体有形，对供应链的影响更易衡量，也相对容易改变；后四个对供应链的成功有重要影响，但比较难评估，在短期也很难改变。

(3) 供应链的外部环境。供应链的外部环境会影响供应链系统的运作，从供应链系统的概念框架来看，供应链的外部环境包括自然环境和社会环境。自然环境为供应链系统提供所需的资源，并容纳系统所排出的废弃物；社会环境为供应链系统设定法规、文化、伦理等的约束，并享受系统履行缴税、捐款、缴纳罚款等社会责任的好处。从利益相关者的角度来看，供应链外部的利益相关者主要是环境意义上的利益相关者和社会意义上的利益相关者，包括政府、社区、非政府组织等，他们施加外部压力影响供应链的活动，寻求自然环境和社会环境的获益。

(4) 供应链面对不确定性的反应能力。供应链系统的功能、结构和外部环境并不是一成不变的，内部变化和外部影响会影响供应链系统的稳定性，而供应链面对这些不确定性的反应能力对系统恢复稳定性具有重要作用。供应链面对不确定性的反应能力指的是供应链针对内部变化和外部影响进行调整使供应链恢复稳定运行的能力，这些内部变化和外部影响可能来自外界环境、节点企业、客户需求等。

(5) 供应链的学习和发展能力。供应链处在持续的变化之中，当内外部因素达到一定程度时，将促使供应链进入一个新的发展阶段。从传统的供应链管理，到绿色供应链管理、基于社会责任的供应链管理，再到可持续的供应链管理，供应链的学习和发展能力起着至关重要的作用。供应链的学习和发展能力指的是供应链节点企业通过持续改进知识、流程、产品及监控外部市场环境等，使供应链到达新的阶段的能力。具体包括学习能力和发展能力。学习能力指的是供应链进行持续渐进的知识学习和流程改进的能力，发展能力指的是供应链通过不断的产品创新和监控外部市场环境以获得长期发展的能力。

(6) 供应链对当前及未来的影响。供应链对当前及未来的影响指的是供应链兼顾当前及未来所有利益相关者需求的能力，供应链在平衡现有各利益相关者利益的同时，也要考虑其运营活动对未来利益相关者的影响。

11.2 绿色供应链与绿色物流

11.2.1 绿色供应链

企业重视绿色供应链管理，上下游企业之间互相沟通，从产品的设计、材料的选择、产品的制造、包装、物流、销售回收利用等方面都考虑到环境影响，体现绿色理念。企业在对产品进行设计时，要面向产品的全生命周期，即在概念设计阶段，就充分考虑产品制造、销售、使用及报废后对环境的影响，使得在产品再制造和使用过程中可拆卸、易收回，不产生毒副作用并保证产生最少的废弃物。产品内部构成部件尽量标准化、通用化，以便于在产品消费后回收利用内部部件。产品材料尽量选用一般材料，避免使用稀缺材料；尽量使用环境友好型、废弃后能自然分解且能被自然界吸收的材料；产品应以较少的材料承载相同的功能，或以同样的材料承载更多的功能。在生产过程中，全面实施清洁生产，有效使用和替代原材料，改革生产工艺和设备，改进运营管理，从而实现节能、降耗、减排。产品包装功能应当单一，应避免过度包装，同时提高物料利用率，做到省料，废弃最少。

针对功能型产品的供应链，可以评估其对环境的影响，对环境影响严重的部分，可以考虑改进，特别是使用环保替换件，新型材料或部件的替换有时会大大提升原有产品的性能。对于这类供应链，还应帮助供应商，成为环保友好型供应商。对于功能型产品中的重要一类——维护/维修/作业（MRO）用品，改进的机会更大，因为随着技术的发展，维护维修方式必然会发生深刻的变化。重视 MRO 用品也是对环境的贡献，因为良好的维护维修会延长产品生命周期，促进产品的再使用。对于创新型产品供应链，在设计阶段就应考虑环境友好特性。新型应用软件或者智能系统是受欢迎的创新方向。供应商选择要重声誉、重技术，运用有道德和可持续的长期采购战略，尽管创新型产品生命周期短，供应的部件或原材料不会长期不变，但供应商的产品也可不断升级，随供应链产品而更新。

11.2.2 绿色物流

1. 绿色物流的定义

我国 2001 年版的《现代物流手册》对绿色物流的定义是：在物流过程中抑制物流对环境造成危害的同时，实现对物流环境的净化，使物流资源得到充分利用。绿色物流的目标是将环境管理导入物流业的各个系统，加强物流业中保管、运输、包装、装卸搬运、流通加工和废旧物资回收等各个部门的环境管理和监督，并配合政府相关的政策和法规，来有效地遏止物流发展造成的污染和能源浪费。可见，绿色物流不仅指企业的绿色物流活动，而且宏观上也指社会化绿色物流设施、活动的管理与统筹。

2. 绿色物流的内容

绿色物流具体体现在以下几个方面。

（1）绿色运输。环境污染的主要原因之一是运输产生的燃油消耗和污染。绿色运输，首先，要对运输工具、运输线路合理规划和布局，提高车辆装载率，缩短运输路线，缓解交通拥堵，使得运输过程最优化，实现节能减排的目的。其次，使用清洁燃料，防止泄漏，提高能效，减少污染。物流运输安排应考虑交通拥堵时段，运用好时间窗口、促进并合运输与共同配送的发展、发展物流联盟合作。另外在宏观方面，城市也要规划好道路建设，注重公路、铁路、水路的衔接与交叉发展，构建综合的交通管制系统，还需要统筹物流园区建设。

（2）绿色仓储。仓库合理选址，仓储科学布局，利用先进技术，从而降低运输成本，提高仓储利用率，降低仓储设施能耗。有些物品在保管过程中会发生物理或化学变化，对周围环境存在潜在的危害，对这些物品应进行科学养护和维护。因此，应制定物品科学储存规划，采取一定的防护措施，抑制其变化、释放和泄漏，并建立环境管理体系和科学保管程序，以确保周围环境的安全，减少物品损耗和环境损失。

(3) 绿色包装。避免包装过程中产生不可燃废弃物等，应选用简化的、可降解的包装材料，提高包装材料与器具的利用率，控制资源的消耗。当前，很多企业使用绿色包装材料，例如，大豆蛋白可食性包装膜、耐水蛋白质薄膜、以豆渣为原料的可食性包装纸等，这些都是可以食用的包装；可回收再利用的包装，例如，啤酒玻璃瓶就是可回收的；纸质包装，例如牛奶、饮料等液体食品的纸质包装盒就是利用无菌保鲜纸盒包装。

(4) 绿色装卸搬运。减少装卸搬运环节产生的粉尘烟雾，减少泄漏和损坏，采用防尘装置，加强现场管理和监督。

(5) 绿色流通加工。以规模作业的集中加工方式来操作，提高资源利用率。统一处理加工过程中产生的废料，减少分散加工带来的污染。

(6) 逆向物流。它是指所有与产品循环、产品替代、产品回收利用和产品退回处置有关的物流活动，强调要有完善的产品召回制度、废物回收制度以及危险废物处理制度。逆向物流为了重塑产品价值，强调资源的回收再利用，它与顺向物流是相对的，它在一定的成本下，对未实现其本身价值的物品进行再加工利用，是绿色物流中一个非常重要的内容。

绿色物流的发展，不可忽视环境友好的文化建设与人的作用。应加强对企业员工绿色物流理念的宣传，可在仓库、货车等处张贴一些标语，可随时提醒保管员与驾驶员，对他们进行环保知识宣传。员工们意识到绿色环保的重要性之后，会自发地应用到日常活动中，如驾驶员在等待装货和卸货的时候会自觉关闭货车的发动机。

3. 各国对绿色物流的重视

我国在《物流业发展中长期规划（2014—2020）》中提到将节能减排，绿色环保作为物流业发展的主要原则。提出到2020年基本建立布局合理、技术先进、便捷高效、绿色环保、安全有序的现代物流服务体系的发展目标。

美国在2015年的《国家运输科技发展战略》中规定，交通产业结构或交通科技进步的总目标是"建立安全、高效、充足和可靠的运输系统，其范围是国际性的，形式是综合性的，特点是智能型的，性质是环境友善的"。

欧洲是引进"物流"概念较早的地区之一，而且也是将现代技术用于物流管理、提高物流绿色化的先锋。欧洲最近又提出一项整体运输安全计划，目的是监控船舶运行状态。通过测量船舶的运动、船体的变形情况和海水的状况，就可以提供足够的信息，避免发生事故，或者是在事故发生之后，能够及时采取应急措施。

日本自1956年从美国全面引进现代物流管理理念后，把物流行业作为本国经济发展的生命线，除了在传统的防止交通事故、抑制道路沿线噪声和振动等方面，加大政府部门的监管和控制作用外，还特别设定了一些实施绿色物流的具体目标值，如货物的托盘使用率、货物在停留场所的滞留时间等，来减轻物流对环境带来的负荷。

11.3 低碳供应链物流

11.3.1 碳足迹

目前关于碳足迹并没有形成统一定义，各国研究者从不同的角度出发，对其进行了不同的定义，其中比较有代表的主要包括以下几种。全球足迹网络（Global Footprint Network）于 2007 年提出碳足迹是生态足迹的一部分，可以看作化石能源的生态足迹，即某一区域内吸收相应的碳排放所需的林地面积；能量学指出碳足迹是人类在经济活动中所直接和间接排放的二氧化碳总量；哈蒙德（Hammond）指出碳足迹是指人类个人或者组织进行的各种活动所产生的二氧化碳的碳重量；世界资源研究所（WRI）和世界可持续发展工商理事会（WBCSD）将碳足迹分为三个层面：第一个层面是来自各类机构自身的直接碳排放；第二个层面是将统计的边界扩大到为该机构提供能源的各部门的直接碳排放；第三个层面包括供应链全生命周期的直接和间接碳排放；格鲁伯和埃利斯将碳足迹定义为化石燃料燃烧时所释放的二氧化碳的总量；英国碳信托基金（Carbon Trust）指出碳足迹是衡量某一种产品在其全生命周期中（包括原材料的开采、加工、废弃物的处理）所产生的温室气体转化为二氧化碳等价物的量。

以上不同学者和机构对碳足迹的定义各不相同，但碳足迹是一种度量人类活动温室气体排放的量，在这一观点上基本是一致的。从现有研究来看，碳足迹主要从两个角度来衡量：一是以土地面积为度量单位，即吸收人类活动排放的二氧化碳所需要的生产力土地面积，碳排放量和土地碳吸收能力会影响碳足迹的大小；二是以二氧化碳排放量（或二氧化碳当量排放量）为度量单位，并且碳排放与碳足迹的关系也由此来进行区分。本书采用后者的定义，碳足迹即碳排放总量。

目前，关于供应链物流碳足迹的测算，一种方法是基于供应链物流过程中的能源消耗量，不同的能源其碳排放系数不同；另一种方法是基于供应链物流运输距离的计算，根据单位运输距离的碳排放系数计算。

11.3.2 低碳政策

低碳政策体系应从传统经济发展模式向低碳经济发展模式转型的高度，重新审视各行业政策措施，既参照国外已有成功经验，也考虑我们发展经济的实际；既要考虑惩罚，也考虑奖励，按照自上而下的原则进行设计。我国低碳经济发展的政策体系应包括多个层次。

1. 清洁能源

能源战略是我们的首要考量。能源战略下的低碳政策所关注的焦点集中在减少碳排放量的指标及在此基础上改造高碳产业，积极发展可再生能源与新型清洁能源，广泛开展国际碳减排合作等方面。2012 年 10 月 24 日发布的《中国的能源政策》白皮书中概述了中国能源的发展现状和面临的诸多挑战，指出 2015 年中国非化石能源占一次能源消费比重将达到 11.4%，单位国内生产总值 CO_2 排放将比 2010 年降低 17%。

减少能源消费、增加可再生能源消费以及使用清洁能源是减轻能源生产和消费负面影响的三种主要手段；同时，提高能源效率，采用低碳技术，有利于促进城市转型；发展清洁能源，降低碳排放量，促进城市可持续转型。

在大幅度节能降耗，促进经济发展方式转变与国民经济结构调整的同时，还应注意强制性政策工具的慎重、适当的运用。

2. 碳减排政策

碳减排政策工具有基于价格和基于数量两类，包括碳税、碳交易，碳排放总量限制政策等。在完全竞争市场情况下，采用碳价等市场手段通常比行政手段具有更好的表现，碳税要比碳排放限额更具有促进技术研发和创新的效果。不仅需要对制造业，也要对物流服务业开征碳税，并可参与碳交易市场交易。碳税实际上是一种矫正税，有的国家称为能源税。20世纪90年代初，芬兰、瑞典、丹麦、荷兰四个北欧国家先后开征碳税，1999年意大利开始征收，2007年和2008年加拿大魁北克省和不列颠哥伦比亚省先后开征碳税，又为碳税的理论和实践注入了新的活力。国外学者对于碳税的研究主要集中在碳税的可行性及其对经济社会的影响等方面。安德鲁（Andrew）等人指出，碳税作为一种治理污染的政策手段源于社会和经济活动对碳减排的需求，碳税基本上对经济结构中各个行业的产出都会产生影响。

为降低减排的成本，可以建立长期有效的合约，将不同国家和地区的碳交易系统联系起来，建立一个全局的碳交易市场。英国政府曾提出建立个人碳交易制度，尽管构建和运行个人碳交易制度的成本是高昂的，但个人碳交易制度能够为整个经济社会带来更多收益。无论是征收碳税或建立碳交易市场，都需要政府干预。建立碳交易市场需要政府制定相关的法律法规，并为一些相关的基础设施建设投资；开征碳税也需要政府立法来确保其合法性，并制定合适的税率等。目前我国国家发展与改革委员会也在研究碳税征收方案。如果从企业征收的碳税能用来开展政府采购，可以实现碳税政策的双倍红利效应。碳税的征收应遵循循序渐进的原则，以便企业和居民能够在较低的税收水平下不断调整其能源消费行为。

对于企业来讲，控制碳排放一方面是企业的社会责任所在，另一方面也会造成企业成本的增加。在国内大中型城市里，市内交通一般被认为是导致污染的重要原因之一，物流业又是城市交通的重要组成部分，它所带来的城市交通堵塞和环境污染也因此日益受到政府和居民的重视，这也是福利经济学所重点研究的经济活动外部不经济性问题，它也是碳税政策的理论依据。

由于企业是减排主体，无论是开征碳税或建立碳市场，都会对企业产生影响。税率的固定性会使企业面对更加确定的结果，这对于企业相对有利。而在碳交易机制下，由于供求关系的变动而导致的价格变化，将使得企业面临更多的不确定性因素。尽管两者存在差异，但并不导致两者彼此冲突，恰恰相反，两者可以实现优势互补。从实践情况来看，碳排放权交易制度是除碳税之外，促使排放主体自主减排的重要推动力，两者可以形成有益补充。

成熟的国际碳交易市场是最终实现全球节能减排的终极举措，世界银行甚至预测，在不久的将来，碳交易市场将超越石油，成为全球最大的商品交易市场。然而它的形成并非一日之功。目前，在欧洲、澳大利亚、美国、加拿大、英国、新加坡、中国、日本等都建立了自己的碳交易市场，其中运转得最为成熟、参与实体最多、效果最大的市场即欧盟排放交易所（EU-ETS）。欧盟排放交易所的运行机制是配额—市场制，即每家企业都会得到一个配额，对于企业超标排放的部分或减额排放的部分，都需要到市场上购买或销售，市场上的价格根据市场需求进行动态变化。我国早在"十二五"期间就开始建立全国性的碳交易市场，一些地区的重点高能耗领域进入市场交易，起步阶段以现货为主，逐步考虑增加期货等金融衍生产品等。

3. 行政措施与法律制度

最快捷有效的政策措施恐怕要属行政"关停减"措施了。政府政策可以分为"一刀切"和循序渐进两种形式。前者指的是政策设立一个明确的能效阈值，达不到这个阈值的就要"关停减"，直到达标为止；后者指的是一个根据不同时间段设立的不同指标，以此来促进行业整体的低碳技术升级和改造。

另外，政策还可以从某一个地区或者行业的碳排放总量上加以控制。一旦该地区或该行业的排放超标，将不得不接受严厉的惩罚，付出一定代价。这就要求地方政府或企业必须在一个生产和碳排放监测周期内，对每一个环节或小周期的碳排放，以及对应的生产、配送及销售计划进行统筹安排，以满足最终的碳排放总量目标。这种政策还可能有两个变种：一种是不仅仅在总量超标时对企业进行处罚，在企业碳排放目标完成较好，甚至低于设定的排放指标时，要对企业进行额外的奖励。这种额外的奖励可以是定额的，也可以是按照减排总量阶梯定价的，也可以是按照每一个减排单位贴上一个价格标签。这种机制可以在保持经济活力的同时，更好地促进节能减排技术的应用，因为此时的标杆企业，可以通过技术上的努力在经济上得到一定的回报。如果这种回报对企业的吸引力足够大的话，就能够促进企业更好地降低碳排放。另外一种是碳补偿，即超标排放的企业，要通过给予第三方企业一定的价格，让第三方企业通过种植适当的树种，来抵消企业多余的碳排放。

4. 低碳策略制定

制定减排措施时要考虑以下方面：最大减排效果、经济成本、投资力度、可操作性、政府支持度、其他采取过该措施的公司的经验、时间维度、风险、和其他措施的可结合性、其他商业目的的协调效应等。

物流部门低碳化的主要措施有以下五点。

（1）降低物流运输需求。
（2）将物流向低碳运输方式转变。
（3）提高资源利用率。
（4）提高能量使用效率。
（5）采用低碳能源。

可对供应链低碳措施进行评估，如采用交通工具科技、低碳农产品供应、优化物流网络、重视训练和沟通、改善包装设计、采用制造业低碳采购、采用节能物流设施、转变物流模式、采用逆向物流、增加送货上门、减少拥堵、采用集中式生产等。

5. 经济增长与低碳政策

20世纪中叶时，英国经济增长和物流发展相关性较强。近20年来，由于服务业占GDP比重增加、将制造业外包给劳动力成本低的国家、库存集中化、供应来源更广泛等原因，英国的GDP增长同物流发展相关性减弱。这在其他发达国家也有相似的状况吗？物流对英国经济发展的贡献减少不一定有利于低碳环境。因为这可能是由于服务业和制造业转移到海外导致的，这两个产业趋势可能会增加碳排放量。英国制造业和服务业外包所降低的国内碳排放量可能是以其他国家碳排放量增加为代价的。

11.3.3 低碳物流

低碳物流是生态物流、可持续物流、绿色物流等理论理念的继承和发展。低碳物流指在产品从企业到顾客，顾客使用完丢弃后，从顾客再回到回收企业这样一个整体循环过程中，利用先进的环境管理理念和物流技术，对物流活动进行设计、计划、控制并实施，从而实现降低能耗和污染物（不仅仅是温室效应气体）排放的活动。

低碳物流的本质就是通过物流规划与物流政策、物流合理化与标准化、物流信息化与低碳物流技术等方式，既能达到物流能力满足社会经济发展的适度增长的要求，又能达到缓解能源供给压力的目的，有效实现物流领域的能源使用效率。

低碳物流理念包含了可持续发展和三重底线原则的思想，低碳物流的发展不仅要满足消费者和企业机构的需求，也要满足城市对物流活动环保、无污染、民生的要求。

低碳物流改变了"资源—产品—废弃物排放"的开环型物质单向流动模式，形成了"资源—产品—再生资源"的闭环型物质流动模式。而闭环型物质流动模式中，加工制造的时间只占10%，其他90%的时间都在物流过程中。因此，低碳物流被提到了十分重要的地位。

如果把物流活动和其所在的外部环境看成两个相互独立又联系的系统，可以知道，物流活动需要从外部汲取其所需的资源和能源，这些资源和能源经过使用后的副产物——三态废弃物，则必须通过环境来吸收及循环，如图11-1所示。

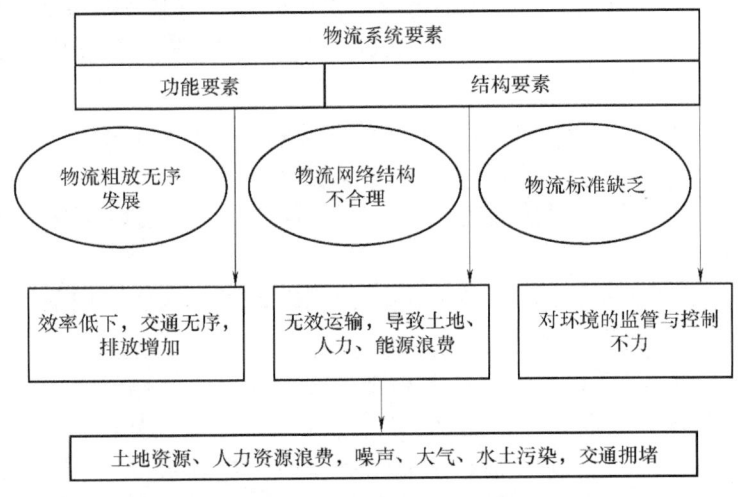

图11-1 物流系统与环境系统之间的交互影响

对于物流作业来讲，排放物或污染或许是不可避免的，但有些排放是没有必要的，是过量的。例如，物流网络设计不够合理，库存决策不到位，车辆运输路线规划不周，或者多品种少批量的需求与大规模经济性配送之间不可调和的矛盾等。在城市物流中，由于文化或环境的原因，顾客的需求越来越难以得到满足，他们对从下订单到收到货物之间的等待时间越来越没有耐心，导致了货物运输的严重不经济性，提升了市区拥堵状况并且增加了环境污染。

反过来，由于物流活动的这些外部不经济性、不可持续性，导致居民低碳意识的觉醒和政府对物流低碳化的重视。另外，环境污染导致的社会成本是巨大的，甚至有时难以逆转，是付出多少经济代价都无可挽回的。并且，对于城市物流来讲，交通的拥堵和混乱造成了社会秩序的混乱，也是事故频发的源头，严重影响了社会治安、经济效率和物流自身的效率。还有，环境污染会导致员工和居民身体状况的恶化，加重社会医疗和保险的负担。在国外，也往往由于某些国家和地区对我国产品收取碳关税，导致物流企业在这些地区的业务成本急剧增加，在国际市场竞争中处于劣势。

一个产品或一个系统的碳排放是可以度量的，借助生命周期分析法和经济投入产出法可以达到这一目的。对于物流系统的减排，需要从碳效率角度来考量，应当建立碳效率指标，以便于物流系统之间的比较，并以此促进低碳物流以及低碳配送的发展。

11.3.4 货运减排路径

1. 新技术开发

（1）空气动力学。随着车辆加速，气动阻力成为阻碍车辆运动的主要原因。国际能源署（International Energy Agency，IEA）指出，阻力在速度的平方上增加；在典型的高速公路速度（90~120km/h）下，它占据了大部分牵引能量需求。

2007年，英国引入了带有弧形顶部的水滴式拖车，并于2014年引入了法国和德国。这种拖车可以减少后部湍流造成的阻力。这种湍流占整个空气阻力的1/3，湍流减半可以节省约4%~5%的燃料。

在发达国家的卡车运营商中，空气动力学分析已成为提高能效的最常用手段之一。在美国17个大型卡车车队中，2003—2015年，采用空气动力学技术的牵引车比例从36%增加到64%。

（2）发动机/动力系统。阿特金斯（2010）将发动机动力系统开发分为四类。

1）余热回收。据估计，当一辆大型卡车发动机将能量转换为运动时，大约45%的能量作为废热消散。这种浪费的能源的回收和再利用，通过称为"涡轮增压"的过程，可以将卡车的碳排放量减少5%。

2）提高燃烧效率。例如，通过增加燃料喷射到发动机的压力来增加燃烧效率，从而减少2%~3%的CO_2排放。

3）辅助设备。使用单独的能源（例如电池）为辅助设备（例如空调）提供动力，而不是主发动机，可以将碳排放量减少几个百分点，具体取决于替代来源。

4）自动变速箱。这样可以更加灵活地驾驶车辆，特别是在频繁换挡的城市驾驶循环中。根据驾驶条件的不同，从手动变速器到自动变速器的转换可以减少燃料消费量1%~8%。

总体而言，国际能源署估计，改进发动机系统可将当地运输车辆的燃油效率提高4%，将长途卡车的燃油效率提高18%。

（3）轮胎。在发达国家，在轮胎方面减少碳排放的主要创新是低滚动阻力、轮胎压力监测系统和自动充气。

据估计，目前这一代低阻抗轮胎可以根据车速将燃料消耗降低多达5%。根据梅兹勒、卢西和德尔加多（2015）的说法，第二代低阻力轮胎的长期前景相对于现在的标准轮胎而言，其燃油效率提高了12%。

轮胎充气不足会带来燃油损失。根据经验，20%的充气不足会使燃油效率降低2%左右。虽然存在压力监测系统，但它们目前在美国、欧盟和中国的市场渗透率非常低。将卡车轮胎自动充气至正确压力的装置也可商购，但很少使用。根据对未来几十年欧洲轮胎技术的采用的预计，到2030年，公路货运部门的CO_2排放量将减少11.5%，到2050年将减少12.5%。

（4）轻量化。所谓轻量化，是指在保证汽车安全等各项重要指标都满足国家和行业标准要求的情况下，为了增加能源的利用效率，使其更加节能、安全，通过采用各种先进的技术或特殊材料，尽可能地减轻汽车质量的过程，进而可以减少燃料消耗。

英国能源与环境政策咨询机构 Ricardo-AEA 公司的研究表明，卡车 1 个重量级潜在的碳减排量将从 2020 年的 1% 增加到 2030 年的 2%~3%，到 2050 年增加到 2.7%~5%。

实现轻量化的途径可分为：轻量化结构设计和先进轻量化材料应用。

1）轻量化结构设计。车身重量约占汽车自重的 1/3，车身结构的设计以及车身材料的选择是车身重量减轻的关键因素。车身减重常见的轻量化材料分为金属材料及非金属材料两大类。金属材料主要包括高强钢、铝合金、镁合金等；非金属材料包括改性塑料和复合材料等。

2）先进轻量化材料应用。轻量化材料的应用一般包括轻质复合材料、微发泡材料、低密度 PP 材料、薄壁轻量化材料等。

（5）控制系统，排队和自动化。伴随着 IT 产业的蓬勃发展，车辆控制系统也不断地进步，尤其是卡车运输的软件方面。车载系统的计算机监控和管理已经稳定地提高了燃料效率。排队通过将车辆聚集成紧密耦合的车队来减少空气阻力，从而减少了消耗。联轴器基于电子信息系统，为车队的驾驶员提供车队控制。一项对以 80km/h 行驶的三辆卡车车队进行的一项研究发现，20m 的间隙可以节省 5% 的燃料消耗。

国际能源署的研究（2017a）表明，自动化有可能将卡车的燃油效率提高 15%~25%。罗兰贝格（2016）预测，到 2040 年，自动化将使燃料消耗量降低 10%。

2. 生物燃料应用

第二次世界大战后，受石油危机和全球气候变化的影响，替代能源的研发加速，由于生物燃料资源丰富、可再生、低污染等特点，巴西、美国和欧盟等均开始积极发展生物燃料技术以应对能源需求的增加和全球变暖的加剧。

随着技术的革新，生物燃料已经发展到了第四代。

第一代生物燃料主要生产生物乙醇和生物柴油，这种方式会和经济作物争夺种植空间引发粮食危机。

第二代生物燃料通过转化纤维素技术缓解了能源作物与经济作物之间的竞争。

第三代生物燃料通过海藻或微生物制成生物柴油和氢，不用考虑土地利用变化，单位面积的产量为高等植物的数十倍。

第四代生物燃料通过利用藻类代谢途径，使其直接利用光合作用吸收二氧化碳合成生物乙醇和生物柴油，实现了生产的同时也有助于减排。

据国际能源署预测，到 2050 年，全球生物燃料消耗量将达到 32×10^{18} J，占全世界交通运输燃料的 27%。

通过改用低碳燃料（生物燃料或可再生电力），可以减少运输部门的温室气体排放、提高车辆和发动机设计效率、避免不必要的消耗。从化石到生物燃料的一个重大转变将创造一个新的生态平衡。

3. 货运结构优化

拥堵导致车辆以低于其最省油的速度运行并且更频繁地停止和启动。德国一项研究发现，重 40t、平均速度为 50km/h 的铰接式卡车由于拥堵而每公里停车一次，其平均油耗上升 86%。凯尔纳（2016）利用在线导航服务的数据在德国进行快速消费品分销的宏观建模训练发现，"常规交通拥堵"增加了交付运营中 2.5% 的 CO_2 排放总量，每增加 10% 的交通延误，CO_2 排放量就会增加 0.25%。

更有效的流量管理可以缓解现有基础设施内的拥堵程度。基于欧洲和北美的智能运输系统（Intelligent Transportation System，ITS），他们发现可以将温室气体排放量减少5%~15%。可以通过将交货重新安排到非高峰期来最大限度地减少交通拥堵对卡车燃油效率的影响。高速公路数据显示，在下午5点到午夜之间可以实现显著降低成本，减少燃料消耗和CO_2排放量。最快行程的排放量实际上比平均运输时间低6%。为避免拥堵而重新选择交货的时间显然是最有希望的脱碳道路之一。

多式联运服务从两方面促进低碳：公路运输在零售物流中的应用和增加公路运输单程承载量。

英国在快消品行业的横向合作在碳减排方面获得了极大的积极影响。例如，雀巢和联合饼干的双边合作一年减少了250t的碳排放量，政府可以采取措施来促成这类环境友好型横向物流合作。

4. 在线货运交易

通过网络渠道进行货运交易可降低碳排放量。

随着线上零售业的增长，在线交易的同时也降低了人们出行的需求，会在一定程度上减少碳排放量。但在线零售所减少的碳排放量可能被以下两点抵消：①物流速度成为零售商的竞争性优势可能导致压缩车辆使用率；②零售商追求的"全渠道零售"会导致碎片化交付地点。从国家宏观角度对在线零售业的管理，政策制定者需要明确其减少的具体的碳排放量。

5. 能源系统措施的应用

通过以下能源系统措施也可降低物流部门的碳排放量。

（1）电力供应低碳化。例如，2017年英国通过该措施在非常短的时间内降低了电力供应碳排放量。该措施旨在用可回收的能源，以及天然气等替代化石燃料进行供电。

（2）物流部门内拓展电气化。提高电动车在物流运输工具中的比例能有效降低碳排放量：需要克服充电地点和时间、电池重量、有效载荷的问题才能广泛应用电动车。长远角度看，氢能源作为低碳能源将越来越流行，可以降低碳排放量、节约能源。但需要承担较大量的能源损失和建立氢供应网络的巨额花费。

（3）由化石燃料油向低碳燃料转变。相较于供电低碳化的高速发展，能源的转变相对较慢，还需要更加重视低碳环保能源替代传统能源这一举措。

【拓展阅读】

欧盟探索城市配送新模式

从20世纪40年代起，欧美发达国家开始尝试甩挂运输。到目前为止，甩挂运输已成为全球干线运输的主力依托。欧美甩挂运输的货物周转量已占全部周转量的70%~80%，可降低油耗20%~30%，降低成本30%~40%，提高运输效率30%~50%，大大减少了CO_2的排放量。

2010年，欧盟组织精兵强将，积极探索城市配送新模式，大胆提出了Citylog城市物流项目计划，即对小件物流配送、包裹配送、快递信件配送使用配送箱，而对超市配送使用小型集装箱。Citylog 项目借助物联网技术、物流周转箱技术、小型集装箱技术和物料搬运装卸技术等，这一城市物流配送的系统性创新，使物流配送终端减少了 85% 的汽车运输，实现了城市物流最后一公里配送的低碳化、便捷化、高效率与智能化，意义十分重大。2011 年、2012 年，Citylog 首先在柏林与里昂试验成功，2013 年在欧洲各大城市全面推广。2011 年，国际各大货运物流公司和行业协会在印度签署了《亚洲私营部门绿色货运联合声明》，以支持亚洲绿色货运计划。绿色货运计划旨在保持经济增长的情况下，减少化石燃料的使用，改善空气质量，降低导致气候变化的 CO_2 排放量。

德国道路运输行业大力提倡"环保、绿色、节能"，政府对环保、能源问题规定严格。包括道路货运企业在内的德国物流企业对环境维护和节能也都非常重视。例如，德国运营的车辆必须符合环保方面的要求，使用节能环保的设备可以得到政府的补贴；经过对驾驶员的节能驾驶培训，可以节油 10%~20%；通过组织创新和技术创新，整合运输资源，组合不同物流企业的货物，提高货车的实载率；鼓励多式联运，优化不同运输方式的组合，长距离运输中尽可能以铁路、水路运输为主，短途运输中则采用近距离配送和夜间送货的方式，减少交通拥堵、节省燃料并降低排放；广泛使用甩挂运输，提高运输效率，降低库存；采用带支架的桥式集装箱，待到指定位置后可以放下支架使其充当临时仓库；公路集装箱运输中应用中挂车列车；注重回收物流，采取垃圾分类，重视对饮料瓶、旧电器、轮胎、汽车等可循环使用资料的回收等，废料的收集运输、转运仓储、加工与贸易也都由专业废品物流公司负责。

德国对绿色物流理论和技术的研究及应用十分重视，政府对科研机构给予资助。通过推动科研机构与企业的合作来促进科研成果的应用，增强企业竞争优势。行业协会和物流企业对各种交通运输方式的能耗和排放进行统计分析、测算、比较各种运输方式碳排放水平，同时对联运方式的碳排放量也进行统计和测算，发现水运 370km 碳排放、铁路 300km 碳排放、公路 100km 碳排放是等同的。加强最新物流技术和信息技术在行业中的应用，尽可能地整合物流功能和资源、协调供应链各环节的准确快速运行、提高物流系统的快速反应能力、创建新型管理模式、降低物流总成本、促进绿色物流的发展。

德国政府还针对基础设施及装备制定基础性和通用性规范，针对环境与安全制定强制性规范，支持行业协会对各种物流作业和服务制定相关行业规范，并制定物流用语规范、物流从业人员资格规范等，实现了物流装卸作业的自动化和机械化，促进了不同企业间的相互合作，大大提高了物流系统运作效率。

完善的交通基础设施和先进的自动化、信息化及智能化物流设备都为德国发展绿色物流奠定了坚实的基础。绿色物流是融入了环境可持续发展理念的物流活动，在利润和环境之间寻求发展的平衡。通过实施绿色物流可以达到降低环境污染、减少资源消耗以及充分利用资源的目的。

11.4 供应链管理教育认证

美国生产与库存管理协会（American Production and Inventory Control Society，APICS）创建于 1957 年，2005 年 1 月 1 日起改名为 APICS 运作管理协会（The Association for Operations Management，APICS）。APICS 最初由美国各地 26 个从事生产与库存管理的组织联合组

成，一些 MRPⅡ 的创始人和推广人是 APICS 的早期会员或负责人。目前，APICS 已发展成为一个国际性协会和教育培训机构，有 270 个分会，72000 余名会员分布在世界上约 30 个国家和地区。

APICS 的核心是 APICS 知识体系。APICS 知识体系是由经验丰富的运营管理从业人员和杰出的学者共同开发的。APICS 知识体系由运营管理领域一整套教育、研究成果和标准构成。职业教育培训、从业资格认证和持续改进终生学习是 APICS 知识体系的三个密切联系的环节。APICS 知识体系包括生产和库存管理的所有方面，并且被一个专门的委员会定期审核，以当前的发展成果不断补充和更新。APICS 知识体系特别关注生产制造领域，尽管也涉及分销的某些方面。APICS 知识体系从高层计划到车间执行和控制，再到采购活动，包括 MRPⅡ 和 JIT 概念和原则，也涉及质量管理等领域。

APICS 知识体系包括了 ERP 的核心理念和方法。学习 APICS 知识体系，可以以更宽的视野和更高的高度来理解 ERP 的核心逻辑、管理思想和方法，从而指导 ERP 的选型、实施和应用改进，帮助 ERP 成功实施。

为了使接受培训的专业人员的业务知识水平有一个统一的标准，1973 年开始，APICS 实行资格考试。有两类资格证书，即注册生产与库存管理师（Certified in Production and Inventory Management，CPIM）与注册资源生产与库存管理师（Certified Fellow in Production and Inventory Management，CFPIM），证明取得资格的人士在生产与库存管理理论和实践方面达到规定的标准，具备从事这个领域工作的资格要求。APICS 资格证书得到欧美发达国家企业界的公认，具有很高的含金量。

在供应链方面，APICS 提供了 CSCP、CPIM、CLTD 等认证。

11.4.1 APICS CSCP

APICS CSCP（Certified Supply Chain Professional）是 APICS 注册供应链管理师。CSCP 是国际上第一个，也是唯一的供应链专业资格权威认证。

CSCP 认证拓展了 APICS 在运营领域的知识体系。CSCP 涵盖了从企业组织的内部作业到整个供应链的所有层面——从供应商到制造企业，一直到最终客户。拥有此方面的专业管理知识可以有效地整合供应链里的各项活动、环节和资源，使整个供应链的价值最大化。

CSCP 包含三个模块。

（1）供应链管理基本战略与设计。

（2）构建并实施合规供应链。

（3）运营与持续改进。

CSCP 知识体系对企业的价值在于：从容面对供应链管理领域的挑战和机遇，为企业创建共同的认知、管理语言、流程和架构。使用全球化的标准和通用技术，制定成功的供应链管理战略，有效地进行供应商和客户关系管理，增加企业核心竞争力和客户的满意度。

CSCP 知识体系对个人的价值在于：提升改进，创新全球化供应链管理的能力，改善供应链管理战略思想，使专业经验和管理知识系统化、学术化。

CSCP 是供应链领域最具含金量和权威性的证书之一，其证书持有人多为行业标杆与精英。在全球供应链领域变幻莫测的今天，CSCP 是非常有价值的一份专业认可证书。

11.4.2 APICS CPIM

APICS CPIM 是 APCIS 注册生产与库存管理师。APICS CPIM 认证表明对生产和库存管理方面的知识具有本质理解,侧重点在组织的内部运作过程。认证可以为物料管理、主计划、预测、生产计划等方面打下坚实的基础。

CPIM 认证资格考试自 1973 年举办至今,有超过 10 万人获得 CPIM 证书,成为许多跨国公司选择员工的一个重要条件。CPIM 人才拥有需求管理、销售及运营计划、主生产排程、物料计划、能力计划、采购与供应、供应商关系管理、绩效评估、质量控制和持续改进等方面的基本知识、专业技能以及战略意识。

从制造业到服务业,不论是消费性产品或服务,营利或非营利事业,在当今全球市场竞争激烈的情况下,供应链管理对于每个企业组织或机构都越来越重要。

11.4.3 APICS CLTD

APICS CLTD(Certified in Logistics,Transportation and Distribution)是 APICS 注册物流、运输与配送师。APICS 在 2016 年开始引进 CLTD 认证,目的是为了满足快速增长的物流、运输与配送方面专业人才的需求。此认证表明 CLTD 人才对物流、运输与配送方面的知识具有广泛且本质的理解,并且具备相应的实践技能。

【案例分析】

从坟墓到再生——装备翻新和持续改进

每一种装备都有其使用寿命。报废的产品去了哪里?如何减少对环境的影响?发达国家将已经投用了近 30 年的 M1 特种车辆变废为宝,再次焕发新的生命,并适应现代数字化战争的需要。

M1 特种车辆开始性能不佳,依靠改进获得了高性能。从 1993 年就没有生产过新的 M1,而是通过由内至外进行全新的改造和升级。整个改造和升级过程很复杂,在两座大型工厂进行。第一座工厂分解 M1 并翻新零件,第二座工厂重新组装,这样升级后生产出的 M1 比当时新出厂的更好。

解体的第一步是拆离炮塔和从壳体中拆解发动机。M1 是一种二合一的机器,上部是重达 29t 的炮塔——战斗部,可以做全方位的平面旋转,装备着所有武器,包括 120mm 的主炮;下部是 41t 重的壳体——运动部,发动机、6 个燃料箱和 2 条 15m 长的履带。

拆解之后,就是对各种零件进行维护。M1 所装备的发动机是喷气式的,重约 1.5t,动力输出是 1500 马力(1 马力=0.735kW)。经过十年以上的使用,尤其是经过局部战争的车辆,发动机的涡轮叶片被沙石损坏得不能修理。但昂贵的发动机零件不能丢弃,要采用复杂的过程,修复受损的涡轮叶片,清除铁锈及碎片,另外还需要重造很多零件。在战场上,M1 会被撞击,空隙中到处是灰尘和油痕,再加上十几年的磨损。乍看上去壳体难以修复,但是依靠现代科技,经过 90 分钟的喷砂和 3 个多小时的清理,壳体像是新出厂的一样。从壳体、炮塔上拆下来的近 400 万个零件翻新以后,还要一一保管妥当。

经过第二步的各种零件、配件会运至新的生产地，根据需要对壳体、炮塔等进行改造，需要打洞就利用各种先进设备进行切割，或者是加装新配件，如装甲、遥控器等。

所有翻新的 M1 都要通过各种测试，以判断是否做好了战前准备。

经过十个月的全新修理、升级，这些垃圾又成为随时准备作战的尖端装备系统。重新组装 M1 费时费力，但是使 M1 得以重生，降低了开销。通过应用新科技加以修整，重新组装并测试符合装备标准的 M1 恢复到了零里程的崭新状态，而且升级的装备较原来的有了更强的战斗力和适应性。

【讨论题】

（1）装备翻新、再利用有哪些好处？
（2）在装备翻新方面是否需要投入研究力量？为什么？
（3）装备的回收再利用还有哪些途径？如何做好装备回收再利用工作？

习　　题

1. 如何定义企业社会责任？
2. 供应链上的企业应履行哪些社会责任？
3. 企业不能承担社会责任会有哪些风险？
4. 供应链中引入可持续发展的意义是什么？
5. 可持续供应链的含义是什么？
6. 可持续采购与绿色采购有什么不同？
7. "三重底线"是什么意思？
8. 绿色供应链与可持续供应链有何不同？
9. 列出组织坚守道德的供应管理所能采取的措施。
10. 什么是绿色物流？有哪些具体内容？
11. 什么是逆向物流？
12. 退货物流与逆向物流相同吗？
13. 为什么说企业建立良好的退货物流系统是重要的？
14. 通过调查研究，提出绿色运输的具体措施。
15. 什么是低碳物流？
16. 发展低碳物流，有哪些具体的举措？
17. 低碳物流与绿色物流有何区别与联系？
18. 为什么说发展低碳物流也是企业履行社会责任？

参 考 文 献

【1】 STANTON D. Supply Chain Management for Dummies [M]. New Jersey：John Wiley & Sons, Inc., 2018.
【2】 DURIVAGE M A. The Certified Supplier Quality Professional Handbook [M]. Milwaukee：American Society for Quality Press, 2017.
【3】 CHRISTOPHER M. Logistics & Supply Chain Management [M]. 5th ed. London：The Financil Times Publishing, 2016.
【4】 BRUEL O. Strategic Sourcing Management [M]. London：Kogan Page Limited, 2017.
【5】 RUSHTON A, CROUCHER P, BAKER P. The Handbook of Logistics and Distribution Management [M]. 6th ed. London：Kogan Page Limited, 2017.
【6】 乔普拉, 迈因德尔. 供应链管理（第6版）[M]. 陈荣秋, 等译. 北京：中国人民大学出版社, 2017.
【7】 威斯纳, 梁源强, 陈加存. 供应链管理 [M]. 朱梓齐, 译. 北京：机械工业出版社, 2006.
【8】 巴罗. 企业物流管理——供应链的规划组织和控制 [M]. 王晓东, 胡瑞娟, 等译. 2版. 北京：机械工业出版社, 2006.
【9】 杨建华, 王为人. 供应链物流管理教程 [M]. 北京：清华大学出版社, 2016.
【10】 英国皇家采购与供应协会. 供应链风险管理 [M]. 北京中交协物流人力资源培训中心, 译. 北京：机械工业出版社, 2014.
【11】 马士华. 新编供应链管理 [M]. 北京：中国人民大学出版社, 2014.
【12】 陈祥锋. 供应链金融服务创新论 [M]. 上海：复旦大学出版社, 2008.